KB120041

불길 순례

박영익 지음

불길 순례

초판 1쇄 발행 2019년 9월 25일

지 은 이 박영익
발 행 인 권선복
편　　집 오동희
디 자 인 서보미
전 자 책 서보미
발 행 처 도서출판 행복에너지
출판등록 제315-2011-000035호
주　　소 (07679) 서울특별시 강서구 화곡로 232
전　　화 0505-613-6133
팩　　스 0303-0799-1560
홈페이지 www.happybook.or.kr
이 메 일 ksbdata@daum.net

값 25,000원
ISBN 979-11-5602-745-4 (93090)

불길 순례

박영익 지음

왜구 · 평안 테마가 있는 산행 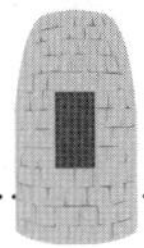 소곤소곤 들려오는 **옛 이야기** 

'왜구로부터 나라를 지켜낸 봉수'
평안의 불길을 찾아 봉수대 여행을 떠나다

▶▶▶

"봉수대가 뭐하는 곳이에요?" "불을 피워 신호하는 곳이지." 별로 대답할 말이 없었다. 근교 중학교에 부임한 후, 학교 건너편이 봉화산이라는 말을 듣고 학생들과 나눈 대화다. 봉홧불을 피워 올리는 산? '왜, 언제, 어디로, 어떻게' 하나도 대답하지 못했다. 학생들에 대한 미안함과 봉수에 대한 호기심만 커져 갔다. 학기가 바뀐 후 동아리를 만들고, 지역 탐방과 아울러 봉수대도 조사하기로 했다. 몇 차례의 지역 탐방과 함께 학교 건너편 봉화산에도 올랐다. 휴게 정자가 들어선 산정이 봉수대라는 말에, 듣는 아이들과 말하는 자신도 유서 깊은 문화재에 대한 감흥은 없고, 그저 발아래 펼쳐진 그림 같은 낙동강에 넋을 잃을 뿐이었다.

관련 도서와 자료를 모으고, 『한국의 봉수』 저자인 김주홍 박사를 초청해 강의도 들었다. 관심의 시간이 흐를수록 봉수대 설치 이유와 시기, 전국의 노선, 운용 방법 등을 하나씩 알게 되었고, 약간의 지식을 바탕으로 인근 봉수대를 찾아갔다. 세월의 흔적만 남은 봉수대에서 석축 흔적과 몇 개의 기와편, 도자기 조각이 새롭게 보이기 시작했고, 오래된 얘기를 조금씩 들을 수 있었다. 호기심은 점점 커져 논공 소이산 봉수대를 시작으로 말응덕산·성산·마천산을 찾고 남녘으로 태백산·여통산·안곡산을 탐방했다.

부산 가덕도 천성보봉수를 찾아갔다. 현풍·논공 지역을 지나는 제2횃불 간봉6노선의 시작점이다. 광활한 시야, 아득히 보이는 대마도, 임진란 왜적을 첫 발견한 천성보봉수의 보고……. 운명의 그날에 국토의 불침번으로서 봉수는 제 역할을 다한 것이다. 처음 관심 둔 노선의 시작점, 천성보봉수대를 찾은 후, 나 자신의 각오를 새로이 하고, 횃불의 길을 따라가는 '불길순례'가 시작되었다.

제2거(횃불) 직봉 노선 외에 10개의 간봉 노선 봉수대 220여 곳, 제5거 직봉과 간봉 80여 곳, 자료 수집과 현장 탐방, 노선이 끊길 때는 꿈속에서 찾았다. 휴일과 휴가를 활용한 등산, 혹서와 혹한기의 산행, 홀로 걷기, 봄가을 행복한 산행, 간첩으로 오인받던 일, 수많은 만남과 옛이야기……. 봉군들의 애틋하고 가슴 저린 사연, '승목산·광산·송읍리의 봉할매', '엿동산·용점산 봉수군 전투', '마골산의 오해', 동족상잔의 흔적……. 모든 것이 성숙과 자람의 시간이었다.

을미개혁(1895)으로 봉수제도가 폐지돼 제 기능을 잃은 봉수대는 간난신고했던 겨레의 근대사와 수난을 함께했다. 세월의 풍화를 겪고, 잦은 발길과 무지에 훼손되고, 전쟁과 군사시설에 의해 파괴되면서 기억의 뒤편으로 사라져 갔다. 오랜 시간 봉수군의 한숨과 땀이 밴 문화재가 한 조각의 청자편·자기편, 깨진 기와·옹기편이 되어 땅 속에 묻혀 갔다. 800여 년이나 제자리에 서서 밤낮을 지키던 국토의 불침번, 하루도 거르지 않고 국토의 구석구석을 경유하며 나라님 바라보는 곳까지 평안의 불을 전하던 위대한 여정이 역사 속으로 사라져 갔다.

현실에서는 잊히고 묻힌 봉수의 노선을 기록대로 복원해 보고자 하는 의무감과 호기심에서 비롯된 이 '불길순례'가 '봉수'를 이해하는 조그마한 바탕이 되었으면 한다.

앞뒤의 불을 살피고, 행인들에게 귀 기울이고, 불과 연기를 올리고 궂은 날에는 직접 뛰어가 알리던 곳, 국토 어디에 세상 어느 곳에 이처럼 각성된 곳이 있었던가! 산천이 얼어붙은 겨울산정은 온 나라에 기근이 들 때는 어떠했고, 국토가 전란에 휩싸일 때는 어떠했을까?

수백 년을 밤낮으로 눈 부릅뜨고 있던 곳 아니던가! 급할 땐 처와 딸까지 대신 세웠고, 봉할매가 죽어서도 지키는 봉수대다. 일상에 지친 고단한 이들에게 먼 변방의 소식을 평안의 불(하나의 횃불)로 알리기 위해서다.

학생들과 대화 중에 봉수대에 관심을 가지게 되었고, 여러 해 동안 전국 봉수대를 찾아 헤맸다. 하나의 봉수대가 지닌 의미보다, 출발과 도착의 노선을 가진 봉수대니, 묻히고 잊혀 끊겨 버린 곳에 더 관심을 가졌다. 오랜 역사 속에 폐치와 신설, 위치 이동과 노선 변동을 통해 끊기고 이어졌던 불길을 완전히 찾아낼 때마다 무한한 감동이 밀려왔다. 아내의 깊은 배려가 있었고, 궁금할 때마다 친절히 답해 주신 김주홍 박사, 지인들의 격려, 마을의 이장님과 어르신들, 군·면의 문화재 담당관……. 수많은 도움이 있었다. 전문서적이 되어야 할 내용을 독자들과의 거리를 메우기 위해, 여행기로 출판하겠다는 제의를 쾌히 승낙해 준 행복에너지 권선복 사장님과 모든 분에게 감사드린다.

이제는 학생들에게 뭔가 들려줄 수 있을 것 같다.

2019년 9월 운봉 **박영익**

▸▸▸

본인이 운봉 박영익 선생을 처음 만난 것은 2012년도다. 어느 날 자신을 달성군 소재 논공중학교 국어교사로 소개한 전화가 왔다. 의문 속에 받은 전화는 학생들을 대상으로 한 '봉수특강' 요청에 관한 내용이었다. 중학생을 대상으로 한 '봉수특강'은 경험이 없어 망설였으나 간곡한 요청으로 수락하였다. 이후 함지고등학교로 전근한 후에도 '봉수특강'을 새로이 요청하여 한 번 더 학생들 앞에서 '봉수특강'을 하게 되었다. 이런 인연을 계기로 수시로 만나 영남권 소재 봉수답사를 같이 다니기도 하였다.

본 도서는 운봉 선생이 주말과 휴가를 틈타 봉수 관련 문헌을 조사하고, 현장 답사 후 쓴 기행문 성격의 도서이다. 책상에 앉아서 쓴 책이 아니다. 일일이 탐문 · 답사하고 발로 쓴 책이며, 가슴으로 쓴 책이다. 그간 고단했던 노정의 땀 냄새가 지면에 오롯이 묻어 있다. 직접 다니며 쓴 글이기에 찾아가는 노정이 잘 표기되어 있다. 마음만 먹으면 언제든지 답사가 가능할 수 있도록 하였다.

본문에는 조부에게서 배운 천자문을 인연으로 한학에 힘쓴 필자의 해박함이 묻어난다. 또 본 도서를 통해 수십 년 봉수를 전공한 본인도 처음 알게 된 사실이 많아 도움이 된다. 예를 들면 고령 말응덕산·포항 사화랑점·거제 가라산·부산 성화야와 전국적으로 흔한 '소산·소이산' 등 봉수명칭의 어원 고증, 영해 광산·군위 승목산·청도 송읍리봉수의 봉할매 전설, 봉화 용점산·신녕 여통봉수군 전투 등이다.

살펴보면 전문 연구자도 아닌 일반인이 봉수 관련 도서를 쓰기로는 故 최진연 선생에 이어 두 번째이다. 故 최진연 선생은 서라벌예술대에서 사진학을 전공한 분이다. 고인이 2014년 펴낸 『옛 이동통신 봉수』는 봉수 전문연구서는 아니나 해당 유적의 간단한 소개와 생생한 사진자료가 돋보인다. 반면 운봉 선생의 본 도서는 한학에 해박한 현직 국어교사가 봉수를 직접 답사한 경험에 더해 어원소개 및 과거 관련 문헌을 찾아 봉수 노선별로 정리하여 소개하였기에 전자와는 큰 차이가 있다.

금번 지면을 빌어 운봉 선생님의 봉수관련 도서 발간을 축하드리며, 통일이 되어 운봉 선생과 같이 북한의 봉수를 다녀 볼 날을 기원해 본다.

2019년 9월

古峯子 金周洪

서평

▶▶▶

집념의 노작으로 봉수 횃불 꽃피우다

봉수烽燧는 오랜 역사 동안 높은 산에서 불을 피워 낮에는 연기로, 밤에는 불빛으로 급한 소식을 전하던 일종의 전통적 통신 수단이라고 할 수 있다. 그런데 현대에 이르러서는 그 이름조차 생소하여 마치 빗장이 굳게 채워진 창고 안에 깊숙이 파묻혀진, 낯선 유물의 한 조각 정도로만 어스름하게 느껴지기도 한다.

전통적 삶의 양식으로 오래도록 자리 잡았던 봉수가 소중한 문화적 가치를 지니고 있음에도 불구하고 시간이 지날수록 차츰 기억의 저편으로 사라져 갔다. 운봉 박영익 선생은 이를 안타깝게 여기며 문헌을 찾고 봉수대를 찾아다니며 기록으로 남긴 한 사람이다.

운봉은 대학에서 국어국문학을 전공했지만, 유년기 조부의 가르침으로 한학을 시작했기에 경서經書를 비롯해 고문에 밝고, 한문 역주譯註도 가능해 주옥 같은 책이 편찬될 수 있었다고 본다.

봉수의 흔적을 되짚으며 떠난 '불길순례'는 남북의 분단이라는 아픈 현실에 북한 지역이 제외되었지만, 남한만 해도 300여 곳이 넘는 엄청난 순례 여정이었다. 더욱이 봉수대가 위치한 곳은 고산 지대에 자리 잡고 있는 것이 대부분이어서 접근의 난이로 미루어 볼 때 결코 쉬운 작업이 아니었을 것으로 추측된다. 때때로 폭염과 찬바람에 맞서며 봉수대가 있는 산정까지 외로운 족적을 남기고 이룩한 노작의 쾌거가 아닐 수 없다.

대방산은 창선도에서 가장 높은 산이다. 남해도와 통영 사이의 한려수도가 그림처럼 펼쳐지며, 창선·삼천포대교(한국의 아름다운 길 100선)와 죽방렴이 눈길을 머물게 한다. 봄철 춘란은 남국의 정취를 더하며, 단풍철에는 바다와 어울린 멋진 경관으로 지족마을→대방산→운대암에 이르는 등산코스가 북새통을 이룬다.

봉수대는 정상에서 북동쪽으로 400m 떨어진 곳에 있다. 방호벽 석축과 연대가 있다. 둘레 30m, 높이 2.6m 정도다. 북동쪽 공터 봉수대 원래 터에 연조가 잘 남아 있다. 연대를 2007년 8월 우람하게 복원해 등산객들이 꼭 들르는 명소가 되었다.

– 본문, '대방산봉수' 중에서

운봉이 남해 지역의 대방산 불길순례를 하면서 객창감을 담아 쓴 글의 일부이다. 선생은 옛 자취를 따라 힘든 발걸음을 부지런히 옮겨 다니며 봉수가 위치했던 지리적 위치와 주변의 명소를 자세히 소개하고 있다. 일반적으로 문화재 사료의 고증은 어쩌면 딱딱하고 객관적인 정보만 전달하는 것이어서, 전문적 지식을 얻고자 하는 사람들 이외는 다소 흥미로움이 떨어지게 마련이다. 하지만 이 책의 저자는 비록 탐사 작업은 힘들어도, 즐기며 구할 것을 얻는 마음으로 홀가분히 배낭을 둘러매고, 봉수의 흔적을 찾아 떠나는 목적 이외에 부차적으로 그 주변의 멋진 자연 경관과 서정을 함께 보여주고 있다. 책의 중요한 정보만 전달되어 자칫 고체적인 느낌을 주는 것에서 벗어나, 서정적인 감상의 여백을 둠으로써 훨씬 유연하고 편안하게 다가갈 수 있게 해 준다. 여행을 목적으로 하는 나그네들에게 가고자 하는 곳의 교통과 숙박 시설 등의 정보만 제공하면 무미건조하다고 여겨질 즈음에, 주변의 맛집까지 부가적으로 알려 주면 그야말로 길라잡이의 매력이 한층 더해지는 원리와 같다. 글의 핵심 요소인 봉수를 비롯하여 자신의 생각을 함께 피력함으로써 불길순례에 반영된 정서와 고뇌의 내용들이 오히려 참신하게 다가온다.

> 현대 문명에 밀려 봉수 제도가 폐지되었다. 매일 연기와 불빛으로 평안의 소식을 전하던 봉수는 짠한 미련을 남기고 역사의 뒤꼍으로 사라져 갔다. 접근이 금지되었던 금단구역에는 서낭당이 들어서고, 군 시설이 들어오고, 짓밟히고 이지러져 깨진 기와·도자기 조각·돌무더기로 남았다. 수백 년 국가수호의 선봉으로 정부의 고민과 봉수군들의 고통·한숨이 배인 곳이다.
>
> 지역에 따라 문화재·기념물로 지정하고 관광자원으로 개발하고 있지만, 대다수의 봉수대는 지금도 무너져 가고 있다.
>
> 후손들의 관심과 따뜻한 손길이 필요하다. 자취와 흔적을 조금이라도 덜 훼손하고, 잊히고 사라져 가는 장소를 다시금 확인하고 기억해 주었으면 한다. 돌무더기·기와조각에 담긴 애틋한 사연을 가슴 한 모퉁이에 새겨 주길 바라며…….
>
> – 서문, '오늘날의 봉수' 중에서

불길순례의 여정을 답사하면서 과거 유물인 봉수대 시설이 유실되거나, 설령 역사적인 잔흔이 있다고 할지라도 크게 훼손되어 문화재의 사료 판명이 녹록하지 않음에 대한 아쉬움도 나타난다. '현재는 과거를 알 수 있는 열쇠다'라는 말처럼, 과거에 충실하려면 현재의 견고하고 건실한 토대가 중요할 것이다. 역사를 더듬는 작업은 현재에서 과거로의 역순행적 시간 흐름이기 때문이다. 그러나 오늘날의 봉수대 자리는 대개 몇 장의 널브러진 기왓장이나 돌무더기 정도로만 남아 있다. 부실한 현존의 모습에서 옛 모습을 제대로 떠올려 볼 수 있을까 하는 의문이 생겨난다. 운봉 역시 이러한 점에서 선조들의 애틋한 문화유산에 대하여 현재 시대를 살아가는 우리 후손들이 계승 발전시켜야 하며, 더 많은 관심과 따뜻한 손길의 보살핌이 필요함을 강조한다.

한편 운봉은 봉수대와 관련한 지명과 유래에 대하여 조어造語의 구성 및 사물이 가리키는 설화적說話的인 의미까지 예리하게 파악하고, 독자가 이해하기 쉽게 풀이해 주고 있다. 그 사례로 봉수가 밀집된 '간봉 9노선'의 경우에 '황간 소이산, 문의 소이산, 진천 소이산' 등지에서 공통적으로 나타난 '소이'가 '-쇠'의 어원으로부터 비롯한 것으로 규명한다. '-쇠'는 대체적으로 신분이 낮은 양민 계열의 봉수군들을 가리키는 말로, 일정한 기간 동안 봉수대를 지키며 이들이 부역 또는 군역을 담당한 데서 유래한 것으로 보고 있다. '-쇠'들이 머물러 있는 곳이 바로 '소이산'인데, 봉수 담당자들은 일반 주거 지역과 단절되어 외롭게 생활했으므로, 봉수군들의 힘든 삶의 애환을 엿볼 수 있게 해 준다.

이와 함께 지명의 유래를 직접 지역 관청을 찾아 민간 전설의 뿌리를 탐색하기도 했는데, 경남 거창군 남하면 둔마리에 위치한 '금귀산봉수'에서 '금귀'(金貴 또는 金龜를 뜻하는 지명)의 전설의 요소와 '거북'과 관련된 원형적인 상징의 의미를 살펴보았다. 충북 옥천군에 위치한 '월이산 봉수'에서는 사랑의 결실을 못 이룬 청춘 남녀의 애틋한 정한情恨이 나타나며, 그곳에 인접한 '것대산봉수'에서는 『삼국사기』의 문헌 자료에 입각한 차자식借字式 표기를 상세하게 설명해 주고 있다. 이러한 점에서 운봉이 저술한 책은 사라져가는 과거 문화재에 대하여 단순한 연민을 떠나서 학술적인 가치의 질량도 풍부하게 내재되어 있다고 볼 수 있다.

운봉이 문화재 '봉수烽燧'에 대해 끈질긴 집념의 노작으로 과거의 횃불이 꺼지지 않고 면면히 다시 꽃피울 수 있었던 것이 무척 다행스럽고, 이제 그의 발걸음이 머물지 않았던 불길순례를 다 함께 떠나 보는 것이 어떨까 싶다.

문종호

| 문예평론가, 문학박사

contents

제2장

불길 순례

간봉 4노선

간봉 5노선

간봉 6노선

간봉 7노선

간봉 8노선

간봉 9노선

간봉 9 지봉 1노선

간봉 9 지봉 2노선

간봉 9 지봉 3노선

간봉 10노선

간봉 10 지봉 1노선

간봉 10 지봉 2노선

제1장

우리나라의 봉수

1

봉수의 기원과 삼국시대

연기를 피우거나 횃불로 신호하는 것은, 인간이 집단생활을 영위하면서 자연스레 활용하는 먼 거리 의사소통수단이었다. 북과 징을 치거나 먼 거리를 달려가 알리는 것보다 훨씬 효과적인 통신 방법이었다. 봉수 제도는 3,000년 전 주나라에서 비롯되었다고 한다. 동서고금을 막론하고 국가 간의 갈등과 전쟁은 늘 있어 왔다. 이런 상황에서 상대에 대한 정보를 신속하게 공유함으로써 우위를 차지하고 승리를 기약하는 것은 당연한 이치다. 정보를 선점하는 방법으로는 척후를 세워 횃불과 연기로 알리고, 비둘기를 날리거나 급히 달려가 알리는 게 상례였다.

인류의 역사에서 일시적 통신수단으로 횃불과 연기로 신호하는 경우는 흔히 있었지만, 체계적 제도를 마련해 수백 년 동안 쉼 없이 관리하고 운용한 예는 많지 않다. 북쪽 유목민의 약탈과 남쪽 왜구의 침탈이 잦았던 우리나라는 봉수제도로 전 국가적 통신망을 갖추고 근대에까지 운용해 온 세계 유일의 나라라고 할 수 있다.

우리나라의 봉수 유래는 김수로왕이 허왕후를 맞이하는 데서 찾아볼 수 있다.

"신하들이 왕비를 맞이하라고 하자 왕이 말씀하시기를, '짐이 여기에 내려온 것도 하늘의 명이요, 짐의 배필이 되는 것도 하늘의 명일 것이니, 경들은 걱정하지 말라.' 하고, 유천간에게 명하여 가벼운 배와 준마를 가지고 '망산도'에 가서 기다리게 하였다. 바다 서남쪽에서 붉은 돛과 깃발을 단 배가 북쪽으로 왔다. 먼저 망산도에서 횃불을 드니 육지에 내려서 다투어 뛰어왔다."

—『삼국유사』

횃불을 들어 바다에서 허왕후가 탄 배를 인도하고 맞이한 것이다. 또한 『삼국사기』 백제본기 온조왕 10년(기원전 9년)에 '봉현'이란 기록이 나온 후 '봉잠·봉산'이 자주 나타나는데, 모두 '봉홧불을 올리는 산'을 의미한다. 봉산(봉화산)의 들판에 묻혔기에 봉상왕이라 불렀고, 신라와 백제는 봉산(봉화산)을 사이에 두고 여러 번 뺏고 빼앗긴다. 삼국 시대의 봉수에 체계적 제도가 있었는지 알 수 없지만, 횃불과 연기 신호를 오래 전부터 사용했다는 기록이다. 이처럼 필요와 상황에 따라 일시적으로 변통되던 횃불과 연기 신호가, 삼국 시대 어느 즈음에는 봉수 구간을 획정해 부분적으로 실시됐던 것으로 생각된다. 삼국 시대에 축조한 봉수대가 계속 발견되고 있어서, 좀 더 자세한 모습을 알 수 있을 날이 올 것으로 기대한다.

2

고려의 봉수제도

봉수 제도가 확립된 것은 고려 의종 3년(1149) 서북병마사 조진약이 주청해, 그다음 해 봉수식烽燧式이 제정되면서부터다. 중국의 제도를 수용했다고 한다. 인종 원년(1123) 송나라의 사신이 흑산도에 도착해 개성으로 항행해 갈 때, 야간에는 개성으로 가는 항로 주변 산정에서 순차적으로 불을 밝혀 송나라 사신단의 배를 인도했다고 한다. 이를 통해 의종 이전에도 나름대로의 봉수제도가 있었음을 알 수 있다. 의종 4년 봉수식이 제정되면서, 평상시에는 1거(한 개의 횃불)를 올리고, 적의 침입 경과와 정도에 따라 '2거→3거→4거'의 횃불을 동시에 올리게 하였다. 평상 1거에서 가장 위급한 4거(4구분법)로 구분한 것이다. 봉수대는 하급 장교 방정이 관리하였으며, 백정은 전후를 살피고 불을 올리고 대가로 평전을 지급받았다고 한다. 고려의 봉수제도와 노선은 구체적 기록이 없어서 자세히 알 수는 없다. 몽고가 침략하자 고려의 봉수제도는 그들의 간섭으로 일시적으로 정지되었으나, 고려 말 홍건적의 침입과 왜구의 준동으로 복구·재건되었다.

3

조선의 봉수제도

건국 후 조선은 고려의 봉수제도를 승계했다. 봉수제도의 이점을 그대로 수용한 것이다. 건국 초기에 남쪽 왜인·북쪽 야인과의 충돌 과정에서 성과 진보를 쌓고, 국경을 확정해 갔다. 성과 진보를 쌓아 가면서 봉수제도도 함께 정비되었다. 세종 초기부터 국경 지역에 연대를 촘촘히 쌓아 갔고 세종 29년(1447) 3월에는 봉수법이 상세하게 제정되기에 이르렀다.

가. 봉수대 축조와 운용

"전일에 봉화는 무사하면 1번 들게 하고, 유사시에는 2번 들게 하였으나, 지금부터는 왜적이 해중에 있으면 2번 들고, 근경에 오거든 3번 들 것이며, 병선이 서로 싸울 때는 4번 들고, 육지에 내리면 5번을 들 것입니다. 만일 육지에서는 적의 변고가 국경 밖에 있으면 2번 들고, 국경에서 가까운 곳에 있으면 3번 들고, 국경을 범하였으면 4번 들고, 맞붙어 싸우게 되면 5번 들게 할 것이며, 낮에는 연기로 대신하게 하소서."

– 『세종실록』 1년 5월 26일조.

"적과 마주한 4군 6진 국경과 남방 해안에는 적이나 무서운 짐승을 막기 위해 연대를 축조하였다."

– 『세종실록』 20년 1월 15일조.

"이미 만들어진 법에 의거하여 주수야화(晝燧夜火: 낮에는 연기로, 밤에는 불로써 전달하다)하고, 각 도의 수로와 육지의 봉화를 서로 겨누게 하고, 병조는 신호 내용을 장부에 등록하게 하고, 근무와 운용 조목을 세세하게 분류하여 어길 시 해당되는 형벌을 적용한다.

서울 남산 봉화 다섯 곳의 간망군은 15명이었는데, 지금 5명을 더하고 상 · 하번으로 나누어, 한 곳마다 2명이 입직하고, 5명은 경수상직(대기)하는 예로 번갈아 밤낮으로 지키게 하고, 또 연변 연대의 축조하는 법식과 중부봉화를 설치하는 제도 및 군인의 근태를 살피고, 관직을 주어 격려하는 조목은 주관 부서인 병조로 하여금 마련해 시행하게 하소서. 이 앞서 봉수의 법이 한결같이 쇠퇴한 지경에 이른 것은 오로지 법령을 등한시 했기 때문입니다." 하니, 그대로 따랐다.

–『세종실록』 28년 10월 6일조.

"연변의 연대를 축조하는 방식과, 복리봉화(내지봉수)를 배설하는 제도와, 감고하는 군인을 격려 보호하는 조목을 기록합니다.

연변의 각 곳에 연대를 높이 25척, 둘레 70척, 연대 밑의 사면은 30척으로 쌓고, 밖에 참호를 깊이와 넓이 각기 10척으로 파는데, 모두 영조척(건축, 토목 등에 사용하는 척도)을 사용하게 하며, 참호 밖에 말뚝을 길이 3척으로 위를 뾰족하게 깎아 땅에 박고 넓이는 10척이 되게 한다. 연대 위에는 가옥을 지어 병기와 물과 불을 담는 기명을 간수한다. 망 보는 사람은 10일 만에 번갈아 지키게 하고, 교대하는 사람의 양식이 떨어질 때는 고을 관원과 감사, 절제사가 보충해 주게 한다. 감고와 망보는 사람은 잡역을 모두 감면한다.

감고 중에 부지런한 사람은 6년마다 한 차례씩 산관직(무급 산직으로 벼슬은 있되 봉급은 없는 자리)을 제수한다. 적을 잡게 한 사람은 상을 내리게 하며, 복리봉화(내지봉수)는 연변의 연대와 비교가 안 되니, 전에 있던 배설한 곳(고려, 혹은 이전부터 있던 곳)에 연대를 쌓지 말고, 산봉우리 위에 연조를 쌓아 올리되, 높이는 10척이 넘지 않고, 담을 둘러쌓아 흉악한 짐승을 피하게 한다.

사변이 있으면 감고가 즉시 고을 관원에게 알리고, 사변이 없으면 매 10일마다 한 번씩 알려서 감사에게 전해 보고하고, 석 달마다 병조에 통첩을 보낸다. 근실하고 태만한 것은 감사와 수령이 수시로 살피고, 군기를 점고하여 아뢰게 하소서."

–『세종실록』 29년 3월 4일조.

봉수군 근무 체제

봉수는 성격에 따라 연변봉수沿邊烽燧 · 내지봉수(內地烽燧, 복리봉수) · 경봉수京

烽燧로 구분되며 축조 시설과 배치되는 군사의 수, 근무의 근태 여부에 따른 상벌규정에 차이가 있었다. 전국 봉수의 관장은 중앙에서는 병조 무비사에서, 지방은 수령의 책임 아래 감사·병사·수사·도절제사·순찰사 등 군사 책임자가 모두 이 임무를 맡아, 국가의 변경수비에 관한 중요한 일로 여겨져 왔다.

봉수군의 배치는 시대와 지역에 따라 많이 달랐다. 초기에는 경봉수 다섯 곳에 오원伍員이 2명, 봉수군 4명씩 30명이 배치되었다. 연변 봉수는 오장 2명, 봉수군 10명씩 12명이 배치되었다. 내지봉수(복리봉수)는 오장 2명, 봉수군 6명씩 8명이 배치되었다. 후기 발간된 각 군현의 『읍지』에는 대체로 별장·감고(혹은 오장)·봉수군이 배치되는 것으로 기록되었다. 각 봉수대마다 별장 1명, 감고 2명, 봉수군 25명, 봉군보 75명씩 배정된다. 봉군보는 봉수군 1명 당 보통 3호가 배정되어 봉수대 운용에 필요한 경비를 제공하고 봉수에서 번을 섰던 봉수군에게 경제적인 지원을 하였다.

봉수군 신분

봉수군은 봉졸·봉군·봉화간·간망군·후망인·연대군 등으로 불린다. 초기에는 '간干 · 척尺'으로 '신량역천(양인 신분으로서 천역에 종사하는 부류)'의 신분이었으나, 후기에는 양인 정군正軍을 교대 입번시켰으므로 일반 양민 계급의 신분이었다.

나. 봉수의 문제점

봉수 제도는 고려에서 만들어지고 원 간섭기에 잠시 멈추었다가 고려 말, 조선 초기 야인과 왜구의 극심한 준동으로 재정비되고, 세종 조에 이르러 확립된 것이다. 이후 세조대에 편찬된 『경국대전』에서 규정되고, 부분적 변용은 있었지만 조선 후기 갑오개혁(1894)까지 그대로 유지되었다.

어떤 제도일지라도 시행에 있어서는 문제점이 생기지 않을 수 없다. 봉수대는 성격상 한 사람이나, 한 곳의 성실함으로 성공적인 결과가 나타나지 않는다. 해당되는 노선 어느 한 곳이라도 장애가 생기면 신호가 제대로 전달될 수 없기 때문이다.

조선 초기에 전국적인 봉수망이 정립되고, 치밀한 운용제도를 마련했음에도 불구하고, 실제 적변이 일어났을 때, 봉수의 경보 기능은 미흡하였다. '신량역천'의 고역으로 인한 봉수군의 도망·근무태만과 더위와 추위에 대한 대책 미흡·봉수 운용상의 시설 미비·보급물자의 부족 등이 일차적 원인이었고, 비·운무·바람 등의 자연적 장애로 후망과 신호전달이 불가능하거나 달려가 알려도 시간이 지체되는 문제가 또 있었다.

개국 이후 태평성대가 백여 년 이어지고, 따라서 하나의 불로 평안을 알리던 봉수대의 근무 기강도 해이해졌다. 순천부 돌산포와 남해현 적량에 사변(성종 9년)이 일어나고, 삼포왜란으로 웅천이 함락되고(중종 5년), 사량진 왜변(중종 39년)이 일어났지만, 평안거인 하나의 횃불만 올려졌다. 니탕개의 난(선조 16년)이 일어났을 때는 불을 아예 올리지 않아 적절한 대응을 할 수가 없었다.

임진왜란이 일어났을 때는 대마도와 마주한 다대포 응봉과 천성진연대 봉수에서 불을 올리고 즉각적으로 수군진에 보고했지만, 적의 침입 소식이 서울에까지 즉시 전해지지는 않았다. 소규모 약탈이나 일시적 변란인 경우, 변고를 알리는 불이 서울에 알려져도 즉시 대응할 방법이 없었다. 규모를 갖추어 대응할 때에는 적이 달아나 소란이 끝났거나 이미 피해를 입고 수습하는 단계일 경우가 많았다.

다. 봉수의 변통론

봉수는 비용이 적게 들고 신속하지만 5거(5구분법)로만 전하기에, 적변의 상세한 내용을 전할 수 없고 도중에 끊기기도 쉬웠다. 임란이 발발하자 즉각적으로 왜적의 대규모 침략 사실을 상세하게 전하지도 못했다. 개국 이백 년 만에 전대미문의 전란을 겪게 된 조선은 명나라에서 파견된 장수들의 건의를 받아들여 '파발제'를 봉수와 함께 병용한다. 병용된 파발제 역시 파발마를 충당하는 비용의 증가와 군사 목적 이외에 개인적 목적으로 이용되는 문제점이 있었다. 많은 시행착오를 거친 봉수제도는 임진·병자 양란 후 새로이 개편되고 노선이 조정되면서 숙종 대에 와서는 오히려 강화되었다.

임란이 종식되었으나 누르하치의 후금이 명나라를 압박하는 사태가 왔고, 정묘·병자호란을 겪었으며, 명·청이 교체되었다. 일본은 전국 시대가 막을 내리고 도쿠가와 막부가 들어섰다. 동북아 세력이 새로이 개편된 것이다. 조선은 삼전도의 수치를 씻고자 국력을 기울여 북벌을 준비했으며, 북방 수비를 강화하기 위해 1거·3거·4거의 북로봉수에 관심을 더 기울이게 되었다. 이러한 국내외 정세 속에서 봉수의 후망이 어렵거나 신호가 단절되는 문제점을 개선하고자 '봉수 변통론'이 대두되었다. 변통론의 세부 내용은 적과 마주한 연대에서는 적변이 있을 때 앞 봉수의 신호를 기다리지 않고 불을 올리는 '각자거화론'과, 신호 거리를 조절하는 봉수의 이설과 증설, 봉수의 보완책으로 마발馬撥의 배치, 풍우·운무를 대비해 소리로 알리고자 한 화포설치론 등이다. 북방 연대의 상황을 점검하기 위해 중앙에서는 관리를 파견하여 연대를 직접 순시하도록 했으며, 숙종 조에 와서는 연대를 다시 쌓고, 봉수군의 근무환경 개선과 경제적 지원정책을 시행하기도 했다.

결과적으로 변통론은 주로 북로봉수에 대한 문제점을 제기하여 일부를 개선한 것이다. 전국적 체제 개혁으로는 직봉 노선은 강화하고 일부 간봉 노선을 폐지하며 효율적 전달을 위한 노선 재조정이 있었다. 봉수 제도는 오랜 세월에 거쳐 폐지와 존속, 파발제 병행 등 시행착오를 거듭하며 영조 3년 『여지도서』(1757)가 편찬되기 전 노선이 재획정되었다.

라. 연기와 불빛은 역사의 뒤편으로

고려에서 제도화하였고 조선 초기에 확립된 봉수제는 시행착오를 거듭하면서, 양란 이후 전국의 봉수노선은 재획정되었다. 재획정된 봉수노선을 기록한 『여지도서』(1757)의 노선은 개화기까지 그 본연의 기능을 다했으나, '갑오개혁(1894년-고종 31)·을미개혁(1895년-고종 32년)' 때 폐지된다. 고려의 제도를 계승하여 조선의 국운이 다할 때까지 다섯 자루의 횃불로 변방의 소식을 전하던 봉수제도가 폐지된 것이다. 1885년 서울과 인천 사이에 전신이 개통되고, 1896년 경복궁에 전화가 개통되면서 현대문명에게 그 자리를 내주고, 인류의 역사와 함께한 연기와 불빛은 역사의 뒤편으로 사라져 갔다.

마. 연기와 불빛에서 디지털 신호로

유구한 봉수제도, 그 거대한 조직과 시설이 얼마나 효율적이었는지, 지금의 우리가 섣불리 판단할 수는 없다. 모든 일에서 경제성을 따지는 현대인들은 전국의 산 위에서 하나의 횃불(평안의 불)이 전해 주는 의미를 다 알 수가 없다. 오직 산정에서 피워 올리는 횃불 하나로 변방의 소식과 나라의 평안을 헤아려야 하는 당시 사람의 마음을 어찌 알겠는가. 국태민안·태평천하·무사함과 안도……. 손바닥 위에 문명의 총아인 휴대폰을 올려놓고 사는 우리가 그 횃불이 지닌 의미를 짐작이나 할 수 있으랴!

현재의 대한민국은 이동통신에 있어서는 세계 최고다. 기기의 품질에서도 세계 우위를 차지하고, 전달속도에서도 단연 세계 1위다. 반세기 전 세계 최빈국의 하나였던 한국이 교육·경제·기술 등 국가 전반에 걸쳐 일궈낸 성과가 단순히 지금 우리의 노력만으로 가능한 일이었을까? 선조들이 겨레의 핏속에 전해준 통신문화의 DNA 없이도 가능한 일이었을까? 과거의 인류가 생각한 가장 신속한 방법으로, 전국적인 거대한 조직망을 갖추어 800여 년 동안 평안의 불을 전하던 그 문화의 DNA가 통신강국의 우리를 있게 한 것이다.

4

전국의 봉수망

제1거(炬: 횃불, 봉홧불)

함경도 경흥의 서수라에서 출발해 함경도 해안을 거치고 안변에서 강원도 내륙으로 들어온다. 양주 아차산에서 남산 제1봉수대에 도착한다. 남산 제2봉우리 정상부 일대로 주한미군 통신대가 위치한 곳이다. 오장동 부근으로 뻗은 산줄기의 산마루에 해당되며, 지금 그 터는 변형돼 아스팔트로 포장되었다.

제2거

부산 다대포에서 출발해 양산→경주→영천→의성→안동→봉화→단양→충주→용인을 거쳐 광주 천천현봉수에서 남산 제2봉수대에 도착한다. 남산 정상부의 팔각정과 서울타워 맞은편 정상부에서 가장 평평한 곳이다. 여기는 일제강점기와 근대의 공원 조성 과정에서 심하게 훼손되어 형태를 알 수 없게 되었다.

제2봉수대에 도착하는 불길은 다대포 응봉에서 출발하는 직봉과 간봉 10개 노선을 거쳐서 온다. 『불길순례』는 220여 봉수대 직봉과 간봉 10개 노선으로 이루어진 제2거 노선을 자료조사→탐방→정리하였다. 왜적의 준동과 약탈로부터 나라를 지키기 위해 설치된 노선으로 봉수대 숫자가 가장 많은 노선이다.

제3거

신의주 강계 만포에서 출발해 평안도, 황해도 내륙을 거쳐 무악산 동봉수에서 남산 제3봉수대에 도착한다. 남산 제1봉 팔각정 옆에 복원된 봉수대다. 원래의 터에 화성봉돈을 모델로 복원했다. 위치가 가장 높으며 가운데에 자리한다. 여러 차례 공사로 인해 원형이 훼손되었다. 남산에 오르는 사람들은 이 봉수대를 보고서 봉수대의 전모를 인식하게 된다.

제4거

신의주를 출발해 서해안 해로를 거쳐 무악 서봉에서 남산 제4봉수대에 도착한다. 정상부에서 잠두봉 방향으로 내려가면 케이블카 종점이 나오고, 그 아래 평평한 터에 있었는데, 지금은 정자와 운동시설이 설치되어 있다. 석축과 기초석을 발굴 후, 흙으로 다시 덮어 버려 보이지 않는다.

제5거

여수 돌산도에서 출발해 남해안, 서해안을 거쳐 양천현 개화산에서 남산 제5봉수대에 도착한다. 남산공원관리사무소에서 동쪽으로 200m 거리의 평탄지에 있었다. 회현동 부근으로 뻗은 산줄기인데, 휴게시설을 만들면서 땅을 깎아 냈다. 서쪽 끝부분에 일제강점기 군사시설이 남아 있다.

남산 봉수에서는 전국의 신호를 종합해 남소(병조 관리가 파견되어 숙직근무 하는 곳)에 보고한다. 병조는 이튿날 아침 승정원에 보고해 임금께 아뢰게 한다.

남산의 동쪽 제1봉수대에서 서쪽 제5봉수대까지 차례로 5개소가 있었다. '서울역사박물관'에서 남산 봉수 터를 발굴조사하였다. 갑오개혁 때 봉수제도가 폐지된 후 지난하고 굴곡진 근대사의 소용돌이 속에서 5개소 봉수대가 모두 훼손되었지만, 이 자료를 근거로 언젠가 원형 그대로 5개소의 봉수대가 복원될 것이다.

5

오늘의 봉수대

현대 문명에 밀려 봉수 제도가 폐지되었다. 매일 연기와 불빛으로 평안의 소식을 전하던 봉수는 짠한 미련을 남기고 역사의 뒤꼍으로 사라져 갔다. 접근이 금지되었던 금단구역에는 서낭당이 들어서고, 군 시설이 들어오고, 짓밟히고 이지러져 깨진 기와·도자기 조각·돌무더기만 남았다. 수백 년 국가수호의 선봉으로서 정부의 고민과 봉수군들의 고통·한숨이 배인 곳이다.

지역에 따라 문화재·기념물로 지정하고 관광자원으로 개발하고 있지만, 대다수의 봉수대는 지금도 무너지고 훼손되고 있다.

후손들의 관심과 따뜻한 손길이 필요하다. 자취와 흔적을 조금이라도 덜 훼손하고, 잊히고 사라져 가는 장소를 다시금 확인하고 기억해 주었으면 한다. 돌무더기·기와조각에 담긴 애틋한 사연을 가슴 한 모퉁이에 새기면서…….

6

평안의 불

평안화. 평안거平安炬. 봉수는 원래 변경에 적의 침입이 있음을 알리는 것이지만, 봉수 선로의 기능을 지속적으로 유지하고, 나라에 변고가 없음을 널리 알리기 위해, 매일 한 개의 불을 올리도록 한 것이다. 전국 5로의 초기(맨 처음 불을 올리는 봉수) 봉수에서 이른 새벽 한 개의 불을 올리면 높은 산이 많은 제1거 봉수로 외 제2거~제5거 봉수로에서는 대체로 저녁 무렵에 남산에 도착한 것으로 보인다. 불이 도착하면 남산 봉수군이 병조 무비사 군관이 근무하는 '남소'에 보고하고, 이튿날 병조에서 승정원에 보고하여 임금께 아뢰게 한다.

세계에 유래가 없는 체계적인 봉수제도를 오랜 기간 유지했던 이유는, 평안화(하나의 횃불)를 매일 보느냐 안 보느냐에 따른 '국태민안'의 심리적 효과가 치국에 있어서 대단히 중요한 요소였기 때문이다. 국토의 지정학적 이유로 외침이 잦았고, 침략보다는 방어에 전념한 민족사의 독특한 특징이기도 하다.

평안화(平安火)는 당나라 때 30리마다 봉수대를 설치하고 무사할 때 올리게 했던 봉화를 말한다.

–『여유당전서보유』비어촬요2.수비

夕烽來不近 저녁 봉화 멀리서부터 와,
每日報平安 매일 평안함을 알렸었지.
塞上傳光小 변방의 작은 불빛 전해 오는데,
雲邊落殘照 구름 가에 희미하게 깜박이네.
照秦通驚急 나라에 위급함을 통보하니,
過隴自艱難 적병은 농서를 지나온다네.
聞道蓬萊殿 궁전에서는 임금님도,
千門立馬看 말을 세우고 바라보신다네.

– '두보–석봉(저녁 봉화)'

예전에는 평상에 봉화를 올리지 않다가 적군이 나타나면 올렸다. 당(唐) 이후로는 밤이면 언제나 봉화를 올렸기 때문에 평안화(平安火)라고 불렀다.

–『홍재전서』 제13권. 봉수인

7

일러두기

1. 본 도서의 대상

이 책에서는 전국 5거 봉수 중 경상남북도, 충청남북도, 경기도, 서울에 걸친 제2거 직봉과 간봉 노선을 대상으로 하여 제2거에 소속된 봉수·망대(별망·요망·망대)를 망라하여 노선을 완전하게 복원하였다. 남한에 소재한 제2거와 제5거 봉수를 한 권의 책으로 엮기에는 분량이 많다. 전라남북도와 충청남도 해안, 경기도를 거쳐 서울에 도착하는 제5거와 제주도 봉수·연대 및 동해안 강원도의 봉수는 다음의 책을 기약한다.

2. 봉수 노선

조병로·김주홍 『한국의 봉수』(2003)에서 『증보문헌비고』(1908)에 의거 정리한 전국 봉수망 중, 제2거 노선을 바탕으로 하되, 같은 노선에서 시기에 따라 이설, 폐지, 신설된 봉수와 요망(망·망대·별망)을 모두 게재하였다.

3. 봉수 명칭

조병로·김주홍 『한국의 봉수』의 명칭을 사용하되, '지지서'에 여러 명칭으로 나타날 경우, 필자 자신의 생각으로 개칭한 것도 있다. 별칭이 있을 경우 부기하였다.

4. 봉수 용어

조병로·김주홍 『한국의 봉수』 부록의 봉수 용어를 기준으로 사용하고, 주요한 용어는 상세히 해석해 두었다.

5. 기타

* 이 책은 전문가가 아닌 사람이 넓은 지역의 많은 봉수를 대상으로 하였으므로, 심혈을 기울였으나 자료조사·취재·탐문·탐방의 오류가 있을 수 있다.

* 봉수대가 소재한 지역의 지명과 봉수대 명칭의 어원을 밝히는 과정에 필자의 주관적 견해가 많이 개입되었으므로 다른 견해가 있을 수 있다.

* 이 책에 실린 내용은 여러 자료를 섭렵한 후 인용했거나, 필자가 추측한 부분도 있지만, 모두가 실제 답사를 통한 취재·탐문·탐방·확인의 결과다.

봉수용어

발굴 확인된 기장 남산 봉수대 – 추정 복원도 – 전국봉수유적 기초학술자료

간봉(間烽)

: 연변 봉수에서 내지 봉수를 통해 경봉수로 가는 사이에 직봉의 연락이 끊기는 것을 막고, 인구밀집 지역이나 군읍치에 전하기 위해 설치한 봉수 노선.

거화(擧火)

: 횃불을 올리는 것. 적정에 따라 1~5개의 횃불로 구분되며, 비·바람·운무 등으로 봉수 신호가 보이지 않을 때는 봉수군이 다음 봉수에 치고(馳告: 달려가 알리다)하여야 한다. 평상시에는 매일 한 개의 횃불(평안의 불)을 올린다.

거화법(擧火法)

: 횃불의 수는 해상과 육상을 구별한다. 해상의 경우는 아무런 일이 없을 때

는 1거, 왜적이 바다에 나타나면 2거, 해안에 가까이 오면 3거, 우리 병선과 접전하면 4거, 육지로 침입하면 5거로 하였다. 육지의 경우는 적이 국경 밖에 나타나면 2거, 변경에 가까이 오면 3거, 국경을 침범하면 4거, 우리 군사와 접전하면 5거씩 올리도록 하고, 낮에는 연기로써, 밤에는 횃불로 올렸다. 『경국대전』에서는 바다와 육지의 구분 없이 5거(5구분법)로 확정되었던 것이다. 고려에서는 4거(4구분법)로 하였다.

거화시설과 거화비품

- 거화시설: 연대, 연굴, 화덕
- 거화비품: 부싯돌, 부쇠, 화약심지, 멸화기(소방도구), '초거, 분거(똥거), 송거'로 표현된 말똥, 소똥, 싸리나무·소나무·산솔갱이·쑥·풀·대나무 등
- 방호비품: 조총, 삼혈총, 각궁, 철갑옷, 머리가리개(투구의 일종), 방패, 단창, 장전, 환도, 도끼, 낫, 수마석(강돌: 가장 빨리 대응할 수 있는 무기), 해자말목 등.

경봉수(京烽燧)

: 목멱산 봉수, 남산 봉수. 전국의 모든 봉수가 집결되는 중앙 봉수.

권설봉수(權設烽燧)

: 군사적으로 중요하였던 경상·전라·충남 서해안 지역의 중요 진鎭·영營·보堡에서 자체적으로 설치하여 해당 수군진영이나 본읍으로만 연락하게 한 봉수. 주로 해안 지역에 설치 운용되었음. 연변봉수와 기능은 같지만, 규모가 약간 작은 편이다. 정부에서 운영하는 봉수와는 운영체계가 달랐을 것이다. 운영에 대한 기록이 자세히 남아 있지 않다. 주로 '망대·요망대·망' 등으로 기록된다. 봉수대와 혼동되는 경우가 많다. 여수의 '돌산진지도(1872)'의 경우 국영목장의 말을 관리하기 위해 세운 '요망'이 많이 그려져 있다. 약간의 거화시설이나 방호벽을 갖춘 곳이 있는데, 이것이 흔히 봉수대로 혼동

된다. 연변지역에 촘촘히 설영되었던 각각의 수군진에서는 자체적으로 '망望·요망瞭望'이란 이름의 망대를 가지고 있었으며, 1872년 대원군의 명으로 그려진 '수군진지도'에는 봉수대 형태와 같은 모양의 그림으로 표현하고 있다. 이는 봉수와 달리 연구할 필요가 있다. 일부는 방호벽이나 거화시설의 흔적이 있지만, 대부분의 경우 시설을 갖추지 않았거나 소략한 시설을 갖추고 운용되었던 것으로 짐작된다. 봉수대처럼 '주연야화'를 하지 않고, 낮에만 요망을 하며, 주연(晝煙: 낮 동안 연기로 신호를 하는 것)이나 깃발로 신호하였던 것으로 보인다. 수군진지도에 요망瞭望으로 그려진 곳의 지명이 '깃대봉'으로 표현된 것에서 생각해 볼 수 있다. 권설봉수는 봉수대와 달리 '망·망대·별망'과 '요망'으로 구분하여 연구할 필요가 있다.

공제선(空際線)

: 하늘과 지형이 맞닿아 경계를 이루는 선이다. 산이나 능선과 같이 비교적 높은 지대의 정상점의 연속선으로 봉수 신호를 육안으로 쉽게 볼 수 있게 된다.

내지봉수(內地烽燧)

: 해안을 따라 설치된 연변 봉수의 신호를 내륙을 통해 경봉수(목멱산, 서울 남산)로 연결하는 내륙봉수. 복리봉수.

대응봉수(對應烽燧)

: 신호를 주고받는 인접 봉수.

방호벽(防護壁)

: 나쁜 짐승으로부터 피해를 막고, 불이 번지는 것을 막기 위한 석축의 벽. 방화벽, 방화장防火墻.

법수목(法水木)

: 나무 기둥을 벅수(장승) 모양으로 깎아 봉수대 주변에 세워 놓고, 봉수대가 일반인의 접근 금지 구역임을 알리는 표지임.(필자 견해임)

변경(邊警)

: 변방의 긴급한 정보.

복리봉수(腹裏烽燧)

: 내지봉수와 같다. 국토의 안에 있어서 적과 맞닥칠 염려가 적다고 복리(뱃속) 봉수로 부른다.

봉군보(烽軍保)

: 1개소의 봉수대는 시대와 지역 상황에 따라 약간 다르지만 대체적으로 봉수군 25인, 감고와 봉대별장 1인, 봉수대를 운용하는 데 드는 경비를 담당하는 75인의 봉군보가 배속되어 있다.

봉대별장(烽臺別將)

: 봉수대를 관리하는 임시 관원. 각각의 봉수대를 총 관리하는 별정직의 관원이다. 울산부사가 남목봉수 박명대 부자에게 내린 봉수별장 임명장이 있다. 봉장烽將. 봉별장烽別將. 봉수별장.

봉돈(烽墩)

: 횃불을 올리기 위해 높이 쌓은 연대. 연변봉수의 연대와 같다. 내지봉수에서는 봉돈을 쌓지 않고 연조로 대신한 경우가 많다.

봉수(烽燧)

: 낮에는 연기를 피워 올리고, 밤에는 횃불을 들어 군사적 정보를 긴급히 전하는 통신 수단.

봉수감고(烽燧監考)

: 봉수군들의 근무 상황을 감독하고 살피는 직책의 봉수군이다. 5인으로 구성된 각 근무조마다 1인의 오장伍長이 지정되어 운용될 때도 있고, 각 봉수대마다 1~2인의 감고가 지정되어 교대 근무하는 봉수군들을 감독하는 경우도 있다. 봉파총烽把摠으로 부르기도 한다.

봉수군(烽燧軍)

: 봉수를 올리는 일을 맡아보는 군사. 봉무사, 봉수간, 봉화간, 봉졸, 봉군, 봉화군, 간망군, 후망인, 연대군, 수직군, 해망인 등으로 기록된다. 한 봉수대에 25명의 봉수군과 오장伍長 또는 오원五員, 감고監考가 1~2명 있었고 봉대별장이 1인이 있었다. 봉수군은 주야 교대로 후망을 직접 담당하였고, 감고(오장, 오원)는 함께 기거하면서 봉수군의 근무 상황을 감시하는 임무를 맡았다.

봉수대(烽燧臺)

: 바다나 대응 봉수를 잘 볼 수 있는 곳에 설치하여 봉수를 올리는 대. 경봉수·내지봉수·연변봉수를 아울러 일컬음. 연변봉수는 연대라고 부름.

봉화(烽火)

: 변란이나 적의 경보가 발생했을 때 올리는 불이나 연기. 봉수, 낭연, 연화.

신호용 비품

: 백기, 대기, 대백기, 상방고초기, 오색표기, 오방신기, 당화전, 당대전, 불화살, 북, 징, 꽹과리, 나팔 등.

수마석(水磨石)

: 둥글둥글하게 닳은 갯돌. 적이나 짐승을 방어하는 무기. 몽돌. 무릉석.

신량역천(身良役賤)

: 양인의 신분으로 힘들고 고된 업무에 종사하는 것을 말한다. 고려시대 이래 봉수간烽燧干·염간鹽干·진척津尺·화척禾尺·양수척楊水尺 등이 해당된다. 고된 역에 종사하므로 양인과 천인의 중간 계층으로 취급되어 이와 같이 호칭되었으나, 조선에서는 양인으로서 특수 직무를 맡는 계층을 가리킨다.

신포(信砲)

: 운무에 가리거나 비가 올 때 대응봉수와 주변에 신호를 전하기 위한 대포.

주연야화(晝煙·夜火)

: 낮에는 연기로써 밤에는 횃불로써 신호를 전하는 것을 말한다.

연대(煙臺)

: 연변봉수에서 봉수를 올리기 위해 설치한 3미터 안팎의 석축 시설이다. 상부에는 연소실이 있다. 연변봉수대 그 자체를 일컫기도 한다. 연변봉수에는 연대를 쌓되 높이 25척, 둘레 70척, 대하臺下 4면의 길이가 각 30척, 그 밖에 깊이 · 넓이 각 10척의 참호를 둘러서 파고, 주위에 폭 10척으로 길이 3척의 말뚝을 박는데, 영조척營造尺을 기준으로 한다. 연변봉수는 주요 적변을 낮 시간에 발견하게 되므로 대부분 연기를 통해 신호를 전달하는 탓에 내지 깊숙이 불로 신호하는 곳보다 축조 간격이 훨씬 가까운 경우가 많다. 낮 시간 동안 연기로 거화하게 되므로 '연대(연기 올리는 대)'로 불리고, 내지봉수까지 '연대'로 부르게 된다. 그러나 내지봉수는 '봉수烽燧'로 부르는 게 옳을 것 같다.

연변봉수(沿邊烽燧)

: 연대. 해안에 설치된 연변 지역 최전방 봉수, 적에 대한 경보를 최초로 발견하거나 적과 맞닥칠 수 있는 봉수. 적의 침입에 대비한 방호시설이 내지봉수보다 훨씬 강화되어 있다. 압록강, 두만강 국경에 설치된 봉수대도 연변봉수에 포함되는 것으로 보인다.

연소실(燃燒室)

: 연기나 불을 피우기 위해 연대 상부나 연조 위에 설치한 거화 장소.

연조(煙竈)

: 불을 피우는 시설. 연대가 없는 내지 봉수에서 사용하는 거화 시설. 아궁이, 연굴.

연통(煙筒)

: 연조 상부에 연기가 잘 배출되도록 설치한 굴뚝과 같은 시설. 성종 16년(1475)에 왕명으로 모든 봉수에 필수적으로 설치하게 하였다.

오름시설(계단)

: 연대 상부에 오를 수 있도록 직선, 혹은 나선형 계단을 만들어 놓은 것.

요망대(瞭望臺)

: 높다란 곳에서 적의 동정을 살펴볼 수 있도록 쌓은 대. 연변의 수군진에서 자체적으로 운영한 권설봉수의 일종이다. 조선 후기 이양선(황당선-영국·프랑스·스페인·네덜란드 등 서양의 배)의 출현에 대비하여, 사전에 동정을 살피고 침입에 대비하기 위해 많이 축조했다. 위급할 때 거화하기 위해 방호벽, 호 등의 방호시설을 갖추지 않아 단순한 형태가 많다. '망·망대·별망·야망·동대'

5소(五所)

: 각각의 봉수대에 있는 다섯 개의 연조를 말한다. 횃불의 숫자를 적변의 정도에 따라 1~5까지 구분했으므로, 봉수를 올리는 연조가 반드시 다섯 개 있어야 한다. 실제로는 연대 혹은 연조 1개만 강조되고, 나머지 4개소는 형식적으로 남아 있는 경우가 많다.

개인용 비품을 5조씩 준비하고 점고한 것으로 보아 5인 5조 5교대였음이 확인된다. 후기 각 읍지에 기록된 실제 근무 봉수군 숫자는 약간의 차이가 있다. 제주연대와 봉수대는 근무하는 봉수군 숫자가 연대와 봉수의 차이, 수군진과 시기에 따라 각기의 규정이 있었다.

주거용 비품

- 생활비품: 쌀(1석~5석), 밥솥, 가마솥, 수저, 사발, 물통, 물독, 표주박, 밥그릇, 풀자리, 빈 가마니, 화로 등.
- 주거 비품: 초가집, 기와집, 곳집 등 주거용 가옥과 창고건물이 있음.

지봉(支烽)

: 직봉과 간봉 사이를 이어주는 봉수 노선. 초기하는 곳이 없다. 간봉에 속하며, 중요 읍치에 전하기 위해 직봉과 간봉 사이를 이어주는 노선.(필자 임의의 개념임.)

직봉(直烽)

: 전국 5거 봉수 노선 중, 각각의 노선에서 가장 중요한 노선. 초기 봉수에서 경

봉수(서울 남산)까지 간봉 노선을 합해 연결된다. 원봉元烽.

책(柵)

: 봉수군을 적이나 짐승으로부터 보호하기 위해 봉수대 주변에 설치한 방어시설. 나무를 뾰족하게 깎아 세우기도 하고, 엮어서 울타리를 칠 수도 있다.

초기봉수(初起烽燧)

: 이른 새벽에 평안거(평안의 불)를 올리는 봉수. 적을 살피는 연변봉수에만 있다. '제2거·제5거'에는 '다대포 봉수, 금산 봉수, 가라산 봉수, 돌산도 봉수' 등이 있다.

호(壕)

: 해자. 봉수대 둘레에 방어 목적으로 판 도랑. 그 안에 나무 말뚝을 뾰족하게 깎아 세우기도 한다.

자세히 일러두기

봉군 숙소

: 봉수군들이 거주 생활하거나, 봉수대 운용 물품을 보관, 저장하기 위한 건물. 3칸 정도의 기와집. 이외에도 봉수대 운용 장비를 보관하기 위한 창고용 건물이 있었음. 봉수군들이 봉수대에 입번하여 근무하면서 거주하는 건물이다. 세종 대에 봉수제도를 정비하면서 3칸의 기와집을 짓도록 하였다. 지역과 형편에 따라 3칸 이상의 기와집을 지은 곳도 있었다. 조선 후기의 수군진영에서 운용했던 권설봉수(망·망대·요망)에서는 기와집 대신 초가로 휴식할 수 있는 건물이나 창고를 지었던 것으로 보인다. 따라서 기와편이 발견되지 않는 경우가 많다. 곧 기와집 유무에 따라 봉수와 망대를 구분하는 기준으로 삼을 수도 있다. 가가假家, 봉수막烽燧幕 등으로 기록되고, '봉우사'로 불린다.

고종7년(1870) 3월 29일, "안현(모악산, 안산, 겸재 정선이 그린 '안현석봉'이 있다.)봉수대에 화재가 나서 6칸의 기와집과 물건들이 모두 타 버렸다. 해당 관원들은 당직을 선 봉수대 장수와 봉수군들을 병조에 잡아와 엄하게 징벌하고 물건들을 갖추어 놓게 하였다."라고 한다. 늘 사람이 살면서 봉수를 올리는 곳이니 한두 번 사고야 있을 수 있겠지마는, 산 아래 위로 황망하게 뛰어다녔을 안현봉수군들이 안타깝다. 곤장도 맞고 새로이 추렴해 고사를 짓고 물품을 재정비해야 하니, 가난한 살림에 힘도 들었을 것이다. 전국의 모든 봉수대는 이렇게 지켜 온 것이다. 몇 개의 돌멩이, 무너진 축대로 남아 있는 봉수대를 애틋하게 여겨야 할 이유가 여기에 있는 것이다.

봉수군

: 봉수를 올리는 일을 맡아보는 군사. 봉무사烽武士, 봉수간烽燧干, 봉화간烽火干,

봉졸烽卒, 봉군烽軍, 봉화군烽火軍, 간망군看望軍, 후망군候望軍, 후졸候卒, 연대군煙臺軍, 수직군守直軍, 해망인海望人 등으로 기록되는 사람이다.

봉수군은 양인의 신분으로 힘들고 고된 업무에 종사하는 '신량역천'에 해당한다. 고려시대 이래 봉수간烽燧干·염간鹽干·진척津尺·화척禾尺·양수척楊水尺 등에 해당된다. 고된 역에 종사하므로 양인과 천인의 중간 계층으로 취급되어 이와 같이 호칭되었으나, 조선에서는 양인으로서 특수 직무를 맡는 계층이다. 조선 후기에는 양반 계층의 일부가 봉수군으로 지원하기도 한다.

봉수군의 업무는 '주연야화', 곧 대응 봉수의 신호를 받아 '낮에는 연기로, 밤에는 횃불'로 신호를 전한다. 눈비와 안개 등으로 신호가 막힐 때는 대체로 30리 거리의 다음 봉수대까지 말을 타거나 달려가서 알린다. 승목산 봉수를 조사한 의성문화원 김명제 원장님 증언에 의하면, '바지춤에 작은 방울을 달고 달렸으며, 방울 소리를 듣고 모두 길을 비켜 주었다'고 한다.

봉우재

: 일반적으로 봉수대 주변의 고갯길을 가리킨다. 또 봉수군들이 모여 사는 마

을을 가리키기도 한다. '봉우재마을·봉골'의 의미로 쓰이는 경우가 많다. 봉수대 인근에는 대부분 봉수군들이 모여 사는 마을이 있었다. 봉수제도가 오랫동안 운용되면서 봉수대는 인근 지역의 '랜드마크'가 된다. 이로 인해 봉수대 관련 지명이 많이 생겨난다. 지금의 도로명 주소에 '봉화로·봉화길·봉수로·봉화대로' 등이 붙는 것은 봉수대 관련 지명이 오래도록 사용된 데서 비롯되었다. 봉골·봉화골·봉우골·보꼴·봉곡·봉말랭이·봉만댕이·봉우재·보우재·봉우지·보우지·봉우때배기…….

봉할매

: 갑오개혁(1894), 을미개혁(1895)으로 800여 년 유지되어 온 봉수제도가 폐지되자, 평생을 봉수군으로 살아 온 일부의 봉수군들은 지위와 역할을 잃게 된다. 이 중 일부는 버려지게 된 봉수군 숙소건물에 머물며 생활하는데, 봉수대 주위에 있는 약간의 둔전을 일구며 살아가게 되었다. 1인의 봉수군에는 3인의 봉군보가 지정되어 봉수대 운영에 필요한 경비를 지원했었다. 봉수제도가 없어진 뒤에도 관습이 남아 봉수대에서 살아가는 늙은 봉수군 부부에게 일부의 생활물자를 지원하게 된다. 남편이 죽은 뒤에도 봉수군 할머니는 오래도록 그곳에 기거하며 '봉할매'로 불리게 된다.

'청도 송읍리봉수, 군위 승목산봉수, 영해 광산봉수'에서 '봉할매(보할매)' 얘기가 확인된다. 이분들은 광복 부근까지 생존했으며, 돌아가신 뒤 봉수대 안에 묻히기도 하고, 광산봉수에서처럼 '당신(서낭신, 마을 수호신)'이 되어 '당제'의 신으로 모셔지기도 한다. 평생을 봉수군 아내로 살았고, 때로는 봉수군 역할도 하다가, 제도가 사라지고 나라가 망한 뒤에도 봉수대를 지켰고, 죽어서도 봉수대 안에 잠드신 분이다. 평생토록 조선의 제도 속에서 조선 사람으로 살다 가신 분들이다. 봉수군과 아울러 우리가 기억하고 살려 가야 할 캐릭터 '봉할매(보할매)'다.

제2장

불길 순례

제2거·제5거 봉수 노선도

본 도서는 지면의 분량상 제2거 노선 봉수대만 다루고
제5거 노선은 다음을 기약한다.

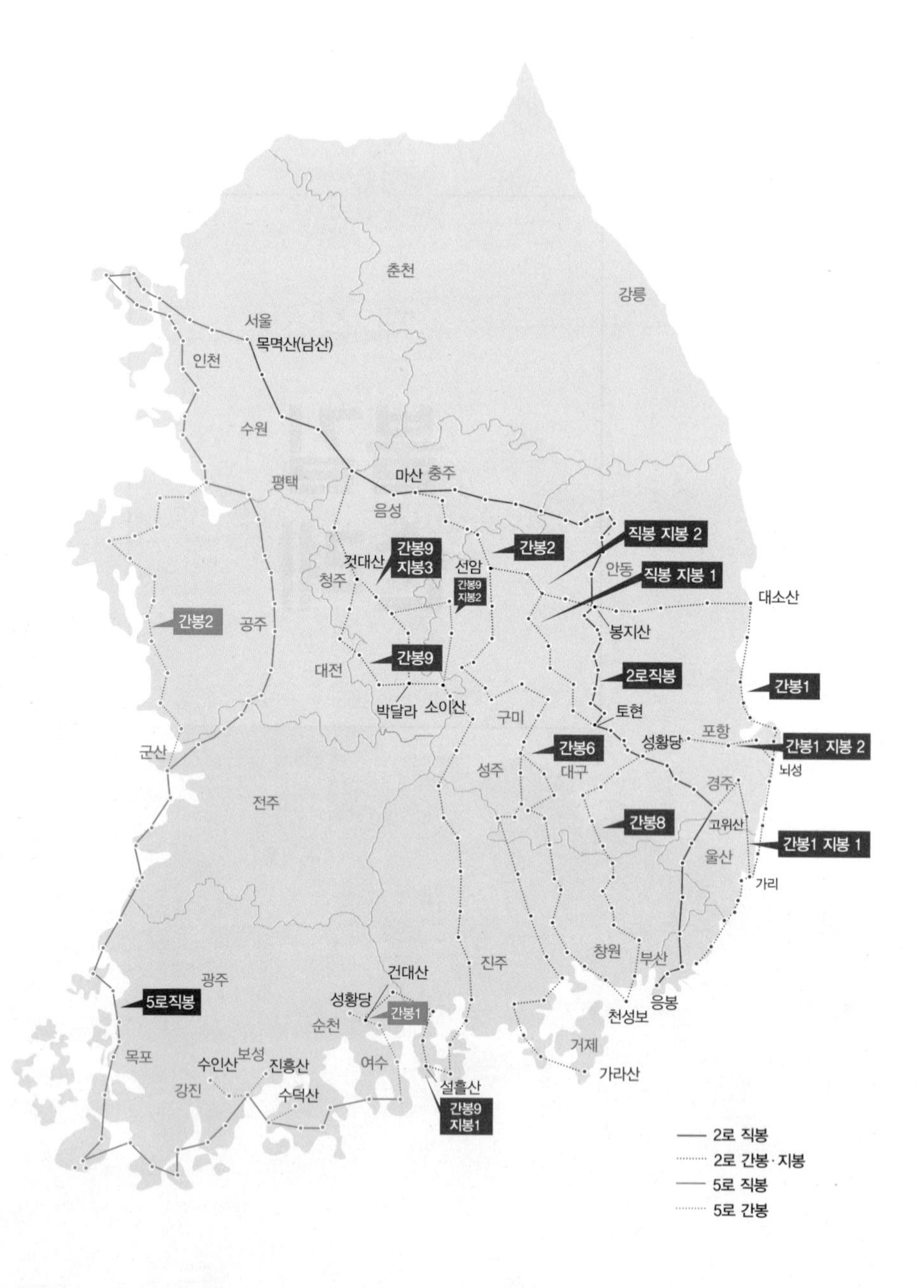

조선 후기『증보문헌비고』에 따른 제2로 및 제5로 봉수 노선지도*

* '전국 봉수유적 기초학술조사', 이철영 외.

제2거 봉수

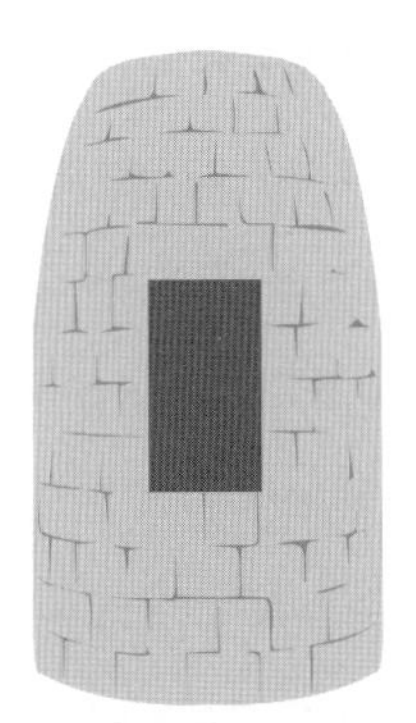

직봉 노선

1 (초기)음봉봉수 ▸ 2-1 석성봉수 ▸ 2-2 오해야항봉수 ▸ 3 구봉봉수 ▸ 4 황령산봉수 ▸ 5 계명산봉수 ▸ 6 원적산봉수 ▸ 7 부로산봉수 ▸ 8 소산봉수 ▸ 9 고위산봉수 ▸ 10 접포현봉수 ▸ 11 주사봉봉수 ▸ 12 방산봉수 ▸ 13-1 구성황당봉수 ▸ 13-2 신성황당봉수 ▸ 14 성산봉수 ▸ 15 구토현봉수 ▸ 16 여음현봉수 ▸ 17 토현봉수 ▸ 18 보지현봉수 ▸ 19-1 승목산봉수 ▸ 19-2 염니산봉수 ▸ 20 승원산봉수 ▸ 21 대야곡봉수 ▸ 22 성산봉수 ▸ 23 계란산봉수 ▸ 24 마산봉수 ▸ 25 감곡산봉수 ▸ 26 봉지산봉수 ▸ 27 개목산봉수 ▸ 28 녹전산봉수 ▸ 29 창팔래산봉수 ▸ 30 용점산봉수 ▸ 31-1 당북산봉수 ▸ 31-2 건이산봉수 ▸ 32 사랑당봉수 ▸ 33 섬내산봉수 ▸ 34-1 (구)망전산봉수 ▸ 34-2 (신)망전산봉수 ▸ 35 죽령산봉수 ▸ 36 소이산봉수 ▸ 37 오현봉수 ▸ 38 심항산봉수 ▸ 39 마산봉수 ▸ 40 가섭산봉수 ▸ 41 망이산봉수 ▸ 42 건지산봉수 ▸ 43 석성산봉수 ▸ 44 천림산봉수 ▸ 45 남산봉수

01

응봉봉수

부산광역시 사하구 다대동
산 31-3번지 아미산 정상

위도 35. 3. 946.
경도 128. 58. 15.
고도 233m

임 계신 곳을 향하여

我本農家子 나는 본래 농군의 아들, / 今來戍海壖 수자리 와 바다 지키는데.
每見風色惡 늘 거친 바람 불 때는, / 怕上耀兵船 병선에 오르기 두렵다네.
深院春光暖 깊은 동산 봄볕이 따뜻하고, / 崇臺月影淸 높은 누각 달그림자 맑았었지.
向來歌舞地 지난날 가무하던 자리에, / 戰鼓有新聲 전투를 재촉하는 북소리.
烽火遙傳警 봉화 멀리 경보를 전하는데, / 弓刀卽啓行 활과 칼 잡고 떠난다네.
休言今賊易 이번 적들은 쉽다고 하지 말라, / 倭俗本輕生 왜놈들 풍속 삶을 가벼이 여긴다네.

– '변방 군인의 말을 기록하다' 『동문선』, 이인복.

『난중일기』 부록 〈임진장초〉는 전란 중 전투준비상황, 출전 경과, 적의 정황 등을 보고한 장계를 모은 책이다. 장계 내용 중에, 경상우도수군절도사(원균)에게 가덕진첨절제사(전응린), 천성보 만호(황정), 응봉봉수감고(이등), 연대감고(서건)가 아뢴 내용이 있다.

"오늘 4월 13일 신시(15:00~17:00)에 왜선이 몇 십 척인지는 알 수 없으나, 대략 보이는 것만도 90여 척이 일본 본토에서 나와서 경상좌도 뉴이도(살이섬, 쥐섬)를 지나 부산포로 향하기 때문에, 너무 멀어서 그 척 수를 상세히 헤아려 볼 수 없지만, 계속해서 나오고 있습니다."라고 하였다.

임진년 4월 13일 오후에 왜적 선단이 쥐섬을 지난다는 보고다. 천성보봉수대와 응봉봉수대에서 거의 같은 시각에 적선을 발견, 보고했다는 내용이다. 황망하였을 그 역사의 순간, 지금 생각해도 가슴이 저릿하다. 적의 침략을 조금이라도 일찍 발견하고 대비하고자, 온 국토의 해안에 30리의 간격으로 봉수대를 만들고, 해안으로부터의 적의 변고를 서울로 전하고자 거미줄 같이 얽어 놓은 내지봉수는 우리가 오래도록 기억하고 지켜야 할 유산이다.

다대포 응봉봉수에서 이른 새벽에 불을 올리면 양산, 경주, 영천, 의성, 안동, 단양, 충주, 용인을 거쳐 서울의 남산까지 이르는 제2거 직봉 봉수로가 가동된다. 『신증동국여지승람』(중종 25년, 1530)에 응봉봉수대의 기록이 처음 나타나며, 제2거 초기(매일 이른 새벽 평안을 알리는 한 개의 횃불로 서울 남산까지 이르게 함)하는 봉수로서 끝까지 유지된다. 낙동강 하구, 몰운대 앞바다를 한눈에 조망할 수 있는 곳이다. 봉수대 석축 흔적 위에 1976년 복원 공사를 하였고, 2010년 기단을 만들고 연대를 높이 3.5m로 쌓았다. 다대포 응봉봉수대와 부산의 황령산, 계명산, 간비오산, 구봉, 오해야 봉수는 임진왜란이라는 갑작스런 왜군의 침입 시에 봉수대로서의 기능을 발휘하였다. 응봉봉수는 대마도와 거리가 57km로 가장 가까운 곳이기에 대마도 왜군 동정을 먼저 알아챈 곳이다. 〈임진장초〉에 기록된 응봉을 다대포 응봉과 천성진(가덕도 연대봉) 봉수로 다르게 해석하는 이들도 있다.

TIP

'다대 푸르지오' 아파트에서 서쪽 아미산 자생식물원 옆으로 난 산길로 오르면 20분 거리다.

2-1

석성봉수

부산광역시 서구 암남동 산3-2 천마산
위도 35. 5. 337.
경도 129. 0. 824.
고도 326m

석성(오해야항)봉수 연대

봉수대 아이러니

천마가 하늘에서 내려왔다는 천마바위 전설은 나라에서 말을 기르던 말 목장성이 천마산에 있어서 생긴 전설이다. 나라에서 말을 방목하던 목장성이 있어서 석성산으로도 불렸으며, 구봉산으로 옮긴 후에는 왜인들이 그들의 선박 왕래를 후망하는 곳으로 바뀌었다. 현재의 천마산에는 '숲길'이 아름답게 조성되어 있으며, 조각공원에는 온갖 조각 예술품이 행인의 발길을 멈추게 한다.

조각공원 천마상

"석성봉수는 왜관에서 남쪽으로 10리 떨어진 해변에 있다. 왜인이 매양 봉수대에 올라가 멀리 바라보는 폐단이 있어 경종 4년 갑진(1724)에 동래 부사 조석명이 계(啓)를 올려 봉수를 구봉으로 옮기고, 석성의 옛터에는 왜인들이 올라 왕래하는 배들을 바라볼 수 있도록 허락하였다."

– 『증정교린지』 제3권(1802)

"석성산은 왜관 서쪽에 있는데, 을사년(영조 원년, 1725)에 부사 이중협李重協이 왜관과 너무 가까워 폐단이 많으므로 구봉에 이설하기를 주청하였다."

– 『동래부지』(1740)

석성산봉수에서는 고려자기편이 많이 발견되었다고 한다. 고려에서 축조, 운용한 봉수대일 것이다. 1724년과 1725년 사이에 왜관에 거주하는 왜인들이 자신들과 관련된 선박의 왕래를 석성봉수대에 올라 와서 후망하고자 하는 문제로 마찰이 생겨 구봉산으로 옮겼다는 기록이다. 왜인들의 출현과 노략질을 감시하고자 만든 봉수대가 왜인들에 의해 그들 선박의 왕래를 후망하는 곳으로 이용되었다는 말이다. 외교·교린은 시대에 따라 그렇게 변할 수 있는 것인가! 울산 염포에 거주하는 왜인들이 국경 수비의 상황을 정탐한 정보를 노략질에 활용했기에 울산 '유포석보'가 축성된다. 왜관에 거주하는 왜인은 잠정적인 적이 아닐 수 없다. 적과의 불편한 동침, 참으로 기묘한 아이러니다.

천마산에는 조각공원, 천마바위, 봉수대, 편백나무 밑으로 난 멋진 숲길이 있고 밤바다의 야경이 좋아서 밤낮으로 사람들의 발길이 끊이지 않는다. 천마산 정상의 유지 크기로 보아 규모가 큰 봉수대였다. 1971년 천마산악회에서 주변 석재로 봉돈을 복원하였다. 산악인들의 문화재에 대한 애정에 무한한 감사를 느낀다. 그러나 부산의 복원된 봉수들이 '기장 남산, 아이포, 이길, 천내봉수'를 참고해 원형을 살려 복원되었더라면 더없이 좋았을 것이다. 봉수대 주변은 대나무가 숲을 이루어 색다른 멋을 자아낸다. 건물지와 석축의 흔적이 있다. 다대포와 앞바다로의 조망이 아주 뛰어나 항구도시의 멋을 한껏 맛볼 수 있는 곳이다.

석성봉수는 구봉봉수로 옮기기 전까지(~1725) 운용되었고, 그 이후는 왜인들이 그들의 배를 기다리는 장소로 활용되었다.

1. 부산 감정초등학교 뒤쪽에 자동차를 주차하고 정신요양원 옆으로 난 임도를 따라 오른다.
2. 알로이시오기념병원 뒤쪽 암남타워빌 옆 천마럭키마트(천해로 36번길) 옆 천마산조각공원으로 가는 길을 따라 오른다.

2-2

오해야항봉수

오해야항을 찾아서

오해야吾海也는 '외양간'의 이두식 표기이고, 항項은 길목을 의미한다. 따라서 오해야항吾海也項은 '외양간으로 가는 길목'이라는 뜻이다. 『두시언해』, 『훈몽자회』에서 '오회야', '오해양'은 마구간을 의미하며, 후대에 '외양간'으로 바뀌었다.(부산전자문화대전)

'오해야항'봉수에 대한 고자료는 다음과 같다.

"경상도 김해 근처의 승악산과 경계가 접한 오해야항에 목장을 쌓았다."

– 『태종실록』(1416)

"목장이 둘인데 하나는 동평현 남쪽 22리 되는 오해야항(吾海也項)에 있다."

– 『세종실록지리지』 동래현

"오해야항은 동평현에 있으며, 현까지의 거리는 43리이고, 목장이 있다."

– 『신증동국여지승람』 동래현, 산천조

"오해야항은 부의 서쪽 8리에 있다. 예전에 봉수가 있었으나, 지금은 폐했다. 목장이 있다."

– 『동래부지』(1740) 산천조』

"구봉봉수는 부의 서쪽 25리에 있는데, 오해야항이 폐한 후 여기로 옮겼다. 서쪽으로 응봉과 응하고, 동쪽으로 황령산에 알리는데, 거리는 20리다."

– 『여지도서』_하, 경상도, 동래, 봉수조

"오해야항은 부의 서남쪽 43리에 있다. 승악산으로부터 맥이 왔고, 목장이 있는데, 지금은 옮겼다."

– 『동래부읍지』(1899) 산천조

"구봉봉수는 부의 서쪽 25리에 있는데, 오해야항이 폐한 후 여기에 옮겼다."

– 『동래부읍지』(1899) 봉수조

오해야항봉수는 『경상도속찬지리지』(1469)와 『동국여지승람』(1481) 사이에 신설되어, "동쪽에 황령산이, 서쪽에 김해부성화례산이 각각 응했다." 그러나 현재 봉수대 유지가 확인되지 않아 오해야항봉수의 위치에 대한 여러 가지 주장이 있다. 『태종실록과 세종실록』, 『동래부지-산천조』(1899)에 나타나는 사하구 감천동·괴정동 일대 목장에 오해야항봉수대가 있었던 것으로 생각할 수 있다.

오해야항봉수는 석성봉수가 표기가 바뀌어 기록된 것으로 볼 수 있다.

① 『신증동국여지승람』(1530)에 석성과 오해야항이 동시에 기록되지 않은 것은 석성이 오해야항으로 바뀌어 기록되었기 때문일 것이다.

② '오해야항과 석성'은 목장성과 관련이 있는 이름이니, 같은 봉수일 개연성이 높다.

③ 『동래부지』(1740)에 석성봉수와 오해야항봉수가 따로 있는 것처럼 기록하지만, "오해야항은 동으로 황령산, 서로 김해 성화야에 응했는데 지금은 폐했다. 석성산은 왜관 서쪽에 있는데, 을사년(영조 원년, 1725)에 부사 이중협李重協이 왜관에 너무 가까워 폐단이 많으므로 구봉에 이설하기를 주청하였다."는 기록은 오해야항봉수가 폐했다는 것과, 그 다음에 폐한 이유를 설명하면서 '오해야항'을 '석성산'에 있는 봉수처럼 기록하였다.

④ 『동래부읍지-봉수조』(1899)에 "구봉봉수는 부의 서쪽 25리에 있는데, 오해야항이 폐한 후 여기에 옮겼다."는 기록은 구봉봉수로 옮긴 석성봉수가 곧, 오해야항봉수임을 말하고 있다.

⑤ '석성과 오해야항' 봉수는 모든 기록에서 대응봉수 노선이 같은 것으로 나타난다.

위의 자료들을 종합해 보면 석성봉수가 『동국여지승람』(1481)과 『신증동국여지승람』(1530)부터 오해야항으로 바뀌어 기록되자, 다른 봉수대로 여겨진 것이다. 결국 석성봉수와 오해야항봉수는 이름만 바뀌어 기록된 같은 봉수대다.

'오해야항봉수(석성봉수)는 17세기에 폐지되었다. 따라서 이 시기 이후 응봉봉수는 구봉봉수에 불을 전한다.'

응봉봉수 8.4km
석성봉수 5.8km
황령산봉수 6.2km

03

구봉봉수

구봉산봉수, 봉화산

부산광역시 서구 동대신동3가 산 1-2 구봉산 정상
위도 35. 7. 10.
경도 129. 1. 511.
고도 408m

거북이처럼 오래도록

"1724년과 1725년(영조 원년) 사이에 석성봉수에서 왜인들이 자신들과 관련된 선박의 왕래를 봉수대에서 후망하고자 하는 문제로 마찰이 생겨 구봉산으로 옮겼다.", "엄광산은 부의 남쪽 30리에 있는데 산 위에 구봉(龜峰)이 있고, 아래에 두모포가 있다."

– 『동래부지』(1740)

'구봉'은 엄광산(구봉산) 정상 '구봉(거북이 봉우리)'에 봉수대를 설치하였기 때문이며, 후대에 산 이름으로도 불리게 된 것 같다.

만약, 오해야항과 석성을 표기 혼돈으로 본다면, 성화야→석성→황령산으로 전하던 석성이, 오해야항으로 바뀌면서 성화야→(응봉)→오해야항→황령산이 되었다가, 석성이 구봉으로 옮기면서 응봉→구봉→황령산으로 후대까지 유지된다. 자세한 고찰이 필요한 부분이다.

"각 봉대군은 100명이며, 5봉대 합이 500명이다. 결원이 있으면 단계별로 본부에서 보충한다. 각 봉대별로 별장 1명, 오장 1명, 군사 4명이 5일씩 서로 교체하여 입번한다. '황령과 계명' 군졸은 입번일에 본부에서 점검과 교육을 받아야 한다. 5곳의 봉대는 비상식량 2석씩 따로 준비해 나누어 보관하다가 매년 12월 25일에 차례로 바꾸되, 항상 1석은 있어야 한다."

– 『동래부사례』(1868), 1책. 병방. 52쪽.

구봉봉수 모형연대

봉수대의 운용 원칙, 봉수군들의 근무관리가 소홀하게 운용된 것이 아님을 볼 수 있다. 구봉봉수군들은 다대진에서 입번 교육을 받았을 것이다. 부산은 연변이고 왜인들의 동향을 살피는 최전선이니 근무 원칙이 내지봉수보다 훨씬 엄격하게 적용된 것이다.

구봉은 부산 지역 봉수 중 가장 늦게 설치된 봉수지만, 원형이 가장 심하게 훼손된 곳 중의 하나다. 1976년 10월 봉수대 주변을 복원하였으며, 2002년에 가덕도 연대봉 봉수의 연대를 1/4로 축소 설치했는데, 연변 봉수의 웅장한 모습과는 다르다. 부산만과 영도를 통해 접근하는 적의 동태를 살폈던 곳이다. 2008년 10월 부산 동구청에서 등산로와 편의시설을 설치해 시민들이 많이 찾는 곳이 되었다. 구덕도서관 옆 대신공원을 통해 오르는 길은 단순한 산책이 아니라, 도심 속에서 등산의 묘미를 즐기며 오를 수 있다. 등산로 주변에 오밀조밀 꾸며 놓은 시설과 제법 가파른 경사는 사계절 걷는 즐거움을 준다.

산에서 만난 어른들의 말씀으로는 50년 전 전국 여느 산처럼 민둥산이었는데, 사방사업과 녹화사업으로 심은 여러 수종의 나무가 어울려 무성한 숲을 이루었다고 한다. 미인이 늘어선 것처럼 곧게 잘 자란 편백 숲은 구봉산에 운치를 더한다. 동갑내기 산불감시원에게서 구봉산에 대한 자긍심과 지켜 나가려는 의지를 함께 느꼈다. 건강하게 오래 지켜 주길 바란다.

TIP

구덕도서관 옆 대신공원에서 오르면 1시간 정도 소요된다.

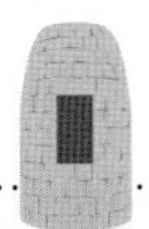

04

황령산봉수

부산광역시 남구 대연3동 산53-1 황령산 정상
위도 35° 9′ 25.6″
경도 129° 4′ 55.0″
고도 427m

동래부를 내려다보며

"바닷가에 있어서, 대마도와 가장 가깝다."(신숙주)

"동남의 제일현이다."(이첨)

동래의 지세를 표현한 말이다. 근린 일본과 숱한 애증관계의 제일선 동래부다. 동래부를 장중하게 내려다 보며 지키는 황령산은 부산시민들이 매일 바라보는 도심에 위치한다.

"처음에는 석성(오해야항)과 대응하다가 오해야가 폐지된 이후는 구봉봉수에서 신호를 받아 동쪽 간비오봉수, 북쪽 계명산봉수로 전달했다. 황령산에서 북쪽으로 전해지는 '계명산→원적산→부로산→소산' 노선은 『경상도지리지』(1425)에 기록이 없고, 『경상도속찬지리지』(1469) 기록에 나타난다. 이는 양산읍성과 언양읍성이 석축성으로 개축·증축되어 읍성이 정비되면서, 새로이 노선을 만들어 연해의 경보를 더 빨리 전하고자 한 것으로 추측되며, 이 노선은 제2거 직봉 노선으로 위계가 높아진다.

『경상도속찬지리지』(1469) 이전은 황령산→간비오→기장 남산을 경유해 유등포→대점→동악을 통해 경주에 전달되고, 또한 노선은 유등포→하서지를 통해 동해 연안을 따라 북상했다.

황령산에서는 구봉산의 신호를 받아 계명산 봉수에 전하는 역할을 하는

황령산봉수 연대출입문

동시에 바다로부터 출현하는 적을 부산시 전체에 전하는 역할을 했다. 예전 부산성과 주변의 백성들은 '황령산봉수와 이웃한 간비오봉수'에서 올리는 평안의 불을 보고 하루의 안위를 살폈을 것이다.

황령산은 해운대와 광안대교를 한눈에 조망할 수 있는 산책코스다. 봉수대가 있는 산정에서는 앞뒤로 부산 시내와 해운대 바다가 한눈에 들어온다. 봉수대는 많은 노력을 들여 복원하였는데, 예전의 원형 모습이라기보다는 조각 작품을 보는 듯한 느낌을 준다. 1976년 개항 100주년 기념사업으로 5개의 연조를 설치하였다. 복원 이후 부산진구청 주최로 매년 1월 1일과 10월 5일 새해맞이와 구민의 안녕을 위한 봉화제를 개최하고 있다.

"삼가 변고에 대비하기 위해 계합니다. 4월 16일 해시에 경상우도수군절도사 원균이 관내에 이르렀고, 유시에 우병사, 좌수사가 치보해 왔습니다. '4월 14일 묘시(05:00~07:00)에 황령산봉수군 '배돌이'가 알리기를 왜적들이 부산포의 우암牛巖에서 3개 부대로 진을 치고 있다가, 날이 밝을 무렵에 부산포의 성을 에워싸고 싸웠는데, 포성이 하늘을 흔드는 듯하다.'고 하였습니다. 서평포, 다대포는 이미 길이 막혀 구원병을 보내도 다다르기 어려울 것 같아 지극히 염

황령산봉수 연조

려됩니다. 신은 제승방략에 의거합니다."

– 『이충무공전서』, 2권 장계_〈인왜경대변장〉

봉군 '배돌이'의 창황한 마음을 이해할 듯하다. 봉군의 일이 '신량역천'(양민의 신분이지만 고되고 천한 역)이지만 국가의 위급함에 상하가 어디 있으랴. 급변을 전하는 게 봉군의 임무니 지상의 임무를 다하기 위해 황망히 내달리던 봉군 '배돌이'의 마음이 전해질 듯한 황령산봉수대다.

지금의 우리는 황령산 산정의 통쾌무비한 광경에 셔터를 누른 뒤, 봉군 배돌이의 마음을 담아 전국 봉수대를 돌아보며 길고 긴 역사의 흔적을 점고해 보는 것도 의미 있는 일이 되리라.

TIP

금련산청소년수련원에서 정상까지 차량으로 오를 수 있다.

계명산봉수

계명산

부산광역시 금정구 청룡동
산2-1 계명봉 동쪽 900m
지점 1.8km 제4봉

위도 35. 17. 225.
경도 129. 4. 643.
고도 506m

황금빛 샘물과 새벽닭

『동래부지』(1740)에 "금정산 위에 바위가 있는데, 높이가 3장이고 그 위에 둥그런 샘이 있다. 둘레는 10여 척이고 깊이 7촌 정도다. 물이 늘 가득 차 있으며 가뭄에도 마르지 않고 색깔이 황금빛이다. 세상에서 말하기를 황금빛 고기 한 마리가 5색 구름을 타고 하늘로부터 내려와 그 가운데 헤엄치고 있어서 '금정산金井山'으로 이름 지었다고 한다. 그래서 절을 지을 때 '범어梵魚'라 했다. 계명산은 금정산의 북쪽 봉우리다." '금정, 범어, 계명.' 신비함이 가득하고 온갖 전설을 머금은 산이다.

금정산 중턱에 있는 범어사는 신라 문무왕 18년(678) 의상대사가 세웠다고 한다. 의상대사가 당나라 유학을 마치고 귀국하여 화엄사상으로 백성들을 교화하기 위해서 세운 전국 10대 사찰 중의 하나다. 전성기에는 360칸이나 되었고, 임란 때 소실 이후 또 한 차례 화재를 입었으나, 1613년에 중건하여 현재에 이르고 있다. 범어사는 의상대사, 원효대사, 표훈대덕, 낙안선사, 영원조사, 매화스님 등 고승대덕이 거쳐했던 사찰이며, 임란 당시에 서산대사의 제자들이 이 절을 근거지로 왜군들과 전투를 벌였다고 한다. '보물 제250호 삼층 석탑', '보물 제434호 범어사 대웅전' 등 많은 문화재를 간직한 사찰이어서 신도와 관광객의 발길이 끊이지 않는다. 또 금정산과

계명산봉수 연조

계명봉을 이어 '금정산숲속둘레길'이 조성되어 있어서 금정구 주민들이 늘 이용한다.

봉수대는 계명봉과 계명암 중간 지점 정도의 능선에 있다. 부산시에서 1976년 개항 100주년을 맞이하여 연대를 육각 형태로 복원하였다. 산중턱 비교적 넓은 터에 위치하며 북동쪽 30m 지점에는 건물 터가 남아 있으며, 주변에 기와편·생활자기편이 많이 흩어져 있다. 둘레길 바로 옆이어서, 지나가는 이들이 잠시 멈추어 봉수대와 예전 봉군들의 모습을 잠시 생각해보는 장소가 되었다.

"도내의 양산군 계명산봉수는 낮고 작아서 먼 곳과는 서로 통하여 바라볼 수 없으니, 청컨대 계명산 봉화는 위천역 북산으로 옮기게 하소서. 하니, 그대로 따랐다."

–『조선왕조실록』, 세조 10년(1464) 2월 15일.

병조에서 경상도 관찰사의 관문에 의거해 아뢴 내용이다. 계명산봉수를 위천의 북산봉수(원적산봉수로 여겨짐)로 옮겼다는 내용이지만, 계명산봉수와 위천의 북산봉수는 끝까지 그대로 활용된 것으로 여겨진다. 위천역 북산봉수가 현재의 원적산봉수가 아니라면 다른 장소에서 그 터가 새로이 연구되고 확인되어야 한다.

계명산→원적산→부로산→소산 노선은 『경상도지리지』(1425)에 기록이 없고, 『경상도속찬지리지』(1469) 기록에 나타난다. 이는 양산읍성과 언양읍성이 석축성으로 개축·증축되면서 이 노선을 새로이 만들어 동래의 연해 상황을 부근의 주도인 경주에 빨리 전하고자 한 것으로 추측되며, 이 노선은 제2거 직봉 노선으로 위계가 높아진다.* 그 이전의 노선은 황령산→간비오→기장 남산에서 유등포→대점→동악을 통해 경주에 전달되었을 것이다.

1. 범어사 청련암에서 계명암을 거쳐 뒤쪽으로 오르면 20분 정도 소요된다.
2. 경동아파트 106동 뒤쪽(부산 금정구 청룡동 577-12)에서 금정산숲속둘레길을 따라 오르면 30분 거리다.

* 권순강 · 정은숙 · 하환옥, 2018, 『조선전기 읍성정비에 따른 봉수노선 정비와 실증적 검토』, 한국성곽협회 2018년도 춘계학술대회, p52쪽

06

원적산봉수

원적산(圓寂山)·
위천(渭川)봉수·봉화산

경상남도 양산시 상북면 석계리 산 20-21 원적산
위도 35. 25. 223.
경도 129. 4. 545.
고도 317m

성인이 나오신 산

'일천 명의 성인이 나오셔서 천성산(千聖山, 원명 원적산)이 되었다.'는 이 산에서 동학의 창시자 수운 최제우 선생이 1856년(병진년) 여름 49일 동안 하늘에 기도를 했다고 한다. 기도하던 중 멀리 떨어진 숙부가 타계한 것을 알았다고 한다. –『천도교서』 제1편, 수운대신사

봉수대는 경상남도기념물 제118호(1992. 10. 21.)로 지정되어 있다. 천성산 정상부에서 북서쪽 3.5km 정도 거리의 구릉에 있다. 임도가 산정 방향으로 잘 조성되어 있어서 봉수대에 이르기가 쉽다.

"동·서쪽에 깬돌로 쌓은 석축이 있으며 동쪽은 둥글게 석축을 쌓아 그 안에 기와집과 창고를 지었던 흔적이 있다. 서쪽은 능선 정상부를 따라 석축을 경사지게 사각형으로 쌓고 안에 연조를 두었다. 방호벽 석축 기단 부분은 내탁(바깥에 돌을 쌓고 안쪽에 흙을 쌓아 보강하는 방식)하여 쌓고 그 위는 협축(안과 밖을 모두 돌로 쌓는 방식)하였는데 대부분 무너져 있다. 봉수대 안 건물지나 화덕자리도 심하게 훼손되어 원래의 형태를 파악하기 어렵다."

–『양산문화유적조사보고서』(양산문화원, 1996)

1996년 봉수대를 작은 성처럼 복원하였다. 예전의 봉수대와는 약간 다른 형태다. 연조 5기를 촘촘히 붙여 놓고, 방호벽은 성벽처럼 쌓았다. 아래

로 내려다보면 경부고속도로와 양산천이 남북으로 달리고 있다. 예전에는 위천역에서 역마를 갈아탄 관리나 부산 방향 혹은 경주 가던 길손들이 바쁜 걸음을 재촉하던 길이었고, 봉수대에서는 이 길의 상황을 늘 지켜보았을 것이다.

"위천봉대는 창고가 관문의 밖 북쪽 20리 거리 묘좌유향(卯坐酉向: 동쪽에서 서쪽을 향한 터)에 있다. 남쪽 동래 계명산봉수로부터 40리를 와서 겨누고, 북으로 언양 부로산에 이르는데 40리를 가서 응한다. 별장 1인, 감고 1인, 군 100명, 연대 1, 연굴 5, 화덕 1, 망덕 1, 화전 9개, 당화전 9개, 장전 5부, 편전 1부, 궁자(활) 1장, 통아(편전 발시대) 1. 환도 2자루, 창 1자루, 조총 2자루, 약승(화약가루 됫박), 대백기 1면, 화약 5량, 화승 1사리, 전각(전투용 나팔) 1, 목부자(떡메, 나무망치 종류) 20자루, 방패 6, 연환(납 총알) 30개, 화철(부싯돌의 일종) 2개, 부싯돌 2개, 화통 5, 낫 5자루, 조소(굵은 밧줄) 3거리, 능장(모방망이) 20개, 고월라(반달 같은 갈고리가 달린 창의 일종) 15개, 법수목(끝을 다듬거나 장식해서 세우는 나무기둥) 5개, 사다리 1, 밥솥 1좌, 비상식량 1석, 돗자리 5립, 유기(버드나무로 짠 광주리) 2부, 표주박 5, 물항아리 5, 좌반(밥상) 5립, 숟가락 5지, 접시 1죽, 사발 5립, 화로 1좌, 둥근 돌(가장 빠르게 짐승이나 적을 공격할 수 있는 무기) 5납, 화줄(불을 옮기는 밧줄) 5거리, 종화분(불씨 그릇) 5좌, 멸화기(불 끄는 기구) 5, 수조 6, 싸리나무 홰 50자루, 소나무 홰 50자루, 동거(소똥, 말똥으로 만든 홰) 3자루, 땔나무 5눌, 토목(장작?) 5눌, 담배 5눌, 교줄(사다리 줄) 1거리, 숯 5석, 재 5석, 가는 모래 5석, 조강(쌀겨, 왕겨 등) 5석, 초거(풀로 만든 홰) 50자루, 나무 통 5, 쑥 5동, 말똥 5석, 소똥 5석, 기왓집 2칸, 창고 2칸, 빈 가마니 10립, 도끼 1자루, 매달은 바가지 5, 솥 1좌, 말목은 숫자를 헤아리지 않는다. 삼혈총(총구가 셋 달린 총) 1자루, 교자궁 1자루, 가슴 가리개 1좌, 머리 가리개 1좌, 종이 갑옷 1, 철갑옷 1, 오색표기 5면, 징 1, 작은 북 1, 궤짝 1"

— 『여지도서』하, 보유편. 양산군읍지. 봉수

영조 42년(1765)에 편찬된 전국의 읍지 『여지도서』에 실린 원적산(위천)봉수대 운영에 필요한 비치물목이다. 생활물품과 비치하는 물품 하나하나를 통해 5명이 근무하는 당시 봉군들의 근무 상황을 충분히 추측해 볼 수 있다. 봉수군들은 일상생활에서는 한 사람의 사회구성원으로서 집안의 가장으로서의 역할도 있지만, 봉수대에 입번하면 횃불 신호를 올리는 것 외에도 총기를 다루고, 화약을 준비하며 활과 창을 익혀야 하는 군인으로서의 역할을 수행해야 하는 사람들이다.

원적산봉수 내부

원적산봉수 연조

TIP

양주중학교(경남 양산시 상북면 석계리 51) 북쪽 200m 정도에 있는 산으로 향한 임도를 따라 오르면 봉수대까지 자동차로 진입할 수 있다.

07

부로산봉수

부로산(부노이산, 봉화산)

경상남도 울산 울주군 삼남면
교동리 산 90 봉화산 정상
위도 35. 33. 441.
경도 129. 6. 137.
고도 350m

마두전 줄다리기

"마두전(馬頭戰)은 단옷날에 시내(태화강) 남북의 사람들이 읍성에 모여 길 아래위로 나누어 좌우대를 만든다. 첫째 날은 사람들에게 새끼줄을 각기 한 사리씩 꼬게 하여 줄의 머리에 구멍을 뚫고 큰 나무를 끼워 이것을 말머리로 삼는다. 두 무리는 일시에 북을 치면서 앞으로 나아가 붙잡고 붙여서 두 마두를 새끼로 묶고서 다리 힘으로 다툰다. 민속에 전하기를 읍의 기틀인 용두가 울산 쪽으로 달아나므로 이 싸움을 만들어 용두를 끌어당긴다. 마두는 곧 용두를 말한다."

–『언양군읍지』(1899)_풍속조

"마두희(馬頭戱)는 이와 같다. 매년 정월 15일 밤, 영부(營府)의 거주민에게 각 면과 동에서 새끼 수천 발을 만들도록 미리 말한다. 태화루에 모여 동서로 편을 나누도록 명하면, 동서편의 사람들이 스스로 규합하여 줄을 만들고 그 머리에 자물쇠 모양을 만든 후, 양편에 남녀의 옷을 입게 한다. 남자는 동쪽, 여자는 서쪽에서 줄을 메고 오랫동안 서로 희롱하고 움직이다가 줄의 머리를 함께 묶으면 남녀가 서로 북을 치고 떠들면서 무리들이 서로 끌어당기며 동쪽이 서쪽 줄을 흩어버리면 서쪽이 이기는 것이고, 서쪽이 동쪽 줄을 흩어버리면 동쪽이 이기는 것이다.(승리의 개념이 반대로 표현되어 있다.) 후에 새끼줄을 태화나루에 가져간다. 대저 여러 사람들이 쓰기 위함이다."

"마두희라고 부르는 것은 예전에 이른 바, 동대산 한 맥이 동해로 달려가는데 그 형상이 마치 마두(말 머리)와 같다. 원래 서쪽을 돌아보는 기상이 없으므로, 읍의 사람들이 기운이 달아나는 것을 싫어하여 줄로써 끌어서 읍의 터전이 지닌 형상에 대응하는 것이다. 유희하는 것이 이와 같기 때문에 서쪽이 승리하면 풍년이 들고, 동쪽이 승리하면 흉년이 든다고 한다. 대개 당나라 발하희(拔河戱)를 모방한 것이다."

'언양읍지와 울산읍지'에 실린 '마두전·마두희' 풍속에 대한 기록이다. 언양 서쪽은 천여 미터가 넘는 '신불산, 고헌산, 천황산'이 있어서 든든히 지켜진다. 동쪽으로는 태화강이 곧장 울산으로 흘러 바다에 이른다. 물이 정기를 싣고 바다로 흘러가 버리는 안타까움은 울산의 진산인 동대산 용머리가 돌아보지도 않고 바다로 향한 것에 대한 아쉬움과 같은 것이다. 산과 산 사이 좁은 농토에 의지해 사는 우리 겨레에게, 산의 정기가 다른 곳을 향해 외면하고, 물길이 곧장 다른 곳으로 빠져나가는 것은 큰 아쉬움이다. '마두전·마두희' 유희를 통해 빠져나가는 산과 물의 정기를 다시 끌어오고, 두 마두를 한데 묶는 음양의 조화를 통해, 풍년을 만드는 지혜가 깃들여진 놀이이다.

봉수대는 울산시 기념물 제16호(1998. 10. 19.)로 지정되었다. 봉화산 정상에 있는데, 방호벽 북쪽에 '방송국 송신탑'이 있다. 방호벽은 동서 23m, 남북 20m, 상부 둘레 70m 가량이며, 일부가 훼손되었으나 원형에 가깝게 남아 있다. 내부에 지름 3m의 저수조가 있다. 이는 봉수대에서 발생한 실화로 대응봉수에 신호가 잘못 전해질 것을 대비한 조치다. 봉수대 주변에 샘이 있는 경우도 있지만, 높은 산정에 있는 봉군들에게 생활용수 공급은 쉽지 않았다. 평소에 저수조를 만들고 빗물을 받거나 물을 운반 저장하여 식수나 방화수로 활용했다.

부로산봉수에서 봉수군들이 번을 섰던 실제 상황을 자세히 알 수 있다. 5인으로 구성된 5조가 5일씩 근무하고 현감이 매월 삼군부에 보고한 것이다. 내지봉수와 연변 연대봉수는 대체로 이같이 운영되고, 수군진영에서 운영하는 권설봉수, 이양선을 감시하

부로산봉수 방호벽

고종15년(1878) 11월 초1일 언양현감이 삼군부에 보고한 「언양현부로산봉대요망일기」 내용 중

연월	도별장	번	근무일	오장	봉수군
고종 15년 11월 (1878)	방사욱	5	초1~초5	박기옥	이응손, 성득천, 김○손, 장암외
		6	초6~초10	김삼연	이달곤, 이대길, 김세천, 최○손
		7	11~15	김삼손	정복수, 박재열, 이수갑, 김지평
		8	16~20	윤말석	서흥대, 박시인, 김돌금, 이갑손
		9	21~25	조막내	이대근, 이선남, 박악남, 구용이
		10	26~29	최화수	이복돌, 김오작, 박○복, 이명철

는 요망대, 목장의 말을 감시하는 망대 등은 실제 상황과 여건에 맞추어 적절히 규모가 감축되어 운용된다. 봉수대는 '권설봉수와 망대, 요망대'와는 달리 엄격한 격식과 비품을 갖추어 운영되는 봉수임을 알 수 있다.

봉수대 아래에는 '울주의 명승 작천정 계곡'이 있다. 포은 정몽주 선생이 유배 와서 글을 읽은 자리로 전해진다. 일제강점기 언양청년회에서 조국의 역사가 영원히 이어가기를 바라는 마음으로 새긴 '청사대' 글씨가 있다. 계곡 바위에 암각된 글과 청사대 글씨는 올곧은 충신의 향기가 시인묵객들의 가슴을 울리고, 수백 년 산정을 지켜온 봉군들에게 전해지고, 언양 청년들 가슴 속에 피어난 것이다.

1. 작천정주차장(울산 울주군 상북면 등억알프스리 산 12-1)에서 북쪽으로 봉화산 등산로를 따라 오른다.
2. 화춘당한약방(울산 울주군 상북면 등억알프스리 99-2)에서 밀양 상북으로 가는 국도를 따라가다가 1.5km쯤에서(원당고개) 동쪽 임도로 오르면 20분 정도 소요된다.

08

소산봉수

소산(봉운재)

울산광역시 울주군 두서면
서하리 산 35 봉화산 정상

위도 35. 37. 804.
경도 129. 9. 184.
고도 237m

소산 1

묘지 담장으로

'계명산→원적산→부로산→소산' 노선은 『경상도지리지』(1425)에 기록이 없고, 『경상도속찬지리지』(1469)에 처음 나타난다. 이는 양산읍성과 언양읍성을 석축성으로 개축·증축해 읍성이 정비되면서, 4개소의 봉수가 신설돼 소산에서 16.8km 거리의 고위산으로 신호를 전달하게 된 것이다. 이때 황복이 고위산으로 바꾸어 표기된다. 경주에서는 '황복(皇福: 밝다, 임금님, 상제님, 복받다)'처럼 고귀한 이름으로 불리지만, 언양 지역에서는 단지 '고위(高位: 높다)'

소산 2

로 인식된 것 같다. 새 노선을 통해 동래의 경보가 훨씬 빨리 경주에 전달되었을 것이다.

봉수대에 올라서면 경부선 고속도로가 언양 방면으로 시원하게 뚫려 있다. 북으로는 고위산이 높다랗게 다가온다. 석축 방호벽이 잘 남아 있으며, 내부에 호화롭게 꾸며진 민묘 2기가 있다. 방호벽은 높이 1.3m, 넓이 1.5m 정도다. 봉수대 내부에 있어야 할 연조와 다른 시설은 묘지 조성으로 완전히 사라진 상태다.

2013년 9월 고故 최진연 기자가 보도한 자료에 의하면 "소산봉수터는 울산에서 16대 국회의원을 지낸 고故 권 모 씨가 산을 매입한 후 자신의 부친 묘를 안장하고, 2011년 자신도 여기에 묻혔다. 이는 울산광역시에서 소산봉수대를 문화재로 지정하지 않아서 가능했던 일이라고 한다." 묘지 조성 과정에서 선인들의 수고가 고스란히 배인 방호벽을 묘지 담장으로 만들어 버렸다. 지역의 다른 봉수대에 비해 방호벽 돌을 훨씬 많이 사용한 소산봉수대는 트여진 남쪽을 제외하고 직사각으로 방호벽을 둘렀다. 남쪽 방호벽은 묘지 조성과정에서 사라진 것인지 아니면 남쪽 방향의 경사면을 방호벽으로 활용한 것인지 알 수 없다. 경사면에 기초 석축만 쌓고 방호벽처럼 활용한 경우는 다른 봉수대에서도 볼 수 있다. 산정 부근에는 별반 석재가 없는데도 방호벽이 작은 성처럼 보인다. 이는 정상 부위의 비교적 넓고 약간 경사진 터에 쌓아서 방호벽이 더욱 도드라지게 보이기 때문이다. 서쪽과 북쪽 방호벽 안에 다시 낮게 석축을 쌓아 바깥 방호벽이 마치 성곽의 전투용 시설인 '여장女牆'처럼 보인다. 아마 높은 방호벽을 안쪽에서 오르내리기 쉽게 한 장치이거나, 이곳에 봉수대 운용에 사용되는 자재를 쌓아두었을 것으로 보인다.

두서면 서하리 소산봉수는 마을 인근 낮은 산이어서 가벼이 오를 수 있는 곳이다. 봉수대 밑 대골마을이 봉군들의 마을로 추정이 된다. 마을 가운데 '황수사' 절이 있으며, 주위에는 여느 봉수대처럼 횃불에 쓰인 대나무가 빽빽하다.

1. 두서면사무소에서 언양 방향 2km에 방말입구 교차로(울산 울주군 두서면 서하리 산 32-3)가 있다. 방말 쪽으로 400m 거리 왼편 임도를 따라 오른다.
2. 대골마을 황수사(울산 울주군 두서면 서하리 566-2) 뒤쪽으로 오를 수 있다.

09

고위산봉수

고위산(황복)

경북 경주시 내남면 노곡리
산 123 칠불암 남동쪽 봉우리
위도 35. 46. 02.
경도 129. 14. 098
고도 476m

불국토 경주 남산

'고위산' 명칭은 『경상도속찬지리지』(1469, 예종 1년)에 처음 나타난다. 황복봉수가 고위산봉수로 바뀌어 표기되는데 대응노선은 같고 명칭만 다르다. 명칭 변경 이유는 나타나지 않는다. 황皇이 '임금, 상제'를 가리키는 말이어서 봉수대 명칭으로 적합하지 않아 단순히 '높다'는 고위高位로 바꾼 것 같다. 고위산으로 표기되는 시기부터 신설된 '계명산→원적산→부로이산→소산' 4개의 봉수를 거쳐 동래 황령산의 신호가 고위산에 전달된다. 황령산 신호가 간비오, 기장 남산~대점, 동악을 통하는 기존의 노선보다 훨씬 빠르게 경주 고위산에 전달되는 것이다.

고위산봉수는 경주 남산 칠불암 뒤 남동쪽 봉우리에 있다. 고위산 정상 고위봉에서 동쪽 능선을 따라 1km 정도에 위치한다. 세월의 풍화를 받아 석축이 많이 무너졌지만 대체적인 윤곽을 알 수 있다. 방호벽으로 미루어 보았을 때 동서 장축의 타원형이며, 연조 모습도 뚜렷하지는 않으나 돌과 흙으로 쌓여진 무더기가 있다. 남서쪽의 방호벽은 석축은 훼손되었으나 봉수대의 윤곽을 알아볼 수 있을 정도다. 동북쪽은 가파른 절벽이다. 산정의 급한 경사를 그대로 방호벽으로 활용한 것으로 보인다. 칠불암에서 바라보면 봉수대는 높은 절벽 위에 있는 것처럼 보인다. 등산객들이 봉수대 안쪽을 거쳐 지나다녔으나, 국립공원 관리 당국에서 봉수대 주위에 줄을 쳐서 우회하도록 했다.

고위산

경주 남산, 불국토의 남산, 부서진 채로 미소 짓는 수많은 석불, 발걸음을 멈추게 하는 사찰 터, 천 년 신라의 정신이 오롯이 밴 곳이다. 남산 석불의 정수인 칠불암이 봉수대에서 빤히 내려다보인다. 경순왕이 고려에 귀부하자 고려군은 경주에 들어올 때 남산이 보이는 곳부터 신을 벗고 들어왔다고 한다. 아버지의 나라에 들어간다고…….

신의 산, 불국의 성지, 칠불암 부처님의 미소……. 몇 번이나 올라도 남산의 제 모습을 다 볼 수는 없다. 남산에 오르며 봉수대를 기억하는 이 몇이나 될까? 흔적만 남은 봉수대 앞에서 민망한 마음이 앞선다.

북쪽 경주대학교 방향으로 보면 대응봉수 접포현이 있는 광명동과 경주 시내가 한눈에 들어온다. 경주는 고위산봉수가 전하는 평안의 불로 안도 속에 일상을 유지해 나갔을 것이다. 초기봉수인 다대포에서 이른 새벽에 올린 신호가 해가 진 직후 서울 남산에 도착한다면, 경주는 오전 7시에서 8시 무렵에 신호가 지나갈 것이다.

1. 열암곡 주차장(경주시 내남면 노곡리 산119)에서 서쪽으로 800m 거리에 있다.
2. 통일전 주차장(경북 경주시 남산동 1156-102)에서 걸어서 1시간 10분 거리에 칠불암이 있다. 칠불암 바로 위 신선암을 지나서 동쪽 능선으로 오르면 10분 거리에 있다.

10

접포현봉수

접포현(蝶布峴), 내포점(乃布岾), 봉우재

경상북도 경주시 광명동 산17-2
위도 35. 49. 655.
경도 129. 8. 906
고도 234m

나비 날개의 신호

접포현 – 서쪽 방호벽

와산 마을에서 접포현 봉화산을 보면 마치 나비가 두 날개를 펼친 모습이다. 봉수대 이름과 이 산을 가로지른 고개 '접포현(나부재, 나비 고개)'의 '접(蝶 나비)', 내포점(나부재, 나비 고개)의 '내포'는 나비 형태의 산 모양에서 비롯된 것으로 보인다. 「경주서악지역지표조사보고서」(경주문화재연구소, 1994)에 "이 고개에는 영천 방향으로 가는 역마길이 있다."고 한다. 좁은 국토에 한 뼘의 땅이라도 농사짓기에 바쁜 과거에는 평지에 큰길을 내는 것이 부담스러웠으리라. 조금 힘이 들더라도 고개를 가로지르는 지름길을 택해 왕래하였다. 봉수대를 고갯길과 인접해 설치하면, 변경으로부터 전해 오는 경보를 오가는 행인들에게 빨리 전달할 수 있으며, 산정에 위치한 봉수대로의 접근성을 높일 수도 있다.

내포점봉수는 고개 능선에서 남쪽 정상부에 조성되어 있다. 봉수대 가장자리에 두툼한 석축 방호벽이 남아 있다. 주위에는 기와·토기편들이 많이

접포현 – 나비모양 산

흩어져 있고, 산죽과 왕죽의 중간 굵기 대나무가 빽빽이 서 있다. 접포현봉수는 고위산에서 받은 신호를 주사산봉수에 전하는데, 경주부에서는 선도산과 송화산이 가로막혀 접포현 신호를 볼 수가 없다. 건천읍을 가로질러 경주시 서면 도계리 주사산봉수로 전하기에, 건천읍에서는 접포현을 쳐다보며 봉화가 도착하는 시간을 가늠할 수 있다.

1. 경주대학교 정문 맞은편의 와산 마을에서 마을 남쪽 끝부분의 큰 느티나무 옆으로 해서 서쪽 방향의 산으로 오른다.
2. 와산마을 북쪽 끝부분(와산2길 28-10)에서 서쪽 잘록한 나비 모양의 고개마루로 올라가면 고개 남단 봉우리에 있다.

11

주사봉봉수

주사봉(朱砂峯 烽燧), 오봉산, 주사산, 봉운재, 사봉(沙峰)

경북 경주시 서면 도계리 산 16
위도 35. 52. 504.
경도 129. 3. 734.
고도 193m

신라 공주님 마을

"당태종이 김춘추의 말을 듣고서, 탄식하며 진실로 '군자의 나라'라고 말했다. 사람을 만나면 반드시 절을 한다. 손을 땅에 닿게 하여 공손함을 표시한다. 혼례식 때에는 술과 음식만 먹는데, 빈부에 따라 차이가 있을 뿐이다."

– 『동경잡기』(1845), 풍속조

'동방예의지국'이 그냥 생긴 말은 아닐 것이다. 오랜 사대외교 끝에 얻은 중국 기준 표현이랄 수 있으나, 결국은 우리의 내재된 품성이 드러난 결과가 아니겠는가. 혼사에서 혼수의 많고 적음을 따지는 것은 오랑캐 풍습이라고 한다. 결혼은 양가의 결합이기 때문에 시집을 가도 성姓이 바뀌지 않는 나라다. 매매혼의 풍습이 없는 것도 큰 장점이다. 좋은 풍속들이 6,70년대를 지나며 심하게 바뀌고 왜곡되었다. 변화는 시대에 따른 결과지만 겨레의 미풍과 굳세게 '우리'를 지켜나가는 좋은 장점이 이어졌으면 한다.

"주사산봉수는 부의 서쪽 42리에 있는데, 동쪽으로 내포점에 응하고 서쪽으로 영천군 방산에 응한다. 지금은 도음곡촌(道音谷村: 돔실 마을) 앞산에 옮겼다."

– 『동경잡기』(1845), 봉수조

『신증동국여지승람』 이후에 지금의 도계리로 옮겼다는 말이다. 옮기기

유방산–배산–오봉산

동쪽방호벽

전의 위치는 정확하게 알려진 바가 없다. 하리마을 입구(경주시 서면 도계리 산 34-2)에서 주사봉봉수로 오르는 산책길이 정비되어 있다. 봉수는 입구에서 한적한 숲길을 1.5km 정도 걷고 난 뒤에 나온다. 숲길은 아화리, 도계리 마을사람들이 즐겨 찾는 힐링의 공간이다.

도계리는 아화에서 주사암 오르는 길 입구다. 주사산을 배경 삼고 서쪽으로 넓은 들판이 있어서 농사짓기에 좋은 곳이다. 오봉산의 기운이 서쪽으로 빠져나가는 것과 북서풍을 막기 위해 하리 입구에 방풍림을 심어 놓았다.

도계리는 상리, 중마실, 하리로 나뉘었는데, '신라공주의 전설이 얽힌 주사암', '죽지랑과 낭도 득오'의 배경이 된 주사산성, '신비의 여근곡' 등 온갖 전설에 둘러싸인 곳이다. 널리 알려지지 않은 전설도 있다. 여근곡의 몸체인 '배와 젖가슴'이 마을에 있다. 중마실에서 만난 아주머니는 손가락으로 배와 젖가슴 모양의 산봉우리를 가리키며 자세히 이른다.

"신라의 어느 공주가 탑돌이를 하면서 소원을 비는 민간 행사 '복회'에 참가하고 싶었다. 어느 봄날 부왕을 졸라서 밤중에 시녀와 함께 궁을 빠져나와 '복회'에 참가했다. 탑돌이에 몰입한 공주는 새벽이 되어서야 궁으로 돌아갈 시간이 늦었다는 걸 알고, 급히 돌아가다가 길을 잃고 말았다. 산 속을 헤매던 공주는 곰의 굴에 들어갔다고 한다. 공주를 찾는 군사들이 곰의 굴을 발견했을 때에는 공주는 없고, 공주가 늘 지니던 '붉은 주사' 주머니만 있었다."고 한다.

–『우리 산 옛 절』(김장호, 김승호)

'주사암'에는 슬픈 전설이 있다. 애틋한 전설 속 공주의 '젖가슴과 배·여근'이 자연 지형물로 남아 있다. 애절한 사연 때문인지 사람들은 주사산 주위에 의미를 부여해, 공주를 애도한 게 아닐까.

봉수대 규모는 남북 18m, 동서 32m 정도다. 밭을 일구고 묘지를 만들면서 내부 시설은 훼손되었다. 남쪽 방호벽 밑에 해자가 깊이 파여 있다. 봉수대 북동쪽 끝에 예비군 참호가 있으며, 그 주변에 두꺼운 기와편이 많이 있다. 봉수대에서 남쪽으로 100m 정도에 방호벽을 쌓은 건물터가 있다. 상리 마을은 평해 황씨들의 집성촌인데 황씨 어르신은 농사와 누에를 쳐서 살림이 넉넉하다. 봉수대를 봉운재로 부르며, "봉수대 안에 있는 산소들이 대개 황씨들의 산소다."라고 하신다.

TIP

도계리 마을입구(경북 경주시 서면 도계리 산 34-2)에서 동쪽으로 산책길을 따라 1.5km 거리에 있다.

12

방산봉수

방산(方山), 영계산(永界山), 영계방산(永溪方山)

경상북도 영천시 북안면 임포리 산 19-1 방산 정상부 남쪽 200m 아래

위도 35. 55. 192.
경도 129. 1. 292.
고도 307m

빛과 언덕의 고장

구월 구일 익양태수 이용과 명원루에서 만나다. 이때 이 누각을 새로 지었다.

淸溪石壁抱州回 맑은 시내 돌벼랑이 고을을 안았는데,
更起新樓眼豁開 우뚝 선 새 누각에 눈이 둥그레지네.
南畝黃雲知歲熟 남녘 들 누런 구름 곡식 익은 것 알겠고,
西山爽氣覺朝來 서늘한 서산 기운에 아침이 온 줄 알겠네.
風流太守二千石 풍류의 태수 녹봉 이천 석이니,
邂逅故人三百盃 옛 친구 만나 삼백 배나 권하지만,
直欲夜深吹玉笛 깊은 밤 옥피리 불며,
高攀明月共徘徊 달빛 아래 거닐고 싶을 뿐이네.

–『포은선생문집』 2권, 시

"남천은 군 남쪽에 있다. 모자산으로부터 나와 동쪽으로 '명원루' 아래를 지나 북천과 합류하여 동경도東京渡가 된다. 동경도東京渡는 군의 남쪽 10리에 있는데 아래로 흘러 금호강이 된다. 북천은 군 북쪽 6리에 있는데 모자산(보현산)으로부터 나와 서쪽으로 청통역 남쪽에 이르러 남천과 합해져 동경도(東京渡)가 된다. 영천군은 2수가 합류하는 안쪽에 있으므로 '水'자를 '永'자로 바꾸어 영천으로 불렀다."

–『영천군지』(1861)

고을의 예전 이름 '절야불(切也火: 절에벌-절벽과 들판), 임고(臨皐: 언덕에 임하다),

서쪽 방호벽

고울高鬱'은 높은 벼랑 아래 펼쳐지는 들판을 뜻하고, '영주永州, 영양永陽, 익양益陽'은 물이 풍부하고 햇볕이 잘 드는 곳이라는 말이다. 포은 선생의 시에서 영천 지형을 '청계석벽(淸溪石壁: 푸른 시내와 높은 벼랑)'이라 한 것도 같은 뜻이다. '햇볕·물·기댈 언덕'은 사람살이에 꼭 필요한 것이다. 햇볕과 물은 영천 포도를 달게 하고 언덕은 점점 높아져 '보현산 천문대'에서는 하늘을 살핀다. 일찍부터 삶살이가 시작되고 인문이 높은 곳에 이른 고장이다.

방산은 온양 방씨들의 선산이어서 방산으로 불렸다고 한다. 온양 방씨는 고려 권문세족이었다. 지금도 선조들의 묘소를 잘 돌보고 있는 듯하다. 방산 주변은 종교적 색채가 짙다. 스리랑카에서 가져온 부처님 진신사리를 봉안한 엄청난 규모의 납골 사찰 '만불사'가 있고, 길흉화복을 묻는 이에게 영험하게 대답하고 정성스레 기도하면 한 가지 소원은 꼭 들어준다는 '돌할매'가 있다. 공영 방송에 소개되고, '돌할매공원'으로 조성되고, '도로명 주소'가 될 정도로 명성이 있어서 찾는 이의 발길이 연중 끊이지 않는다.

방산봉수는 '영계산봉수', '영계방산봉수'로도 불렸다. '영계永界, 永溪'라는 지명은 이곳이 영천과 경주의 경계이며, 영천에서 경주로 가는 길목이기 때문이다. 봉수대는 방산(327m) 정상에서 남쪽으로 200m 정도 아래에 있는 비교적 큰 형태의 내지봉수다. 서쪽과 북쪽 방호벽은 비교적 형태가 남아 있으며 내부에 봉돈의 흔적이 있다. 영천 지역의 봉수는 내지봉수면서도 내부에 흙과 돌을 섞어 봉돈을 높게 쌓았다. 방산봉수 봉돈은 영천 성산 봉수 봉돈과 비슷한 규모였을 것이나, 지금의 봉돈은 원래 크기보다 많이 훼손된 상태다. 방산 봉수대를 정상부의 남쪽 아래에 둔 이유는 대응봉수와의 조망은 양호하면서도 봉군들의 접근성을 편이하게 하고, 겨울철 차가운 북풍에 대비한 것이다. 대응봉수인 주사산봉수 방향의 방호벽은 조망의 편이성을 높이기 위해 낮게 조성되었다. 방산봉수대를 찾을 때는 산불감시 초소가 있는 방산 정상에서 남쪽 능선을 따라 내려오는 길이 편하다.

TIP

고지2리노인회관(경북 영천시 북안면 고지리 106-1)에서 마을 뒤쪽으로 난 길을 따라 산을 오르면 호산사 절이 나온다. 사찰 뒤쪽에서 서쪽(왼쪽)으로 난 임도를 따라 방산 정상부로 오른다. 봉수대는 정상부 남쪽 200m 정도 아래에 있다.

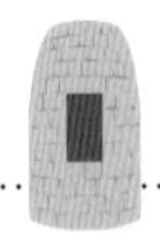

13-1

구성황당봉수

구성황당(城隍堂)

경상북도 영천시 쌍계동 산 32
위도 35. 57. 838.
경도 128. 53. 971.
고도 278m

성황당구봉수

영천시 오수동에서 원제리로 넘어가는 땅고개(당고개)에 성황당이 있었다고 한다. 성황당봉수대는 제2거 직봉의 방산봉수와, 동쪽 고경면 파계리에 있는 간봉 1노선의 지봉인 소산봉수와, 하양읍에 있는 간봉 8노선의 시산봉수의 신호를 받아 직봉인 청통면 신덕리 성산봉수로 보냈다. 성황당 구봉수대는 예전에 영천읍으로 하루의 평안을 알리는 봉수였다. 가파른 산정위를 편평하게 터를 닦은 후 조성하고, 가파른 경사면을 활용해 방호벽을 쌓았다. 내부시설물은 없어지고 봉수터만 휑하니 남아 있다. 봉돈이 있었을 가운데 부분에 지금은 산불 감시초소가 들어서 주변을 감시하고 있다. 토기편이 많이 흩어져 있어서 옛사람들의 흔적을 느낄 수 있다. 이곳에서는 영천시에서 주최하는 해맞이 신년행사가 매년 열린다. 영천향토사연구회와 경상북도 문화재연구원에서 두 차례 지표답사를 하고 표지석을 세워두었다.

『세종실록지리지』(1454, 단종 2년)까지는 16km 거리의 신령 '여음동봉수'에 신호를 직접 전하다가 『경상도 속찬지리지(1469 예종 1년)』 편찬 직전에 6km 거리의 신덕리 '성산봉수'가 신설되어 서로 호응했다.

구봉수대는 서남으로 600m 거리에 있는 신봉수대로 옮겼다. 언제 어떤 이유로 옮겼다는 기록은 없다. 구봉이 옮겨진 신봉보다 더 높고 영천 시내를 훨씬 잘 조망할 수 있었지만, 신봉을 조성하여 옮겨 갔다. 힘들여 옮긴 이유를 생각해 보면, 신봉에서는 하양의 시산봉수 방향으로의 조망은 나아지지만 다른 봉수들의 조망은 나아진다고 보기가 어렵다. 조망권 때문에 옮긴 것이 아니라면 구봉의 위치와 봉수대의 주변 상황을 생각해 볼 수 있다. 구봉은 가파른 산정에 조성되어 봉군들이 오르내리고, 일상적 생필품을 운반하기 힘들었을 것이다. 인접한 산봉우리가 없이 우뚝하게 독립한 봉우리여서, 여름의 뜨거운 태양과 겨울의 매서운 북풍을 가릴 곳이 오직 봉수 내부의 집 한 채 뿐이다. 봉군들의 생활 불편이 민원사항이 되고, 이런 연유로 옮겨간 게 아닐까 생각해 본다. 봉군들의 근무 불편을 이유로 봉수대를 옮겨 간 경우는 충주의 '심항봉수'와 청도의 '남산봉수' 등 여러 곳에서 발견된다.

구성황당봉수내부

TIP

구봉은 고수골(경북 영천시 금호읍 원제리 178-4, 경북 영천시 금호읍 고수골길 129) 월성 손씨 효열비각에서 오를 수 있다. 신봉은 고수골 안심사 안 삼성각 뒤로 오르는 길이 가장 빠르다.

방산봉수 12.3km
시산봉수 9.7 km
소산봉수 19.1 km

성산봉수 6km

13-2

신성황당봉수

신성황당(城隍堂)

경상북도 영천시 금호읍 원제리 산24
위도 35. 57. 508..
경도 128. 53. 764.
고도 신봉수 235m

신성황당봉수에서 본 구성황봉수

성황당 신봉수

성황당 신봉新烽은 구봉에서 남서쪽으로 골짜기 하나를 사이에 두고 580m가량 떨어진 산 정상에 있다. 이설 시기는 정확한 기록이 없지만 대응하는 4개소의 봉수가 더 잘 보이는 곳에 옮긴 것으로 생각된다. 과거 영천군의 읍치 3㎞ 정도 거리에 있었다고 한다. '영천향토사연구회와 경상북도 문화재연구원'에서 두 차례 주변 지표답사를 하고 표지석을 세워 두었다.

성황당봉수 신봉

신봉은 내지봉수로서는 규모가 큰 편이다. 직봉의 방산봉수(12.3km), 간봉 8노선의 하양 시산봉수(9.7km), 간봉 1노선의 지봉인 소산봉수(19.1km)의 신호를 모아 직봉 성산봉수(5.8km)로 보낸다. 산 정상부 타원형의 평지에는 1~1.5m 높이의 토석혼축 기단부가 조성되어 있다. 연조 시설은 훼손되어 찾아보기가 어렵다. 이 기단부의 평면은 지형과 동일한 타원형이며 단축 13m, 장축 15m 정도다. 타원형 평지의 전체 둘레는 100m 정도인데 주민들의 휴식을 위한 시설물이 설치되어 있다. 1999년 5월 20일 영천향토사연구회와 금호읍 청년회에서 설치한 표지석 1기가 있다. 신봉수대는 접근성이 구봉수대보다 훨씬 뛰어나 원제리, 대미리 주민들이 많이 찾는 곳이다.

TIP

고수골 안심사(경북 영천시 금호읍 고수골길 129) 안 삼성각 뒤로 오르면 20분 정도 소요된다. 등산로가 분명하게 조성되지 않았다.

14

성산봉수

성산, 봉화산

경북 영천시 청통면 원촌리
산 15 봉화산 정상부
위도 35. 58. 49.8
경도 128. 49. 56.1.
고도 281m

옛 모습 그대로

성산 봉화산 남쪽 신덕리, 죽정리에는 '봉오재·성골·성동·성곡제' 등 산성과 봉수에 관련된 지명이 있다. 봉화산에 산성이 있었던 것으로 생각된다.

성산봉수는 조선 전기에는 남동쪽 성황당봉수에서 보내는 신호를 북쪽 여음현(엿동산)봉수로 보냈으나 조선 후기에는 새로 증설된 청통면 계지리 '구토현봉수'로 신호를 보냈다. 서쪽에 청통천과 영천 신령 간 국도가 남북으로 나란히 흐른다. 북쪽으로 청통면소재지와 계지리 구토현봉수(4km), 신녕의 여질동봉수(10km)가 훤히 보인다.

"태백의 동남에 용두(예안), 장갈(영양), 보현(영천) 등 여러 갈랫길이 있는데, 모두 '영남좌로'에 연결된다."

–『호고와 유휘문(1773~1832)선생 문집』 17권, 잡저

영남좌로는 영천에서 청송, 진보, 길안을 거쳐 안동으로 이어지지만, 신령은 의흥과 의성을 거쳐 안동으로 이어지는 '영남소로'에 해당한다. 성산봉수는 안동 안기역에서 관할하는 안기도의 한 갈래인 '영남소로'의 길목을 살피던 곳이다.

성산에서는 대응봉수인 성황당봉수보다 간봉인 하양의 시산봉수가 훨씬

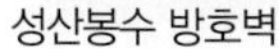

성산봉수 방호벽

성산봉수 아래 청통면원촌1리

가깝고 잘 보인다. 성산봉수와 여질동봉수가 평균 봉수대 거리 10km 정도에 설치되어 있는데, 후대에 어떤 연유로 구토현봉수를 신설했는지는 알 수가 없다.

봉수대의 보존상태가 아주 좋은 편이다. 방산봉수처럼 봉수대 가운데 봉돈을 아주 크게 조성했다. 내지봉수는 연변봉수처럼 봉돈을 크게 마련하지 않는 데 비해 특이한 형태로 보인다. 상단에서 남쪽으로 2m 정도 낮아지는 경사지를 상하 2개의 공간으로 분리하였다. 내부 시설은 상단에 설치되어 있다. 북서에서 남동으로 긴 타원형이다. 장축은 26m, 단축 20m 정도다. 남쪽에 출입구 1개소가 있다. 서쪽과 북쪽 방호벽이 높이 1m 정도로 남아 있다. 봉수대 서쪽에 넓은 공터가 있다. 이곳에 봉수군의 일상생활에 소요되는 채소와 밭곡식을 경작했을 것으로 추측된다. 영천 향토사 연구회에서 1994년에 표지석을 설치하였다.

TIP

(경북 영천시 청통면 원촌리) 동쪽 청통천 다리를 건너 축사 옆으로 등산로가 있다. 20분 정도 소요된다.

15

구토현봉수

구토현(仇吐峴),
구도현(仇道峴, 九道峴)

경북 영천시 청통면 계지리 산 60
위도 36. 1. 11.
경도 128. 48. 685.
고도 195m

적들이 지나간 서낭당 고개

구토현봉수는 청통면 계지리 북쪽 야산 정상에 있으며, 산책길이 잘 조성되어 있어서 봉수대 주변까지 쉽게 접근할 수 있다. 경사가 완만한 야산이어서 봉수대 오르는 길에는 묘소와 과수원으로 개간된 곳이 많다. 소나무와 참나무가 어울려 숲을 이루어 봄철에는 과수꽃과 온갖 야생화를 즐기고, 여름에는 그늘 속으로 숲 향기를 맡으며 오를 수 있는 곳이다.

봉수대가 위치한 곳에서는 영천을 지나 신녕을 거쳐 의흥으로 넘어가는 길목을 살피기에 좋다. 북쪽은 가파른 절벽 아래에 신녕천이 흐르고, 이외의 3면은 완만한 경사지다. 봉수의 보존 상태는 비교적 양호하며, 남쪽을 제외한 방호벽은 잘 남아 있다. 연대 내부는 평면이며 북쪽이 약간 높고 남쪽이 낮은 형태다. 동서방향이 장축이며 둘레는 75m 정도다. 출입구는 서쪽 방호벽에 약간의 흔적이 있다. 방호벽 남쪽 공터가 건물지로 생각된다. 영천향토사연구회에서 1994년 12월 12일에 표석을 설치하였다.

구토현봉수는 『여지도서-보유편』(1765) '영천군지-봉수조'에 처음으로 기록된다. 임란 이후에 새로이 축조된 것이다. 성산봉수와 엿동산(여음현)봉수가 10km 정도로 봉수대 평균 신호 거리다. 임란 후 봉수 노선이 조정되는 시기에 '박달산→마정산→간점산→대암산→소산(다인)' 노선과 '소이산(풍

구토현봉수길입구

산)→서암산→비룡산→소산(산양)' 간봉 노선이 철폐된다. 이에 반해 직봉은 '구토현, 보지현, 승원산, 대야곡'이 증설된다. 간봉을 철폐하고 직봉의 신호거리 단축을 위해 증설한 것이다.

"청통면 계지리에서 신녕면 완전리로 넘어가는 고개를 '구디티', '구디치'로 부르며, 고개에 천왕당(서낭당)이 있었다고 한다. 이 고개 너머 신녕면 완전리에는 자연부락 이름을 딴 도로명 주소 '구디티길'이 있다."

– 영천시 홈페이지

신神을 뜻하는 고어 '검'은 '감, 굼'으로도 발음되며 한자로 '검儉, 군軍, 공公', 구龜' 등으로 표기된다. 구토仇吐는 '서낭신'을 뜻하는 '굼'과 재와 고개를 뜻하는 '티, 치'가 한자어로 표기된 것이고, 여기에 한자어 '현峴: 고개'이 덧붙은 것이다. 결국 '구토현仇吐峴'은 '서낭당이 있는 고개'라는 의미다. 지역 사람들은 지금까지 신당이 있는 곳(굼터→굼티→구디)의 고개라는 의미의 '구디

구토현봉수남쪽 방호벽

티'로 불러왔고, 신 주소의 도로명으로 채택된 것이다.

봉수대의 다른 표기 '구도仇道'는 '원수(적)의 길'이라는 의미가 있다. 계지리 박 모 어르신은 "영천과 신녕·의흥을 잇는 평지길이 있으나, 도보로 가는 행인들은 산을 넘는 지름길(구도현)을 이용했다고 하며, '도둑골'이라 부르는 골짜기가 남쪽 대원산에 있어서 신녕 5일장을 보는 행인들이 다니기를 꺼려했던 곳이다."라고 한다. 제2거 직봉 노선은 임란 시 왜군 진격로와 대체로 일치한다. 영천에서 신녕을 통해 북상하는 길도 왜군의 진격로다. 임란 이후 구토현봉수를 신설하면서 이런 이미지가 합해져, '서낭신'을 의미하는 '굼, 구, 구디'를 한자어 '구(仇: 원수, 적)'로 표기해 '구도(仇道: 적의 길)', '구도현(적들이 지나간 고개, 도둑이 많은 고개)'의 의미를 덧붙인 것이다.

TIP

계지1리 경로회관 남서쪽 산 초입에서 임도를 따라 오르면 30분 정도 소요된다.

16

여음현봉수

여음현(餘音峴), 여음동(餘音同), 여통(餘通), 엿동(餘叱同), 남동(覽東)

경북 영천시 신녕면 왕산리 산 10
위도 36. 058. 641.
경도 128. 766. 959.
고도 235m

엿보는 고개

여음현봉수는 신녕면사무소에서 군위 방향으로 2.5km 거리의 봉화재 북쪽 산정에 있다. 아래에 신녕천이 흐르고, 동북쪽으로 화산과 연화봉이 높다랗게 다가온다. 예부터 교통의 요지여서 국도와 철도가 지나가는 곳에 새로이 '상주영천고속도로'가 시원하게 지나간다. 영천에서 군위 의성, 안동을 거쳐 문경, 조령을 잇는 길과, 군위, 구미를 거쳐 추풍령으로 이어지는 길이 여기서 나뉜다. 봉수대 이름인 '엿동·여통·염고개(엿보는 고개)와 남동(覽東: 동쪽을 살피다, 엿동-엿보다)'은 이 길을 넘나들던 이들의 정황을 '엿보고 살피던 곳'이라는 의미다.

봉수대가 신호를 전하지만 넘나드는 고개에 설치하여 민심의 동향을 살피고 다급한 정보를 전달하는 기능도 있다. 봉수대의 이름 중에 '현((峴: 고개)'이 많이 들어간 이유다. 봉군들의 접근 편의를 위해 전후의 조망이 뛰어나면서 높지 않은 고개를 택하지만, 주요 길목이나 사람들이 넘나드는 큰 고개에는 살피는 기능을 위해 봉수대를 설치했다. '추풍령의 눌의항산봉수', '죽령의 죽령봉수', 청풍과 단양을 잇는 '마즈막재의 심항산봉수', '문경 하늘재의 탄항봉수'가 고개를 지켰으며, 영산에서 창녕을 오가던 고개의 '여통산봉수'도 같은 기능으로 생긴 이름이다.

여음현봉수는 영남좌로를 통해 신녕과 군위, 의흥, 의성으로 넘나들던 이들을 엿보기에 좋은 곳이다. '엿보다'는 정보를 수집하는 의미기도 하지만 전후 봉수대에서 전해오는 변방의 급보를 길손에게 전하여 빨리 전파되도록 하는 기능도 있다.

"신령의 풍속이 땅이 척박해 백성들이 가난하지만, 순박함을 숭상한다."

-『신령군읍지』(1899)

신녕면 부산1리 어른들은, "임진왜란 때 이 길이 왜군들의 북상로였으며, 당시에 여음현 봉군들은 왜군을 상대로 전투를 벌였다."라고 한다. 왜군 1군 '고니시 유키나가'의 2번대 진격로가 부산 언양, 경주, 영천, 신녕, 군위, 비안, 용궁, 문경 노선이었으니, 여음현은 왜군의 북상 진격로였다. 당시 여음현 봉군들은 창망한 국난에 소수의 병력으로 대군을 맞이해 전투를 벌인 것이다. 봉수대에서 동원할 수 있는 병력으로 별장 1명, 오장 5명, 봉수군 20명은 곧바로 전투원으로 전환할 수 있고, 봉수군을 지원하는 봉군보 75명도 봉수대에 소속된 군인이니 소집이 가능하다. 또한 조선은 국민 개병제도니 16세~60세의 남정네는 군역을 담당하는 잠정적 군인이다. 제승방략에 의해 유사시 지정장소에 모여, 전투를 벌이게 되어 있지만, 급한 대로 봉대별장의 지휘 아래 전투병으로 임할 수도 있을 것이다.

여통산봉수별장 이하 백 명 이상의 전투병이 소집될 수 있었을 것으로 추측된다. 봉수대 비치물목 중에 공격용 전투장비(환도 5자루, 장창 5자루, 3혈총 1자루, 교자궁 5자루, 각궁 1자루–동을배봉수 군기창 수납품목 참고)를 활용해 20여 명은 공격무장을 갖출 수 있다. 마을마다 습사용(사격연습용) 각궁角弓을 가진 집이 많으니, 이 무기들과 죽창과 도끼, 예리한 낫으로 무장할 수도 있다. 시오 리 거리의 토을산봉수군도 가세한다면 임전 군사가 이백 명에 가깝다. 이 급조된 군사로 200여 년 전국시대를 거쳐, 전투에 이골이 난 왜군 선봉대를 맞아 전투를 벌인 여음현봉수군에게 무한한 경의를 표한다.

임란 의병장 권응수 장군의 영천성 탈환의 통쾌한 전과는 이러한 순박함에서 비롯된 충심이 합해진 결과다. 자세히 조사해 기념비라도 세워야 한다.

봉수대는 지형상 3면이 완만한 경사를 이루고 북쪽은 신녕천에 접한 낭떠러지다. 협곡을 따라 토을산봉수가 보이며, 봉수터는 잔존 상태가 양호하다. 남북 장축 30m, 동서 단축 19m, 전체 둘레 87m 정도로 타원형에 가깝다. 내부는 성산봉수처럼 상하 두 개의 공간으로 분리되었고, 상단에는 봉수시설, 하단에는 건물터가 있다. 방호벽은 남쪽을 제외한 3면은 잘 남아 있다.

부산1리 마을 어르신은 "70년대까지 봉군들의 숙소 건물이 있어서 그곳에서 놀이도 했었다."라고 한다. 아쉬운 마음이 앞선다. 일제강점기, 한국전쟁의 와중에서도 버텼던 건물이 목전에서 사라져 갔다. 조금 일찍 관심을 기울여 원형 보존이 되었더라면 하는 아쉬움이 크다. 선인들의 수많은 애환이 담긴 곳이 아닌가.

TIP

신령면 부산1리 마을입구 버스정류소에서 동쪽 300m 정도에 나지막한 고개가 있다. 고개에서 북쪽 산정으로 오르면 5분 거리에 있다. 산 입구에 안내 표지석이 있다.

여음현봉수 7.2km

보지현봉수 4.9km
승목산봉수 10.2km
박달산봉수 12.2km

17

토현봉수

토을산(土乙山), 토현(土峴), 봉우재, 토을현

경북 의성군 금성면 수정리 산7 금성산 정상에서 동쪽 1.8km 제4봉

위도 36. 4. 64.
경도 128. 41. 366.
고도 364m

남부에서 북부로

경상도 남부와 북부의 경계를 가름한다면 대체로 영천, 신령 즈음이 된다. 토을산봉수는 영천 신녕에서 전해오는 남부의 신호를 분기하여 두 곳으로 전한다. 한 곳은 직봉 노선인데 의성으로 북상하여 안동·봉화·영주를 거쳐 죽령을 넘고, 다른 한 곳은 직봉에서 분기한 지봉(支烽: 직봉, 지봉에서 갈라져 다른 노선과 연결하는 봉수 노선)으로 군위·비안·안계·예천을 거쳐 문경에서 간봉 6노선 선암산봉수로 이어진다. 처음에는 지봉 박달산과 직봉 승목산으로 전했는데, 조선 후기 『의흥읍지』(1767)와 『여지도서』(1767) 편찬 이전에 토을산과 승목산 사이에 신설된 보지현봉수로 신호를 전했다. 임진왜란·병자호란 이후 『여지도서』(1767) 편찬 이전에 박달산봉수로 보내는 지봉 노

백학1리 토현

선은 봉수 노선 조정으로 인해 폐지된다.

'토을산(土乙山·흙산), 토현(土峴·흙고개)', '흙고개' 주변은 누런 황토가 많이 있다. 경상도 지역에는 붉고 좋은 황토가 드문 편인데, 이만큼이라도 있으니 '흙고개'로 불린 것으로 생각된다.

토을산봉수대는 영천·신령에서 올라오는 이들이 칠곡·구미·성주 방향과 군위·의성·예천 방향으로 나뉘는 길목을 지키던 곳이다. 산성면 보지현봉수, 우보면 승목산봉수, 군위 박달산봉수, 신녕면 여음현봉수가 모두 조망되며, 발밑으로 영남좌로가 지나간다. 임진왜란 때 왜군들의 북상 진격로였다고 한다. 여음현봉수에서 왜군과 전투를 벌일 때, 토을산봉수군들도 가세했을 것이다. 당당한 조선군이 아닌가. 국토를 유린하는 적을 보고 어찌 달아날 생각만 하랴!

백학1리 사람들은 백학저수지 부근을 봉화골, 토을산은 봉우재라 부른다. 산정에는 흙과 돌을 섞어 만든 높이 1.5m 연대와 한쪽이 허물어진 연조가 마치 이장하고 버려진 무덤처럼 쓸쓸한 자취로 남아 있다. 방호벽은 석재를 조금 사용하고 흙을 많이 사용했다. 방산봉수·성산봉수 이후로, 내지봉수의 방호벽은 크게 조성하지 않는다. 비안과 안계의 '간점산·대암산·소이산'봉수도 방호벽 흔적은 희미하고, 연대만 크게 남아 있다. 국토의 안쪽

토현봉수 연대

에 설치된 내지봉수(복리봉수)는 연변봉수와 달리 방호벽을 튼튼하게 만들지 않는다. 연대의 동쪽 부분이 건물 터로 추정되는데, 생활자기편이나 봉수군들의 활동 자취가 거의 보이지 않는다. 자세한 조사가 필요한 곳이다.

봉우재 아래에 신령에서 군위로 넘어가는 국도와 '상주-영천' 간 고속도로가 시원스레 뚫려 있다. 삼국유사휴게소가 바로 아래에 있다. 고속도로가 생기면서 백학1리에서 오르는 등산로 입구가 막혀 버렸다. 삼국유사휴게소에서 토을산으로 오르는 등산로를 개설하고 안내판이라도 만들었으면 한다. 잊히고 묻힌 토을산봉수, 충분한 사전조사 후 복원하면 훌륭한 관광자원이 될 것이다.

TIP

군위군 산성면 백학1리 백학지(경북 군위군 산성면 백학리 산 123-1)에서 서쪽 산기슭 파평윤씨 영창공파 묘원으로 오르면 20분 정도 소요된다.

18

보지현봉수

보지현(甫只峴), 봉우말랭이

경북 군위군 산성면 화본리 산 52
위도 36. 7. 151.
경도 128. 42. 279.
고도 199m

봉우지기 고개

'보지현甫只峴'의 본래 이름은 봉화를 뜻하는 '봉우'와 고개를 뜻하는 '재'가 합성돼 '봉우재'로 불리다가 '봉우재/봉오재→봉우지/봉오지→보우지/보오지'로 바뀌었을 것이다. 현실 발음 '보우지/보오지'에 한자어 '현(峴: 고개)이 덧붙어 '보지현甫只峴'으로 기록된 것이다. 이와 비슷한 음운 변화과정을 거친 것은 안동의 봉지산(봉우지산)에서도 볼 수 있다. 또 다른 가능성은, '봉우지기가 있는 고개'란 뜻으로 '봉우지기 고개→보우지기 고개→보지기 고개→보지 고개' 등으로의 음운 변화를 거쳐 '보지현甫只峴'으로 기록된 것으로 생각해 볼 수 있다.

군위군 산성면소재지에서 남쪽 끝부분 화본 2리와 3리로 가는 길(덕림사 방향)로 접어든다. 화본2리 마을회관 서쪽 150m, 개울의 다리를 건너 야트막한 작은 산을 400m 정도 오르면 대추밭이 있다. 대추밭 서편 산정에 봉수대가 있다. 화본 2리로 50년 전 시집오신 할머니들도 봉수대의 소재를 모른다. 그러나 마을 이인순 옹은 조부 순백공이 무과 벼슬을 하여 동리에서 이한량으로 불렸으며, 인근에서 유세가 당당했던 분이었다고 하신다. 지금까지도 동리 어르신들 사이에는 순백공에 대한 여러 일화가 전해진다고 한

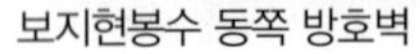
보지현봉수 동쪽 방호벽

화본2리에서 본 보지현봉수 산

다. 옹은 조부 순백공에게 보지현봉수(보우/봉우말랭이) 얘기를 직접 들으셨다고 한다. 1934년생 고령임에도 봉수대 소재를 묻자 고무신을 챙겨 신고 나서서 확인해 주신다. 고무신 신고 오를 만큼 나지막한 산이어서 인위적 훼손이 심했다. 시골 동네가 번성했던 6~70년대는 동네 아이들의 좋은 놀이터가 됨직한 곳이다.

봉수대는 훼손되었고, 서쪽 방호벽은 높이 1.5m 정도로 남았다. 동쪽과 남쪽은 확인되지 않는다. 봉돈은 동쪽 방호벽에 붙어 있었던 것으로 생각된다. 서남쪽 평탄지가 건물터로 추측되며, 대추나무가 많이 있다. 보지현봉수대는 동리 인근의 낮은 산이지만 백학리 토을산봉수와 이지리 승목산봉수가 잘 조망되는 곳이다. 북쪽 방호벽 경사면에서 토기편이 간혹 발견된다. 조선 후기 『의흥읍지』(1767)와 『여지도서』(1765)에 처음 기록이 나타나는 것으로 보아, 1765년 이전에 설치된 것으로 보인다. 임란 이후 간봉 일부 노선을 폐지하고 직봉의 신호거리를 강화 조정하면서 의성의 승원산, 대야곡봉수와 함께 조성된 것이다. 이후 『교남지』(1873)와 『의흥읍지』(1899)'에 보지현봉수가 기록된 것으로 보아, 봉수제도가 폐지될 때까지 유지되었다.

TIP

경북 군위군 산성면 화본 2리 마을회관 서쪽의 야산 산정에 있다.

19-1

승목산봉수

승목산(繩木山), 봉화산, 봉오산

경북 군위군 우보면 모산리 산 4
위도 36. 9. 910.
경도 128. 40. 775.
고도 258m

승목산봉수 출입구

영원한 봉할매

의성문화원에서는 의성 소재의 봉수대를 조사하고 『의성의 봉수』를 출판했다. 도서 제작에 중심 역할을 하신 김명제 선생을 알게 되었다. 교장으로 퇴임 후 의성문화원장을 역임하고 지금은 의흥 개일리 고향마을에 홀로 계신다. 88세의 고령에도 책이 가득한 서재에서 낯선 이의 방문을 흔쾌히 맞아 주신다. 구부러진 허리에도 총명함과 강기가 서린 눈빛이다. 3년 전 할머니 사별 후 홀로 계시며, 주말엔 아들·며느리가 반찬을 해 온다고 한다. 보지현봉수와 승목산봉수에 대해 여쭈니, 인접한 군위군 봉수에 대해서도 비상한 관심을 보이신다. 승목산봉수가 있는 가지골(이지리)에 가서 노인들께 보지현봉수와 승목산봉수에 대해 여쭈어 보자고 하신다. 고령임에도 가지골로 같이 가자신다. 새로운 정보에 관심을 보이는 고령의 선비에게 경외심을 갖지 않을 수 없다. 가지골에서는 봉우사(봉수군들이 생활하던 건물)를 옮겨 '마을서당(가지서당)'으로 사용하다가 나중에는 주택으로 썼다. 2년 전까지 주택으로 쓰이다가 빈집이 되었다. 낡고 허물어져 가는 봉우사 건물을 바라보는 어르신은 깊은 감회를 느끼시는 것 같았다.

가지골의 여든 넘으신 도 씨 어르신(성주 도 씨들이 많다)은 승목산봉수에 대해서는 잘 알고 있으나, 전후 관계의 봉수대는 아는 게 없었다. '신령봉우등(토을산봉수)'에서 보내는 신호를 받아서 북쪽으로 전한다는 정도다. 마을 내부에 있는 봉수 건물이 낡아서 무너지고 있는 데 대해서는 엄청 안타까워 하셨다. 영일 정씨 어르신은 봉수 건물이 마을로 옮겨진 일에 대해 소상하게 말씀해 주셨다.

"1894년 봉수 제도가 폐지되자 갑자기 할 일이 없어진 어느 봉군 내외는 봉군 숙소 건물에 살게 되었고, 영감님이 돌아가시자 할머니 혼자서 살게 되었다. 마을 사람들은 '봉할매·보할매'라고 부르다가, 할머니가 돌아가시자 봉수대 안에 매장하고, 건물은 마을로 옮겨와 서당으로 활용했다."라고 한다.

2012년 무렵, 옮긴 건물에 살던 분이 동네 안에 새 집을 지어 나가고, 봉수 건물은 2년 정도 비워두었기에 폐가가 되고 말았다. 이 건물은 2015년까지 존속되었으나, 허물어지기 시작하자 2016년에 마을 사람들이 군에서 폐가 철거 지원비를 받아 헐어 버렸다고 한다. 국내에 유일한 봉수 건물이었는데 아쉽다. 지난번 방문 때 자세하게 촬영도 하고, 군위군 문화재 담당자에게 안타까운 마음을 전하기도 했는데, 정말 아쉽다.

승목산봉수는 토을산 신호를 받아 영니산(금성산)으로 전했다. 임란 이후 직봉 노선 조정으로 영니산봉수가 폐지되고, '보지현·승원산·대야곡' 봉수가 신설되자, 보지현 신호를 승원산으로 전했다.

내지봉수로서는 규모가 큰 편이며, 석축 일부가 무너졌으나 원형을 짐작할 수 있을 만큼 잘 남아 있다. 봉돈을 크게 조성하지는 않았다. 서쪽 방호벽에 출입구가 남아 있으며 건물은 내부에 있었다. 봉수군 숙소건물이 있었던 자리 부근에 '봉할머니' 산소가 있다.

'봉할머니'! 평생토록 나랏일을 수행하는 봉수군의 아내였으며, 봉수제도가 폐지되고 봉수군의 임무가 끝났지만, 죽을 때까지 봉수대를 지키신 분이다. 평생을 조선의 제도 속에서 조선사람으로 살다가 돌아가셨다. 돌아가신 뒤에도 봉수대 안에 묻혀 생생한 옛 얘기를 전하시는 분이다. 봉수제도가 끝난 후에도 어느 봉수군 내외분은 봉군들의 숙소건물에 살며 봉수대를 지킨다. 봉수군 1명에 재정 지원을 하는 봉군보 3명이 지정되어 있었으니, 이들은 봉수제도가 폐지된 후에도 봉수군 내외에게 얼마간의 재정 지원을 했다고 한다. 간혹 식량을 얻으러 마을로 내려올 때면 식량과 반찬거리를 주었으며, 마을에서는 '봉할매'로 부르며 잘 모셨다고 한다. 비바람이 불어대고 흰 눈이 쌓인 산정, 아무도 찾는 이 없는 봉수대, 오늘도 그곳에서 봉수대를 지키는 '봉할머니'께 무한한 경의를 표하는 바이다.

TIP

군위군 이지리(경북 군위군 의흥면 이지리 1164) 남쪽에 있는 박사저수지 옆 임도를 따라 1.5km 정도 가면 봉수지가 있는 산정이 나타난다.

19-2

영니산봉수

경북 의성군 금성면 수정리 산7 금성산 정상에서 동쪽 1.8km 제4봉

위도 36° 16′ 099″
경도 128° 43′ 167″
고도 508m

조문국 옛 터 위에

영니산봉수는 의흥 승목산봉수에서 신호를 받아 의성의 마산봉수로 전하다가, 『경상도속찬지리지』가 편찬되기 직전 '고성산봉수'가 신설되어 서로 호응하게 된다. 고성산봉수의 신설은 영니산과 마산과의 거리(18.6km)가 멀었던 탓과, 고성산에서 가까운 의성읍에 경보를 전하기 위한 것이다. 세조 초기에 읍성을 새로 정비하면서 봉수대를 읍치 가까이 옮기거나 새로 설치한 예가 많다. 고성산봉수가 신설된 후에도 영니산봉수는 계속 유지되다가 18세기 이전에 폐지되었다. 『여지도서』에서는 영니산봉수가 폐지되고, 승목산과 고성산 사이에 '승원산과 대야곡' 봉수가 추가된 것을 확인할 수 있다.

영니산(금성산) 주변은 옛 '조문국'의 도읍지다. 의성에서는 2012년 10월에 조문국박물관을 건립하고, 산재된 260여 기의 고분을 잘 관리해 관광객들의 발길을 멈추게 한다. 금성산은 사화산이며, 산성은 삼국시대 축조된 둘레 2.7km의 고성이다. 등산로 주변에는 삼국시대 토기편이 즐비하게 흩어져 있고, 성의 자취는 능선을 따라 이어진다. 동쪽의 비봉산, 북쪽 오토산과 함께 풍수지리적으로 유명한 명산이다.

'볏단을 쌓아 놓은 형태의 산정에 묘소를 쓰면 자손이 번창하고 부자가 된다.'는 속설이 있다. 하지만 지역 사람들은 금성산을 신성히 여겨 '산정에 묘소를 쓰면 가뭄이 든다'고 믿고 있다. 근래까지도 가뭄이 드는 해에는 몰래 매장한 묘소를 찾아내 파헤쳤다고 한다. 이런 풍습은 밀양의 종남산에서도 1970년대 초반까지 행해졌다. '전국의 읍지'에 '기우단'을 만들고, 그 장소를 기록한 곳이 많이 있는 것으로 보아, 비를 간절히 기다리는 기우의 다양한 형태는 농본사회의 오래된 관습임을 알 수 있다.

봉수대는 금성산 정상 분화구에서 약 1.8km 거리의 4봉(445m)에 있다. 동서로 긴 능선의 동쪽 끝이다. 봉수대 유적 조사는 2004년 '대구대학교 중앙박물관'에서 『의성군 문화유적분포지도』 작성을 위해 실시되었으며, 2009년 경상북도 문화재 연구원에서 발굴 조사하였다. 방호벽은 석축으로 쌓았는데, 남북 18m, 동서 15m다. 서쪽이 높고 나머지 3면은 급경사를 이루며, 동서는 시야가 막혔으나 남북으로 대응봉수를 조망할 수 있다. 봉돈과 연조는 없어지고, 서쪽을 제외한 3면에 석축 방호벽을 높게 쌓았다. 길이가 14m, 높이 90㎝ 정도다. 동쪽 방호벽은 15m 정도로 남았으며, 북쪽은 산성의 성벽을 활용한 것 같다. 영니산봉수는 산성 시설을 적극 활용해 쌓은 봉수다. 곳곳에 흩어진 기와편과 생활자기편을 모아 탑처럼 쌓아 놓았다. 현재의 모습은 2009년 8월 조문국 관련 정비사업의 일환으로 발굴조사 후 복원한 것이다.

TIP

정상에서 동쪽으로 능선을 따라 1.8km 정도 이동한다. 금성산 제4봉 동쪽 사면이다.

20

승원산봉수

승원산(繩院山), 봉우등

경상북도 의성군 금성면 청로리 산87 원골 남쪽봉(봉우등)
위도 36. 13. 25.
경도 128. 41. 30.
고도 175m

푸른 길, 청로역을 지키다

청로리는 나지막한 산으로 둘러싸인 농촌 마을이며 북쪽에 쌍계천, 양쪽으로 농경지가 펼쳐진 아름다운 곳이다. 청로(靑路: 푸른 길)는 예전 이 마을에 푸른 숲이 우거진 길이 있어서 붙은 이름이라고 한다. 지금도 청로리에는 큰 나무가 길을 따라 멋지게 늘어서 있다. 마을 가운데로 지나는 국도 28호선이 예전에는 '안동의 안기역을 중심으로 한 안기도'의 한 갈래로 안동→의성→의흥→신령으로 통하는 영남소로 중 하나다. 남녘 군위에서 의성·안동 지역으로 들어가는 관문 역할을 한 곳이다. 옛 길을 따라 개통된 중앙선 기찻길도 마을을 스쳐 지나간다. 주요 교통로였기에 마을의 이미지인 '푸른 숲'에 '길'이라는 의미가 붙어 '푸른 길'이 된 것이다. 예전에는 청로역이 있어서 '역마을', '역마'라고 불렀다.

6·25 동족상잔이 끝나고 베이비붐이 일어났을 때, 마을 아이들의 초등교육을 위해 1966년 청로초등학교가 기찻길 옆에 설립되었다. 지금은 폐교되어 교사는 창문이 깨진 채 방치되고 운동장에는 잡초가 수북이 자랐다. 낡은 폐교를 보며, 아이들의 웃음이 가득했을 예전 모습을 떠올려 본다.

청로초등학교 뒤에서 원골로 들어가는 좁은 시멘트 포장도로를 따라 동쪽으로 700m 정도 가면 작은 저수지와 자두밭이 있다. 자두밭 남쪽 산으

승원산봉수 서쪽 방호벽

로 오르면 100m 정도 거리에 '봉우등'이라고 부르는 봉수대가 있다.

봉수대 방호벽은 북쪽을 제외하고 3면을 흙으로 쌓았다. 석재를 전혀 사용하지 않아 특이한 편이다. 주변에 석재가 많지 않은 탓도 있을 것이고, 새로이 노선을 조정하며 신설된 봉수여서 설치 규격이 엄격하게 적용되지 않은 탓일 수도 있다. 내지봉수여서 적과 마주칠 가능성도 희박하고 주변에 위협이 될 만한 큰 짐승도 없기에 석재를 활용하여 튼튼하게 쌓기보다, 실화로 불이 옮겨 붙지 않을 정도로 쌓은 것이다. 서쪽 방호벽은 원형이 보존되었고, 북쪽은 경사가 심한 지형을 그대로 활용했다. 동서가 26m 남북 17m의 정방형이다. 비교적 낮은 산정에 조성되었지만, 청로역을 거쳐 오가는 이들과 대응봉수인 이지리 승목산봉수와 북쪽 대야곡봉수를 잘 살필 수 있는 곳이다.

TIP

폐교된 청로초등학교(경북 의성군 금성면 청로리 산 71-3) 동쪽으로 700m 정도 가면 작은 저수지와 자두밭이 있다. 자두밭 옆 남쪽 산으로 오르면 100m 정도 거리에 봉수대가 있다.

21

대야곡봉수

대야곡(大也谷), 대애실, 대야산, 봉우성

경상북도 의성군 금성면 만천 2리 승방마을 남쪽산(봉우성)
위도 36 17 50
경도 128 41 64
고도 181m

탑리 위로

봉수대는 '승방이 마을회관(금성면 만천2리)'에서 남쪽으로 빤히 보이는 곳에 있다. 마을 남쪽에 공룡화석관람 주차장이 나온다. '1993. 6. 1. 천연기념물 제373호'로 지정된 '의성 제오리 공룡발자국화석'이다. 화석안내판을 따라가면 저수지의 오른편 넓은 암반이 온통 공룡발자국 화석이다. 신기해하며 남쪽 낮은 봉우리로 오르니 대야곡봉수대가 있다.

18세기 중엽 간행된 『여지도서』(1757)에 처음 기록된 봉수대다. 임란 이후 봉수노선을 조정하면서 승목산–영니산(12.5km), 영니산–고성산(8.5km) 간 신호거리를 가깝게 하기 위해 영니산을 폐지하고 승목산과 고성산 사이에 '승원산, 대야곡'을 신축한 것이다. 영니산→고성산(8.5km) 신호거리가 평균 이하인 것으로 볼 때, 대야곡봉수의 신설은 영니산 정상봉에 가려 영니산 평안의 불을 볼 수 없는 탑리 사람들이 잘 볼 수 있도록 한 것이다.

방호벽 높이는 1m 정도이며, 하단은 석재로 쌓았고 상부는 흙으로 쌓았는데 전체적인 보존 상태가 좋다. 내부에 석재가 많이 흩어져 있다. 동서 15m, 남북 26m로 모서리를 둥그스름하게 처리한 사각형태다. 북쪽은 경사로 인해 직선으로 조성했다. 대야곡과 고성산은 시오 리(5.6km) 정도이며, 남쪽에 건물터로 보이는 평탄지가 있다. 낙엽에 묻힌 우물터도 있다. 북쪽

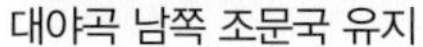
대야곡 남쪽 조문국 유지

대야곡 봉수 내부 북쪽

승방마을, 동남쪽에 '의성 제오리 공룡발자국 화석산지'가 있는 대추비리 마을이 손에 잡힐 듯 가깝다.

> "서쪽 1.2km에 대실마을(금성면 하리 328–1)이 봉군들의 주거지며 봉수대 이름도 이 마을 이름에서 비롯되었을 것으로 추측된다."
>
> –『의성의 봉수』

1억 년도 더 전 중생대 백악기 지질 시대에 경상도 지역은 커다란 분지며 호수였다고 한다. 호수와 그 주변 하천은 공룡들이 살기 좋은 곳이었다. 지질학자들은 이 지층을 "경상누층군이라 부르고, 이 지층이 남한 전체 면적의 1/4 정도며 퇴적층의 두께도 9km에 이른다."고 한다. 공룡화석의 산실이다. 경상도 고성과 의성, 전라도 화순 지역이 국내에서는 공룡화석이 많이 발견되는 장소다. 호수나 강바닥이 솟아오른 탓인지 경상도 내륙의 산에는 퇴적층에서 나와야 할 역암과 둥글둥글하게 닳은 강돌이 산 위에서 많이 발견된다. 좋은 석재가 안 나오는 이유다. 봉수대를 쌓을 때 석재를 활용하기가 쉽지 않았으리라 생각된다.

TIP

금성면 만천2리(승방마을) 회관에서 남쪽으로 마을을 지나면 공룡화석 관람 주차장이 나온다. 공룡발자국 화석이 있는 저수지 남쪽 낮은 봉우리가 봉수대다.

영니산봉수 8.5km
대야곡봉수 5.6km

계란현봉수 7.9km
마산봉수 10.9km

22

성산봉수

성산(城山), 고성산(古城山), 고성산연대봉화

경상북도 의성군 의성읍 팔성리 54-2 구봉산 제2봉 정상
위도 36. 20. 577.
경도 128. 41. 45.
고도 221m

사연 많은 봉수대

고성산은 구성산으로 부르다가, 지금은 구봉산으로 부른다. 의성읍 남서쪽에 삼국시대 산성이 있는 산이다.

"정유재란(1597년) 때 명나라 유격장군 섭사충[*]이 왜군을 정벌하러 의성현에 주둔하였다. 성산 주위에 4~6리의 토성을 쌓았는데 터가 지금도 있다. 그곳이 지금의 봉수지다."

『의성현지』(1787). 성곽조

섭사충은 고성산봉수대 주변 삼국시대 산성 유지를 활용하여 토성을 쌓고, 몇 년 동안 주둔했었다. 봉수는 성내에 두고 그 기능을 십분 활용한 것이다. 임란 7년 동안 제2거 직봉 노선이 제 기능을 하고 있었는지 알 수 없지만, 파견된 명군 장수들이 봉수 제도를 중국의 파발마 제도와 병용할 것을 건의한 것으로 보아, 봉수가 일정한 기능을 한 것으로 추측된다. 또 전국의 봉수대 중에서 산성과 밀접한 관계를 유지하며 군사시설로 운용되거나, 옛 성터 위에 축조한 곳이 많다.

* 섭사충(葉思忠): 명나라 제독 마귀 예하의 원임 유격장군(原任游擊將軍)으로 보병 2천을 두고 있었음. 호는 앙천(仰川), 절강(浙江) 금화(金華) 의오현(義烏縣) 사람이다.

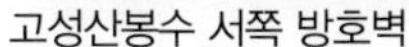

고성산봉수 서쪽 방호벽

고성산봉수대–홍세일교수

구봉산 봉우리는 남에서 북으로 아홉 봉우리인데 봉수대는 남쪽에서 두 번째에 있다. 공원 개발과 경작, 묘지 조성으로 변형된 상태다. 흙으로 된 방호벽이 성벽처럼 둘러져 있고, 내부 거화 시설은 없다. 산성 안에 축조되고 변형되어 산성 부속시설과 구별하기 어렵다. 북쪽으로 훤히 보이는 의성읍내에 평안의 불을 전했다. 서쪽 방호벽 바깥 부분에 기와 조각이 많이 있다.

처음에는 영니산봉수에서 마산봉수로 직접 신호를 전하다가, 『경상도속찬지리지』(1469)가 편찬되기 직전에 '고성산봉수'가 신설되자, 영니산→고성산→마산 봉수로 연결된다. 세조 초기 읍성 정비에 따라 봉수대와 읍치의 밀접한 관계 유지를 위해 고성산에 신설한 것이다. 임란 이후 봉수 노선 조정 시기에 영니산이 폐지되고 '승원산·대야곡·계란현'봉수가 신설되자, 승목산→승원산→대야곡→고성산→계란현→마산봉수로 연결돼 후대까지 유지된다.

1998년 의성문화원 향토사 연구소와 2004년 대구대학교 박물관에서 지표 조사가 있었다. 구봉산은 의성읍내의 주민들이 많이 찾는 유서 깊은 장소다. 산성과 봉수대의 복원이 이루어지고 안내판도 세워져야 할 곳이다.

TIP

의성중학교(경북 의성군 의성읍 도동리 649–2) 서쪽에서 철길을 건너면 제2구봉교가 있다. 다리 건너 남쪽 200m 정도에서 시멘트 포장도로를 따라 오르면, 남쪽에서 둘째 봉우리에 봉수 터가 있다.

23

계란산봉수

계란산(鷄卵山), 상화리 계란산, 방화리, 계란현

경북 의성군 단촌면 상화리 산 28봉
위도 36. 24. 608.
경도 128. 42. 795.
고도 283m

둥그런 고개 위

조선 전기에는 의성읍의 고성산봉수에서 관덕리 마산(10.9km)으로 신호를 전달했으나, 후기에 노선을 조정하면서 '승원산·대야곡'과 함께 신설되었다. 계란현과 마산(3.8km)은 직봉 노선에서 가장 가까운 신호 거리다. 고성산에서 마산까지 11km 정도로 평균 신호거리인데, 새로 계란현봉수를 축조한 분명한 이유는 알 수 없다. 토을산봉수와 승목산 사이에 보지현봉수를 신설한 경우와 비슷하다. 양란 이후 노선 조정 당시 간봉 노선 일부가 폐지되면서 직봉 노선을 강화한 결과로 볼 수 있다.

계란현봉수는 상화2리 신적마을에서 단촌면 병방리, 관덕리로 넘어가는 고갯길에 있다. 지금은 고갯길이 막혔지만, '인터넷 지도'에서는 옛길을 충분히 짐작할 수 있다. 신적마을 당산나무 옆에서 봉수대로 오르는 길에 저수지(신적못) 북쪽을 바라보면 마치 계란처럼 둥그스름한 봉우리가 있다. 계란현鷄卵峴은 이 자그마한 봉우리 모양에서 비롯된 것이다.

봉수대를 둘러싼 능선이 원래 상화산성이었다고 한다. 남쪽 능선을 따라 계단을 이룬 개간 흔적만 남았다. 개간으로 산성이 훼손되었는지 지표에 드러난 성의 흔적은 확실하지 않다. 98년 4월~5월 사이에 '의성문화원향토사연구소', 04년 '대구대학교 중앙박물관'에서 『의성군 문화유적분포지

계란산봉수 내부

도』 작성을 위해 지표 조사를 했다.

방호벽 남쪽 부분이 많이 허물어졌으나 보존 상태는 비교적 양호하다. 남북 23m, 동서 17m 정도의 타원형이다. 북서쪽 방호벽 내부에 건물지 흔적이 있다. 가운데 묘지 1기가 있으며, 기와편과 생활자기편이 많이 흩어져 있다. 계란현은 상화2리 신적마을에서 단촌면 병방리, 관덕리로 넘어가는 고갯길이면서, 봉수대 서쪽 3km 정도에 의성에서 안동으로 통하던 옛길이 있다.

계란현은 고갯길이며, 큰길에 가깝고, 주변은 더 높은 봉우리로 둘러싸였다. 산은 그리 높지 않으나, 신비한 기운이 감돈다. 계란현 봉수대 남동쪽 1.7km 산정에는 하늘에 제사를 지내던 '천제단' 자취가 남아 있다. 천제단은 사방 10m, 높이 3m 정도의 사각형 석단이다. 지금도 상화2리 동쪽 산봉우리를 '천제봉'으로 부른다. 천제단은 금성산·풍혈과 빙계계곡, 매년 상원(정월 보름)에 나라에서 향을 내려 제향을 올린 도교사원 태일전(성종 9년 태안으로 옮김)·조문국 옛터·수촌 마을 만년송과 함께 신비한 옛 이야기를 전해준다.

'유학의 큰 스승 동강 김우옹 선생', '임란 시 경상도 초유사를 지원해 수많은 의병활동을 도운 학봉 김성일 선생', '정암 선생과 함께 지치주의至治主義 사림의 선도자가 된 모재 김안국 선생'과 '임란을 승리로 이끈 명재상 서애 선생'도 의성 사촌(점곡)이 외가다. 전설상으로 사촌의 외갓집 기운을 외손이 받아갈까 두려워 만삭의 딸을 시댁에서 출산하라고 쫓아냈지만, 사촌마을 경계를 벗어나지 못하고 태어나셨다고 한다. '70세가 되어서도 몸소 생선과 꿩을 잡아 노모를 지극히 모신 효자 권호인'도 의성의 인물이다.

–『의성현지』(1757). 인물조

태평성대에는 수신제가의 도리를 다하고 전쟁의 와중에서는 나라를 위해 헌신한 선인들이다. 의성의 신비한 기운으로 태어나 의성 땅에서 성장하거나, 외지에서 활동을 했지만, 모두 의성을 원적으로 하는 걸출한 분들이다.

TIP

1. 상화2리(신적마을) 마을입구에서 서쪽편으로 난 밤나무골(마을이 없음)로 시멘트 길을 따라 500m 정도 가면 저수지가 2개 나오는데 두 번째 저수지(신적못)의 왼쪽편으로 계란처럼 둥그스름하게 난 산의 산정으로 오르면 된다.
2. 상화2리 마을입구에서 서쪽 250m 정도(경북 의성군 단촌면 상화리 산 1-1)에서 북쪽으로 능선이 시작된다. 이 능선을 따라 1.5km 정도 가면 봉수대가 나타난다.

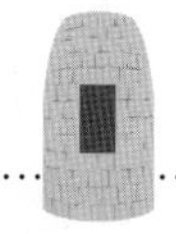

24

마산봉수

마산(馬山), 관덕리 마산봉수, 봉화산

경상북도 의성군 단촌면 관덕리 산96
봉화산 정상
위도 36. 26. 192.
경도 128. 41. 684
고도 276m

사자골 뒷산

신호를 전달하는 감곡산은 변화가 없지만, 신호를 받는 곳은 세 번이나 바뀐다. 처음에는 영니산봉수(18.6km)에서 신호를 받다가, 『경상도속찬지리지』(1469) 직전에 설치된 고성산봉수(10.9km)와 대응하였다. 임란 이후 봉수 노선을 조정하고 직봉 노선의 신호 거리를 강화하면서, 『여지도서』(1757) 직전에 계란현봉수(3.8km)가 신설된 이후로는 계란현과 대응한다. 제2거 직봉 노선 중 대응거리가 가장 짧은 곳이다.

봉수대 입구 관덕리 사자골에는 근래에 건립된 사찰 '보덕사'가 있고, 조금 더 올라가면 널찍한 터에 '보물 제188호 관덕리3층석탑'이 있다. 큰 규모는 아니지만 통일신라시대의 정제미를 보여 주는 단아한 탑이다. 탑의 기단부에 암수 4기의 돌사자(의성 관덕동 석사자, 보물 제202호)가 있었으나, 2기는 도난당하고 2기만 남아, 현재는 국립대구박물관에 보관되어 있다. 사자 석상이 4기나 있어서 '사자골'로 부르게 되었다고 한다. 사자골은 배산임수의 형국이다. 앞에는 '미천'이 동북으로 휘돌아 흐르고, 야트막한 산이 북쪽을 막아섰다. '미천'이 수만 년 충적한 기운으로 풍족한 삶을 일구어 낸 곳이다. 마을 뒤 산 능선의 고분과 토성의 흔적은 원삼국시대 이곳에 웅거했던 지방 세력을 대변한다. 이 토성을 쌓았던 예전의 어느 세력이 신라에 흡수

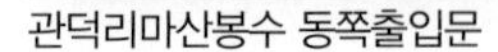
관덕리마산봉수 동쪽출입문

보물 제188호–관덕리삼층석탑

되고 난 뒤, 통일신라 양식의 관덕리3층석탑과 사찰을 지었을 것이다.

사자골 뒤쪽 산정에 봉수대가 있다. 북쪽 방호벽은 높이 50㎝ 정도의 석축이고, 다른 3면은 흙과 돌을 섞어 쌓았는데, 바깥쪽은 높이 2m 정도로 남아 있다. 동쪽에 출입구가 있으며, 내부에 무너진 연조의 흔적이 있다. 봉수대 내부에는 기와편과 생활자기편이 많이 흩어져 있어서 봉군들의 숙소 건물이 내부에 있었던 것으로 짐작된다. 1998년에 의성 문화원 향토사 연구소에서 문헌과 지표 조사를 했었다.

단촌면 후평리 어르신은 후평리 서쪽 봉우리를 봉화산이라고 한다. 그 봉우리(의성군 단촌면 후평리 산 20)에는 연조와 같은 구덩이는 있지만 방호벽 시설이 전혀 없어서, 아마도 마을에서 기우제나, 달불놀이를 했던 장소로 추측된다.

1. 보덕사 동쪽 편 작은 다리에서 능선에 올라 북서쪽으로 1km 정도 가면 산정에 봉수대가 있다.
2. 목촌마을 느티나무쉼터(의성군 단촌면 관덕리 1145)에서 산책길을 따라 40분 정도 오른다.

25

감곡산봉수

감곡산(甘谷山), 봉우등, 봉화등, 송리리 봉수지, 봉화재

경북 안동시 일직면 송리리 산9-2
위도 36. 29. 498.
경도 128. 38. 667.
고도 301m

조탑리 전탑·강아지 똥·송리산성 내 명당

일직면 송리 1리는 골짜기에 있으므로 '속골', 소나무가 무성하여 '솔마을'이라 부르며, '일직 손씨' 시조인 손홍량 공이 출생한 곳이기도 하다. 마을 교회 주변에는 민족의 수난기에 태어나 분단과 한국전쟁의 고통을 누구보다 고스란히 몸으로 받아낸 『몽실 언니』·『강아지 똥』의 동화작가 권정생 선생의 흔적이 있다. 남쪽 들녘에는 '보물 제57호-조탑리 5층전탑'이 우두커니 서서 행인들의 발길을 멈추게 한다.

마을 동북쪽 산정에 봉수대가 있다. 오르는 능선 좌우로 고분이 연이었는데 대부분 도굴 흔적이 있다. 묘소를 훼손하는 추악한 행위에 더하여 그것이 문화재임에랴! 기록 역사가 부족한 삼국시대 혹은 더 이전 시기의 고분이라면 비워진 역사의 행간을 메워줄 좋은 자료가 매장되었을 텐데, 안타까운 마음이 앞선다.

"관서 지역의 풍속은 혼인하면 대개 아내의 집으로 가서, 자식이 장성한 후에 돌아온다. 가계를 경영하고, 장례 지내는 비용은 금 · 은 · 비단으로 넉넉하게 예를 다한다. 돌을 쌓아 봉분을 만들고 주위에 소나무와 잣나무를 심는다. 우리나라 풍속이 지금도 이와 같으니, 대개 고구려의 유풍이다. 산과 들 곳곳에 커다란 분묘를 만드니, 민간에서는 이를 '고려장'이라고 말한다. 이는 고구려뿐이 아니라 만주 등 북방 지역은 대개 그러하다."

– 『입재선생유고』, 9권, 잡저–동사평증–숙신삼조선고구려삼한.

세인들은 무너지거나 훼손되어 드러난 고분의 석실(널방)을 보고 흔히 '고려장(고래장)' 흔적이라고 한다. '고려장(고래장)'은 묘제의 형식을 말한 것이지, 늙은 부모를 유기한 곳은 전혀 아니다. 아마 훼손되어 드러나 뻥 뚫린 고분의 석실을, 아궁이의 불이 들어가는 '고래' 모습과 같다고 여겨 '고래장'이라고 부르게 되었을 것이다. 자손들이 그 속에다가 고인을 애틋하게 여겨 생전의 유품과 식기·먹거리를 함께 매장하니, 마치 산 조상을 고래에 넣고 식기에 음식을 담아둔 것으로 착각한 탓에서 생겨난 말이다. 돌아가신 조상을 신으로 섬기는 우리 겨레가 산 조상을 생매장했을 리는 만무하기 때문이다.

"當宁(당저: 금상, 현재 임금님) 갑술년(1754, 영조 30년)에 경상좌병사 손진민이 장계로 청하여, 각 봉대에 주위를 돌아가며 성첩(城堞)을 80보로 설치했다."

– 『신증안동부여지지』 봉수조.

"경상 좌병사 손진민이 아뢰기를, '근래 봉정(烽政)이 가는 곳마다 허술하니, 성을 쌓고 굴을 파서 다섯 군졸이 번갈아 지키되 기계를 갖추어 주고 다른 일을 시키지 말게 하소서.' 하니, 허락하였다."

– 『영조실록 30년』, 1754. 4. 13

감곡산봉수대 봉돈

강아지똥–권정생 선생 살던 교회

손진민 경상좌병사가 올린 여러 봉대에 성가퀴(주위에 말뚝을 박고, 울타리를 쳐서 방어하는 시설)를 둘러 방호를 튼튼하게 해야 한다는 내용이다. 감곡산봉수에도 80보의 성가퀴를 설치했다. 특정 봉수대를 지명해서 방비를 튼튼히 하라는 말은 아니고, 모든 봉수대에 방어시설을 튼튼히 하라는 뜻이다.

현마에서본 봉수산

감곡산 산정에는 삼국시대에 축성된 송리산성이 있다. 봉수대는 산성의 동남쪽 능선에 평평하게 터를 다진 후 흙과 자연암반을 활용해 방호벽을 쌓은 곳에 있다. 방호벽 흔적은 짐작할 수 있으나, 연조의 흔적은 없다. 후대에 묘지를 조성하면서 훼손한 것이다. 기와편과 삼국시대 토기편이 많이 흩어져 있다.

마을 사람들은, "봉수제도가 폐지되자 전망이 좋은 봉수대 터를 명당으로 여기고 여기에 조상의 시신을 매장했다고 한다. 그러나 봉수대 터의 기운이 대인에게는 좋은 쪽으로 영향을 주지만, 그 기운을 수용할 만한 자질이 부족한 사람에게는 오히려 재앙이 된다."라고 한다. "감곡산봉수대 터를 명당으로 여겨, 음덕을 보려고 조상을 매장한 이가 좋지 못한 일이 자주 생겨 결국 이장을 했다."라고 하니, 오래된 믿음에서 발로된 풍습이다. 봉수제도 폐지 이후 전망이 좋은 봉수대 터를 명당으로 여겨, 조상의 음택으로 삼는 이가 근래에도 있다. 한번 생각해 볼 일이다.

TIP

일직면 송리1리 노인회관에서 뒤쪽으로 시멘트 포장길을 따라 가다가 동북쪽 임도로 오르면 20분 거리에 있다.

직봉: 감곡산봉수 7.4km
간봉: 신석산봉수 8.2km

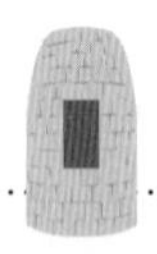

직봉: 개목산봉수 13.2km
간봉: 소산봉수 10.4km

26

봉지산봉수

봉지산(峯枝山), 봉화산, 남산

경북 안동시 수상동 산 78
위도 36. 32. 302.
경도 128. 42. 321.
고도 263m

교차로

얼마나 많은 산을 넘고 강을 건넜으며, 얼마나 많은 사연을 담고 왔을까. 안동대교에서 남쪽 강 건너 보이는 산이다. 남쪽이기에 '남산봉수'로 불렸다. 봉지산에는 부산 다대포에서 출발한 직봉이 경상도 내륙을 거쳐 다다르며, 동래 간비오에서 출발한 간봉1 노선이 남동해 연안을 거쳐 영해에서 태백 준령을 넘어 온다. 부산과 동래 연변의 평안을 알리는 불이 봉지산에 모여 새로운 길로 나뉜다. 직봉인 개목산봉수로, 지봉(직봉 혹은 간봉 사이를 잇는 노선)인 풍산 소산봉수로 전해진다.

방호벽 둘레는 높낮이에 따라 1m~3m 정도, 남북 26m, 동서 17m 정도다. 봉돈과 연조는 내부에 묘지를 만들면서 훼손되었다. 안동부에 매일 평안의 불을 전하던 봉수대는 잊혀지고, '일출봉' 표지만 서 있다. 봉지산이 높지 않으면서도, 전망이 좋아 새해 해맞이 장소로 바뀐 것이다.

"가정 임오년(1522, 중종17)에 진사가 되었고, 무신년(1548)에 졸하셔서, 안동부 남쪽 봉지산 곤좌(북동을 등지고 앉은 곳)에 장례 지냈다."

– 성균관진사 남서룡공의 비문

봉수대 이름과 위치를 확인시켜 주는 비다. 영양 남씨 문중의 후손이며,

‘일직면사’를 편찬한 아동문학가 남 선생을 조탑리에서 만나 봉지산 부근 영양 남씨 선대 묘소에 대한 얘기를 많이 들었다. 선대에 대해 자긍심을 가진 단아한 모습의 선비다. 봉지산 북동쪽에 영양 남씨 재실 ‘주애재사’가 있다. 주애(舟涯: 배가 닿는 언덕)는 낙동강 제방이 완비되기 이전 강물이 이곳까지 흘러들었고, ‘주애재’ 부근이 배가 닿는 선착장 구실을 했기에 붙은 지명이라고 한다.

봉지산봉수 내부

봉지산은 높지 않으나 등산 안내가 없었다. ‘주애재사’ 부근에서 봄나물을 뜯고 땔감을 정리하는 노부부에게 여쭙고 난 뒤, ‘주애재’ 남서쪽이 봉화산이며, ‘주애재’ 뒤편으로 오르는 것이 빠르다는 걸 알게 되었다. 주애재 뒤쪽에서 산기슭을 따라 20분이면 정상에 이른다. 능선에는 안동병원과 한티재에서 오르는 등산로가 있다. 서후면 개목산 방향의 연봉들 사이로 곡류를 이루며 흐르는 낙동강의 유장한 모습이 감격스럽다. 겨레의 강은 숱한 역사의 애환과 인물들의 굴곡진 삶을 지켜보며 오늘도 흐른다.

“1274년 이전에 창건된 ‘영호루(映湖樓)’는 공민왕 어필 현판으로 유명하다. 예전에는 안동 시내 강기슭에 있어서 여러 번 홍수를 겪었다. 기록된 것만 해도 ‘1547년(명종 2), 1605년(선조 38), 1775년(영조 51), 1792년(정조 16), 1934년 7월’ 5차례나 나타난다. 홍수를 겪을 때마다 어필 현판도 유실되어 몇 개월, 몇 년 뒤 풍산 혹은 김해 등지에서 찾아내 복원하곤 했었다. 현재 현판은 1934년 홍수 때 유실되었다가 그해 가을 구미 부근에서 회수한 것이다.”

–『향토문화전자대전』

‘영호루’는 봉지산봉수가 운용되기 시작한 비슷한 시기에 창건되어 유장한 세월 속에 숱한 애환을 겪은 문화재다. 지금은 옛 터에서 옮겨 강 건너

봉지산봉수 석축

남쪽에 콘크리트 누각으로 다시 지었지만, 공민왕 '어필 현판'이 겪은 수난은, 마치 대륙과 해양세력의 침략을 수시로 겪었던 민족의 역사와, 세계에 유례가 없는 800여 년 봉수제도의 힘겨운 운용처럼 애틋하게 여겨진다.

안동병원에서 길안 쪽으로 700미터쯤 가면 영양 남씨 '주애재사'로 안내 표지석이 있다. 여기서 남쪽으로 가다가, 철길지하도에서 서쪽으로 돌아들면 주애재사(舟涯齋舍)가 나온다. 주애재사 남서쪽 산정이 봉지산이다.

27

개목산봉수

개목산(開目山), 광평리봉수

경상북도 안동시 서후면 광평리 산82번지
위도 36. 39. 348.
경도 128. 40. 642.
고도 245m

가야실 여인국

천등산 아래 낮은 구릉이지만 봉지산과 녹전산이 잘 조망된다. 남쪽에 천등산이 높이 솟았다. 천등산 개목산성과는 직선거리 600m 정도다. 방호벽은 흙과 돌을 섞어 쌓았으며, 둘레는 70m 정도다. 동서를 장축으로 하는 타원형이며, 북쪽은 경사가 심하다. 시간의 흐름에 따른 자연 훼손을 거쳤지만, 원형이 잘 남았다. 봉수대 내부로 등산로가 가느다랗게 이어졌고, 2기의 묘가 동그랗게 앉았다. 주변에 기와편과 도기편이 많이 흩어져 옛 사람들의 자취를 느낄 수 있다.

천등산 개목사는 설화와 역사적 실제가 뒤섞인 곳이다. 기울어 가는 고려의 사직을 지키고자 혼신의 힘을 다했던 정몽주 선생이 공부했던 곳이라 한다. 선생의 시비가 그 옛날을 증언하고 있다. '개목(開目: 눈을 뜨다)'은 절을 지은 후, 이 지역에 소경이 없어졌다고 하여 붙여진 것이라고 한다. 안동 지역의 산성과 유적에는 홍건적의 난을 피해 온 공민왕과 연관된 설화가 많이 전한다. 개목사 옆 '문바위'는 난을 피해 안동으로 몽진한 공민왕이 잠시 머문 곳이라 한다.

광평2리 '가야실'에서 뵌 노인들은 마을 자랑이 입에 올라 있다. 마을 어귀에 애기가 큰 바위를 업고 있는 모양의 '애기바우'가 있어서, 아들을 낳지

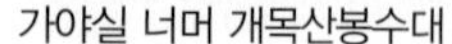
가야실 너머 개목산봉수대

개목산봉수-북서쪽방호벽

못한 부녀자가 이곳에서 기도하면 옥동자를 낳을 수 있고, '가야실'은 여인들만 살았기에 '여인국'이라 불렀다고 한다. 처음 듣는 '여인들만의 마을', '애기바위' 얘기를 하시며 힘든 걸음으로 안내까지 해 주셨지만, 정작 봉수대에 관한 이야기는 어릴 적 기억에 의지하신다.

여인들만 사는 마을 '가야실' 이야기는 봉군들의 마을이었을 '가야실'에 전해지는 설화로 생각된다. 봉수대 수직이나 몽진한 공민왕을 근왕하기 위해, 남자들이 다 동원되고 없는 동안, 집안일을 도맡게 된 여인들로 인해 비롯되었거나, 몽진한 공민왕을 수행한 궁중 여인들이 개목사 주변에 집중적으로 거주했기에 생겨난 말이 아닐까 한다. 전국의 다른 '봉우골(봉수군들이 집단으로 거주하는 마을)' 마을에서 이와 비슷한 얘기를 들어본 기억은 없다. '가야실' 이름도 예쁘지만 많은 상상을 불러일으킨다.

봉군들의 거주지 '가야실' 바로 곁에 '연등골'이 있다. 명종 때의 절충장군 강희철 공이 지은 이후 '안동 권씨', '전주 류씨'로 세 번이나 주인이 바뀐 '함벽당'이 있는 살기 좋은 마을이다. '전주 류씨' 종손 어르신이 친절하게 안내해 주어 '함벽당'에 대한 여러 얘기를 들을 수 있었다. 집 기둥에 어르신께서 손수 하신 휘호가 품위를 더하는 집안이다. 가문의 긍지가 후대에 그대로 전해졌으면 한다.

화산은 안동의 별호다. 유호인 선생은 안동의 땅이 척박해 가난하지만, 농상(農桑: 농사와 누에치기)에 힘쓰고, 절약해 흉년에 대비하는 것이 다른 고을이 따르지 못한다고 했다. 이에 민간의 애쓰는 풍속을 『시경』빈풍-7월편에 비겨 '화산십가' 10편을 썼다.

화산십가 중 제7수

7 噡彼淸涼山 저 청량산을 바라보게나,
山中多橡木 산중에 도토리나무 많다네.
今年似去年 올해도 지난해처럼,
離離實可拾 주렁주렁 달려 주을 만하다네.
擧家負戴歸 온 집안이 이고지고 돌아와,
舂屑甕中積 가루 내어 독에 쌓아 두네.
凶年豈殺余 흉년이 어찌 나를 죽게 하리,
猶可代粟粒 도토리도 조팝(좁쌀밥) 대신할 수 있다네.

– 『속동문선 3권』, 화산십가, '유호인'.

남정네야 가난과 흉년의 고통 속에서도 나랏일을 내던질 수 없지 않은가! 이 고통을 온몸으로 이겨내는 지혜와 근검이 여인들에게서 비롯된다. 봉군마을 '가야실'이 '여인국'이 된 이유는 이런 게 아닐까.

1.서후면 광평리 1233-1 광평2리 연등골 함벽당고택에서 봉수대로 오르는 길이 편하다.
2.가야지에 서쪽으로 있는 가야실(광평2리)에서 가야교회 옆으로 난 길을 따라 오른다.

28

녹전산봉수

녹전산, 봉수산, 봉두산

경상북도 영주시 평은면 오운리 산83 봉수산(녹전산) 정상

위도 36. 44. 212.
경도 128. 44 .004.
고도 565m

일출과 일몰

봉수산은 예전에 '녹전산, 일출산'으로 불렸으며, 안동시 녹전면 녹래리와 영주시 평은면 오운리의 경계가 된다. 서쪽에 있는 '예고개'는 안동과 영주, 봉화로 나뉘는 갈림길이다. 선인들의 고단함과 숱한 사연이 배어든 고개에 선인들의 흔적을 가늠해 볼 수 있는 빗돌이 있다. 녹전산봉수에서는 예고개 행인들의 온갖 사연을 다 지켜보았을 것이다. 고개 휴게소에서 오르면 장엄한 일출로 유명한, 이름 그대로의 일출산이 있다.

봉수산 산정 아래에 일출암이 있다. "화엄사상을 널리 유포하신 의상대사가 태백산에서 수도를 하다가 해가 가장 먼저 뜨는 이곳에 절을 세웠다."고 전해진다. 정동진보다 일출 시간이 빠르며, 일출과 일몰을 다 볼 수 있는데, 일출의 장엄함보다 일몰의 숙연함을 더 크게 느낄 수 있는 곳이다.

봉수대는 일출암 뒤 산정에 있다. 『세종실록지리지』(1454)까지는 개목산에서 받은 신호를 '영천 소산(영주 성내산)'으로 전하다가, 『경상도속찬지리지』(1469) 편찬 직전부터는 용점산봉수에 전했다. 이후 『여지도서』(1757) 편찬 이전에 신축된 '창팔래산봉수'를 통해 용점산에 전했다. 토석혼축의 유지가 잘 남아 있다. 잡목에 가려져 허리를 굽혀 숲을 헤치며, 어릴 적 소풍가서 보물찾기하는 것처럼 살펴야 한다. 세월 속에 씻겨 내려져 석재가 드러나,

녹전산봉수대 방호벽

일출암 뒤– 예고개

도굴된 고분 같은 방호벽을 미안한 마음으로 둘러본다. 산정 평평한 대지에 축조한 규모가 큰 봉수대다.

숲 사이에 남북으로 흐르는 장엄한 백두대간의 연봉들이 눈에 든다. 희뿌연 산기운 속에 가라앉은 모습이 한 폭의 산수화 같다. '부석사 안양루'에서 김삿갓 시인이 바라본 산수 그대로다.

부석사

平生未暇踏名區 천하의 명승지 평생 올 틈이 없더니,
白首今登安養樓 백발성성한 오늘 안양루에 올랐구나.
江山似畵東南列 강산은 그림처럼 동남으로 늘어섰고,
天地如萍日夜浮 천지는 부평초처럼 밤낮으로 떠 있구나.
風塵萬事忽忽馬 풍진 속 세상사 말을 타고 달려온 듯,
宇宙一身泛泛鳧 우주 속에 내 한 몸 오리마냥 떠 있구나.
百年幾得看勝景 인생 백 년 몇 번이나 이런 경치 볼거나,
歲月無情老丈夫 무정한 세월 속에 장부는 늙어 가네. '김삿갓'

1. 일출암(경북 안동시 녹전면 일출길 207) 뒤쪽 고갯마루에서 봉수산으로 오르면 10분 거리다.
2. 옛고개 삼거리(경북 영주시 평은면 오운리 산 57-7)에서 등산로를 따라 오르면 1시간 정도 소요된다.

29

창팔래산봉수

창팔래산, 구천리, 팔래산, 장팔산

경북 봉화군 상운면 구천리
산 102-2
위도 36. 48. 294.
경도 128. 43. 528.
고도 276m

창팔래산 서산봉수

"봉화가 1곳인데, 서산이 봉화현의 서쪽에 있다. 서쪽으로 안동 임내 내성현 봉화점에 응한다. 지방이 궁벽하여 서로 응할 곳이 없고, 본현에서 변경(변방의 경보)을 스스로 알 뿐이다."
"녹전산은 예안현 서쪽에 있다. 서쪽으로 영천 소산에 응한다."

– 『세종실록지리지』(1454)

봉화점→당북산, 서산→용점산으로 바뀌어 기록되고 개목산→녹전산→용점산→당북산→성내산 노선이 확정된다.

– 『경상도속찬지리지』(1469)

『세종실록지리지』(1454)와 같이, 녹전산에서 영주 소이산(성내산) 봉수로 직접 전달할 때는, 녹전산 혹은 성내산 신호를 받은 서산(용점산) 봉수는 봉화현치(현재 봉성면사무소 부근)에만 전하고, 봉화점(당북산)은 내성현치(현재 봉화군청 부근)에만 전해도 문제가 없었던 것으로 보인다.

창팔래(昌八來)의 '팔(八: 밝, 볼, 불)'은 고대어에서 '서쪽'을 가리키는 말이다. 빛을 가리는 '발(가리개)'은 강한 서쪽 빛을 가리기에 '발(서쪽)'로 불리게 되었고, 군위의 옛 지명 '적라(赤羅: 볼내)' 역시, '서쪽 시내'에서 온 이름이다. 래來는 조사 '에, 레'에 해당되며, 창昌은 지명에서 '빛, 밝다'를 뜻하는 말이니,

八來(팔래→불에→밝다, 서쪽)는 '서쪽'의 의미를 한자화하여 덧붙인 것이다.

서산봉수는 용점산봉수가 바뀌어 기록되기 이전 이름인데, 임란 이후 창팔래산봉수를 신설하면서, 서산봉수의 본래 이름이었을 '八來(팔래→불에→서쪽에)'를 이곳에 붙인 것이다. '창팔래산'은 봉화현(봉성면)의 서쪽 용점산과 연장선 위에 있고, 부근에는 지금도 '서산골' 지명이 있다.

상운면 구천리 창팔마을 서쪽의 두월리 덕골마을로 넘어가는 고갯마루 산정이 창팔래봉수대다. 임란 후 『여지도서』(1757) 편찬 이전, 노선의 재조정 시기에 창팔래산봉수가 신설된 후 녹전산→창팔래산→용점산으로 전달되었다.

토석혼축으로 높이 1.5m, 폭 2m 정도로 쌓았다. 남북지름 16m, 동서지름 17m 정도 된다. 가운데는 편평하여 봉돈은 확인되지 않는다. 북쪽 방호벽 쪽에 봉돈이 있었던 것으로 추측된다. 동쪽 방호벽에 출입문이 있다. 봉수대 남쪽에 건물터가 있었는데 주변에 기와편, 청색토기편이 흩어져 있다. 축조 형태가 용점산봉수와 유사하다.

6·25 당시 두월리 부근에서는 국군과 인민군 사이에 치열한 전투가 있었다고 한다. 길에서 만난 노옹에게 창팔래산 위치를 묻자, 노옹이 덧붙여 말씀하시는 동족상잔의 상처는 말로도 글로도 옮길 수 없다. 형언할 수 없는 잔혹한 상황을 증언한다. 이민족의 외침을 막고자 팔백여 년……. 조국강산을 지켜온 봉수군 선조가 동족상잔의 참혹한 이야기를 들으면 무슨 생각을 할까?

TIP

두월3거리(영풍군 이산면 두월 1리)에서 천본 방향으로 100m쯤 가면 좌측에 시멘트 포장 농로가 있다. 구천리 창팔마을로 넘어가는 예전 고갯길이다. 이 길의 고갯마루 동쪽 산정이 봉수대다.

창팔래산봉수 8.1km
녹전산봉수 13.9km

당북산봉수 4.5km
신당북산(건이산) 3km
사랑당봉수 11.8km

30

용점산봉수

용점산(龍岾山), 문촌리봉수, 봉화재, 용침산(龍砧山), 용점산(龍占山), 용참산(龍站山), 용첩산(龍帖山), 운령봉수(蕓嶺烽燧)

경북 봉화군 상운면 운계리
산 37-2
위도 36° 51′ 309″
경도 128° 47′ 059″
고도 403m

무진장재, 서산봉수

용점(龍岾: 용 고개)은 산이 길게 누운 모습에서 연유한 것이다. 그리 높지 않고 수목 사이로 무진장재와 봉수대, 옛 사람을 생각하며 걸을 수 있는 곳이다. 용점산 아래에는 신라의 승려가 목탁을 두드리며 불쑥 나올 것 같은, 특이한 양식의 무진장재(無盡藏齋, 봉화군문화재자료 제152호)가 있다. 사각형 건물로 정면 5칸, 측면 6칸이며, 대청은 2층으로 되어 있다. 건립 연대는 자세히 알 수 없으나, 신라 사찰이었던 건물을 조선 성종 11년(1475)에 '농수 금원정' 공이 인수해 '무진장재'로 고쳤다고 한다. 발굴 유물과 삼층석탑의 양식으로 보아 고려시대 사찰로 생각되나, 조선의 억불정책으로 불교 세력이 약해지자, 사대부 계층에서 인수하여 유교적 양식으로 재건축한 것이다. 농수공은 연산군 때 진사가 되었고, 농암 이현보, 충재 권벌 등과 교유한 명사였으며, 나중에 현량에 추록된 인물이다. 기묘사화에 사대부들이 화를 입게 되자 초야에 묻혀 학문 연구와 후진 양성에만 힘썼다. 농수공이 직접 쓴 현판이 보존되고 있다.

'금계 황준량' 공의 문집에 '농수' 공의 풍모를 엿볼 수 있는 만시(죽은 이를 애도하는 시)가 있다. 금원정 생원을 애도하며, 자신을 '주광(酒狂)'이라고 했다.

學士雲孫不忝先。 학사공 8대손 선조를 욕되게 하지 않으셨고,
豐髯三尺望如仙。 삼 척 수염 바라보면 신선과 같았다네.

倚門鏗瑟狂曾態。 거문고 타는 자유로운 증점(공자님 제자)의 모습,
脫帽揮毫醉旭顚。 갓 벗고 붓을 휘두르면 장욱의 초서였다네.
天上詎催才子記。 하늘은 어찌해 재사를 데려갔는가?
甕間應縛舍郎眠。 무덤 속에서도 술병 든 친구 기다리겠지.
風流寂寞劉伶鍤。 취선 유영의 삽, 술 풍류 조용해졌네만,
螻蟻烏鳶問孰偏。 땅강아지 · 개미 · 솔개에게 먹힌들 어떠랴.

"봉화가 1곳인데, 서산이 현의 서쪽에 있다. 서쪽으로 안동 임내 내성현 봉화점에 응한다. 지방이 궁벽하여 서로 응할 곳이 없고, 본현에서 변경(변방의 경보)을 스스로 알 뿐이다."

– 『세종실록지리지』 (1454) 봉화현

기록의 서산봉수가 용점산봉수다. 동북쪽 4.5km 거리의 봉화현치(봉성면사무소 부근)에 변방의 정보를 알린 곳이다. 『경상도속찬지리지』(1469)에는 서산→용점산으로 바뀌어 기록되고 녹전산→용점산→당북산(봉화점) 노선이 확정되어 후대까지 지속되지만, 봉화읍 내성리 당북산(4.5km)이 1745년 이전에 무너져 상운면 가곡리에 새로 축조한 '건이산(3km)'과 대응한다.

용점산봉수대는 무진장재 서쪽 400m 거리의 산정에 있다. 방호벽은 남북 16m, 동서 17m, 높이 1.5m 정도다. 흙과 돌을 섞어 쌓았는데 원형이 남아 있다. 연조나 거화 시설은 없고 내부가 평평하고 넓다. 동쪽에 출입문이 있으며, 규모가 큰 편이다.

용점산 능선에는 안동과 영주를 넘나드는 지름길인 옛길 흔적이 있다. 임진왜란 때, 이곳에서 전투가 있었다고 한다. 영천 신녕의 엿동산봉수도 왜군의 북상로였기에 봉수대 고개에서 전투가 있었다고 한다. 적의 경보를 알리는 봉수군 본연의 역할 외에도, 군인으로서의 의식이 각성된 봉군들이기에, 고개를 막고 적진을 향해 화살을 퍼부었으리라.

예전 봉화현치인 봉성면사무소 부근에는 관아 건물을 옮겨 놓은 '봉서루'가 있다. 이 일대는 돈육에 솔잎 향을 입혀, 유명한 곳이 되었다. 향긋한 돈육을 찾는 이가 끊이지 않는다.

TIP
무진장재(경북 봉화군 상운면 무진장길 245)에서 오른쪽으로 산을 오르면, 능선 동쪽 산 정상 부위에 봉수대가 있다.

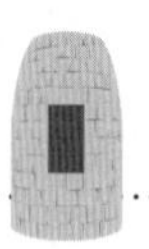

31-1

당북산봉수

당북산(堂北山), 봉우재, 내성리봉수

경북 봉화군 봉화읍 내성리
산 25 먹골 뒷산 정상부
위도 36. 52. 936.
경도 128. 44. 834.
고도 350m

서낭당 북쪽

당북산봉수는 봉화읍 내성리 먹골 뒷산 정상부에 있다. 남쪽엔 안동에서 올라오는 도로가 훤하고, 북쪽엔 내성천이 봉화읍을 안고 곡류를 이루며 흐른다. 봉화는 지금 산골벽지 이미지를 버리고 청정하고 아름다운 주변 환경과 은어 축제를 비롯한 다양한 관광테마, 명품 송이로 외지인들이 찾는 관광 명소가 되었다. 봉수대 남쪽 1km 정도에 바위, 노송, 연못, 정자가 멋진 조화를 이루는 '도암정'이 있고, 의성 김씨 집성촌 '황전 마을'이 있다. 황전 마을 앞에 '숲 터·수에·수'로 불리는 서낭당 터가 있는데, 서낭당은 없고 표시만 해 신성시했다고 한다. 1960년대까지 마을 사람들이 동제를 지냈고, 제관으로 지정된 사람이 정성스런 제를 올리지 않으면 횡액을 입었다고 한다.

봉수대 이름이 당북산으로 명명된 것은 '서낭당 북쪽에 있는 산'이라는 뜻으로 생각된다. 산사태 위에 시간의 흐름과 호기심 가득한 아이들의 짓궂은 장난을 견뎌 냈다. 많이 훼손되었지만 원형을 짐작할 수 있다. 연조 흔적의 구덩이가 있으며, 토석혼축의 방호벽은 처음부터 석재를 많이 사용하지 않은 것으로 보인다. 남쪽에 덕산 송공의 묘가 있다.

"당북산봉수는 내성현 남쪽 3리에 있다. 중간에 산사태로 무너져(崩陊) 건이산(搴伊山)에 옮겨 설치했는데, 내성현 동남쪽 10리에 있다."

– 『신증안동부여지지』(1745이후)

당북산봉수–도암정

기록처럼 심하게 무너진 흔적이 있고, 마을 분들도 아주 오래 전에 무너진 것으로 알고 있는 것으로 보아, 1745년 이전 산사태로 인해 옮긴 것이다. 신설된 건이산봉수는 용점산봉수와 3km 정도로 가깝다. 용점산에서 사랑당 거리가 11.8km로 평균 신호 거리 10km 정도에 해당하니, 건이산을 거치지 않아도 신호가 가능했을 것이다. 당북산이 무너진 이후 용점산과 사랑당이 직접 대응하면 어땠을까 생각해 본다. 사랑당(순흥부)과 당북산(안동도호부)은 소속이 다르다. 봉수대 한 곳을 폐치했을 때 얻게 되는 이점에 대해, 관청 간 논의가 없었을까? 직봉의 중요성 때문인지, 내성현 읍치에 불을 전해야 하기 때문인지, 폐치하지 않고 굳이 신설한 이유를 알 수 없다. 개령 성황당봉수의 이설 상황을 보면, 임금의 허락 없이 함부로 폐지할 수도 없었을 것이다.

순조3년(1803)부터 2년 동안 안동대도호부 소속 '당북산봉수 근무기록' 3건이 전해져 온다고 한다.

TIP

거촌2리 마을회관(경북 봉화군 봉화읍 학동길 27)에서 마을 안쪽으로 들어가다가 굴다리를 넘어 북쪽으로 간다. 마을에서 1km 정도에 SK이동통신 송신탑이 있다. 송신탑에서 서쪽 400m 산정상부에 당북산봉수 유지가 있다.

31-2

건이산봉수

건이산(搴伊山)

경북 봉화군 상운면 가곡리 산 90-5
위도 36. 51. 619.
경도 128. 45. 104.
고도 342m

묘지로 바뀐 봉수대

명종 대의 풍수학자 격암 남사고 선생은 부친 묘소를 명당에 모시려고, 구천십장(아홉 번 이장해 열 번째 장례를 치르다) 혹은 이천삼장 했다고 하니, 천하명당 10승지 중 제일이라는 풍기·봉화가 격암 선생의 물색 장소가 된 것은 당연한 일이다. '이천삼장' 끝에 격암 선생의 부친 남희백 공의 묘소는 울진군 왕피천 계곡에 안장되어 있다.

"울진군에서 2014년 8월에 '격암기념관'을 개관하고, 생가 건립과 묘역 정비 후 기념사업을 운영하고 있다."

상운면 가곡2리(상반송, 웃반송) 뒷산에도 격암 선생 부친의 묘소가 있다. '이천삼장'하고 난 빈 무덤이 전설로 남은 것인가? 원래 명당이 많은 봉화 지역이니, 가곡리 뒷산도 전설적 예언가·풍수대가인 격암 선생의 '구천십장' 후보지에 올랐던 결과일까?

봉수대는 가곡2리(상반송, 웃반송) 북동 600m 거리의 산정인데, 가곡리 사람들이 봉화 5일장으로 넘나들던 고개다. 우뚝한 봉우리는 아니지만 주변보다 높은 곳이어서 전망이 좋다. 방호벽 높이는 외부 2m, 내부 1.2m 정

건이산봉수대 내부

도인데, 남쪽은 방호벽이 없다. 내부는 남북 32m, 동서 9m 정도 긴 원통형이다. 조금 특이한 형태다. 북동 모퉁이에 내부로 연결되는 통로가 있다. 연조는 북쪽 방호벽 위에 있었던 것 같다. 명당이 많은 봉화 지역에 '음택발복' 믿음이 있어선지, 내부에는 구한말 금부도사를 지낸 권공의 묘소가 번듯하게 자리 잡고 있다. 전망 좋은 봉수대 내부에 묘지가 들어선 경우가 있으나, 미안한 듯이 귀퉁이를 차지할 뿐, 망두석까지 세운 경우는 드물다.

"당북산봉수는 내성현 남쪽 3리에 있는데, 산사태로 무너져 건이산(搴伊山)에 옮겨 설치했다."

– 『신증안동부여지지』(1745 이후)

지금은 '건이산'이란 이름은 잊히고 '봉우재, 봉우태배기'로 불린다. 옮긴 햇수는 정확히 알 수 없지만, 150년 정도 사용된 봉수대다. 사랑당봉수와는 8.8km지만, 용점산과는 3km로 지나치게 가깝다. 용점산에서 사랑당이 11.8km로 직접 대응이 가능하지만, 내성현치에 평안의 신호를 보내기 위해 존속된 봉수대다.

봉화군 상운면 가곡2리(상반송, 웃반송) 북동 600m 거리의 산정이다.

32

사랑당봉수

사랑당(沙郎堂), 사령당, 사령댕이, 봉우재, 사랑산(沙郎山)

경상북도 봉화군 봉화읍 도촌리 산73-9 사령당 뒷산
위도 36. 52. 654.
경도 128. 40. 656.
고도 312m

예쁜 이름의 사랑산

사랑산은 널찍한 들판 가운데 높이 솟았다. 사랑산에 기댄 도촌리는 봉화읍 서쪽 15리 떨어진 마을이다. 인근에 '고인돌·석기·토기·고분'이 산재된 것으로 보아, 낙화암천, 내성천 물길에 고대인들이 집을 짓고 식량을 얻어가며 생활했을 것이다. 지금의 우리도 그들이 만든 가치와 생활 방법을 어느 정도 잇고 있다. 식사엔 어떤 경우라도 숟가락을 쓰고, 가을이면 산에서 버섯 따고, 도토리 주워 식탁을 풍요롭게 하고 있으니, 겨레의 얼과 문화는 많은 삶의 반복과 유구한 세월 속에 축적된 알맹이다.

마을에서 오르는 산책길이 개발되어 있다. 봉수대 건물터에는 도자기편, 기와편이 많이 흩어졌고, 주변에 산책하는 이들을 위한 휴식 공간이 마련되어 있다. 사랑산 아래에는 부석면에서 오는 낙화암천과 봉화읍에서 오는 내성천이 문단역 부근에서 합류한다. 두 물길이 합류하는 문단역은 멜로영화 속 이별 장면을 연상시킬 듯한 정취가 흠씬 풍긴다.

"사랑당봉수는 만력 갑오(선조 27년, 1594년)에 안집사 김공륵(金公玏)이 계문하여 신설했다."

– 『순흥지』(1899)

임란 중 직봉 노선에 추가 신설한 것이다. 의주로 몽진한 선조가 환궁한 지 일 년이 지나고(1593), 전쟁이 소강상태로 들어갔을 때다. 전쟁의 와중에도 봉수가 운용되었다는 뜻이다. 봉수대 신설이 사랑당봉수 한 곳만의 일은 아닐 것이다.

"간점산봉수는 임진란이 끝난 후 직로가 아니어서 폐하였기에 지금은 없다."
– 『비안여지승람』(1729)

사랑당봉수대 남쪽 방호벽

사랑당봉수 신설 기록은 『비안여지승람』(1729) 기록과 더불어 임란 이후 간봉 일부 노선이 폐지되고, 직봉은 호응거리를 보완하여 봉수대를 추가 신설한 시기를 가늠해 볼 수 있는 자료다.

'사랑당·창팔래산·계란산·승원산·보지현·구토현' 봉수의 신설 시기와 '영니산'과 군위 박달산~다인 소산, 풍산 소산~산양 소산' 노선의 폐지시기를 좀 더 구체적으로 생각해 볼 수 있다.

봉수대에서는 내성천 물길 위로 봉화읍내 구당북산(8.1km)봉수와 옮겨간 가곡리 신당북산(건이산, 8.8km) 봉수가 훤히 보인다. 방호벽은 동서 17m, 남북이 10m, 높이는 4m 정도다. 능선이 끝나는 지점에 축조되어 도촌리 방향은 급경사를 이룬다. 남쪽 방호벽은 능선이 끝나는 불룩한 곳에 축조되어 아주 높게 보인다.

'사랑산沙郎山' 예쁘고 재미있는 이름이다. '사랑당沙郎堂, 사령댕이' 등의 이름은 낙화암천과 내성천 합류 지점인 지형적 특징에서 비롯되었다. 도촌리는 비옥한 충적토 논밭으로 개간되었지만, 예전에는 낙화암천이 내성천과 만나며 유속이 느려져 모래가 많이 쌓였을 것이다. 도촌리의 다른 이름 '사제·도지미'의 사沙는 '모래'를 가리키는 말이며, '도지미道知味'는 '도지(돌다)'와 '미(산)'이 합한 '돌아가는 산'이라는 의미다. 도촌리 앞 들판이 경작되기 이전에는 낙화암천과 내성천이 실어온 모래로 모래벌이 되었으니, 사령당산을 '도지(돌다)'할 수밖에 없다. '댕이'는 '잔등(산봉우리)·만댕이(산봉우리)'와 같은 말로 산봉우리를 뜻하는 말이다. '당堂'은 '댕이'를 표기한 것이니, 사랑당沙郎堂의 현실 발음은 '몰앙댕이', '몰앙디' 정도였을 것이다.

도촌초등학교 남쪽 산 아래에 있는 도촌마을(봉화읍 사령당길 45)에서 남쪽으로 산을 오르면 30분 정도 거리다.

33

성내산봉수

성내산, 봉우재, 성재, 봉우골, 봉동

경북 영주시 고현동 산 13-3
위도 36. 50. 394.
경도 128. 37. 432.
고도 316m

옛 얘기를 품은 곳

성내산봉수 토기, 기와편

성내산봉수대–동쪽 출입문

영주시 북서쪽 고현동에 진산인 성재산이 있다. 산정의 고현성古峴城은 남북으로 길게 쌓은 토성이다. 등산로와 체육시설이 잘 갖추어졌고, 현대문명을 상징하는 이동통신 중계탑이 설치되어 있다. 중계탑 바로 곁에 불룩한 연대가 있어도 지나칠 뿐이지 보존과 관리에 관심을 두지 않는 것 같다. 봉수대뿐만이 아니다. 영주 지역에 남겨진 수많은 설화와 역사적 사실을 가늠해 보면, 작은 토기조각 하나에도 치열하게 살아온 선인들의 숨결이 느껴질 것이다. 3국의 각축 시기 영주·죽령 지역이 신라와 고구려의 접경이어서, 고현성은 그 당시에 쌓여졌을 것이다. 죽령 너머 영주까지 고구려의 영향력이 미치기도 했지만, 대체로 영주는 신라 영역에 속했다. 시내의 구산성은 고현성과 2km 정도로 가까워, 유사시 두 성은 긴밀하게 호응하며 전투에 대비했을 것이다. 신라 21대 소지왕(479~500)과 남하정책을 폈던 장수왕과는 재위 시기가 겹친다. 장수왕이 순흥·풍기 지역에 직접 거둥하는 시기에 신라도 대비하지 않을 수 없었을 것이다.

소지왕과 날이군(영주) 세력가의 딸 '벽화' 와의 사랑 이야기는 이 시기의 사실을 바탕으로 전승되었을 것이다. 이 이야기는 두 개의 형태로 전해진다.

"소지왕은 고구려와 접경한 곳의 경계를 강화하고 백성들을 위로하기 위해 날이군에 거둥하였다. 신라 왕실과 관계를 맺기 위해 아버지 '파로'는 미모의 딸 '벽화'를 왕에게 바쳤다. '벽화'를 한 번 보고 잊지 못하게 된 소지왕은 남몰래 몇 번이나 영주를 찾았다고 한다. 그러나 '벽화'는 끝내 왕궁으로 들어가지 못하고, 소지왕의 발길도 끊기게 되자 서구대 위에 '탑'을 세우고, 소지왕을 원망하는 의미로 '무신탑'이라 불렀다."

– daum, 블로그–초암이야기

이 '무신탑'은 이름 때문에 고려 말에 헐려 버렸다. 또 다른 얘기는,

"소지왕이 '벽화'를 궁중으로 데려갔고, 아들을 낳았으나 이듬해 왕이 승하하자 벽화가 낳은 아들은 왕위를 잇지 못했다." 천오백 년의 세월이 흐른 후, 학계에서는 수만 점의 유물이 수습된 '경주 98호 고분'의 남분을 소지왕의 능으로 추측하였다. 순장묘로서 남자는 60세, 여자는 16세 정도였다고 한다. 능이 조성된 시기와 유골의 해부학적 연구를 바탕으로 서울대 김원룡 교수는 '벽화'가 소지왕과 함께 순장된 것이라는 학설을 내놓았다. 옛 얘기와 발굴 고분의 유골, 그 연결고리에 수많은 상상력이 더해진다. 아무튼 '무신탑', '어숙묘' 등 수많은 옛 얘기를 간직한 영주다. 고현성 가운데 있으므로 '성내산봉수'로 불렀고, 영천군 관아(영주시 영주동 일대)에서 1km 정도로 가깝기에 '소이산(어떤 임무를 전문으로 행하는 사람들이 있는 산)'으로 불렸다. 신호를 전하는 망전산과는 호응관계가 변하지 않지만, 신호를 받는 곳은 시기에 따라 여러 번 바뀐다.

1. 『세종실록지리지』(1454)에는 '개목산, 녹전산, 봉화점'에서 신호를 받는 것으로 기록되어 있다. 이는 세종 초기 봉수대의 실제 현황을 기록한 것으로 보인다. 봉수대에 오랫동안 사람들이 근무하면서 '소이산(성내산)'을 불린 것으로 보아, 조선 초기 훨씬 이전부터 운용되던 봉수였다.

2. 『경상도속찬지리지』(1469)에서는 봉화점→당북산으로 서산→용점산으로 바뀌어 기록되고 개목산→녹전산→용점산→당북산→성내산 노선이 확정되었다가 선조 27년(1594)에 '사랑당봉수'가 신설되자 신호를 받는 곳이 당북산에서 사랑당으로 바뀌어 후대까지 유지된다.

영광여중(경북 영주시 영주동 141–12) 옆 터널 위 산책로에서 1km 정도의 성재산 정상부에 있다. 영주시민들이 애용하는 산책로가 잘 개발되어 있다.

34-1

(구)망전산봉수

구망전산봉수(望前山)

경북 영주시 안정면 생현리
산 13-1
위도 36. 50. 9460.
경도 128. 32. 3820.
고도 269m

삼백 년 묵은 불편함

"숙종 34년(1708) 풍기군 사람들의 오랜 염원이었던 봉수대 이설 문제를, 유생 안하범(安夏範)의 청원으로 1708년 윤3월에 봉수대가 이설 완료되었고, 관아에서 물품을 지원했다."

– 『풍기향교–향교잡록』, 2권.

"풍기향교는 본래 금계동 임실마을 서편에 있었으나, 1541년(중종 36) 주세붕(周世鵬)이 풍기군수로 부임하여 문묘에 참배한 뒤 그 위치가 읍에서 너무 멀고 식수(食水)가 불편하다 해서, 이듬해에 현재의 위치로 옮겨지었다. 숙종 18년(1692)에 군수 '정증'이 '구지(舊址: 옛터)'로 옮겼다가, 영조 11년(1735) 군수 '임집'이 다시 지금의 위치로 옮겨 지었다.

– 『한국민족문화대백과사전』 한국학중앙연구원

풍기향교가 금계동 임실마을 서편에 있을 때의 일이다. 죽령고개를 넘나들던 행인들이 거쳐야 하는 안정면 생고개를 지키던 봉수대가, 주자학 이념으로 단단히 굳은 유림들에게 떠밀려 옮겨가게 되었다. 숙종 34년(1708) 윤3월의 일이다. 풍기향교 대성전 옛 터(금계동 임실마을 서편)에서 동쪽으로 15° 정도 기울어진 5.5km 거리의 구망전산봉수대가, 동쪽으로 60° 정도 기울어진 3.5km 거리의 산법리 '신망전산봉수대'로 옮겨 가야만 했다. 최초의 사액서원 소수서원이 있는 풍기이기에, 지역 유림들의 떠세가 다른 지역보다 심했던 것도 이유가 될 것이다.

화성의 건릉(정조대왕 릉)이 서편으로 이장하자, 7.1km 거리의 서봉산 봉수가 건릉과 마주보게 된다. 건릉 정면에서 오른쪽으로 30° 정도 기운 서봉산 봉수를 60° 정도 기운 6.5km 거리의 건달산으로 옮긴 것과 같은 이유다. 개령의 취적봉 봉수가 개령향교 대성전 바로 뒷산에 있다는 이유로, 잠시 옮겨 갔다가 되돌아온 이유와 같다.

"노나라 정공과 제나라 경공이 만났을 때, 상견례를 마친 후 제나라에서 북과 징을 치며 음악을 연주하자, 공자께서 '군주 앞에서는 오랑캐의 음악을 연주할 수 없다'고 건의해 물리친 적이 있다."

–『춘추좌전』 노정공 10년. 봄

봉수대에서 경보를 알리려고 북과 징을 치거나, 매일 불과 연기를 올리는 것이 불경스럽게 보인 것이다. 국경의 정보를 알리는 중요한 군사적 기능인데도, 지역 유림들에게는 지극히 높은 '지성대성문선왕(至聖大成文宣王: 공자님)' 위패를 모신 곳 앞에서는 불경스럽게 느껴진다는 것이 이유다.

봉수군 입장에서는 '우리가 공자님이 미워한 오랑캐 음악을 연주하는 사람들인가!' 이런 생각도 들 만도 하다. '설치된 시기도 수백 년이나 앞섰고 게다가 나라에 막중한 군무를 운용하는 우리가 아닌가!'

불경스럽다고 옮겨 가라는 논의에 이런저런 볼멘소리를 해 봐야 말도 안 되는 명분과 관리들까지 합세한 떠세에 옮겨 가지 않을 수 없었을 것이다. 이전설치에 소요되는 수고는 차치하고, 경비 일부를 보전해 주는 데에 만족해야만 했을 것이다. 이런 불편한 심사가 지금까지 전해져, 300년이 지난 지금도 구봉수대가 있었던 생현1리를 '봉우골'이라 부르고, 근래에 들어와 마을 앞에 '봉우골'이란 표지석을 크게 세워 놓았다.

봉수대 터는 깎여져 상수도배수장(생현배수장)이 되었다. 2010년경에 있었던 공사다. 생현리 어르신들은 흔적이 어느 정도 남았던 봉수대를 기억하고 있다.

생현지(경북 영주시 안정면 생현리 99)에서 북쪽 산정으로 오르면 봉수대 터였던 '생현배수지'가 있다. 봉우골인 생현1리와는 고속도로로 가로막혔다.

34-2

(신)망전산봉수

망전산(望前山)

경상북도 영주시 산법리 산4-3
위도 36. 51. 572.
경도 128. 32. 841.
고도 246m

죽령을 바라보다

숙종 34년(1708) 윤3월, 주자학 이념으로 단단히 굳은 유림들에 의해 안정면 봉암리 구 망전산봉수대에서 옮겨온 봉수대다. 풍기향교 대성전 옛터(금계동 임실마을 서편)에서 동쪽으로 15° 정도 기울어진 5.5km 거리의 구봉수대가, 동쪽으로 60° 정도 기울어진 3.5km 거리의 영주시 산법리 '신 망전산봉수대'로 옮겨온 것이다.

풍기읍 동남쪽 나지막한 망전산에서는 장엄한 죽령의 연봉들이 눈에 가득 들어온다. 고단한 일상에 지친 풍기 사람과 죽령을 넘어 오가는 길손들에게 국경의 무사함을 알리고자 다대포에서 새벽에 출발한 평안의 횃불을 매일 올렸다. 이 불은 죽령을 넘어 저물녘 남산에 이르러 장안 사람들의 안도하는 눈빛 속에 사라져 갔다.

망전산 아래에는 풍기에서 영주로 흐르는 서천과 금계리에서 흘러오는 금계천이 해자 역할을 한다. 영주와 풍기를 잇는 생현리 '생고갯길'을 살필 수 있는 곳이다. 한양으로 가는 길손이 '생고개'에 오르면, 가마득하게 가로막는 죽령의 연봉들을 보며 한숨을 내쉴 만한 곳이다. 지친 길손들은 '망전산(멀리 앞산을 바라본다)'에서 죽령을 쳐다보며, 여정을 무사히 마치기 위해 '풍기 인삼'을 생각하지 않았을까.

풍기는 정감록에서 '3재(전쟁·전염병·흉년)가 없는 승지'라고 한다. '땅의 기운이 좋고 외부의 침략이 없는 살기 좋은 곳'이라는 말이다. 이민족의 침략을 많이 받아온 우리 민족은 외우내환이 없는 땅을 고르고, 그곳을 이상향으로 여겼다. 풍기 차암 금계촌(영주시 풍기읍 금계리 일대, 옛 풍기향교 터가 있는 곳)은 이러한 승지 중에서도 으뜸이라고 한다. 북으로 소백산이 가려 찬 바람을 막고, 산 기운이 흘러내려 곡식이 잘 자라는 온화한 곳이다. '풍기 인삼의 약효·소수서원이 길러낸 수천 명의 인재·불세출의 경세가 삼봉 정도전'도 이러한 풍기·영주의 땅기운이 길러 낸 것이다.

(신)망전산봉수 남쪽

망전산봉수대는 남서쪽을 제외하고 방호벽이 잘 남아 있다. 북쪽 방호벽은 6m 정도로 높게 쌓았고, 바깥에 호를 팠다. 방호벽 외부에 밭으로 개간한 듯한 평지가 있다. 자연적 풍화와 내부 묘지 조성 과정에 훼손된 듯 봉돈과 연조는 확인되지 않는다. 낮은 곳이지만 영주의 성재와 죽령이 잘 보이는 곳이다. 생현1리를 '봉우골'이라 부르고 길가 표지석에도 새겨 놓았다. 봉수대를 운영하는 봉군들의 마을은 바로 아래에 있는 안정면 안심리로 생각된다. 안심리에는 예전에 절이 있었다고 하며, 안씨네 집안에는 민간신앙에 관련된 '칠성바위'가 있다. 망전산 봉군들의 정신적 위안처가 된 곳이다.

TIP

경북 영주시 안정면 안심리 390-7(영주시 안정면 신재로634번길 120)에서 마을 뒷산으로 오른다. 민가와 300m 거리의 산정에 있다.

35

죽령산봉수

죽령산, 죽령

충청북도 단양군 용부원리 산 1-13
위도 36° 53′ 824″
경도 128° 26′ 157″
고도 725m

죽령, 겨레의 고개

겨레의 고개 죽령, "신라의 아달라왕이 156년 계립령을 열고, 158년에는 죽죽으로 하여금 죽령을 통하게 했다."라고 한다. 죽죽의 이름에서 온 '죽령'은 겨레와 함께한 온갖 역사의 자취를 남기고 전설을 숨긴 곳이다. '술종과 죽지랑의 인연', '청운의 꿈을 안고 과거에 나선 선비', '지방수령들의 부임과 퇴임', '쉼 없이 넘나드는 보부상과 주막거리', 길손을 괴롭히는 도둑들을 잡게 한 '다자구 할머니'…….

오랜 역사 속에 켜켜이 쌓인 옛 얘기가 향기처럼 전해 온다. 지금은 죽령터널이 개통되어 쉬 넘나들지만, 겨레의 땀과 한숨이 쌓여 향기로 배인 죽령옛길은 희방사역에서 고갯마루 죽령 주막까지 흔적을 되살려 복원한 뒤 호사가들의 순례길이 되었다.

죽 령

人喧小白太白高　소백산 태백산 높다고들 떠들더니,
複嶺重關天下壯　연이은 고개와 관문 천하의 장관이네.
積翠巃嵸六百里　푸르고 우뚝한 산 육백 리나 뻗었고,
煙霞縹緲連靑嶂　연무 아스라이 봉우리 이었구나.

石棧盤回危且險 험한 돌길 굽이 위태롭고 험해,
行行脅息頻側望 갈 때마다 숨죽이며 흘겨본다네.
三月嶺上見積雪 삼월의 고개 위엔 눈이 가득 쌓여,
高處寒凝未暄暢 서린 한기에 봄기운도 못 느끼네.
蜀道不得難於此 촉나라 가는 길이 이보다 험하랴,
使我羈旅久惆悵 떠도는 나그네 몸 오래도록 슬퍼지네.

–『기언 별집』 '허목'

미수 허목 대감이 죽령을 넘는 수고로움을 촉나라 가는 길보다 더 험하다고 했다. 단양에서 풍기를 오가는 죽령 40리 길의 고통을 충분히 짐작해 볼 수 있다.

삼국의 각축 시기 고구려가 쌓은 죽령산성은 임란 때까지 고쳐 쌓으며 국토를 지켜온 곳이지만, 동족상잔의 소용돌이 속에서 심하게 훼손되었다. 죽령산성의 2km 거리에 죽령산봉수대가 있다. 경상도와 충청도를 잇던 죽령산봉수도 산성처럼 원형을 짐작하기가 쉽지 않다. 봉수대 주변에 헬기장을 만들고, 군 시설을 하면서 변형되고 말았다. 흩어진 석재로 방호벽의 형태만 가늠해 볼 뿐이다. 800여 년의 군 시설이 지금의 군 시설에 자리를 내준 것이다. 그 자리를 비켜 설치할 수는 없었을까? 군부대는 철수하고 휑한 빈터에 아쉬움만 밀려온다.

고개 위 주막거리에서 남쪽 200여 미터 정도에 축조했기에, 죽령과의 접근성이 좋고, 행인들의 동태를 쉬 파악할 수 있는 거리다. 800여 년의 세월 속에 수많은 얘기를 듣보며 제자리를 굳건히 지켜온 죽령산 봉군들은 소백산국립공원을 찾는 이들에게, 우리가 어떻게 생겨났는지, 그동안 무슨 일이 있었는지, 앞으로 어떻게 살아가야 할지를 들려줄 것만 같다.

TIP 죽령주막(경북 영주시 풍기읍 수철리 437) 길 건너편 옛길 입구에서 도솔봉 방향으로 10분 거리다.

36

소이산봉수

소이산(所伊山), 돈산, 수리산, 금이산, 봉산

충북 단양군 단성면 외중방리 산 32 봉산 정상
위도 36° 55′ 84″
경도 128° 18′ 513″
고도 433m

청풍명월의 고장으로

태백에서 발원한 남한강이 지류를 더해 가며 단양에 이를 때는 온갖 전설을 담는다. 봉산 아래 단성면 외중방리에 남한강 물길이 청풍으로 돌아 흐른다. 봉수대 위에서는 물길 따라 펼쳐진 단양읍과 그림 같은 충주호의 절경을 만끽할 수 있다. 전설 간직한 채 누운 '애기장수' 모습이 보이고, 강을 더듬어 오르면 "정도전 앞에 정도전 없고, 정도전 뒤에 정도전 없다."는 조선 개국의 설계자 '삼봉' 선생을 그려 볼 수 있다. 선생의 외가가 있었던 단양군청 옆 도전리와 선생의 일화가 얽힌 도담삼봉이 아스라이 보이고, 주변을 감도는 '사봉·제비봉·투구봉'과 푸른 비단 띠 같은 충주호는 탄성을 자아내게 한다.

평안의 불길은 죽령을 넘어 충청도로 접어든다. 죽령을 넘어온 길손이 단양과 괴산으로 갈라서는 길목에 봉수대를 둔 것이다. 방호벽은 흙과 돌을 섞어 원형으로 쌓았다. 둘레는 85m 정도이며 봉군 숙소 건물 흔적이 있다. 둥그런 연대는 높이가 1m 정도다. 앞에는 다듬질한 편편한 바위가 있고, 누군가가 연조 모양으로 돌탑을 만들어 놓았다. 칡넝쿨 휘감긴 산불 초소에서 연봉들 사이로 오현봉수를 더듬다가 산을 내려온다. 아무리 생각해 봐도, 참으로 멋진 곳에 자리했다.

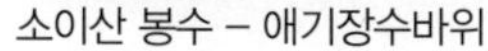
소이산 봉수 – 애기장수바위

소이산봉수 위 봉수모형

외중방리 국도에서 봉수대로 오르는 중턱 봉산마을에는 봉군들의 후손들이 살고 있다고 한다. 봉산마을에서 만난 어르신은 주변 경치에 대해 소상히 말해 주면서 예전 봉수군 얘기도 하신다. '단성향토문화연구회' 회원인 서 씨는 자랑스레 봉수대 관련 자료를 보여 주었다.

"봉수대에는 기와집이 한 채 있었고, 봉군들의 일상은 건물 창문을 통해 대응봉수에서 신호 오르는 것을 살피고, 물이 부족해 마을까지 내려와 물을 길었으며, 불이 잘 붙는 솔잎, 버드나무를 준비하고, 우마의 똥을 말리는 것이었다. 솔잎과 버드나무 가지, 잘 건조된 우마의 똥을 창호지와 함께 말아 횃불처럼 들어서 신호를 보냈으며, 비 오는 날을 대비한 횃불재료와 봉수대에 비치한 군기를 늘 수선해 두고 검열까지 받았다."고 한다.

단양군 단성면 외중방리 봉산(봉화대 밑에 있는 마을) 뒤 봉산 정상이다. 시멘트 포장도로가 끝나는 곳에서 동쪽으로 능선을 따라 500m 정도 산정에 봉수대가 있다.

37

오현봉수

오현(吾峴), 오치, 오티리 봉수, 의현(衣峴) 봉수

충북 제천시 수산면 오티리 산 62

위도 36° 56′ 57″

경도 128° 8′ 774″

고도 415m

오티별신제 당집

수산면 오티리는 '봉화재·해너물재·흰티재·구실재·말구리재' 다섯 고개에 둘러싸여 '오티'로 부른다. 봉화재는 죽령을 넘어온 사람들이 서울로 가던 고개인데, 넘나드는 행인들에게 변경의 경보를 신속히 알릴 수 있는 곳에 봉수대를 설치한 것이다.

봉수대 내에 '충북 무형문화재 8호 제천오티별신제' 당집이 있다. 당집은 '오티별신제보존회'에서 관리하며, 매년 정월 14일, 15일 이틀 동안 별신제를 행한다고 한다. 봉수대 주변은 원래 무속행사와 일반인의 접근이 금지됐는데, 갑오개혁 후 봉수제도가 폐지되자, 널찍하고 전망 좋은 봉수대에서 무속행사와 마을 제례 의식이 행해지기 시작했다고 한다.

– 『옛 이동통신 봉수』 '최진연'

이 같은 경우는 충주 마골산과 영해 광산봉수 외에도 여러 곳에서 볼 수 있다.

고목이 그늘을 드리웠고, 이끼 낀 석축엔 옛 사연이 숨었다. 남북에 출입문이 있고, 아래에 건물 터가 있다. 여름날 물안개에 젖은 처연한 당집과 봉수대에서는 숨은 이야기가 들려온다. 남한강 물길 따라 전해 온 온갖 전설은 고단한 행인과 봉군의 입에 회자되며 멀리 퍼져 갔다. 죽령을 넘어와

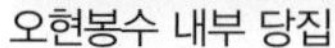

오현봉수 내부 당집

오현봉수 내부

또 봉화재를 넘는 행인을 빤히 살피는 오현봉수군들은 오가며 전해지는 새 소식에 민감해하며, 남한강 산자수명의 경관 속에 소이산 신호를 심항산에 전했다. 너무도 아름다운 남한강과 길손의 소식은 고단한 봉군에게 한 모금 청량제가 되었을 것이다.

한 벽 루

水光澄澄鏡非鏡 맑은 물빛 거울인 듯 아닌 듯,

山嵐靄靄煙非煙 자욱한 산 기운 연기인 듯 아닌 듯.

寒碧相凝作一縣 차고 푸르른 기운 고을을 이루는데,

淸風萬古無人傳 만고에 이 청풍을 전할 이 없구나!

문절공 주열(朱悅: ? ~ 1287년)이 '한벽루'를 제목 삼고 청풍명월 고장의 승경을 노래했다.

청풍명월은 언제나 그곳에 있지만, 가지려는 사람만이 가질 수 있는 것이다.

1. 신현리에서 남서쪽 도로를 따라 1km 정도 봉화재삼거리에 도착한다. 삼거리에서 북쪽 산정으로 오르면 15분 거리에 있다. 산정에 이동통신기지국이 있어서 콘크리트로 길이 포장되어 있다.
2. 수산면 오티리 오티교를 건너 남서쪽으로 산길을 따라 4km 가면 봉화재 삼거리에 도착한다.

38

심항산봉수

심항산(心項山), 계족산, 오동산, 동악산, 오성

충청북도 충주시 종민동 산71 (심항산)

위도 36. 58. 452.

경도 128. 0. 057.

고도 341m

국토의 중앙 심항

심항산 정상 팔각정에 못 미쳐 봉수대가 있다. 흙과 돌을 섞어 만든 방호벽은 사각형을 이루며, 산비탈에 붙어 있다. 전망이 뛰어난 봉수대가 그러하듯이 내부에 묘지가 들어서 있다. 규모는 작은 편이나, 청풍·단양 지역과 충주로 오가는 길목을 잘 살필 수 있는 곳에 축조된 봉수대다.

"오치봉수는 충주 마수막령(馬水幕嶺) 봉화에 가서 응한다."라고 한다.

– 『청풍군읍지』(1895)

"'마수막'은 '마지막'을 한자로 표기한 것인데, 예전 청풍 지역 사형수들이 종민동 나루를 건너고 마지막 재를 넘어 충주관아에 끌려가면, 다시 돌아오지 못했고, 한양에서 유배 가는 이가 이 재를 넘어서, 단양 · 영월 · 청풍지역으로 남한강을 따라 기약 없는 길을 떠나갔다." 이런 연유로 마지막으로 넘는 고개가 되었다고 한다. –『충주시 홈페이지』

"청풍 오현(吾峴)봉화는 오성(梧城)봉화에 응한다." –『세종실록지리지』(1424)

"청풍군 오현(吾峴) 봉수는 심항(心項)봉수에 응한다." –『신증동국여지승람』(1530)

처음에 종민동 계명산(775m) 정상에 있던 오성봉수가 종민동 심항산(341m)으로 이설한 것이다. 높고 가파른 계명산은 봉군들의 수직에 고역이었을 것이다. 후대의 청도 남산봉수(780m)가 낮으면서도 봉수군 마을과 가까운 송읍리봉수(265m)로 옮긴 것과 같은 이유로 옮겼을 것이다.

심항산봉수에서 본 충주호

팔각정에서 바라보는 충주호 경관은 절경이다. 남한강이 충주호가 되면서 불어난 물이 한반도 모양을 만들었다. 저마다 손으로 가리키며 탄성을 자아낸다.

> "충주는 본래 고구려 '국원성 · 미을성 · 완장성'이다. 신라가 취하여 진흥왕이 소경을 두고 귀족의 자제와 6부의 호민을 옮겨 채웠다. 경덕왕이 중원경(中原京)으로 고치고, 고려 태조 23년에 충주로 고쳤다."
>
> – 『충주군읍지』(1899)

심항心項은 '가운데 위치한 길목'이다. 심心은 심장을 뜻하고, 항項은 바닷가 지명에 흔한 '량梁'처럼 '서로 잇닿아 건너다니기 좋은 곳'이라는 뜻이다. '하늘재의 탄항, 추풍령의 눌의항'도 같은 연유에서 비롯된 말이다. '국원·중원' 역시 국토의 중심지를 의미하며, 신라는 중앙탑(국보 제6호)을 세워 국토의 가운데라는 바탕의식을 드러냈다. 충주의 지형은 남한강과 달천이 휘감아 돌아 심장처럼 둥그런 모양인데, 충忠: 中+心이 그런 모양을 반영한 지명이다. 국토의 중심 충주로 들어서는 길목을 '심항心項'으로 부르는 것은 자연스런 이치다.

충주호와 심항산 주변에 개발한 '종댕이길'이 2013년 10월에 열렸고, 2005년 '해맞이 도시숲공원'이 조성되어 지역민들에게 최적의 힐링코스가 됐다.

오늘 이 길을 걷는 모든 이들은 국토의 아름다움을 만끽하며, 수백 년간 밤낮을 지키며 변방의 평안을 알렸던 봉군들의 노고를 기억했으면 좋겠다.

TIP

계명산자연휴양림 주차장(충주시 종민동 산 6-41)에 주차하고 오른쪽 편의 심항산을 오른다. 심항산에는 3개의 오솔길이 나 있다. 정상으로 오르는 구간에 봉수대가 있다.

39

마산봉수

마산(馬山), 봉화산, 봉화둑

충북 충주시 대소원면 금곡리 산 64-1
위도 36° 58′ 267″
경도 127° 49′ 3.5″
고도 150m

대소원 대소원역

죽령을 넘어온 직봉 심항산과 계립령을 넘는 간봉 6노선의 대림산 신호를 합쳐 음성 가섭산으로 전달하던 곳이다. 이 지역은 서울에서 동래로 통하는 영남대로에 속해, 관리들에게 숙식과 역마를 제공하는 대소원과 대소원역이 있었다. 자연스레 대소원역 부근에는 사람들이 밀집 거주했고 상거래도 활발했다. 광복 직후 경부선 대소원역이 주덕역으로 개칭될 때까지 그 영향은 지속되었다.

지금도 영평리는 대소원역에서 부리던 말을 묻었기에 '말무덤 마을'이라 한다. '봉화둑'이라 부르는 마산봉수는 150m 정도의 낮은 산에 있다. 대체로 봉수 신호는 땅과 하늘이 맞닿는 공제선을 이용해 신호 전달에서 가시성을 높이는데, 마산봉수는 대응봉수에서 보았을 때 공제선이 형성되지 않는 곳이다. 그러나 봉군들이 오르내리기 좋고, 심항산과 가섭산이 높아 신호대응에 문제가 없었을 것이다. 봉화둑 아래는 말을 방목하기에 적합한 넓은 밭이 있다. 역에 제공할 말을 기르고, 말에게 휴식을 주기에 아주 좋은 곳이어서, 봉수대가 있는 산이 자연스레 마산馬山이 되었을 것이다.

봉수대 내부에는 토기편과 기와편이 많이 흩어져 있다. 흙과 돌을 섞어 축조했으나 흙을 많이 사용한 편이다. 둘레는 60여 미터, 높이는 2m 정도

마산봉수대 유지

이며, 동남쪽은 경사가 완만하고 북쪽 경사가 심하다. 동서로 긴 타원형이며, 신호를 올리던 연조는 서쪽 방호벽에 인접했던 것 같다. 군 참호 설치로 많이 훼손되었고, 등산로로 이용되면서 계속 훼손되고 있다.

참나무가 울창한 마산은 맑은 공기와 신선한 빛을 즐기며 산책하기에 좋다. 산책하는 이들이 옛 선인들의 노고를 더듬어 볼 안내판을 만들고, 보존 대책을 세웠으면 한다.

TIP

대소원초등학교 건너편 동원충전소(충북 충주시 대소원면 대소리 65-2)에서 뒤쪽 산 가운데 난 길로 오르면 능선 왼쪽 산정에 봉수대가 있다.

40

가섭산봉수

가섭산(伽葉山)

충북 음성군 음성읍 용산리
산11-4 가섭산
위도 36° 58′ 10″
경도 127° 42′ 20.2″
고도 710m

가섭존자가 머무른 산

음성의 진산, 가섭산은 주덕읍과 음성에 둘러싸여 웅장한 위용을 뽐낸다. 높이에 비해 가파르지 않아 가족끼리 오붓하게 등산하기 좋다. 정상 못 미쳐 자리한 '가섭사'는 고려 말 '나옹화상'이 창건했다고 전한다.

"고려 초기 산속 초라한 절집에 어느 스님이 독실하게 불도에 정진하여, 신도들이 살아 있는 부처로 불렀다. 스님이 돌아가시고 나중에 신도들이 입적한 스님을 발견하자, 스님의 몸은 이 산에 없는 보리수 나뭇잎으로 덮여 있었다. 신도들은 부처님이 스님을 데려간 것으로 생각하고, 스님을 부처님의 수제자 가섭존자로 여기게 되었다. 절의 이름도 '가섭존자가 머물렀던 곳'인 가섭사로 부르게 되었다."

– 음성문화원

충주 사람들은 '가업산'으로 부르는데 춘궁기에 산나물과 다래가 많이 나, '기댈 수 있는 넉넉한 산'이라는 의미로 부른 게 아닐까.

가섭산봉수는 마산의 신호를 망이산으로 전한다. 마산봉수가 해발 150m여서 공제선이 형성되지 않아도, 710m 산정에 위치한 가섭산 봉군들이 빤히 내려다보기에 대응이 가능했을 것이다. 정상에 연조 1기를 복원했는데 원래 위치는 아니라고 한다. 복원한 연조는 충주 주정산봉수 연조

가섭사

가섭산봉수대 추정 장소

를 모방했다.

온갖 현대적 시설을 산정에 두기 위해 산정까지 자동차가 오를 수 있도록 했다. 음성 주덕읍 지역에 장중하게 자리하고, 산나물과 다래가 지천이며, 봉수대가 있어서 예부터 바라보고 의지하던 곳인데, 예전 봉수를 대신한 현대 통신시설이 자리하고 있다. 과거로 인해 현재가 더욱 빛나는 것이다. 가섭산 정상에는 여러 곳에 석축 흔적이 있다. 봉수대 위치도 새로이 조사 정비할 필요가 있다, 이동통신 KT 통신탑이 있는 곳이 봉수대로 여겨진다. 번듯하게 복원하면 지역의 자랑거리가 될 것이다.

가섭사에서 10분 거리다. 차량으로 오를 수 있지만, 옛 사람을 생각하며 걸어서 오르는 게 좋다. 등산로 입구에서 1시간 30분 정도 소요된다.

가섭산봉수 21.5km
소흘산봉수 24.8km ◀◀◀

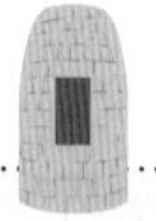

▶▶▶ 건지산봉수 23km

41

망이산봉수

망이산(望夷山), 망이성, 마이산, 매산

경기도 이천시 율면 산양리
산 33 망이산
위도 37 16 353
경도 127 10 38
고도 472m

고구려의 자존심 망이(望夷)

망이산(마이산)은 충청도에서 경기도로 넘어가는 길목이다. 음성군에서 세운 두 개의 정상석은 망이산이 음성 영역이라 한다. 정상 북쪽에 삼국시대 산성이 있다. 능선을 따라 2km 정도의 성벽이 남았는데, 외벽을 석축으로 높이 쌓고, 안쪽은 사람이 다닐 수 있도록 흙으로 쌓았다. 외성과 내성을 갖춘 웅장한 고구려 성이다.

"망이산성 남쪽은 험준한 절벽이지만, 북쪽은 낮은 평원이고 그 주위를 성곽이 에워싼 것으로 보아, 남쪽의 적을 대비해 쌓은 성이라고 한다."

– 단국대학교 조사단

고구려에서 쌓은 성이다. 망이(望夷: 오랑캐를 살피다)라는 이름은 고구려가 문화적 우월감에서 불렀겠지만, 3국의 각축으로 주인이 번갈아 든 탓인지 백제·신라 유물도 출토된다고 한다.

망이산이 도 간 경계가 된 탓인지 정상석은 충청도 음성에서 세웠지만, 봉수는 '경기도 기념물 제138호'다. 직봉인 망이산에서는 간봉1·6·8노선이 합해진 가섭산 신호에, 간봉9노선 진천 소흘산 신호를 더해 건지산으로 보냈다. 동남해 연안의 경보가 경상도, 충청도를 거쳐 이곳에 와서

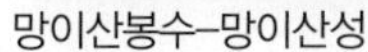

망이산봉수–망이산성

망이산봉수대

모인다. 경기도에 들어선 직봉은 건지산→석성산(용인)→천천현(달래내 고개)만 통하면 곧장 남산봉수로 연결된다. 대응봉수는 가섭산(21.5km), 소흘산(24.8km), 건지산(23km)으로 평균 신호거리 10km에 비해 먼 편이다. 이른 새벽 변경에서 출발한 '평안의 불'이 경기도 지역에 이르면 주연야화(晝煙夜火: 낮에는 연기, 밤에는 횃불로 신호하는 것) 중 야화夜火에 해당하게 되어, 대응거리가 멀어진 것으로 생각된다. 밤에 올리는 횃불은 연기보다 훨씬 가시성이 높기 때문이다. 또한, 세 곳이 모두 넓은 들판 위로 보이는 높은 산이기에 가능했던 것으로 생각된다.

봉수대는 산성 내 동쪽 봉우리에 있으며, 방호벽은 긴 타원형으로 동서 22m, 남북 12m 정도인데, 2~3m 정도로 두껍게 석축을 둘렀다. 북쪽 넓은 평지가 건물지로 보인다. '마우정'이라는 맑고 찬 샘이 가까이 있어서, 봉군들의 생활에 요긴하게 쓰였을 것이다.

TIP

매산사(안성시 일죽면 화봉리 81–1)에서 오르면 가깝다. 매산사는 4륜 구동차가 아니면 오르기가 쉽지 않다. 봉수군의 마음을 헤아리며 걸어 오르는 게 좋다.

42

건지산봉수

건지산(巾之山), 맹리 봉수(孟里 烽燧), 검단산(劒斷山)

경기도 이천시 마장면 해월리 산 28-8
위도 37. 12. 397.
경도 127. 20. 788.
고도 415m

아름다운 산수 멋진 인물

평안의 불은 경기도로 접어들었다. 이른 새벽 다대포에서 출발해 경상도와 충청도를 거쳐 저물녘이 되어 도착한 것이다. 연기로 전달되던 신호가 이곳에 이르면 횃불로 바뀐다. 이제 석성과 천천현만 거치면, 초저녁에 임께서 바라보는 목멱산에 다다른다. 변방의 평안을 알리는 이 불로 장안은 평안 속에 잠들 것이다.

건지산은 백암면 방향에서 보면 마치 시골노인이 갓 속에 쓰던 탕건처럼, 봉우리 한쪽을 칼로 베어 낸 듯하다. 이런 모양으로 인해 '건지산(탕건 모양) · 검단산(칼로 벤 듯한 모양)'으로 불렸다. 실제 정상부는 남북으로 우묵하게 긴 말안장 형태다. 흙살이 많은 육산이어서 오르는 내내 달착지근한 산 향기와 흙냄새가 뒤섞인다.

60년대 사방공사를 하면서 봉수대 석재를 가져다 썼기에 많이 훼손되었다고 한다. 산의 남쪽 정상부에 봉돈 흔적이 있다. 북쪽 아래에 건물이 들어설 만한 터가 있지만, 흔적을 쉽게 찾을 수 없다. 자세한 안내판을 세웠으면 한다. 산 위에서는 눈이 시원해진다. 석성산과 망이산이 마주 보이며, 사방으로 장쾌한 연봉과 넓은 들판이 펼쳐진다.

건지산 남쪽 아래 원삼면 맹리에는 양천 허씨 묘역이 있다. '천하의 한

괴물'로 여겨지며 당대에는 인정받지 못했지만, 탁월한 천재성으로 국문학사에 큰 획을 긋고, 불멸의 캐릭터 '홍길동'을 남긴 '허균'의 묘와 누이 '허난설헌'의 시비가 발걸음을 멈추게 한다. 건지산 등산로 입구 '청강문화산업전문대학'의 교정은 예쁘기 그지없다. 알로에 사업으로 알려진 설립자가 청년 교육을 위해 세웠다고 한다. 봄날의 교정은 꽃향기와 젊은 미소로 환하다.

건지산(탕건산, 검단산)

'생거진천 사거용인'이라 했다. 이 두 지역의 산수가 뛰어나고 살기 좋다는 말일 것이다. 진천과 용인 가운데 위치한 죽산이다.

> "용인 사람인데, 임진란에 어머니를 업고 뒷산에서 화를 피했다. 적의 칼날이 차츰 다가오자, 숭인은 바위굴 밑에 어머니를 두고, 위에서 칼날과 창에 찔려가면서도 어머니를 살리고자 했다. 그로 인해 고을사람들이 바위를 '선효암'이라 불렀다. 난이 평정된 후 돌아와, 생선과 고기반찬으로 봉양하는데, 고기가 떨어지면, 집에 있는 개 두 마리가 산으로 달려가 꿩을 잡아와 봉양하는 것이 한두 번이 아니었다. 마을에서는 지극한 효성에 짐승도 감응한 것이라고 탄복했다. 모친이 83세에 병이 나자, 손가락의 피를 흘려 넣기를 밤낮으로 했으나 마침내 돌아가셨다. 장례와 제사 모시기에도 지극한 효성을 다했다. 숭정 갑자(1624년)에 고을에서 관청에 고하니, 관청은 조정에 아뢰어 벼슬이 내려지고 두목동에 정려각을 세웠으나, 지금은 세월이 흘러 무너졌다. 백여 년 후 영조 12년(1736)에 이 집안에서 효자 이원복이 나와 정려가 세워진다."
>
> – 『죽산부읍지』(1832)

유달리 효자 열녀가 많이 기록된 죽산이다. 땅 기운이 좋으니 윤리가 바로 서고, 의리에 밝으니 살기에도 좋은 곳이리라.

1. 지산 포레스트 골프장으로 진입하여 스키장과 인접한 동쪽의 봉우리를 오르면 쉽다.
2. 청강문화대학교 교정 안쪽 가마터에서 정상으로 오르는 길이 있다. 40분 정도 소요된다.

43

석성산봉수

석성산(石城山), 보개산(寶蓋山), 남전(南傳)봉수

경기도 용인시 처인구 포곡읍 마성리 산 77-33 석성산
위도 37. 16. 353.
경도 127. 10. 38.
고도 461m

용인의 진산

석성산은 용인현 읍치였고 지금 시청이 있는 곳 바로 뒤쪽이다. 용인의 진산이며 지역의 중심이다. 아름다운 산세로 여러 사찰이 들어서, 지역의 정신적 안식처가 되어 온 산이다.

위. 석성산 봉수 헬기장 옆 방호벽
아래. 석성산봉수 방호벽

바위에 둘러싸여 앙증맞게 자리한 '통화사' 주위에는 '석성산성·보개산성'으로 불리던 성의 흔적이 있다. 고구려 장수왕 때 백제를 공략하기 위해 쌓은 2km 길이의 산성이라고 한다. 석성산은 서울로 들어가는 길목이고 요충지여서, 고구려가 석성산성을 쌓은 것 외에도 여러 번 군사적 충돌이 있었다. 1232년 12월, 승려 김윤후가 몽골군 지휘관 살리타이를 화살로 쏘아 죽인 '처인성'이 가까이 있으며, 임진년 6월 전라감사 이광이 지휘한 근왕병 7~8만이 왜군에게 패배한 것도 용인 지역이며, 한국전쟁 때 참전해 3,064명의 전사자를 낸 '터키군 참전기념비'도 산 아래에 있다. 수많은 역사의 환난을 딛고, 요즘의 용

인은 '애버랜드와 한국민속촌'의 이미지를 살려 과거와 현대를 잇는 관광 명소로 거듭나고 있다.

산정 전망대에서는 용인 지역이 한눈에 조망되며, 건지산과 할미산성, 주위 연봉들이 안기듯 들어온다. 산정 서쪽 100m 헬기장 바로 옆에 봉수대가 있다. 석축 유지는 둘레 70m, 높이 5m 가량이다. 상부는 평탄한 대지를 이룬다. 봉수대 동쪽에 높이 2m 정도의 방호벽 석축이 남아 있다. 남북으로 긴 형태인데, 북쪽 끝에 봉돈이 있었으며, 헬기장 자리에 봉수 관련 건물이 있었을 것이다.

"충주대 백종호 교수는, 석성산봉수 기초조사를 벌여 산성 성벽과 봉수 내부, 봉수군을 보호하는 방호벽, 취사나 생활에 사용했던 우물지 등을 확인했다. 용인의 역사를 재조명하고 문화정체성을 확립하는 한편, 등산로 개설로 인한 유적 훼손을 막고 역사성을 부각시키기 위해 석성산봉수를 정비할 필요가 있다. 또한 보존 관리를 위해 봉수대의 '문화재 지정·종합적인 정비·복원' 후 관광자원화 하는 방안이 필요하다. 나아가 용인 각지에서 출토된 문화재를 효율적으로 보존 · 관리할 수 있는 봉수박물관 건립을 제안했다."

– 『용인시민신문』, 함승태 (2009.02.17.)

자연적 풍화와 인위적 훼손으로 날로 피폐해 가는 봉수대를 보존·복원하는 것은 미래를 위한 일일 수도 있다. 국토와 역사를 어떻게 지켜왔는지 증언할 산 교육장이 아닌가.

평안의 횃불은 천천현을 거치면 남산에 이른다. 장안의 모든 임들이 안도 속에 하루를 마감하도록 바삐 달려갈 것이다.

1. 통화사(경기 용인시 처인구 포곡읍 백령로 203)까지 자동차로 오른 후 정상으로 오른다.
2. LH 초당마을 아파트 5301동 건너편 산 입구를 통해 오른다. 자전거로 오를 수 있다.

천림산봉수

穿川山(천천산) → 穿川峴(천천현) → 月川峴(월천현) → 天臨山(천림산)

경기도 성남시 수정구 금토동 산35-5번지
위도 37. 25. 387.
경도 127. 4. 475.
고도 171m

달래내 고개 저기 남산이

달래내 고개 천림산(천천현)봉수에서는 서울 남산타워가 쭉 뻗은 경부고속도로 위로 보인다. '새벽안개·한낮의 무더위와 소나기·저녁의 어스름' 온갖 사연을 담고 천 리를 달려온 불이 목표를 앞두고 있다. '천천현(달래내 고개)' 또한 사연의 고개다.

"천천현이 태종의 능인 헌릉에 가까워 통행하는 인마의 발길이 지맥을 막을까 걱정해, 폐쇄했던 길을 다시 통행하게 했다." – 『문종실록』, 1년(1451) 10월 16일.

아무리 왕릉의 지맥이 막힐까 우려해 통행을 금지했다지만, 3도의 길목을 막는 것 자체가 무리였을 것이다. 달래내 고개로 경부고속도로가 개통된 뒤에도 흔히 정체를 겪는 곳 아닌가.

'고속도로 건설 시에 달래내 고개를 수호하는 서낭신이, 공사에 동원된 병사의 꿈에 나타나 이사할 말미를 달라고 했으나 공사는 강행되었고, 서낭신의 앙화인지 병사는 사고로 목숨을 잃었다고 한다.' 병사의 위령비는 세워졌지만, 서낭당은 철거된 채 복원되지 못했다. 서낭신이 떠난 달래내 고개에 사고가 잦다는데, 서낭신을 다시 모셔와 '겨레의 고개·달래내 고개'를 다시 지키게 하는 방법은 없을까.

천천현봉수는 『세종실록지리지』에 천천산(穿川山: 시내에 둘러싸인 산)으로 기록된 후 천천현(穿川峴: 시내에 둘러싸인 고개)→천림산天臨山→월천현(月川峴: 둘내 고

천천현봉수 연조

개→달내 고개) 등으로 변해 왔다. 달래내 고개를 가운데 두고 남서쪽에 금토천·시흥천이 흐르고, 상적천이 북동쪽을 감싸 안는 듯이 흐른다. '달래내 고개'는 '시내가 고개를 사이에 두고 둘러싼 형상'이다. '달래내'는 여기서 비롯된 이름일 것이다.

천천현(穿川峴: 시내로 둘러싸인 고개)은 '둘레 내(고개를 둘러싼 시내)→달래내'로 변한 것이다. 월천현(月川峴: 달내 고개)은 한자어로 표기한 것이고, 천림산天臨山은 천림산(川臨山: 시냇가에 있는 산)의 오기로 보인다. 영남대로의 긴 여정을 끝내는 막바지 고개 밑에서 지친 길손들이 여독을 달래려고 '둘레 내→달래내' 시냇물에 발을 담그고 쉬어 간다는 말은 아닐까. 아무튼 세인들이 말하는 '달래내 오뉘' 얘기는 훗날 호사가들이 지어낸 말이다. 달래내 고개는 다대포에서 이른 새벽에 출발해 숨 가쁘게 달려온 평안의 횃불이 남산을 바라보며 잠시 숨을 고르는 곳이다. 봉수대에서는 목멱산(남산)을 향하는 불길이 경부고속도와 포개진다. 불길의 통로와 현대문명의 통로가 겹쳐지는 곳이다. 터는 긴 타원형이며, 둘레 80m, 동서 34m, 남북 12m, 봉수대 내부 면적은 100평 정도다. 내지봉수의 일반적인 형태이며 5기의 연조와 방호벽, 방호담장 흔적이 잘 남아 있었다. 발굴 조사를 거쳐 2002년 9월 '경기도 문화재 제179호'로 지정하였고, 옛 터를 제대로 살려 5기의 연조(1기는 원형 보존)와 담장을 멋지게 복원했나. 2019년 8월 평안의 불을 올리는 시연행사를 했고, 9월 복원 준공식을 했다. 천천현(달래내 고개)봉수 옛 모습으로 우리 앞에 다가왔다.

TIP
금토동 마을 끝부분(성남시 수정구 금토동 산 33-9)에 산불 감시초소가 있다. 초소 뒤쪽 10분 정도의 거리에 있다.

45

남산봉수

목멱산, 종남산

서울특별시 중구 예장동 산 5-6
남산(제3봉수)
위도 37. 55. 1213.
경도 126. 988. 525.
고도 262m

임의 눈빛 속으로

'본래 이름은 인경산이었으나 궁궐의 남쪽이어서 남산으로 불렀으며, 서울의 안산이다. 나라의 평안을 기원하는 제사를 지내기 위하여 국사당(목멱신사)을 세우고, 목멱대왕(옥황상제의 자손뻘이 되는 신)을 산신으로 모셨다. 전국 봉수 다섯 노선의 종점이어서 '종남산', 산이 누에머리를 닮아서 '잠두봉'이라고도 하였다.'

– 『향산집 제1권』 목멱산 주석.

이른 새벽 다대포에서 출발한 제2거 봉홧불이 천천현봉수에서 목멱산 제2봉수대에 도착해 1각(15분) 동안 빛나다가 장안 사람들이 지켜보는 가운데 사라진다. 매일 초저녁 다섯 개의 횃불이 켜지는데 전국 5로에서 각기 출발한 불이 저녁이면 여기에 닿아 기나긴 장정을 마감한다.

제1거(炬: 횃불, 봉홧불)는 함경도 경흥의 서수라에서 출발해 강원도를 거쳐, 양주 아차산에서 남산에 도착한다.

제2거는 부산 다대포에서 출발해 광주 천천현에서 남산에 도착한다.

제3거는 신의주 강계 만포에서 출발해 평안도, 황해도 내륙을 거쳐 무악산 동봉수에서 남산에 도착한다.

제4거는 신의주를 출발해 서해안 해로를 거쳐 무악 서봉에서 남산에 도착한다.

남산봉수

제5거는 여수 돌산도에서 출발해 남해안, 서해안을 거쳐 양천현 개화산에서 남산에 도착한다.

목멱산봉수에서는 전국의 신호를 종합해 병조에 종합 보고한다.

남산의 동쪽 제1봉수대에서 서쪽 제5봉수대까지 차례로 5개소가 있었다. '서울역사박물관'에서 남산봉수 터를 발굴조사하였다.

제1봉수대는 남산 제2봉우리 정상부 일대로 주한미군 통신대가 위치한 곳이다. 오장동 부근으로 뻗은 산줄기의 산마루에 해당되며, 지금 그 터는 변형돼 아스팔트로 포장되었다.

제2봉수대는 남산 정상부의 팔각정과 서울타워 맞은편으로 정상부에서 가장 평평한 곳이다. 여기는 일제강점기와 근대의 공원 조성 과정에서 심하게 훼손되어 형태를 알 수 없게 되었다.

제3봉수대는 남산 제1봉 팔각정 옆 복원된 봉수대다. 원래의 터에 화성 봉돈을 모델로 복원했다. 위치가 가장 높으며 가운데에 자리한다. 이곳 역시 여러 차례 공사로 인한 훼손으로 원형을 알 수 없다. 남산에 오르는 사람들은 이 봉수대를 보고서 봉수대의 전모를 인식하게 된다.

제4봉수대는 정상부에서 잠두봉 방향으로 내려가면 케이블카 종점이 나오고, 그 아래 평평한 터에 위치했는데, 현재 정자와 운동시설이 있다. 석축과 기초석을 발굴 후 되돌려 놓아 보이지 않는다.

제5봉수대는 남산공원관리사무소에서 동쪽으로 200m 거리의 평탄지에 위치했다. 회현동 부근으로 뻗은 산줄기인데, 휴게시설을 만들면서 땅을 깎아 냈다. 서쪽 끝부분에 일제강점기 군사시설이 남아 있다.

5개소 모두 훼손되었지만, 이 자료를 근거로 언젠가 복원될 5개소의 멋진 봉수대를 그려 본다.

남산봉수는 병조의 '무비사'에서 관장했다. 매일 초저녁에 봉화군 1명이 창덕궁 단봉문 밖에 와서 남산에서 봉화 올린 내용을 '남소(오위의 장수가 숙직 근무하던 곳, 궁궐의 남쪽이어서 남소라고 불렀다)'에 보고한다. 대체로 높은 산을 통해 오는 북도의 봉화(제1거)는 구름에 자주 막혔으나, 나머지는 잘 전해진 것으로 보인다. 보고받은 장수가 병조에 보고하고, 병조는 이튿날 아침 임금께 보고했다.

봉수 제도는 1394년 태조의 한양 천도 이후부터 을미년(1895년 5월 9일)까지 500년간 변방의 평안을 알리려 운용되었다. 남산봉수는 제도가 폐지된 후에도 제자리를 지키고 있었으나, 일제의 남산 신궁 건설로 훼손되고, 근대사의 격랑 속에 마멸된 것을 1993년 제3봉수대 터에 수원 화성 봉돈을 모방 복원해 1993년 9월 20일 '서울특별시 기념물 제14호'로 지정하였다.

오가는 이의 눈길 속에 긴 역사 흔적의 한 자락으로만 남게 되었다. 남산타워 옆 복원된 봉수대에서는 날씨가 아주 좋지 않을 때만 빼고 매일 봉수 거화의식을 진행해 관광객에게 볼거리를 제공한다.

오랫동안 봉수대를 찾고 올랐다. 숱한 사연을 듣고 상상하고, 평생 군역을 짊어진 봉군들의 수많은 노고를 느끼며 실감했다. 나라를 지키고 역사를 이어 간다는 것이 수많은 작은 노력 위로 얹어진다는 것도 알았다. 당초에 이 여정을 끝내면 '봉대별장' 직함을 떳떳이 써야겠다고 생각했다. '불길 순례'를 끝낸 지금, 병조에서 '봉대별장' 교지가 내려질지 기다려 본다.

남산봉수대 500년, 봉수군들의 역할과 노고, 그들만의 애환을 느껴 보고, 평생 나라 지키기에 온몸을 바쳤던 그들의 혼을 되새기는 봉수박물관을 남산에 세웠으면 한다.

임진왜란 발발 시 영의정이었던 아계 이산해 선생(1539~1609-광해군 1년)의 시다. 매일 밤 초저녁에 올리는 봉화가 한양 사람들의 마음에 어떻게 자리했는지 살필 수 있다.

남도에 류병사를 보내며

1.

春風嶺北使君行 봄바람 속 영북으로 가는 사군의 행차,
玉節新恩細柳營 새로이 성은 입고 군영으로 가시는구나.
莫道元戎勝五馬 대장군이 원님보다 낫다고 하지 마오,
一般離別摠關情 이별이란 모두 슬픈 것이라네.

2.

千里咸關隔萬重 천 리 밖 험준한 관문 겹겹이 막혔는데,
裁書那得寄歸鴻 편지 써서 기러기엔들 부칠 수 있으랴.
老夫日日思君處 늙은이는 날마다 그대를 생각하며,
木覓山頭看夕烽 목멱산마루 저녁 봉화 바라볼 거네.

종남산 제2봉수대에 평안의 불을 전했다. 제2거 불길 순례를 마친 셈이다.

스스로 세웠던 임무를 마쳤다는 안도감보다 섭섭함이 앞선다. 순례의 처음은 간봉 6노선에서 시작되었고, 직봉과 간봉 9노선으로 넓혀갔다. 내친 김에 제2거 소속 모든 봉수대를 찾게 되었다. 간봉 9노선을 시작하면서, 서울 남산에 도착하고, 제2거 불길 순례를 마치면, 스스로 '봉대별장'으로 부르겠다고 각오했다. 불이 전해진 길을 묻고, 오르고 확인하며 수많은 만남이 있었고 봉수군들의 애환과 노고도 알게 되었다. 자료를 섭렵하고 봉수대를 찾으며 새로이 보게 된 것, 분단의 현실……. 주변국과의 관계에서 한시도 늦출 수 없는 긴장이 과거에도 지속되어 왔음을 알았다. 과거의 우리가 어떻게 살아왔음을 알고, 앞으로 어떻게 살아갈지를 생각했다.

끊기고 잊힌 봉수대를 찾아내 노선을 복원하고, 많은 이들과의 만남과 탐문이 있었다. 자람과 성장의 시간이었다. 제5거 봉수로, 강원도, 제주도 연대를 찾아갈 계획을 세웠다. 분단이 사라지는 날 북녘의 '제1거 · 제3거 · 제4거'를 찾을 것이다.

병조에서 임시직 7품 봉대별장보다 높고 폼 나는 무비사 정6품 병조좌랑에 임명한다고 연락이 왔다. 혼자 크게 웃는다.

안중근의사 공원 주차장에 차를 세우고 남산타워 방향으로 오르면 20분 정도 소요된다.

직봉 지봉 1노선

지봉(支烽): 직봉이나 간봉에서 갈라져 나온 지선, 초기하는 봉수대가 없고,
직봉과 간봉 사이를 연결하는 노선임. 필자의 임의적 명명이다.

1 박달산봉수 ▸ 2 마점산봉수 ▸ 3 간점산봉수 ▸ 4 대암산봉수 ▸ 5 소이산봉수

01

박달산봉수

박달산(朴達山), 박태산

경북 군위군 효령면 거매리
산17-1
위도 36. 9. 751.
경도 128. 36. 26.
고도 491m

서쪽의 산 박달산

의흥, 우보를 거쳐 온 위천이 부계에서 흘러온 남천과 병수리에서 만난다. 위천이 서쪽으로 흘러와 남천을 만나는 그곳에 '박달산(서쪽의 산)'이 있다. 전국의 박달산은 대체적으로 중심지의 서쪽에 위치하고 있다. 고유어에서 '박·발·밝·불'은 서쪽을 가리키고, '달'은 산을 가리키는 고구려어계 말이다.

"영남좌로는 서울에서 양주→광주→여주→충주→단양을 거치고, 죽령을 넘어 경상좌도의 도시 풍기→영주→안동→의성→의흥→신령→영천→경주→울산→기장→동래로 연결되는 길(봉화삼로)을 말한다. 그러나 당시 의성읍을 비롯한 의성 동부지역과 '의흥, 우보' 등의 군위 동남부 지역, 신녕 · 영천 지역에서는 대부분 영남소로격인 도리원에서 비안→안계→단밀면 낙정리 낙정나루터에서 강을 건너→상주→문경→충주를 거쳐 한양으로 통하는 영남대로를 택했다."

–「옛날기행 19. 의성 영남소로」, 『매일신문』, 2018. 7. 11(수).

'의흥→군위→도리원→안계'로 통하는 영남소로를 택하는 이들은 안계에서 낙정 나루를 건너 상주 방향의 영남대로를 택하거나, 안계에서 '다인→풍양→문경'을 거쳐 새재로 넘었다. 안계를 중심으로 한 위천의 충적평야가 넉넉한 삶을 제공하는 곳이다.

토을현에서 직봉과 갈라져 나온 지봉(支烽)은 박달산→마정산→간점산→대암산→소이산으로 전하며 '군위·비안·다인' 읍치에 평안의 불을 전했다. 다인 소이산을 거쳐 용궁 비룡산과 간봉 6노선 함창 쌍화산(남산, 성산)봉수에 연결되었던 노선이다.

봉수대는 효령 거매리 박태산의 가장 높은 곳에 있다. 토을산과 마정산 봉수가 잘 보이는 곳에 축조된 내지봉수다. 폐지된 후 시간이 많이 흘러 풍화마멸과 인위적 훼손을 입었다. 근래에 헬기장과 묘지를 내부에 조성하면서 봉돈·연조 등의 거화 시설과 방호벽까지 완전히 훼손되었다. 봉수대 석재로 헬기장을 만들면서 원래 봉수대 규모보다 확장된 것으로 보인다. 내부에 기와편과 생활자기편이 많이 발견된다. 이 지봉은 '임진·병자' 양란 후 왜와 청나라의 관계가 안정되자, 봉수 노선을 조정하는 과정 중, 『여지도서』(1757) 편찬 이전에 폐지되었다.

TIP

수정암(경북 군위군 효령면 거매리 산 17-1)에 주차하고 산정으로 오른다.

박달산봉수 기와, 토기편

02

마정산봉수

마정산(馬井山)

경북 군위군 군위읍 금구리
산 16-1 마정산 정상

위도 36. 12. 53.
경도 128. 35. 05.
고도 402m

삼국유사의 고장 불라

군위읍 하곡리에서는 앞산이 갈마음수(渴馬飮水: 목마른 말이 물을 마시다) 형국이어서 마정산(馬井山: 말 우물 산)으로 불리게 되었다고 한다. 마정산을 진산으로 하는 군위에는 김유신과 소정방이 백제 침공을 위해 회의를 했다는 '장군당'이 있고, 이곳은 고려 태조가 후백제와 공산 전투를 앞두고 전열을 재정비해 군사의 위세를 떨쳤다는 곳이며, 6·25 당시 북한군의 남단 거점이 된 곳이기도 하다.

'경상 좌도 선산·안동·영천·대구'의 분기점이 되는 교통의 요지다. 신라 경덕왕 때, 군위의 옛지명 '적라(赤羅: 불라→서쪽 시내)'를 군위(軍威: 군사의 위세)로 고쳤다.

'적라(赤羅: 불라, 서쪽에 시내가 있는 곳)'는 군위의 서쪽(赤: 블, 서쪽)에 큰 내(羅: 나·나리·시내)가 흐르고 있어서 '적라(赤羅: 블나·불라)'로 부른 것이다. 지금도 군위읍 위천의 서쪽 적라산赤羅山 부근을 '불로리·불미동(不味洞: 서쪽 산 마을)'으로 부르는 것은 적라赤羅의 현실음이 '블라·불라'이기 때문이다. '블'은 서쪽을 가리키는 고대어다. 현대어에서 '발(주렴, 햇빛 가리개)' 은 서쪽블의 강한 빛을 가리기에 붙은 이름이며, 박달산(서쪽 산)은 '블달(서쪽 산)'의 음을 한자로 표기한 것이다.

군위군은 일연스님의 『삼국유사』를 본떠, 관련 테마로 온갖 축제를 마련하고 '삼국유사의 고장'으로 소개한다. 정사인 『삼국사기』가 놓친 겨레의 내밀한 얘기를 오롯이 전해 주는 『삼국유사』의 인각사와, 옛 정취가 고스란히 남은 화본마을·화본역은 가족과 함께 가 볼 만한 곳이다.

마정산봉수대 유지

마정산 정상에 삼백 평 정도의 평탄지가 있고, 대응봉수인 박태산과 간점산 방향이 잘 조망되는 것으로 보아 이곳에 봉수대가 있었을 것으로 짐작된다. 『여지도서』(1757)가 편찬되기 전에 폐지되고 많은 시간이 흘렀다. 동족상잔의 전투가 일어나고 여러 번의 산불이 일어났을 것이다. 나무를 심고, 산불감시 초소가 생기며 점차 훼손되어, 규모를 파악하기도 어렵다. 주변에 흩어진 토기편만이 예전의 생활을 짐작하게 한다. 동쪽 경사지에는 천주교 묘역이 조성되어 있다.

정상까지 임도가 개설되어서 산악자전거 동호회에서 많이 찾는다. 좀 더 연구하고 제대로 확인해 봉수대 안내판이라도 세웠으면 한다.

TIP

군위읍 동림사(경북 군위군 군위읍 동부리 722)에서 시멘트 포장된 임도를 따라 4km 정도 정상에 있다. 정상 부근에 천주교 묘원이 조성되어 있다.

03

간점산봉수

간점산(肝岾山), 봉우골, 간점현(肝岾峴)

경북 군위군 소보면 복성리 산 65-1

위도 36. 18. 247.
경도 128. 29. 473.
고도 238m

아불내 큰 고개

'비안'은 상고 시대 소문국의 '아화옥(阿火屋), 병옥(并屋)'인데, 신라 경덕왕 때 문소군 비옥(比屋)으로 개칭되었고, 공양왕 2년 안정현(安貞縣)과 병합되었다. 세종 3년 안정현(安貞縣)과 비옥현(比屋縣)을 통합해 안비현(安比縣)으로 부르다가, 2년 후 비안현(比安縣)으로 고치고 안정에서 비옥으로 옮겨왔다고 한다.

– 비안면 홈페이지

비안현의 옛 지명 '아불옥阿火屋 · 비옥比屋 · 병옥并屋'에서 '아불 · 비 · 병'은 옛 지명의 앞 음절이며, '옥'은 뒤 음절이다. 두 시내가 만나는 비안의 지형으로 생각해 보면, '아불'은 '아부르다→아우르다(병并), 합하다'를 뜻하는 말이고, '옥(屋)'은 처음에 '라(羅: 나, 내, 시내)'로 표기된 것을 후대에 '옥屋'으로 잘못 표기한 것으로 보인다. '라羅'와 '옥屋'은 붓으로 쓰면 글자의 형태가 비슷하고, 문서가 낡으면 구별되지 않을 수 있다. 고대 필사본에서는 글자 형태가 비슷한 것을 잘못 판독하는 경우가 간혹 있다. 또한 비안과 같이 시내 주변에 형성된 마을 지명에서, '라(羅: 나, 내, 시내)'는 흔히 쓰이는 글자다. 군위의 고대 지명 '적라赤羅', 황간의 '소라召羅' 등에서 볼 수 있다.

'아화옥阿火屋'은 '아불라阿火羅'의 오기다. '아불'이 병(并: 아불다→아올다→아우르다, 합치다)으로 한자화 되고, '옥屋'은 '라(羅: 나, 라, 시내)의 오기다. '라羅'는 군위가 '赤羅(불라, 서쪽 시내)', 황간이(召羅: 소내, 쇠내)로 불린 것을 감안하면 '내, 강'의 의미로 해석할 수 있는 말이다. '비옥比屋'을 '비라(比羅: 나란히 흐르는 시내)'로 읽으면, 곧 '병라(并羅: 나란히 흐르는 시내)'가 아닌가. '옥屋'은 '라(羅: 나, 라, 시내)의 오기가 확실함을 알 수 있다.

간점산봉수 연대

비안의 옛 지명 '아불라阿火羅'는 '두 물줄기가 합쳐진 내'의 뜻을 가진 말이 시대를 거쳐 한자어로 표기되는 과정에 '아불라阿火羅'에서 '아불옥阿火屋'으로 오기되고, 한자화 하면서 '병옥并屋'으로 표기된 것이다. '병옥并屋'은 '병라(并羅: 두 물이 합해지다)'이니, '병천(并川: 두 물이 합해지다)'으로 표기되어야 할 지명이다. 실제 지명은 병천천과 광기천이 합해지는 충청도 '병천(아우내)'처럼 '아우내'로 불렀을 것이나, 경상도 방언에서는 'ㅂ' 탈락현상이 일어나지 않아 '아불내'로 불리었다. 비안 이두리 박이장님은 60년대까지 '물이 안고 돈다'는 의미로 '아불내'라고 불렀다고 한다. 비안은 '물이 안고 도는' '물돌이동(하회, 회룡)'이 아니라, 위천의 두 물줄기가 합쳐지는 '아불내, 아우내'다.

간점산(肝岾: 큰 고개)은 비안에서 소보, 군위를 오가는 지름길이다. 북쪽 2km 떨어진 비안현에 평안의 불을 전하던 곳이다. 봉수대는 좁은 산정에 축조했는데, 동쪽을 제외한 3면이 심한 경사를 이루어 방어하기 좋으며, 마정산과 대암산이 훤히 보이는 곳이다. 장현 마을 사람들은 태양열 발전단지가 있는 주변을 '봉우골'이라 부른다. 봉돈은 1.5m 높이의 토석혼축이다. 풍화로 마멸된 봉돈의 형태가 토현봉수와 닮았다. 산정상부가 동서로 긴 형태이며 남북으로는 매우 좁다. 봉수대 북쪽으로 경사진 곳을 내려가면 넓은 평지가 있는데, 이곳이 봉군들의 둔전이었을 것으로 생각된다. 낙엽에 묻히고, 흘러내린 탓인지 생활자기편과 기와편이 보이지 않는다. 의성군에서 발간한 『의성의 봉수들』에 표시된 간점산봉수와 위치가 조금 다르다.

TIP

장현마을(진재. 경북 군위군 소보면 내의리 산 183-11)에서 서쪽 1.6km 거리다. 장현마을 남쪽 장현지 위에 태양열 발전 대단지에서 서쪽으로 500m 거리의 산봉우리다.

04

대암산봉수

대암산(大岩山), 봉성산, 봉우재, 봉화재

경북 의성군 안계면 봉양리 산 81
위도 36. 22. 928
경도 128 28 28
고도 224m

안계, 안계장

아불내(비안)에서 합쳐진 위천이 안계 교촌리에서 '관어대·부흥대(교촌리 산 14)'를 만나 서쪽으로 휘돌며 광활한 '안계·다인' 들판을 만든다. 강변 마을인 관어대 옆 '선돌'은, 마을 안 선사 유적 '선돌'로 인한 이름이다. 강이 흐르고 넓은 들판이 있으니, 일찍부터 삶살이가 시작되는 것은 당연한 이치다.

"안정현은 阿尸兮(아ㄹ기) 혹은 阿乙兮(아ㄹ기)로 부르다가, 신라는 安賢(안기) 고려는 安貞(안기)로 고쳤다."

– 『경상도지리지』(1425)

'兮·賢·貞'는 이두식 표기에서 '기'로 읽힌다. 주변의 지명 '안계·안정·안사·안평'은 '阿乙兮(알기)'에서 파생된 것으로 짐작된다. '阿乙(알)'이 '안(安: 안쪽, 중심지, 북쪽)'으로 한자화 되고, '기兮·賢·貞'는 안계安溪의 계(溪: 시내)와 대치되는 것으로 미루어, 강과 관련된 '개(浦: 물가, 개흙이 쌓인 곳)'로 유추되는 말이다. 즉, 안계安溪는 '위천의 북쪽, 개흙이 쌓이는 곳'으로 생각된다.

안계는 위천이 빚어낸 넓은 농토와 편리한 교통으로 일찍부터 인문이 싹텄다. 위천이 안계를 지나 서쪽으로 흘러 낙동강과 합해지는 곳 '단밀(丹密: 불물=서쪽 물), 우물리(불물→울물→우물=서쪽 물)'는 '서쪽의 물'을 의미하는 '불물,

대암산봉수대

불믈'이 한자로 표기되거나 음운변천 과정을 겪은 것이다. '불, 블, 뵐'은 고어에서 서쪽을 의미하며 한자화 될 때 '팔八, 박朴' 등의 음과 '단(丹: 붉다), 적(赤: 붉다) 등의 뜻을 가진 한자어로 표기된다. 또 '팔등(서쪽 산)', '서제리(서쪽 방죽이 있는 마을)'와 들판이 남쪽에서 끝나는 곳의 '방깟(바깥 산)' 등의 지명과, 대암산에 삼국시대 이전의 산성이 있는 것으로 미루어 보면, 안계면 안정(교촌리) 지역이 지역의 중심지였음을 알 수 있다.

1960년대까지도 하얀 차림의 장 보는 이와 누런 황소가 뒤섞여 북새통을 이루던 안계장은 '선산장·안강장'과 함께 손꼽을 만큼 규모가 큰 장터였다. 현재도 '의성세계연축제'가 안계 들판에서 열리고, 여기서 난 '안계황토쌀'은 명성을 얻고 있다.

봉수대는 관어대 뒤로 보이는 '기와지붕 모양의 산'인 대암산에 있다. 안계면 봉양리 대암산 봉우리 북쪽 끝에서 의성→도리원→군위, 단밀→풍양을 오가는 영남소로의 행인을 지켜보며 평안의 불을 전하던 곳이다. 산정이 지붕의 용마루처럼 남북으로 좁고 긴 형태여서 봉수대 터는 협소한 편이다. 건물 터에서 계단으로 오르면 연대가 있다. 연대는 큰 석재를 사용해

대암산봉수산-안계

쌓았다. 작은 돌이 듬성듬성 섞여 있으며, 기와편과 생활자기편이 흩어져 있다. 방호벽 석축이 일부 남았고 호의 흔적은 희미하다. 누군가가 봉수대 석재를 활용해 작은 탑 모양을 만들어 놓았다.

간점산과 소이산을 들판 위로 잘 조망할 수 있다. 대암산은 남쪽에서 보면 마치 기와지붕 같고, 안계장터에서 보면 두 개의 산이 날개를 편 봉황 같아서 '봉성산'으로 부른다. '봉수와 산성이 있는 산'은 아닐까? 능선에 삼국시대 산성이 있고, 산성 안에 '옻이 오른 사람들이 한 번만 씻어도 낫는다'는 '옻샘'이 있어서 멀리서도 사람들이 찾아왔다고 한다.

『비안현읍지』(1785)에 의하면 이 노선은 임란 직후 직봉이 아니라는 이유로 폐지되었다.

봉양리 마을 동북쪽(안계면 봉양리 191-6)에서 동쪽 산을 오르면, 봉우리 북쪽에 약간 낮은 산봉우리가 '산성터'라고 한다. 봉우리 북쪽 끝이 봉수대다.

05

소이산봉수

소이산(所伊山), 봉우재

경북 의성군 다인면 덕미리 산 108-4
위도 36. 28. 86.
경도 128. 19. 654.
고도 281m

다리에서 다인으로

"다인은 신라의 '달이(達已) · 다이(多已)'인데, 경덕왕 때 다인으로 고쳤다."

–『경상도지리지』(1425)

위천이 수만 년 이룩한 안계·다인 들판은 비봉산과 소이산(봉화산)에 의해 '풍양·상주' 들판과 구분된다. 삼강에서 기운을 모은 낙동강이 '풍양·상주'의 광활한 들판을 만드니, 여기에 기대어 삶을 영위하며 저마다의 역사를 가꾼다. '안계·다인', '풍양·상주'를 오갈 때는 두 지역을 경계 짓는 다인(달이, 다리)을 넘어가야 한다. 다인은 안계권역과 상주·예천권역의 경계였으며, 동시에 두 지역을 이어 주는 '다리(교량)'이고, 여기저기 오가는 사람의 다리 구실을 한 곳이다. 다인의 진산 비봉산에서 덕미리·덕지리로 뻗은 소이산(봉화산)은 마치, 사람이 다리를 쭉 뻗은 것 같다. '달이·다이→다인'은 그런 연유로 생겨난 지명이다. 넓은 들판과 넘나드는 교통로 구실로 인해 '경상북도 신청사 이전 후보지'가 되기도 했다.

전국 곳곳의 비봉산(봉황이 날아오를 듯 상서로운 기운이 감도는 산)은 그곳에 사는 이들에게 상서로운 기운을 내주고 삶의 희망을 키우게 한다. 다인 비봉산도 그런 산이다. 앞쪽 '안계·구천·다인'과 뒤쪽 '풍양·지보' 사람들은 들판

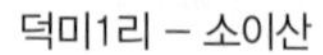

덕미1리 – 소이산

소이산봉수 방호벽

너머 우뚝 솟은 비봉산 기운을 보고 날씨를 점치고 그해의 풍흉豊凶을 가늠하며, 산을 늘 가슴에 품고 살아간다.

다인면 덕미리는 비봉산을 배경으로 했기에 '광덕(光德: 덕성이 빛나다)'으로 불렸으며, 소이산봉수대는 광덕(상광덕) 마을의 서쪽에 남북으로 길게 이어진 산봉우리에 있다. 명산인 비봉산을 마주 보며 안계·다인들판을 내려다보는 곳이다.

봉수대는 남북으로 좁고 길게 이어진 산정 가운데에 있다. 연대는 한쪽이 7m 정도이며, 모서리를 둥글게 한 사각형이다. 높이 1~2m 정도의 방호벽 석축이 남아 있다. 봉수대 남쪽에 건물터로 보이는 곳이 있다. 봉수대가 등산로로 활용돼 훼손 마멸의 정도가 심하다.

제2거 직봉 토을산봉수에서 갈라져 나온, 이 지봉 노선은 군위→비안→안계를 거쳐 다인 소이산에서 간봉 노선 함창 쌍화산(남산)에 연결되었다. 『신증동국여지승람』(1530) 편찬 직전부터는 용궁의 비룡산에도 신호를 전하다가 17세기 양란 이후 노선이 폐지되었다.

덕미 1리 상광덕 마을 서쪽 도로 건너편 산중턱 은혜의 집 뒤쪽으로 오르면 20분 정도 소요된다.

직봉 지봉 2노선

1 소산봉수 ▸ 2 서망산봉수 ▸ 3 비룡산봉수 ▸ 4 소산봉수

01

소산봉수

소산(所山), 말무덤, 봉운재

경북 안동시 풍산읍 수리 산 136-1
위도 36. 34. 157.
경도 128. 35. 314.
고도 200m

풍산 들판 위에

낙동강이 반변천을 합해 서류하면서 안동의 터전을 만들고, 삼강에서 내성천을 만나 예천·상주의 광활한 충적들판을 만든다. '풍산'은 산 사이를 헤집고 흐르던 낙동강이 비로소 넓은 들을 이루기 시작하는 곳에 있다. 고려의 풍산현, 조선의 풍남면·풍서면, 근대의 풍천면이다. '하회마을·소산마을·가일마을·병산서원·하회선유줄불놀이·하회탈·하회별신굿·안동포', 향내 나는 양반마을이 있고, 요즘 '경북도 신청사'가 가까이 들어서 오가는 발길이 끊이지 않는다.

소산(소이들이 있는 산)은 대체로 읍과 현치가 내려다보이는 가까운 곳에 있는 봉화산이다. '소이·소'는 '소이(召吏: -쇠, 일정한 직을 가진 이, 전문적인 종사자)'를 가리키는 말이다. '마당쇠·돌쇠·구두쇠'처럼 후대로 올수록 하층민을 가리키거나, 부정적 의미가 있는 말로 변하지만, 고대에는 고귀한 신분에도 사용되던 말이다. 직봉의 지봉(노선과 노선을 잇는다)이며, 『세종실록지리지』 이전에 이미 설치되어 '소이들이 활동하는 산'으로 기억되었고, '그들이 활동하는 산', '소이산·소산'으로 기록된 것이다.

서애 류성룡 선생의 권유로 선생의 문인 '권기'가 편찬한 『영가지』(1608)에는 소산봉수대가 운용되었고, 『신증안동부여지지』(1745)에서는 철폐되었다.

소산봉수 봉돈

시우실에서 봉운재

직봉 봉지산에서 갈라져 나와 풍산→예천→용궁을 거쳐 산양 소산봉수에서 간봉 6노선 선암산봉수로 전하는 지봉 노선이다. “임진란 후에 폐했다.” 『영남읍지』(1871) 용궁현 기록으로 미루어 17세기 양란이 끝난 후 봉수 노선의 조정기에 폐지된 것으로 보인다.

봉수대는 풍산읍 마애리 시우실 마을 동쪽 산정에 있다. 안동 봉지산에서 평안을 알리는 불을 받아 풍산읍과 예천 서암산에 알렸다. 능선으로 길게 이어진 산정에 쌓았으며, 연변 봉수와 달리 규모가 작은 내지봉수다. 원형의 봉돈 주위에 깊이 1m, 폭 2m 정도의 호가 둘러져 있고, 호 밖의 방호벽은 흙으로 쌓았는데 흔적이 희미하다. 동쪽을 제외한 3면은 낙동강과 풍산천이 해자처럼 에워쌌고, 낮지만 주변 조망이 뛰어난 곳이다. 봉수대를 마을 사람들은 ‘봉운재’, ‘맞무덤(言塚: 말무덤)’으로 부르며 기도하는 장소로 알고 있다. 무속인들도 자주 이곳에서 재를 올린다고 한다.

봉수대 아래 골짜기에 소를 키우는 우사 옆, 개울둑에 가야식 토기조각이 산처럼 쌓여 있다. 토기제작 가마가 있었던 것으로 보인다. 북서쪽 신라말 고려 초의 ‘풍산면 하리리 삼층석탑’, ‘하리리의 절터’와 ‘시우실 토기 제작소’는 번성했던 당시 풍산의 생활상을 보여 준다.

풍산읍 마애리 시우실(경북 안동시 풍산읍 마애리 산 29-2) 동쪽편 시멘트 길에서 봉운재로 오른다.

02

서암산봉수

서암산(西菴山), 봉화산

경북 예천군 예천읍 용산리 산 51

위도 36. 39. 531.
경도 128. 25. 669.
고도 349m

단 샘과 천하의 명궁

석정마을–서암봉화산

예천의 옛 이름은 '수주(水酒: 물과 술)·청하(淸河: 맑은 강)·양양(襄陽: 볕이 잘 들다)'이다. 예천(醴泉: 단 맛이 나는 샘)은 이름처럼 볕이 잘 들고, 술 담글 만한 좋은 물이 있는 땅이다. 내성천이 빚어낸 충적토와 맑은 물이 있어, 술 맛이 달 뿐 아니라 사람 살기가 좋고, 온갖 곤충도 많이 살았는가 보다.

예천군에서 만든 '예천곤충체험축제', '예천세계곤충엑스포', '삼강주막막걸리축제'는 지역 특성을 잘 살린 축제다. 『예천군읍지』에 "풍속이 평이한 것을 숭상한다."는 말은 살기가 넉넉하니 각박하지 않다는 말이다. 각박하지 않으니 심성도 순후하고 안정되었다. 곱고 안정된 숨결로 '활쏘기' 문화가 일찍부터 발달해 왔다. 예천에서 생산되는 국궁 활은 명성이 있고 명중률도 좋다고 한다. 국궁과 양궁은 많은 차이가 있으나, 화살을 쏘아 보내는 자세와 마음가짐은 결국 똑같다. 이런 활쏘기 문화가 명궁 '김진호' 선수를 낳은 것이다.

활시위를 당길 때, "먼저 지형을 살피고 바람을 알아야 하며, 八자도 丁자도 아닌 엇비스듬하게 서서 가슴은 비우고 하체에 힘주며, 앞 손은 태산을 밀 듯하고, 뒷손은 범의 꼬리를 잡듯이 해야 한다. 적중하지 못하면 원인을 자신에게서 찾아야 한다."

– 집궁제원칙

활쏘기만 이러하랴. 인생살이도 화살을 쏘아 보내듯 최선을 다하고, 조금의 실수는 반성을 통해 고쳐 간다면 미래는 훨씬 나아지지 않을까.

봉수대는 서악사 뒤편 봉덕산 산정에서 서쪽으로 300m 정도의 봉우리에 있다. 산정의 매우 좁은 곳에 토석혼축으로 쌓았다. 호를 따로 파지는 않았다. 복리봉수(내지봉수)니 짐승의 접근만 막을 뿐, 적을 고려해서 쌓은 것은 아니다. 좁은 내부에 묘지 1기가 얹힌 듯 앉았다. 북쪽 방호벽이 연조로 사용된 듯하다. 남쪽 방호벽은 오랜 세월과 심한 경사로 허물어졌다. 예천읍 너머로 풍산이 잘 보인다. 가파른 경사지 곳곳에 토기편과 기와편이 발견된다. 석정마을 뒤쪽 골짜기를 '봉골'이라 부르는데, 봉수군들은 석정마을 쪽에서 산으로 오르내렸던 것으로 짐작된다. 봉수대 위에 표지석이 있다.

서암산봉수 내부

TIP

서악사(예천군 예천읍 용산리 산 51) 뒤편의 봉덕산 산정에서 서편으로 300m 정도의 봉화산 산정에 있다.
석정리(경상북도 예천군 예천읍 석정길 262) 뒤편 산 밑 자두밭 농원에서 산정으로 오르면 30분 정도 소요된다.

서암산봉수 13.3km  ◀◀◀  ▶▶▶ 산양 소산봉수 8.6km
다인 소이산 10.9km

03

비룡산봉수

비룡산(飛龍山), 남산, 용비산

경북 예천군 용궁면 향석리산 54
위도 36° 34′ 44.5″
경도 128° 18′ 48.4″
고도 240m

무릉도원 용궁현

일대수(一帶水) 한 줄기의 물,
사위산(四圍山) 사방을 두른 산.

– 『용궁현읍지』(1874)

용궁현 지형을 표현한 말이다. '회룡포·비룡산·용궁현…….' 내성천이 회룡포를 휘돌고 감돌며 용이 날아오를 듯한 지형이니, 지명은 여기서 비롯된다. 수백만 년 강이 빚어낸 터 위에 수천 년 모여 살며, 온갖 얘기를 켜켜이 쌓아 가는 곳이다. 국토 어디인들 아름답지 않은 곳이 있으랴마는, 회룡포·회룡대에 오르면 신비함마저 감돈다.

初入龍宮郡 처음으로 용궁군에 들어서니,
林端出麗譙 누각은 숲속에 우뚝 솟았네.
渦圓官妓笑 관기는 볼우물 지으며 웃고,
磬折縣胥腰 아전의 허리는 경쇠처럼 굽었구나.
激水寒搖岸 출렁이는 물 차갑게 언덕을 흔들고,
垂楊綠映橋 수양버들 푸른 그늘 다리에 비치네.
居民皆地着 백성들 모두 좋은 곳에 붙어사니,
斥鷃亦逍遙 뱁새도 한가로이 노니는구나.

– 『동국이상국집』 이규보

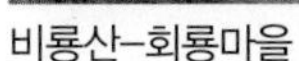

비룡산-회룡마을

비룡산봉수 연조

백운거사는 용궁에 처음 들어서며 '별유천지·무릉도원'을 떠올린 게 아닐까? 아름다운 자연 속에 빙그레 웃으며 허리가 굽도록 사는 곳이 무릉도원 아닌가. 내성천은 휘돌아 금천·낙동강을 만나고, 마지막 주모가 살았던 '삼강나루·삼강주막·삼강'에 이른다. 유장한 강물과 수많은 이야기가 흐르는 삼강나루의 막걸리 한 잔 속에서 옛 얘기를 듣는다.

'비룡'은 지금 하늘을 날고 있는 용 같고, '용비'는 예전에 하늘을 날았던 용 같다. 지금 하늘에 날고 있는 듯한 '비룡'이 훨씬 좋다. 봉수대는 천하절경 회룡포를 내려다보는 회룡대 서쪽 200m 거리에 있다. 직봉인 안동 봉지산에서 갈라져 풍산→예천을 거쳐 온 신호를 받고, 직봉 토현산에서 갈라져 나와 군위→비안→안계를 거쳐 다인 소이산에서 온 신호를 합해 산양현 소이산 봉수에 전했다. 이 노선은 임란 후 『여지도서』(1756) 기록 이전 시기에 폐지되었다.

2000년도에 사각 2층 형태로 연대 1기를 복원했다. 내지봉수의 모습과는 다른 형태다. 동쪽 100여 미터 헬기장과 주변에 토기편, 기와편, 자기편이 많이 흩어져 있다. 봉군 숙소 건물이 있었던 것으로 짐작된다.

백제·고구려·신라가 시기별로 차지했던 원산성이 봉수대 서쪽 5리 즈음에 있다. 백제에서 처음 쌓은 원산성을 조선 초기에 다시 쌓았다는 기록이 있다. 원산성과 봉수대는 서로 관련되었을 것이다.

1. 장안사 주차장에 주차하고 10분 정도의 회룡대를 오르면 봉수는 회룡대에서 서쪽으로 200m 정도의 거리에 있다.
2. 회룡포 마을로 들어가는 제1뿅뿅다리 주차장에서 서쪽편 등산로로 오르면 40분 정도의 거리에 회룡대와 봉수대가 있다.

04

소산봉수

소산(所山), 봉우재, 봉화산, 땅재산

경북 문경시 산북면 약석리
산 6-2 근품산성 내
위도 36. 38. 718.
경도 128. 15. 66.
고도 257m

산성에서 봉수대로 서낭당으로

신라 때 '금품 · 근암 · 가유'였는데, 고려 현종 시에 산양현으로 고쳤다고 한다. 산양(山陽: 산의 남쪽)은 '오정산 · 단산 · 운달산' 천여 미터에 가까운 높은 산들의 남쪽이라는 뜻이다. 시기에 따라 예천 · 상주 · 문경에 소속되었던 작은 고을이다. 지금의 산서 · 산동 · 산남 · 산북은 산양현이 대한제국 시기에 지방행정구역 개편으로 나뉜 것이다. 예전에는 천수답이었으나 동로면 경천댐 수로가 완공돼 따뜻한 햇볕과 백두대간 맑은 물로 친환경 쌀인 '새재청결미 · 새재바로미'와 '문경한우'를 생산하고 있다.

– 산양면 홈페이지

견훤군의 무예 수련장이었던 '근암산성(근품산성)'이 산양면 현리 근품산에 있다. 세월의 풍화로 자세히 알 수 없지만, 둘레 1,600m, 높이 3~4m 정도였을 것으로 추정하고 있다. 근품성에서 치룬 고려와의 전투에서 견훤군이 승리했다고 한다. 약석리 신 이장님은 냇가(금천) 바로 옆 현리 뒷산 꼭대기에 말 조련장과 성이 있다고 한다.

산양면 현리 마을 동쪽 끝에서 300m 정도 가면 '근품산·비조산·왕의산' 등산로가 나온다. 등산로 입구에서 15분 정도 오르면 서낭당이 있는데, 이곳이 봉수대였던 것으로 보인다. 산성 시설물 일부를 활용해 봉수대를 축조했다. 임란 후 『여지도서』(1757) 발행 이전에, 노선이 폐지될 때까지 비룡

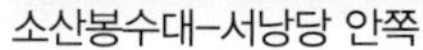
소산봉수대-서낭당 안쪽

소산봉수대-서낭당

산의 신호를 간봉 6노선 선암산봉수에 전했다.

서낭당 부근에 산성 흔적이 역력하다. 오랜 시간에 산성은 무너져 가고, 봉수대 내부에 예쁜 돌담의 서낭당이 만들어지면서 본래 모습이 훼손되었다. 주변에 도자기 기와편이 산재해 있다. 오륙백 평 정도의 평탄지가 있는데, 원래 산성 시설이 있었던 곳으로 짐작된다. 조사하여 안내판이라도 세울 필요가 있는 곳이다.

높지 않은 곳이지만 예천과 문경이 훤하고 선암산봉수가 높직이 보인다. 마을 사람들은 근품산과 동쪽의 조비산 사이를 '봉우재'라 부르며 예천·문경·점촌 방향으로 길이 갈라지는 곳이라고 한다.

산양면 현리의 동쪽 마을 끝에서 300m 정도 가면 근품산, 비조산, 왕의산 등산로가 나타난다. 등산로 입구에 채의식 공의 묘소가 있으며, 15분 정도 거리에 서낭당이 있다. 이곳에 산성 시설물 일부를 활용해 봉수대를 축조한 것으로 보인다.

간봉 1노선

1 간비오봉수 ▸ 2 남산봉수 ▸ 3-1 임랑포봉수 ▸ 3-2 아이봉수 ▸ 4 이길봉수 ▸ 5 하산봉수 ▸ 6 가리봉수 ▸ 7 천내봉수 ▸ 8 남목봉수 ▸ 9-1 유포봉수 ▸ 9-2 안산봉수 ▸ 9-3 하서지봉수 ▸ 10 독산봉수 ▸ 11 복길봉수 ▸ 12 뇌성봉수 ▸ 13-1 발산봉수 ▸ 13-2 대곶봉수 ▸ 13-3 사지봉수 ▸ 13-4 장곡봉수 ▸ 14 대동배봉수 ▸ 15 지을산봉수 ▸ 16 오봉봉수 ▸ 17 도리산봉수 ▸ 18-1 황석산봉수 ▸ 18-2 별반산봉수 ▸ 19 대소산봉수 ▸ 20 광산봉수 ▸ 21 신법산봉수 ▸ 22 약산봉수 ▸ 23 신석산봉수

수군진과 봉수: 연변봉수나 '별망 · 망 · 망대' 등은 연변에 촘촘하게 설영된 수군진영과 밀접한 관계를 가지고 운용된다. 경상좌수영의 수군진은 간봉 1노선의 연변봉수를 많이 활용하지만, 경상우수영과 전라 · 충청 수군진은 진영 자체에서 별도의 '망'을 설치해 운용한다.

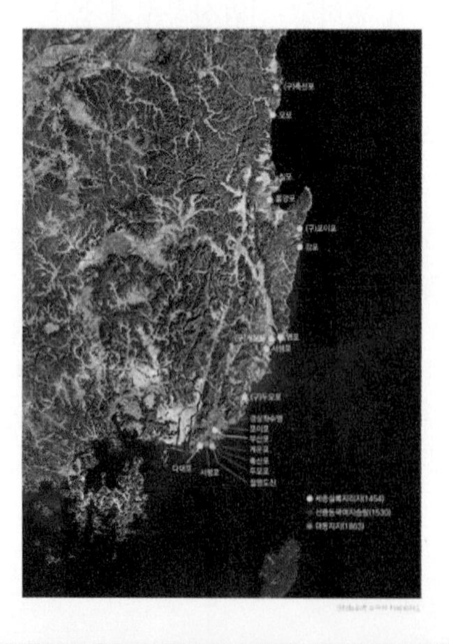

–경상좌수영 수군진 배치도,
문화재청, 국립해양문화재연구소 자료

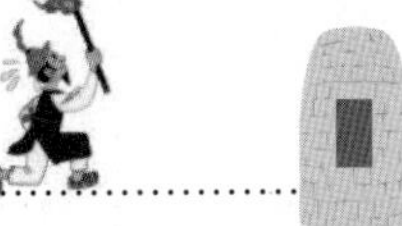

01

간비오봉수

간비오(干飛烏)

부산광역시 해운대구 우동
산 148-76 간비오산
위도 35° 9′ 58.3″
경도 129° 9′ 4.2″
고도 136m

큰 나루에서 새벽 신호를 올리다

가을날 관사에서

古郭人煙少 낡은 성곽 인가는 드물고,
虛堂客意孤 빈 집에 나그네 홀로 외롭네.
滄波連對馬 푸른 물결 대마도에 이어지는데,
烽火見飛烏 간비오엔 봉홧불 오르는구나!
去國驚衰鬢 서울 떠남에 귀밑머리 세지는데,
安邊愧壯圖 변경 편안코자 한 포부 부끄럽기만 하네.
秋聲挾雨氣 뜨락 오동, 한밤중 빗속에,
半夜入庭梧 벌레 소리만 들리는구나!

– '홍위'(1657년 동래부사)

동래성 동쪽에 간비오산이 있다. 봉화가 오르는데도 경계심을 갖지 않는 걸 보니, 평안의 불이 새벽에 오른 것일 게다. 양란을 겪은 후니 변경을 굳게 지키고자 한 마음이야 당연한 것이고, 봉수군들도 각별한 자세로 국경의 밤을 지키고, 이른 새벽 평안을 알리는 불을 올렸을 것이다.

"대마도와 제일 가깝다.(신숙주), 동남 첫 번째 현이다.(이첨)"

동래의 형승을 이르는 말이다. 동래는 일본과 통하는 관문으로 중요시된 곳이다. 이웃나라와의 관계에서 선린과 반목이 교차됨은 당연한 일이지만, 유독 한·일 관계에서는 선린보다 반목하는 감정이 앞서는 것은 '도이(島夷: 섬 오랑캐)'들의 악착함에서 비롯된 불행한 역사의 결과일 게다. 침략·약탈의 근원이 궁핍에서 시작하지만, 조선은 약탈을 위한 침략은 하지 않았다. 국력이 미약해서일까?

많은 수고와 비용, 운용에 고통이 따르는 봉수대!

침략의 근원을 없애 버리면 수백 년을 밤낮으로 지킬 필요가 없지 않은가. 천 년 가까이 이 피곤한 제도를 왜 두었을까?

"몇 년 전 변경을 약탈했던 여진 오랑캐 '속고내'를 기습해서 체포하자는 함경도 절도사 정인겸의 계본이 올라왔다. 이 의견에 대해 정암 조광조는 대국으로서 기습해서 도둑을 체포하는 것은 의리에 맞지 않다."고 해서 이 작전은 실행되지 못했다.

– 중종 13년 8. 16

전쟁에도 '떳떳한 도리, 대국의 체모'를 지켜야 한다는 것이다. 수긍이 갈 듯 말 듯하다. 그래도 이 자존심이 조선을 지켜 온 바탕이 아니랴. 적과 맞부딪쳐 백성을 전란에 내몰기보다는 밤낮으로 성을 지키며, 하루의 평안을 알리는 횃불에 안도하는 조마조마한 대국의 길을 택한 것이다.

"이달 20일 유시에 간비오 봉군 유천록이 진고하기를, '우리 배인지 왜인의 배인지 불분명한 배 2척이 당일 미시에 수평선에서 나와 좌도로 표류해 갔습니다.'"

–『각사등록 경상좌수영계록 헌종』 10년(1844) 4. 23

"이달 12일에 간비오 봉군 유천록이 진고하기를, '당일 신시에 백색의 돛 3개를 단 이양선이 동쪽에서 출현해 남쪽으로 갔습니다.'"

–『각사등록, 통제영계록』 고종 7년(1870) 4. 21

간비오봉수대는 밤낮으로 불시에 출몰하는 이양선을 지키며 제 역할을 하고 있었다. 간비오(干飛烏: 한 날오→한 나루→큰 나루)는 큰 나루터다. 봉수대 앞 동백섬 일대에 나루터가 있어서 비롯된 말이라고 한다. 내륙으로는 황령산과 장산에 막혔으나, 광안대교와 동래부가 있었던 연제구, 동래구 방향이 잘 조망되는 곳이다. 1976년 연대와 연조 1기를 팔각형으로 복원했다. 연대 하부에는 기단 석축이 남아 있는데 암반층인 자연지형을 그대로 활용하였고, 주변에는 석재들이 많이 흩어져 있다.

간봉 1노선의 봉홧불이 매일 새벽 여기서 올려지고, 동해 연안을 통해 북상한다.

간비오봉수 복원연대

TIP

해운대여자중학교를 지나 해광사 사찰 옆으로 난 길을 따라 오르면 15분 정도 소요된다.

02

남산봉수

남산(南山), 봉대산

부산광역시 기장군 기장읍
죽성리 산 52 봉대산 정상
위도 35° 14′ 2.7″
경도 129° 13′ 58.4″
고도 229m

빛과 물의 고장, 고려 봉수대

『삼국사기』-동래군조에는 '갑화양곡(甲火良谷)'이 '기장'으로 개명되었고, 『고려사』에는 '거성(車城: 수릿성)'으로 기록되었다. '갑(甲)'은 갑향(甲鄕: 큰 마을, 첫 마을) 혹은 갓마을(邊城: 변두리 마을)을 의미하고, '차(車-거: 수레, 수릿)'는 정수리(首)를 뜻한다. 현재의 군명인 '기장(機張)'은 『서경』의 '노기기장(弩機旣張: 쇠뇌 활을 쏠 준비가 되었다.)'에서 왔다고 한다. 이로써 생각하면, '기장'은 해안과 접한 으뜸 마을이면서 변경의 군사적 요충지라는 의미를 가진 것으로 보인다.

– 기장군 홈페이지

'갑화양곡甲火良谷'의 '갑甲'은 '차성(車城: 수릿성)'의 '차(車: 수레, 수릿)'와 관련이 있는 것으로 보인다. '갑'은 으뜸이란 의미고, '차'는 정수리를 의미하니, '갑화양곡甲火良谷'은 주변에서 '으뜸이 되는 벌판'이란 의미의 '수릿불, 수리불'에 장소를 뜻하는 량(良: -에)과 마을, 골짜기를 뜻하는 '곡(谷: 실)'이 덧붙은 것으로 보인다. 기장은 먹거리가 풍성하고 살기 좋은 곳이다. '미역, 다시마, 멸치'하면 '기장'이란 말이 먼저 붙는다. 예부터 갑향이었고, 기장 8경을 자랑으로 내세우는 '빛과 물'이 좋은 곳이니, 살기 좋은 것은 당연한 이치다.

기장 남산봉수대는 1995년 12월 15일 부산광역시 '문화재자료 제2호'

기장남산 봉수터

로 지정되었으며, 연대 높이 5m 봉수대 전체 둘레 220m로 전국에서 규모가 가장 큰 봉수대로 알려졌다. 정상부의 넓고 평평한 곳에 축조되었으며 죽성만, 고리원자력 발전소, 기장 일대가 한눈에 들어오는 조망이 뛰어난 곳이다. 둘레길이 잘 조성되어 많은 이들이 찾아오는 명소가 되었다. 거대한 규모의 연대가 발굴조사를 통해 완전한 모습이 드러났고, 방호벽·출입시설 및 부속건물터가 확인되었다고 한다. 원형대로 복원해 웅장한 위용을 자랑할 날을 기다려 본다. 발굴된 유물 중에 고려시대 '어골문기와', '고려청자', 등이 많이 있었다고 한다. 이로 미루어 고려 시대에 설치된 남산봉수(조선 후기 제2거 간봉 1노선)가 지역의 중심도시 경주까지 연결된 것인지, 한양에 전달하기 이전 개경까지 연결되었는지 연구해 볼 일이다.

TIP

1. 기장 – 죽성 간 도로변의 신천마을 맞은편 등산로를 따라 도보로 올라간다.
2. 죽성항 북쪽 고갯길 마루에서 서쪽 편으로 임도를 따라 오르면 20분 정도 소요된다.

3-1

임랑포봉수

임랑포(林浪浦), 임을랑포

부산광역시 기장군 장안읍
임랑리 산 64-2
위도 35. 18. 4605.
경도 129. 15. 2715.
고도 55m

물과 숲 그리고 해변

‘임랑’은 ‘임을랑(林乙浪: 이믈앙)’으로도 표기하는데, 좌광천이 바다에 흘러들고 숲과 해변, 푸른 바다가 공존하는 곳이다. 좌광천은 30여 리를 흐르며 여러 지류를 합해 임랑해수욕장으로 흘러드는데, 이 좌광천의 이름이 ‘이믈앙→이물랑→임랑’이었던 것으로 생각된다. 임랑리는 좌광천의 북쪽 바다와 합해지는 곳에 형성된 마을이다. 동남쪽이 트여 햇빛을 가득 받는 곳이다. 마을 이름 ‘임을랑’은 좌광천(佐光川: 빛이 가득한 시내)’ 옆에서, 배의 앞부분 이물처럼 빛이 가득한 물을 안고 있다. 햇볕 가득 드는 ‘이물’ 안에 있는 마을, ‘임을랑(이믈앙, 이믈안)’으로 불렸을 것이다.

기장의 비전vision ‘빛과 물 그리고 꿈의 도시 기장’은 좌광천·임랑 해변의 환한 빛과 물에서 비롯된 것이리라. 오륙도 해맞이공원에서 시작하는 ‘해파랑길’에 임랑해변이 포함되어 있어서 많은 이들이 기장의 빛과 물을 만끽하려고 찾아온다.

봉수대는 임랑해수욕장의 남서쪽 끝에 있는 낮은 구릉에 있다. 구릉이 바다를 만나 끝나는 부분이어서 임랑해변과 동해바다가 손에 잡힐 듯 가깝다. 여기서는 임랑 앞바다와 좌광천을 통해 내륙으로 드나드는 배들을 잘 감시할 수 있다. 봉수대는 남북으로 긴 타원형이며, 봉돈은 큰 자연석 위에 돌을 쌓아 올렸다. 폐치된 지가 오래지만 양호한 상태다. 서남쪽에서 북쪽으로 해자(물웅덩이)의 흔적이 있다. 등산로와 안내판도 없어서 해변 바로 위 언덕이지만 찾는 이들이 거의 없다.

임랑봉수 연대

『여지도서』 영조 41년(1765)에 기록이 없다. 임란 이후 폐치된 것으로 생각된다. 임랑포와 아이봉수는 3.4km로 지나치게 가깝고, 남산과 아이봉수는 11.6km로 봉수대 평균 신호거리이므로 직접 신호가 가능하다. 처음 임을랑봉수를 설치한 이유는 좌광천 입구를 감시하고, 기장군 장안읍의 '장안'이 '성내城內'를 뜻하는 잣안, 잣난'에서 유래한 것이니, 장안읍 좌천리 일대에 있던 성城에 불을 전하기 위한 것이었다.

"장안성은 기장현이 폐지되며 울산군에 합속(1599년, 선조 32)되자, 기장현 중북면 좌촌방이 되었다가(1653년), 다시 울산군에 속하였으며(1660년), 기장현에 다시 복속되었다(1681년)."

– 『부산역사문화대전』

이 과정 중에 신호 거리와 장안읍 일대의 군사적 중요성이 감안되어 임란 이후 봉수 노선 조정기에 폐지한 것으로 생각된다.

TIP

임랑 3거리에서 임랑교(부산 기장군 일광면 문동리 산 2-5)를 건너면, 바로 남서쪽 산(좌광천 남쪽) 정상에 위치한다. 임랑교를 돌면 도로변 산비탈의 밭 뒤편으로 10분 정도 거리다. 등산로가 없다.

3-2

아이봉수

아이(阿爾), 아이길(阿爾吉), 아이포, 아시포(阿示浦), 봉태산, 차암(車岩)

부산광역시 기장군 장안읍
효암리 산 51-1 봉태산 정상
위도 35. 19. 712.
경도 129. 17. 737.
고도 126m

봉홧불에서 원자력 발전까지

'아시탄다(엄마가 동생을 가지면 젖을 먹던 아이가 여위는 것)'에서와 같이 '아시, 아이'는 '동생·둘째'를 뜻한다. 기장이 '정수리首, 車, 으뜸甲'되는 포구니, 배를 타고 연안을 따라 오르면 장안천이 바다로 드는 월내리 앞 포구는 두 번째로 큰 포구가 되고, 장안천 하구는 기장 다음으로 사람들이 모여 살 만한 곳이 된다. '수릿불, 수레불(기장)'의 다음 가는 포구 아시포가 이런 이유로 명명되어졌을 것이다.

아시포는 '둘째'라는 의미지만, 아시포봉수대는 그렇지 않다. 웅장한 연변봉수의 형태를 고스란히 살려 복원한 봉수다. 봉수대 앞에 오게 되면 형태나 규모 면에서 기존의 봉수대에 대한 인식을 새로이 하게 된다. 또한 봉수대 아래에는 국내 최초의 원자력발전소인 고리 원자력발전소 1호기가 1978년 상업운전을 시작해 2017년 6월 18일 폐로하기까지 아시포봉수의 전통을 이어 평안의 밝은 빛을 전 국토에 비췄다. 1995년 12월 15일 부산광역시 기념물 제38호로 지정되었으며, 1997년과 01년에 발굴조사를 거친 후 복원이 이루어졌다고 한다.

봉수대는 고리원자력발전소 내에 있는 봉태산 정상에 있다. 이곳에서는 서생포, 임랑해수욕장, 일광 일대를 한눈에 살필 수 있다. 봉수대 방호

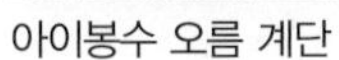

아이봉수 오름 계단

아이봉수 출입문

벽 지름이 30m 정도로 원형에 가깝게 둘러져 있으며, 가운데 봉돈은 높이 2.5m 정도로 웅장하게 쌓았다. 높이 2m 정도의 원형 방호벽 밖에 해자를 둘렀으며 출입구와 오름 시설이 고스란히 원형을 갖추어 복원되었다. 적과 맞붙을 수 있는 연변봉수는 처음부터 적과 교전할 수 있는 상황을 염두에 두고 쌓았다. 사나운 짐승의 접근을 막을 수 있을 정도로 나지막하게 방호벽을 두른 내지봉수(복리봉수)와는 규모부터 다르다.

간봉 1호선 봉수대 중 어느 곳이라도, 예전 봉수군들의 주거 건물을 복원하고 봉수대 점고 물목 80여 가지를 갖춘 봉수박물관이 건립된다면, 800여 년 봉수군들의 무한한 노고와 충정을 오늘에 되살리는 계기가 될 것으로 생각한다. 봉수별장의 매서운 감시 눈초리와 봉수군들의 온갖 옛 얘기가 두런두런 들려올 것만 같은 곳이다.

TIP

고리원전 홍보실의 출입 허가를 받아야 들어갈 수 있다. 고리원자력 내 풍력발전기 부근 정상에 있다.

04

이길봉수

이길(爾吉, 尒吉), 봉화산, 소길, 시길곶(示吉串)

울산광역시 울주군 서생면
나사리 산36 봉대산 정상
위도 35. 21. 747.
경도 129. 20. 43.
고도 121m

간절곶, 간절한 마음

"예전 어떤 도참가(圖讖家)가 '서생(西生)'은 군수대좌(軍帥大坐: 장수가 앉아 있는 형세)의 형국이다."라 했다 한다. 서생이 동래 · 기장을 거쳐 북상할 때, 돌출한 형태가 바다를 가로막는 형상이고, 울산의 방어벽이 되기에, 이런 형국과 관련된 사실과 지명이 많다. 신라 때는 화정리 술마마을에 산성을 쌓고 숙마진(熟麻鎭)을 두었으며, 태종 7년에 '서생포수군만호영'을 두었다. 임란 중 왜장 가토 기요마사가 서생포에 왜성을 쌓아 중요 거점으로 삼았으며, 사명대사가 서생포왜성에서 4차례(선조 27년)나 평화교섭을 벌이기도 했다. 임란 후에는 '수군진'을 왜성으로 옮겨 대한제국 말엽까지 유지했다. 이러한 연유로 관련 지명에는, 군경포(軍警浦: 군인이 경보를 알리는 포구), 홍문가(紅門街: 관아 입구의 붉은 칠을 한 문이 있는 거리나 마을), 기암(旗巖: 깃발을 세운 바위), 장군암 등이 있다. 이는 울주 · 서생이 오랜 기간 군사적 요충지로서의 구실을 했던 결과다. – 울주군 홈페이지

"고종 원년(1864) 6월 초4일에 왜의 선박 2척이 표류하자, 이길포 봉군 김치덕과 화포 관령 윤작남, 하산의 봉대지기 최악지와 당포의 감관이 즉시 보고하였고, 울산부 주사대장 이좌선이 당포에 끌어와 정박시키고, 착실히 간호하며 땔나무와 식수를 주었다."

–『경상좌병영계록』

이는 1860년대 이양선의 출몰로 봉수대가 긴장한 상황 속에서, 표류한 왜인의 배를 어떻게 처리했는지 보여 준다. 연변의 봉수대가 적의 침입과 경보를 올리는 본래의 목적 외에도 바다의 온갖 상황에 신속하고 적절하게 대응한 것이다.

간방艮方이 동북방을 가리키니, 봉화산 아래 간절곶艮切串은 아마 '동래·기장 중심에서 볼 때 동북방에 바다로 돌출한 곳'의 의미로 해석된다. 이곳의 일출은 정동진보다 5분, 호미곶보다

이길봉수 연대

1분 빠르기에 동해안의 대표적인 일출 명소가 되었다. 지명인 나사(羅士: 군사들이 늘어서 있다)는, 나사(羅沙: 비단 같은 모래, 모래벌이 벌이어 있다)에서 바뀐 것으로 본다. 서남쪽의 '불안마을'은 모래벌 안에 있는 마을이라는 뜻이기 때문이다. 봉수대명 '이길爾吉, 尒吉'은 뜻이 불분명하다. "서생西生은 군수대좌(軍帥大坐: 장수가 앉아 있는 형세)의 형국이다."라고 하니, 어떤 적도 이길 수 있다는 간절한 마음에서 지어진 이름이 아닐까? 임란 때 왜장 가토 기요마사가 서생에 왜성을 쌓았다고 하니, 다 믿을 수도 없는 도참설이다.

이길봉수대는 간절곶 주변 바다에 출몰하는 적의 정황을 살폈던 곳인데, 1998년에 울산광역시 기념물 제15호로 지정되었으며 간절곶 봉화산 정상에 있다. 낮은 곳이지만 남으로는 기장과 북으로 울산 방향이 훤히 보이는 곳이다. 봉돈은 원형이며, 둘레가 30m 정도다. 북쪽 부분이 허물어졌지만 완전한 형태로 남아 있다. 연대를 둘러 가며 해자가 폭 3m 정도로 파여 있으며 대나무가 빽빽이 둘러져 있다. 봉돈 위에는 봉수 행사에 사용한 횃불이 여러 개 흩어져 있다. 봉수제에 대한 관심처럼 이길봉수대도 지금 형태로나마 잘 보존되었으면 하는 마음이 있다. 나아가 간절곶을 찾는 이들이 봉수대를 둘러보며 조상들의 국토 수호 의지를 애틋하게 여겼으면 하는 마음도 간절하다.

TIP

서생면사무소에서 울산방면 31번 국도를 따라가면 나사해수욕장 뒤쪽 봉대산 정상에 봉수가 있다. 정상까지 시멘트 포장된 임도가 있어서 접근이 가능하다.

05

하산봉수

하산(下山)

울산광역시 울주군 온산읍
강양리 산66
위도 35. 24. 006.
경도 129. 20. 836.
고도 130m

바다를 보며 바보처럼 웃어 보세요

봉화산 금어사에 들르자 공사가 한창이다. 사찰을 크게 지으려나 보다. 새전이 많이 들어오는 절인가 했더니, '3년간 300만 배의 절 공양'을 부처님께 올려 화제가 되었고, 600만 배 기도를 성취한 지월 스님께서 일면식 없는 사람을 환한 얼굴로 맞으며 법당 안으로 인도한다. 『친구야, 저승 갈 때 이것만은 꼭 알고 가래!』(북매니저 펴냄) 스님의 삶이 배어든 법어와 법어 같은 시들이 담긴 책을 주신다.

바보처럼 웃으세요

지월 스님

사람이 업신여김을 당하면,
서글퍼하거나 우울해하지 말고,
바보처럼 웃으세요.
그럴 때
그대가 진 짐이 내려온다오.

사소한 말에 내쳐 삐쳐 평생의 벗, 오랜 동료와 소원해진다. 우리 범인들은 늘 그렇게 자신의 무게와 다른 이의 무게를 비교하며 산다. 내세우지 않은들 어떠랴! 이미 내 속에 있는데, 바보처럼 웃어버리면 그만인 것을…….

금어사 옆 능선을 따라 15분만 오르면 울창한 산죽 숲속에 하산봉수대가 있다. 2000년에 울산광역시 기념물 36호로 지정되었다. 북쪽의 가리봉수와 대응하며 울산만을 감시하던 곳이다. 원형의 봉돈은 지름 4.5m, 높이 2m 정도다. 봉돈 주위의 널찍한 자리가 봉군 숙소 건물이 있었던 곳으로 생각된다. 동쪽은 경사가 급해 해자가 없으나, 북서쪽에는 빙 둘러 가며 해자를 깊게 팠다. 전체적으로 연대의 원형이 잘 남아 있다. 석재로 쌓았던 봉돈에서 흩어진 돌로 작은 탑을 만들어 놓았다. 남쪽 산 아래에 '회야강'이 바다로 흘러들고 강 건너에 '서생포만호진성'이 있다. 이 성과 하산봉수는 밀접한 관계에 있었을 것이다. 연대 내부에 민묘 1기가 있으며, 연대로 오르는 길, 산죽이 터널을 이루어 셔터를 누르지 않을 수 없다.

봉군들은 많은 시간 바다를 바라본다. 온갖 삶의 질곡과 번뇌를 저 푸른 바다를 보며 웃고서 삭여 낸다.

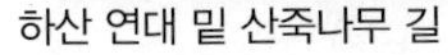
하산 연대 밑 산죽나무 길

하산봉수 연대

'금어사(울산광역시 울주군 온산읍 우봉리)'에서 북서쪽으로 200m 정도 떨어져 있으며 걸어서 15분 거리에 있다.
우봉항(울산광역시 울주군 온산읍 강양리)에서 자동차로 금어사까지 진입할 수 있다.

하산봉수 9.1km ◂◂◂  ▸▸▸ 천내봉수 3.7km 대점봉수 22.2km

06

가리봉수

가리(加里), 가리산

울산시 남구 남화동 산39-1
번지 봉대산 정상
위도 6° 16′ 099″
경도 35. 28. 666.
고도 129. 22. 648.

울산만을 지키다

울산만에서 뭍으로 오르면 경주까지는 편평한 길이 이어진다. 지리 시간에 배운 형산강 지구대다. 신라는 이 길로 바다를 통해 외부와 소통했다. 신라가 이른 시기(석탈해왕)에 '우시산국(울산)'을 병합한 이유다. '처용탈', '처용가', 달빛 아래 춤추는 처용, 먼 예전 헌강왕을 따라 경주로 간 '처용'도 이 길로 왔다. 태종무열왕비 문명왕후께서 호국룡이 되어 묻힌 '대왕암' 이야기, 처용암과 대왕암은 지금까지 그날의 일을 전한다.

가리봉수대는 천내봉수와 함께 울산만을 사이에 두고 서로 마주 본다. 가리봉수는 울산만 입구 봉태산에서 바다를 살피며 울산부와 좌병영성에 평화의 불을 전했다. 『신증동국여지승람』(1530) 기록 직전부터 경주 대점봉수에도 불을 전한다.

"태종 7년(1407)에 경상도는 낙동강을 경계로 하여 '낙동과 낙서'로 분할 구획하고 각각 '좌도와 우도'로 삼아 2개의 병영을 설치한다. 좌병영은 처음(1415년)에 경주에 설치했다가, 1417년에 울주로 옮긴다. 잠시 통합되었다가 1436년에 다시 분리된 후 계속 유지된다. 종2품 병마절도사가 파견돼, 군관과 아전 등을 두고 군을 지휘했다. 주된 임무는 지방군의 군사 훈련과 군사시설의 유지와 포도(捕盜: 도적 잡기), 내란방지, 치안유지 등이었다."

– 『한국학중앙연구원』 한국민족문화대백과사전

가리봉수산

가리봉수 아래 처용암

가리봉수는 11km 거리의 '좌병영성'(울산시 중구 서동)과 밀접한 관계를 가지고 유지되었다. 1960년대 중반 연대 위에 포진지가 들어서면서 봉수대 내부 시설이 파괴되었으며, 기반 석축 일부만 남아 있다고 한다. SK가스 울산기지고압가스 시설보호구역 내에 위치해 출입이 자유롭지 못하다. 현재의 국토방위보다 더한 것이 있으랴만, 800여 년 지켜온 봉수대가 여러 이유로 사라져 가니 안타깝기만 하다.

TIP

울산 용연공업단지 방면에서 용잠로를 따라 900m 정도 가면 'SK가스 울산기지고압가스' 시설 보호구역 내 봉태산 정상이다. '남화동애향비동산' 서쪽 산정에 있다. 철수한 군부대지만 출입이 어렵다.

07

천내봉수

천내(川內)

울산광역시 동구 화정동 산 160-2 봉화산 정상
위도 35. 29. 596.
경도 129. 24. 731.
고도 126m

동천의 안쪽 봉수대

천내(川內: 동천 건너 안쪽) 고지도에는 울산공항과 북구청 방향에서 울산만으로 흘러드는 동천이 크게 그려져 있다. 예전의 동천은 지금보다 유량도 많았고, 영역도 넓었을 것이다. 울산부 치소와 경상좌도 병영성이 있었던 중구 서동에서는 천내봉수대가 동천 건너(저쪽 안)에 있는 것으로 생각한 것이다. 울산만에서 바다 쪽으로 불거져 나온 가리봉수와 천내봉수는 울산만을 사이에 두고 마주 보는데, 두 봉수가 울산부 치소가 있던 병영성과는 11km 거리다. 울산에서는 훤히 보이는 두 봉수를 통해 평안의 불을 전해 받았을 것이다.

"마두희라고 부르는 것은 예전에 이른바 동대산 한 맥이 동해로 달려가는데 그 형상이 마치 마두와 같다. 원래 서쪽을 돌아보는 기상이 없으므로, 읍의 사람들이 기운이 달아나는 것을 싫어하여 줄로서 끌어서 읍의 터전이 지닌 형상에 대응하는 것이다. 유희하는 것이 이와 같기 때문에 서쪽이 승리하면 풍년이 들고, 동쪽이 승리하면 흉년이 든다고 한다. 대개 당나라 때 발하희(拔河戲)를 모방한 것이다."

"무리용산은 부의 동쪽 24 리에 있는데, 경주로부터 남쪽으로 와서 진산이 되었다. 혹은 동대산이라고 부른다."

–『울산읍지』, 1902년 필사본.

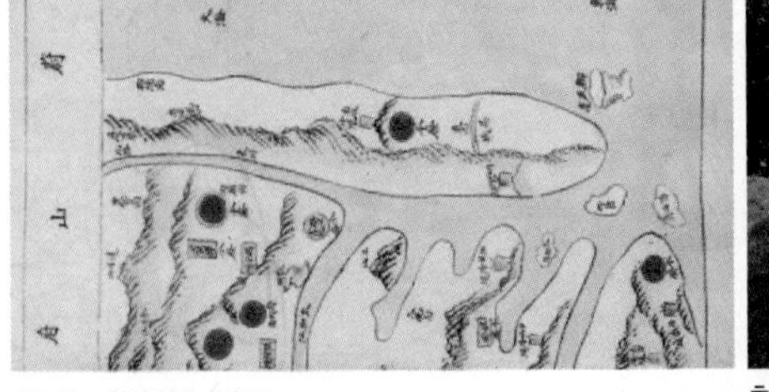
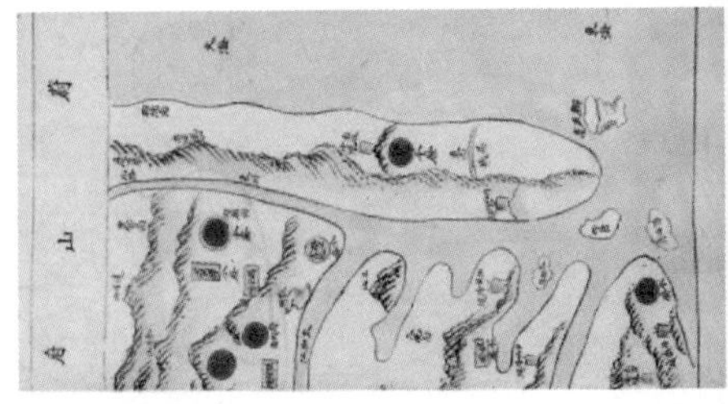

천내- 울산부 지도

천내봉수 연대

울산의 지형은 동천을 사이에 두고 동대산(무룡산, 새바지산, 염포산)이 바다를 향해 달려가는 말의 형상이라고 한다. 산의 기운이 달아나니 붙잡아 두고자 하는 것은 당연한 이치다. 산의 기운이 달아나면 정기를 받은 영웅도 나지 않고, 흉년이 드니 지역 사람들이 다 나서서 붙잡아 매고자 한다. 동대산을 향해 태화강물이 빠져나가는 언양에도 똑같은 '마두희' 유희가 있다.

천내봉수대는 1998년 10월 19일 울산기념물 제14호로 지정되었다. 천내봉수가 위치한 곳은 동해와 울산만 사이의 야산이지만 주변 조망이 더할 나위 없이 좋다. 5리 거리에 있는 방어진항과 대왕암공원을 연계하여 관광객들이 예쁜 천내봉수 모습을 둘러볼 수 있으면 좋겠다는 생각을 해 본다. 염포산과 연결된 기존의 둘레길을 방어진항, 대왕암공원까지 잇는 방법은 없을까? 아쉬운 마음이 든다. 원형의 봉수대는 작은 토성 같은 느낌을 준다. 봉돈의 상부 지름이 5m, 하부 지름은 18m 정도다. 상부 봉돈의 주위에 깊이 호를 팠고, 그 바깥에 이중으로 호를 두른 대형 봉수대다.

TIP

울산과학대학교 동부캠퍼스 동쪽 끝 체육관 남쪽으로 약 100m 떨어진 구릉의 정상부에 있다.

213

천내봉수 6.5km ◂◂◂ ▸▸▸ 유포봉수 5.2km
하서지봉수 16km

08

남목봉수

남목(南木), 주전(朱田), 남목천, 남옥(南玉)

울산광역시 동구 주전동 산 193 봉대산
위도 35. 32. 672.
경도 129. 26. 877.
고도 168m

봉수대에서 봉호사로

울산 정자항에서 울산부로 가려면 해안길을 따라 내려오다가, 주전교차로 부근에서 봉대산 고갯길을 넘고 남목동을 지나 염포에 닿은 후 나룻배를 타고 울산부로 갔을 것이다. 남목봉수대가 있는 봉대산은 울산과 경주로 통하는 해안길의 길목이 되는 곳이다. '길목'은 한자화하여 항項으로 표시하지만 음을 살려 목木으로도 표기된다. 효종 2년(1651)에 봉대산에 '남목마성'이 축성되면서 남목南木이 남목南牧으로 표기되기도 한다.

봉수대 옆 봉호사 입구에는 동구 화정동 '대원사'의 주지 동파스님이 세운 비석이 서 있다. 봉호사 창건 내력을 담은 비석이다.

"동파스님 속가의 형이 되는 보경스님께서 1965년부터 1968년에 걸쳐 봉호사를 지었다."

그 이전에는 봉수대에 딸린 건물에 동파스님의 조부 박경원 옹(박명대 봉대별장의 후손)과 그 후손들이 살아왔다고 한다. 동파 스님은 보경 스님께서 법랍 12세(세수 28세, 1972년)로 입적한 뒤 봉호사 주지를 이어 가다가 지금은 화

봉호사와 연대

주전봉수 연대

정동 대원사로 옮겼다. 드물게도 남목봉수대 고문서 자료가 발견되어 문화재자료 제16호(2000.11.09)로 지정되었다. 철종 9년(1858)~고종33년(1896) 간의 자료인데, 울산부사가 '박춘복', '박명대' 부자에게 준 주전봉수대 별장 임명장, 봉수대 근무에 대한 내용, 봉수대에 비치할 장비 목록 등이다.

남목봉수대는 1997년에 울산광역시 기념물 제3호로 지정되었다. '남목마성' 안에 축조되었다. 초기에는 유포봉수와 대응했는데, 『여지도서』(1765년, 영조 41) 이전에 유포봉수가 폐치되자, 16km 거리의 하서지봉수로 신호를 전했다. 석축으로 된 봉돈이 지름 5m, 높이 6m에 나선형 계단을 갖춘 형태로 남아 있다. 간봉 1노선의 다른 봉수대와는 형태가 다르다. 남해안 봉수대에서 흔히 볼 수 있는 형태다. 남목목장성과 연결된 걷기 코스가 여러 가지 볼거리를 제공한다.

TIP

남목3동주민센터 동쪽 1km 봉대산 아래(울산 동구 동부동 산 188-1)에서 남목마성을 거쳐 봉호사까지 걸어서 20분 거리다.

9-1

유포봉수

유포(柳浦), 우가산(牛家山), 유등포(柳等浦)

울산광역시 북구 당사동 230번지 우가산 정상

위도 35. 35. 400.
경도 129. 27. 620.
고도 102m

울산 바다의 명소 정자항을 굽어보며

"경주부 이견대 이남에서 울산 '유포'에 이르기까지는 거주민이 3백 40여 호이고, 해변과의 거리가 4, 5리 혹은 10리며, 바닷가에서 소금을 굽는 자도 많습니다. 염포(울산시 염포동)에 항시 거주하는 왜인과 왕래하는 어선 · 장삿배가 허실을 엿보고, 반드시 노략질할 마음을 품기 쉽습니다. 하물며 병영(울산시 서동)과의 거리가 22리나 되니, 소란이 있어도 구원하기가 쉽지 않습니다. 마땅히 유포(柳浦)에 보를 두고 우선 말뚝 울타리를 설치하여 군사를 두고, 풍년이 들면 성을 쌓게 하소서. 하였다."

–『단종실록』 3년(1455) 윤 6월 5일

경상도 관찰사 황수신이 바닷가 여러 읍성 수비에 대해 아뢴 기록이다. 유포봉수와 하서지봉수 사이는 바다가 육지로 완만하게 들어온 만의 형태다. 이곳에는 거주민도 많고 비교적 살기가 넉넉한데 울산 병영성이 20리 이상 떨어져 있으니, 왜구가 소동을 일으키기 쉽다는 말이다. 이곳에 방어용 성을 쌓고(유포석보, 세조 5년 완공) 상비군을 두었으니, 인접한 유포봉수는 유포석보와 밀접한 관련을 가지게 된다. 당시의 중요성을 알려 주듯이 유포봉수대는 석축 담장 길이가 200여 미터나 되는 큰 규모다.

1998년에 울산시지정기념물 제13호로 지정되었다. 우가산 남동 기슭의 평평한 곳인데, 동쪽으로는 해안과 인접해 경사가 심하며, 정자항에서 하

유포봉수 연대

서지 쪽 바다가 한눈에 들어온다. 『세종실록지리지』(1454)에서는 북쪽으로 안산봉수, 대점봉수에 전하다가, 『경상도속찬지리지』(1469)에서는 하서지봉수로 전한다. 이때 대점봉수는 하서지와 호응한다. 안산봉수가 일찍 폐지되고 뒤에 유포봉수가 폐지되는 과정에 대응봉수의 조정이 여러 번 있었다. 유포봉수는 임란 이후 『여지도서』(1765년, 영조 41) 편찬 이전에 폐치된 것으로 보인다. 이후 남목봉수와 하서지봉수가 바로 연결되어 계속 유지된다. 임란 후 왜구들의 소란이 없어지자 노선을 재조정할 때 폐지한 것이다.

봉수대는 위치가 낮고 편평하며, 곁에 현대중공업 강동축구장이 있어서 쉽게 접근할 수 있다. 둘러싼 석축 담장 안에 바다 쪽으로 치우쳐 봉돈이 설치되어 있다. 봉돈의 지름은 10m, 높이 3.5m이며, 서쪽 아래에 봉수군 숙소 건물터가 있다. 석재를 많이 활용해 규모가 크고 남아 있는 상태가 양호해 찾는 이에게 자긍심을 가지게 하는 문화유산이다.

TIP

당사항에서 왼쪽으로 난 도로를 따라 현대중공업 강동축구장에서 동쪽으로 300m 떨어진 지점이다. 걸어서 10분 정도의 거리에 있다.

9-2

안산봉수

안산(顔山)

경북 의성군 금성면 수정리
산7 금성산 정상에서 동쪽
1.8km 제4봉

위도 6° 16′ 099″
경도 128° 43′ 167″
고도 508m

안산봉수를 찾아서

안산봉수대는 경상도속찬지리지(1469년) 이전에 폐치된 것으로 보인다. '안산(경주시 양남면 서동리와 울산시 북구 신명동 경계)'의 정상에는 봉수대 유지가 확인되지 않는다. 일찍 폐치된 때문인지 서동리와 수렴리 어른들도 안산봉수에 대해서 알지 못하고, 남목봉수에서 하서지로 바로 연결된 것으로 알고 있다. '울산시 북구 산하동 산 2번지' 일대에 대한 면밀한 조사가 필요하다. 대응봉수인 유포봉수, 하서지봉수의 규모를 갖춘 연변봉수였다면 석축 흔적은 지금까지 충분히 남아 있을 것으로 생각된다. 석축 흔적이 남아 있지 않다면, 세종 초기 봉수로를 정비하면서 축조하기로 계획하고 기록은 하였지만, 유포봉수에서 하서지봉수로 신호가 가능하므로 안산봉수는 실제 축조는 하지 않았을 가능성도 있다.

"유등포봉화로부터 북으로 경주 안산(顔山)봉화를 바라보는데 거리는 30리다.(기장군)" 하였고, "안산연대봉화는 경주부 동쪽 74리쯤에 있다. 남으로 울산군 유포봉화를 바라보는데 거리는 5리 331보다. 북으로 경주부 하서지연대봉화를 바라보는데 거리는 6리다.(경주부)"

– 『경상도지리지』(1425)

『경상도지리지』(1425)는 일제강점기 필사된 기록이어서 원본 확인이 필요하다. 이후에는 '안산봉수'에 대한 기록은 등장하지 않는다. 자세한 지표조사와 연구가 필요한 곳이다.

남목봉수 16km
유포봉수 11km
안산봉수 5km

독산봉수 7.5km
대점봉수 9.4km

9-3

하서지봉수

하서지(下西知), 봉화산, 봉우말랭이

경상북도 경주시 양남면 하서리 산 33
진리마을 뒷산 정상
위도 35° 41′ 249″
경도 129° 28′ 191″
고도 74m

벽화마을 파도소리 길을 따라

박제상이 일본으로 떠난 진리 하서항에 해안공원이 있고, 1.7km '파도소리 길'을 걷다 보면 '양남 부채꼴 주상절리'와 아기자기한 '읍천항 벽화마을'이 나온다. 동해바다 어딘들 명승이 아니랴마는 파도소리 길을 따라 걷는 산책은 아기자기한 맛이 있다. 웅장한 절벽이나 그늘진 숲은 아니지만, 짙푸른 바다와 가슴까지 시려오는 파도소리를 들을 수 있다.

봉수대는 양남면 하서리 해안공원 뒤 나지막한 야산에 있다. 사람들이 쉽게 접근할 수 있고, 산정이 낮고 평평하여 주변을 밭으로 일구었다. 잘 다듬어진 밭과 산죽에 둘러싸인 봉수대, 끝없이 펼쳐진 푸른 바다, 어떤 각으로도 한 폭의 그림이어서 저절로 셔터를 누르게 된다.

하서지봉수대는 『세종실록지리지』(1454) 이전에는 5km 거리의 안산봉수에서 신호를 받다가, 안산봉수가 폐치된 『경상도속찬지리지』(1469) 직전부터는 북으로 독산봉수로 보내던 신호는 그대로 유지된 채 남쪽 11km 거리의 유포봉수에서 신호를 받았다. 또, 유포봉수→대점봉수로 대응하던 신호는 하서지 봉수→대점봉수로 바뀐다. 『동경잡기』(1670) 이후 『울산부여지도신편읍지』(1786) 편찬 이전에 유포봉수가 폐치되자, 울산 남목봉수에서 신호를 받아 경주 독산봉수로 전한다.

하서지 연대

봉수대의 전체적인 형태가 잘 보존되어 있고 밖에서 연대 안으로 들어가기 위한 통행 시설이 잘 남아 있다. 산죽이 빽빽하게 숲을 이루어 봉수대를 어느 정도 보호한 것으로 생각된다. 석축으로 된 봉돈 부분이 지름 10m가 넘는다. 높이도 4m 정도다. 연조가 있었을 가운데 부분은 움푹하게 패여 있다. 간봉 1노선의 다른 봉수대와 형태가 조금 다르다. 간봉 1노선의 봉수대는 공통적인 요소를 갖추면서도 제각기 개성적 형태를 지닌다. 지형과 석재의 사용 정도에 따라 축조 방식도 조금씩 달라지는 것 같다. 연대 주위에 해자를 깊고 넓게 팠으나 지금은 많이 메워진 상태다. 주변이 밭으로 일구어져 산죽에 둘러싸인 봉수대와 묘한 대조를 이룬다.

일망무제의 동해가 가슴을 시리게 한다. 봉수대를 원형으로 복원하여 읍천항 '파도소리길'과 연계한다면 좋은 관광자원이 될 것 같다.

TIP

양남에서 읍천항 사이의 하서리 해안가 진리마을 뒤편에 있다. 양남 농협주유소(경북 경주시 양남면 하서리 10-1)에서 북서쪽 400m 거리의 산정에 있다.

10

독산봉수

독산(禿山), 봉구말랭이

경북 경주시 감포읍 대본리
380-6 회곡마을
위도 35. 45. 161.
경도 129. 29. 559.
고도 28m

포말이 튀어 오르는 곳에

독산봉수 남쪽 5리 즈음 대종천이 바다로 흘러드는 곳에 '문무대왕 수중릉'이 있고, 대왕을 뵙는 '이견대(利見臺, 사적 제159호)'가 있다. 이견대利見臺는 '대인을 만나면 이롭다.'는 의미다.

『주역』䷀(중천괘) 구이효九二爻 효사에 '현룡재전見龍在田이니 이견대인利見大人이니라'는 말이 있다. 현룡은 물속에 잠겨 때를 기다리던 잠룡(潛龍: 모습을 드러내지 않고 승천할 때를 기다리는 용)이 도약하기 위해 땅 위에 올라선 용이다. 크게 날아오르려면 자신의 멘토가 될 대인을 만나야 한다. 세상 이치도 다 그러하리라 큰 뜻을 세운 이가 열심히 노력한 다음에 훌륭한 스승을 만나 지혜와 덕을 빌린다면 크게 성취할 수 있는 것과 같은 이치다.

'문무대왕'

삼국통일을 완수해 삼한에 전쟁을 종식하고 죽어서도 호국룡이 된 '대인'이 아닌가! 나라에 큰 쓰임을 바라는 선비들은 여기서 대인을 뵙고 마음을 가다듬었으리라. 하서지와 독산봉수 사이에는 '문무대왕 수중릉, 감은사지, 이견대, 읍천 벽화마을, 주상절리 해파랑길' 등 관광명소가 밀집해 관

독산봉수 연대와 생활유적

광객의 발길이 끊이지 않는다.

독산봉수대는 간봉 1노선 중에서 바다와 가장 인접한 곳에 있다. 파도가 심하게 치는 날이면 물방울이 봉수대까지 튀어 오를 만한 곳이다. 연대의 형태는 복길봉수, 천내봉수와 유사하게 토석혼축으로 둥글게 쌓고 주위에 호를 둘렀다. 대본2리 마을과 도로(동해안로)에 매우 인접한 곳에 축조되어 접근성이 좋다. 연대의 남쪽 부분은 주택을 지으면서 훼손되고, 서쪽 부분은 도로로 인해 일부 훼손되었으나, 전체적으로 보존 상태가 양호하다. 건물은 연대 안에 있었던 것으로 추측되며 군 초소가 주둔하면서 횃불을 올리는 연조시설은 훼손되었다. 기와편이 연대 상부와 호 주변에 흩어져 있다. 봉수대 안내판이라도 만들어 무심하게 지나치는 길손에게 선인의 자취를 알려야 할 곳이다.

TIP

문무왕릉, 이견대가 있는 대본1리를 지나 대본2리(회곡)로 가기 직전의 바다 쪽 구릉에 있다.

11

복길봉수

복길(福吉, 卜吉), 봉수재

경북 포항시 남구 장기면 계원리 176-1
위도 35. 52. 023.
경도 129. 31. 776.
고도 59m

소봉대, 왜적, 이양선

소봉대(小峰臺)

地角東窮碧海頭 대지는 동쪽 바다에서 다하려는데,
乾坤何處有三丘 천지간 어디에 삼신산이 있는가?
塵寰卑隘吾無意 티끌세상 비루해 뜻을 두지 않고자,
欲駕秋風泛魯桴 추풍에 노중연의 배를 띄워 보고 싶구나!

–『회재집』 제1권

* 이 시는 회재 이언적 선생이 간신 김안로를 탄핵하다가 쫓겨나 집에 머무는 40세 무렵에 동해를 유람하면서 읊은 것으로 보인다.

* 소봉대: 복길봉수대 부근에 있다. 경치가 좋아 예부터 시인 묵객들의 유람 장소였다. 이곳이 봉수대였다고 말하는 계원리 노인들이 있다.

"1593년 4월 18일(선조 26년)에 왜적들이 수륙으로 합세해 4도로 진격해 올 때 김충선 공이 울산군 병력을 경주로 옮겨 서인충과 함께 '이견대' 앞바다에서 적을 벤 것이 그 수를 헤아릴 수 없다. 또 봉길리 앞과 장기 소봉대(小烽臺) 아래서 적과 여러 번 싸워 적의 군기를 뺏고 300여 명을 베었다."

–『모하당문집』 2권. 부록. 용완사실척록

"복길봉수 별장 김홍국의 메모에, '저희 포구 바깥 바다에 큰 배 1척이 15일 오후 2시쯤에 돛을 달고 하늘 끝의 아득히 먼 곳에서 형체를 드러내 표류하면서 북쪽으로 향했는데, 배의 생김새와 돛의 수효는 파악하지 못했으나 선체가 크고 돛이 흰색이니 필시 이양선(異樣船)입니다.'" – 『경상좌병영계록』, 1850년 2월 16일 18시 무렵.

장기 현감이 경상좌병영에 보고한 내용이다. 이후 뇌성봉수, 발산봉수, 독산봉수, 대동배봉수에서도 같은 내용의 보고가 있었다.

복길봉수대는 오랜 시간 제자리를 지키면서 역사의 굴곡을 다 지켜본 곳이다. 올곧은 선비의 충정을 엿보았고, 임란의 소용돌이 속에서 적을 무찌르는 쾌거를 맛보았고, 조선 후기 이양선 출몰로부터 시작되는 민족의 수난 징후를 가장 빨리 알아챘던 곳이다.

그 터는 장기면 계원리 군부대 내에 있다. 군부대 정문 바로 안쪽에 있어서 밖에서도 잘 보인다. 해안에서 조금 떨어진 야산 평탄지에 비교적 넓게 조성하였다. 외부 형태는 잘 남아 있다. 흙 속에 석재를 조금 섞어 원형으로 쌓은 형태가 독산봉수와 비슷하다. 계원리 이장님 말씀으로는, 군부대가 조성되기 전에 민묘가 들어섰기에 봉수대에는 더 이상의 군 시설을 조성하지 않아 형태가 어느 정도 보전된 것 같다고 한다. 민묘를 봉수대 내에 조성 당시에 거화 시설은 많이 훼손되었을 것으로 생각된다. 낮은 곳이지만 대응봉수가 잘 조망되고 소봉대가 남쪽 1km 거리에 있다. 방호벽 서쪽에 대나무 숲이 있으며, 그곳에 우물이 있다고 한다. 군부대 밖에서도 둥그런 연대를 볼 수 있어서 다행이다. 소봉대는 『모하당문집』에 '봉(烽: 봉화)'으로 표기되었고, 계원리 어른들은 이곳을 봉수대로 알고 있다. 실제로 소봉대 위에는 군 초소 흔적 밑에 용도를 알 수 없는 석축이 있으며, 생활자기편이 많이 흩어져 있다. '소봉대(小烽臺: 작은 봉대)'로 사용되었는지 조사할 필요가 있다.

등대회식당(경북 포항시 남구 장기면 계원리 25-5)에서 북쪽 100m 지점에서 산 쪽으로 오르면 150m 거리에 있다. 군부대 안이어서 접근이 어렵다. 밖에서도 연대가 보인다.

복길봉수–소봉대

12

뇌성봉수

뇌성(磊城), 뇌성산

경북 포항시 남구 장기면 모포리
산 14 우성산
위도 35° 56′ 142″
경도 129° 31′ 018″
고도 211m

뇌성 산성, 뇌록 광산, 뇌성봉수

장기면 모포리에 있는 뇌성산 정상에는 엄청난 양의 돌만으로 산성을 쌓아 놓았다. 이름 그대로 뇌성(磊城: 돌무더기 성)이다. 원래는 토석혼축으로 쌓았는지 알 수 없지만 지금 남은 모습은 둘레 750m, 높이 3.3m이며 저수지와 우물을 갖춘 석축성이다. 뇌성산 자체는 골산이라기보다 육산에 가까운데 어디서 이 많은 돌을 옮겨왔는지 알 수가 없다. 주상절리를 부수어 성돌로 썼다는데 주상절리는 용암이 아닌가. 성돌 자체는 대부분 퇴적암이다. 무너져 돌무더기처럼 보이지만, 신라, 고려를 거치면서 돌을 옮겨 와 쌓은 결과일 것이다. 선조들의 땀이 밴 성돌 하나하나에 남다른 정이 간다.

『일성록』 정조 12년(1788) 10월 19일에 경상도 감사가 뇌성산 뇌록磊碌에 대해 보고했다. “장기현 백성 김성걸이 격쟁(擊錚: 네 가지의 억울한 일에 대해 징을 쳐서 왕에게 직접 호소하는 제도)으로 호소하기를, ‘병오년 5월 경희궁을 수리할 때 뇌록 500두를 힘을 다해 납부하였더니 500두의 가격을 2,343석 11두 4승 2홉으로 계산해 주었습니다. 그런데 본현에서 745석만을 주고, 412석 9두 8승 7홉은 사사로이 비축해 두었던 뇌록 80두를 산 것이라고 하고, 300석은 상납 비용이라고 하며, 100석은 병영의 선자죽가(대나무 구입 비용)로 사용했다 하고, 200석은 품값이라고 칭하고, 239석은 각 청의 장수와 아전들

뇌성산-모포리 해안

뇌성산성 서쪽 성벽

에게 내려 주었다고 했으며, 347석 1두 2승 5홉은 곧바로 관용으로 돌려 교묘하게 명색을 만들어 중간에서 다 써 버렸습니다. 뇌록 값 1549석 6두 1승 2홉을 추급하게 하소서.'라고 하였다."

2,343석 값을 3분의 1에 해당하는 745석만 주고 나머지는 온갖 명목으로 공제한 것이다. 지금과 달리 납품 과정이 번거롭고 힘들어 품값이 많이 드는 것은 이해가 되지만, 다른 명목들은 관리들의 횡포인 것 같다. 이 사안에 대한 경상도 감사의 판결 보고는, "돈으로 560냥 5전 3푼 및 각 청에 내려준 239석은 반납시켜 지급하고, 관련된 전 현감 유환보는 탐관오리로 징계하고, 김성걸을 격쟁하도록 꾄 이방 정덕유는 멀리 유배시켰다. 격쟁 당사자 김성걸도 격쟁 사안이 아닌 것을 직소했다는 명목으로 유배를 보내

겠다."고 했다. 정조는 덧붙여 현감 유환보를 해당 지역에 무기 유배형에 처하라고 했다.

당시의 조세, 공납 등에 대한 여러 상황을 짐작할 수 있다. 우리나라 단청은 중국과 달리 고유한 색조를 띠는데, 이는 단청할 때 뇌성산 뇌록을 빻아서 밑바탕 칠로 쓰기 때문이라고 한다. 그 뇌록이 뇌성산에서만 유일하게 생산되며, 산성 안에는 뇌록을 채굴하던 장소가 우물처럼 남아 있다.

뇌성봉수대는 산성의 동쪽 바다가 잘 보이는 곳이다. 모포항과 방파제가 그림처럼 아름답다. 복길봉수와 양포항 방향이 엷은 연무 속에 더없이 정겹게 다가온다.

복길봉수에서 신호를 받아 서쪽으로는 영일현 사화랑봉수로 보내고, 북으로는 대곶봉화로 보냈으나, 임란 이후 봉수 노선 조정 시기에 대곶·사지·장곡봉수가 폐지된 후에는 새로이 축조된 북쪽 발산봉수로 보내게 된다. 산성에서 해안방향으로 조금 내려오면 평탄지를 에워싼 봉수의 방호벽이 있다. 산성의 동쪽 끝부분을 조금 편평하게 다지고 축조했으나, 방호벽은 성의 일부처럼 보이기도 한다. 연대의 동쪽에 오름 시설이 있고 북쪽과 서쪽 방호벽 위에 우묵하게 파인 연조가 있다. 도랑으로 판 곳이 있고, 돌로 쌓은 시설도 있다. 석축방호벽과 출입구가 잘 남아 있다. 내부에는 민묘와 수목이 울창하다. 모포리 해안과 감포 방향의 바다 전망이 아주 좋은 곳이다.

TIP

구포주유소(경북 포항시 남구 구룡포읍 구평리 430) 남쪽 뇌성산성 등산로를 따라 오르면 30분 정도 소요된다.

뇌성산봉수 8.5km ◂◂◂ 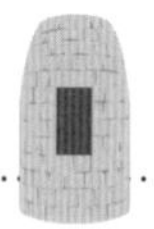 ▸▸▸ 대동배봉수 1.9km 사화랑봉수 5km

13-1

발산봉수

발산(鉢山), 봉우재, 봉수재

경상북도 포항시 남구 구룡포읍 구룡포리 산145
위도 36. 0. 755.
경도 129. 31. 978.
고도 196m

장기 말목장성을 지키다

발산봉수는 임란 이후에서 『여지도서』(1756년) 편찬 이전에 신설된 봉수대다. 임란 이후 봉수 노선 조정으로 '대곶·사지·장곡봉수'가 폐지되고, 발산봉수가 신설되자 뇌성봉수에서 직접 신호를 받아 5리 거리의 대동배봉수로 보냈다. 대동배와 함께 호미곶 가장 높은 곳에서 장기 말목장성과 바다의 정황을 살폈다.

효종 3년(1651)에 전국적으로 말 목장을 축조하고 관리에 심혈을 기울였다고 한다. 두 차례에 걸친 '호란과 삼전도 수치' 후 북벌을 위한 준비였다. 발산봉수의 축조가 이 시기와 관련이 있는 지 알 수는 없다. 17세기 일본의 도쿠가와 막부가 안정기에 들어가고, 청나라가 대륙 경영에 몰두하게 되면서 노략질은 줄어든다. 이 시기에 봉수 노선을 조정하면서, 간봉 일부 노선은 폐지하고 직봉은 오히려 강화하는 경향을 보인다. 『승정원일기』가 완역되면 좀 더 자세한 관련 기록이 있을 것으로 기대해 본다.

"장기현 발산봉수 별장 방정득과 범진의 후망 감관 지수태가 달려와 알리기를 '7월 12일 오전 6시쯤에 왜선 1척과 왜인 10명이 처참한 모습으로 표류하기에 본진 앞바다에 정박시켰습니다. 민가에 데려가 구호하고 표류한 연유를 알아보고 보고하겠습니다.'"

– 『경상좌병영계록』 (1849.7.15.)

말목장성 조형물

발산봉수대 유지

발산봉수는 조선 말기 이양선 출현 및 외세가 밀려오는 시기에 호미곶 정상에서 동해를 찬찬히 살피며 수군진들과 연계해 봉수 본연의 역할을 충실히 수행한 것이다.

봉수대는 말목장성(포항시 남구 구룡포읍 삼정리 산 107 일대)이 잘 보이는 곳이다. 방호벽이 허리춤 높이로 잘 남아 있으며, 지금도 남동쪽 출입 시설을 가로질러 관광객들이 드나들고 있다. 출입구 남쪽 외벽에 우물터가 있다. 안내문에는 봉돈, 연조, 봉수군 숙소터 등이 확인되었다고 한다. 포항시는 '말목장성 탐방길'을 봉수대와 연계 조성하여 많은 이들이 찾는 명소가 되었다. 봉수대 주변에 말 조형물과 전망대 시설이 있고 등산로가 여러 코스로 개발되어 있다. 구룡포초등학교에서 말목장성 둘레길을 따라 오르면, 짙어 가는 녹음 속에 말목장을 안고 봉수대까지 갈 수 있다. 진달래와 산수유, 온갖 봄꽃 속으로 걷는 힐링의 시간이다.

TIP

구룡포초등학교 부근에서 말목장성 둘레길을 따라 오르면 1시간 정도 행복한 걷기 후, 전망대 정상까지 3.7km 2시간 30분 소요된다.

13-2

대곶봉수

대곶(大串), 봉화산, 석병봉수, 봉우재

경북 포항시 남구 구룡포읍 석병리 산 78-26
위도 36° 1′ 213″
경도 129° 34′ 195″
고도 110m

국토의 동쪽 끝에서

장기長鬐는 '물고기의 등지느러미', '말의 갈기'처럼 길게 벋은 모양이라고 한다. 호미곶이 길게 벋기 시작하는 곳은 뇌성봉수가 있는 모포항 부근이다. '호미등虎尾嶝, 호미곶虎尾串, 장기長鬐'를 빙 둘렀던 봉수선로는 발산봉수대가 축조된 후 뇌성에서 발산으로 바로 연결하고 '대곶, 사지, 장곡' 봉수대는 폐치한 것으로 보인다. 임란 후 단절됐던 일본과의 관계가 통신사 파견으로 정상화되고, 후금이 청을 세우면서 대륙 경영에 몰두하자 봉수 노선을 재조정하게 된다. 이때 호미곶을 돌아 연결된 노선을 신설된 발산봉수가 곧바로 대동배로 연결된 것이다.

대곶봉수대는 서툰 이발사가 머리를 깎아 놓은 것 같다. 약간 경사진 곳에 둥글고 예쁘게 만들어졌을 연대가 석재는 빠져나가고 호는 일부 메워진 상태로 봉돈만 덩그러니 남았다. 봉수 관련 건물터는 경작지에 잠식당했다. 높이 3m 정도의 봉돈 상부 연조 부분이 움푹하다. 마을 사람들의 증언으로는 1970년대까지 석재가 많이 있었으나, 서쪽 산죽 숲에 있었던 민가에서 우물을 만들면서 석재를 가져다 썼다고 한다.

봉수대에서 동쪽으로 1km 지점이 국토 남녘의 동쪽 끝부분이 된다. 요즘 지방자치단체에서 관광자원을 많이 개발하고 있다. 국토의 동서 끝은

대곶봉수 연대

대곶봉수 입구 산죽숲

압록강, 두만강 하구 부분이 되겠지만, 한반도 남녘의 동서 끝부분도 개발해서 대곶봉수대, 호미곶 여러 관광자원과 연계하면 어떨까 생각해 본다. '땅끝마을·정남진·정동진'이 성공한 좋은 예다.

TIP

석병교차로(경북 포항시 남구 구룡포읍 석병리 산 78-26)에서 산 방향의 시멘트 포장도로를 1km 정도 가면 산죽 숲이 있는 곳이 봉수대다.

13-3

사지봉수

사지(沙只), 봉우뜽

경북 포항시 남구 호미곶면
강사리 산 169

위도 36. 3. 322.
경도 129. 33. 844.
고도 138m

허물어지고 씻겨 내리고

호미곶면 강사2리 마을 부근을 '사기→새기(沙基: 모래 터)'라고 부른다. 모래가 퇴적해 넓은 들판을 이루고 있기에, '사기→새기'라 부른 것이다. 사지沙只는 '사기→새기(沙基: 모래 터)'의 다른 표기다.

사지봉수대는 몇 번의 방문과 탐문 끝에 확인했다. 강사3리 박 이장님께서는 '봉화', '봉수'에 대한 질문에는 난감해하시다가 '봉우뜽'이라는 말에 얼굴을 환하게 펴며 직접 안내해 주셨다. 박 이장님이 안내해 주신 봉수대는 주변의 봉우리와는 크게 구별되는 자연석으로 이루어진 산정에 있다. 봉우리 자체가 마치 잘 다듬어진 연대와 같다. 자연 암반 위에 연대를 조성한 것 같지만, 연대와 부속 시설은 시간의 흐름과 풍화 속에 다 씻겨 내리고 암반 형태로만 남아 있는 것으로 보인다. 연대의 동쪽 20m 정도에 마치 연조의 흔적처럼 그을린 돌이 흩어져 있고, 약간의 생활자기편이 보인다. 강사리 주변의 산은 산불이 일어나 불에 탄 나무를 다 베어 낸 상태다. 그을린 돌은 연조에서 그을린 것인지, 산불이 일어난 당시에 그을린 것인지 알 수가 없다.

1954년 촬영한 항공사진에 의거한 봉수대는 '봉우뜽'의 남쪽 군부대 안에 있는 봉우리에 있다고 한다. 현황조사가 곤란한 곳이라고 한다. 박 이장님이 관습적으로 알고 있는 '봉우뜽(사지봉수대)은 군부대 부근이긴 하지만, 정확한 장소는 아닌 것 같다. '봉우뜽'에는 인공축조의 흔적이 거의 없고 생활자기편이 조금 발견될 뿐이다. 봉수대가 군부대 안에 있으니, 인위적 훼손만 없다면 오히려 잘 보존되리라 생각한다.

사지봉수대는 '대곶·장곡봉수'와 함께 임란 이후 폐치되었다. 간봉1노선의 봉수대는 연대를 높이 쌓고, 주위에 호를 두른 연변봉수의 특징을 잘 간직한 봉수다. 1954년 항공사진에서는, '독산봉수'의 형태와 아주 유사한 형태다. 군부대 내에 있는 '복길봉수·사지봉수·장곡봉수'는 분단의 긴장감이 해소되어 가까이 다가가 살펴볼 수 있는 그날을 기대해 본다.

호미곶면 강사리 주변 산은 관광지 개발계획으로 임도가 잘 조성되어 있다. 관광지를 개발하면서 사지봉수대에 대해 좀 더 관심을 기울였으면 한다.

TIP

1. 그린오토캠핑장(경북 포항시 남구 호미곶면 강사리 778)에서 남서쪽으로 난 임도를 따라 2km 정도 오르면 산정이 바위로 이루어진 작은 봉우리가 '봉우뜽'이다.
2. 해군부대교차로에서 좌회전하면 정면에 나지막한 야산 산정에 봉수가 있다. 군부대 안이어서 출입이 불가능하다.

사지봉수– 강사리 해변

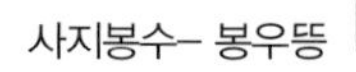

사지봉수– 봉우뜽

13-4

장곡봉수

장곡(獐谷), 구만봉, 관망산, 망재

경북 포항시 남구 호미곶면
구만리 산 34
위도 6° 16′ 099″
경도 128° 43′ 167″
고도 508m

호랑이 꼬리에 향기로운 달이 뜨다

장곡봉수산

호미곶, 늘 바람이 불고 아침 해가 찬란하게 뜬다. 북으로 영일만을 안았고, 동으로 일망무제 푸른 바다가 가슴에 안긴다. 장곡봉수는 수백 년 바다를 지키며, 멀리 항해하는 배와 어선들에게 평안의 불을 전했다. 동해를 품어 안는 호미곶 장곡봉수, 그곳에 어울리는 전망대를 세우고 싶다. 천하의 명소가 될 것이다.

지금은 군사지역 안에 있어서 접근하기 어렵지만 구만리 어르신은 유년 시절 봉수대 고개 옆으로 많이 다녔으며, 돌로 제대로 쌓은 봉수대가 있다고 증언한다. 예전 대보면과 한달비 사람들은 이 고개를 통해 다녔다. 당시는 해안으로 도로가 개설되지 않아 산길을 많이 이용했다. 남북 관계가 많이 호전돼 동족상잔의 결과로 남은 금단 구역에 대한 제재가 좀 더 유연해지면 장곡봉수대에 가 볼 수 있으리라. 그동안 봉수대는 군부대의 보호를 잘 받고 있을 것이다.

나 죽어서

서상만

나 죽어서 분월포에 가야 하리
천천히 걸어서 대동배로 가든지
호미곶 등대불빛 따라가다
보리 능선 질러가는
구만리 밖 내 사라질 빈자리
거기 찰박찰박
바닷물도 달빛을 끌어당겨
비백으로 출렁이는 곳
다 떠나고
아무도 그곳에 살지 않아도
저녁이면 치자빛 노을을 품고
덧없이 홀로 앉아
밤하늘 분월(芬月)을 무시로 안아 보는
나 꼭 돌아가 그곳에
늙은 그림자 비탈에 뉘일 터

시인은 장곡봉수대가 있는 호미곶 구만리 앞바다 분월포(부늘개)에 가면, "향기로운 달빛을 무시로 안아 볼 수 있다."라고 한다. 어떤 말보다 호미곶을 아름답게 표현했다. 달이 뜰 때 분월포에 가고 싶다. 거기서 치자빛 노을을 보고, 향내 나는 달을 안아 보고 싶다.

대보면 구만리와 동해면 대동배리 경계 높이 130m 산 위에 있다.

장곡봉수(조선 전기) 4.2km
발산봉수(조선 후기) 1.9km ◂◂◂ ▸▸▸ 지을산봉수 13.3km

14

대동배봉수

대동배(大冬背), 동을배곶(冬乙背串), 동을배, 학달비봉

경북 포항시 남구 호미곶면
강사리 산 199-1
위도 36° 01' 30.6"
경도 129° 32' 08.1"
고도 186m

호미곶을 살피다

갑오개혁(1894)과 을미개혁(1895)을 거치며 봉수제도는 폐지된다. 폐지될 때 봉수대에 쓰이던 모든 물품은 함께 거두어 군기고에 반납했으나, 시간이 지나면서 파손·훼손·멸실된 것으로 보인다. 『연일군읍지』(1899년)에 봉수제도가 폐지된 후, '동을배곶·사화랑' 두 봉수의 기물을 군기창에 수납한 품목 기록이 있다. 봉수대 운영에 사용된 물품과 무기류를 살펴볼 수 있는 좋은 자료다.

대大는 '한, 크다'의 의미고, 동을冬乙은 '돌(산)'을 뜻하며, 배背는 '비알, 비탈'을 표기한 것이니, 대동을배大冬乙背는 '한달비(큰 산비탈)'를 표기한 것이다. 지금도 대동배 1리 마을을 '한달비'라고 부른다.

대동배(동을배곶)봉수는 호미곶 정상에서 적의 침입을 살피면서, 대응봉수에서 전하는 신호를 영일만 건너 북쪽으로 전하던 중요봉수다. 1954년 항공사진을 통해 판명한 대동배봉수는 대동배1리 뒷산에 있다. 그러나 실제 대동배봉수는 대동배1리에서 남쪽 4km 정도 거리에 있다.

호미곶을 돌아가는 봉수노선이 폐지될 때 발산봉수를 신설하면서 대동배봉수가 옮겨 간 것으로 생각된다.

"동을배연대봉화는 남으로 장기현 장곡봉화를 바라는데, 거리는 5리다."

– 『경상도지리지』(1425), 영일현.

[봉수대 운영에 사용된 물품과 무기류]

	신호 도구	가옥, 비품	무기	식량, 식기
1	연대 2 연굴 2 화덕 2 망덕 2	기와집 4칸, 초가 4칸 낫 6자루 밧줄 6거리 냄비뚜껑 10건	장전 10부 편전(애기살) 1부 이약통(耳藥桶) 300개	아궁이 2좌 큰솥 2좌 밭솥 2좌
2	소나무홰불 100자루 대나무홰불 100자루	법수목(벅수 · 장승 모양으로 깎은 나무 기둥 : 봉수대가 접근금지 구역임을 알림) 10개 사다리 2 수정(水鉦) 10좌,	각궁 2장 교자궁 10자루 방패 12자루	표주박 10개
3	동거(마분 홰불) 6자루 초거(풀 홰불) 100자루	돗자리 10립 류곡(柳哭: 버들고리) 10부	조총 10자루 화약 3근12량 목부자 40자루 화승 10사리	밥상 10립 접시 2죽 사발 10립 숟가락 10지
4	북 2좌, 징 2좌 백기 2면 전각(나팔) 2 오방기 10면	배대목(排大木) 12개 적화목 10묶음 조줄(條注乙: 밧줄) 2거리 토목(吐木) 10묶음	장창 10자루 모난 방망이 40개 환도 10자루 3혈총(총구가 셋 달린 총) 2자루	비상식량 2석
5	쑥 10동 말똥 10석 소똥 10석	동앗줄 6사리 숯 10석 가는 모래 10석 조강(쌀겨) 10석	투구 2 화철 10개 갑옷 2벌 머리가리개 4벌 가슴가리개 4벌,	담배 10묶음 빈가마니 10립 두레박 10개
6	불화살 26자루 불씨화로 10좌	말뚝은 완전히 꽂힌 상태임(접근 방어용)	화통(火桶) 10개 통아(편전 발시대) 10개 연화 300개	소화 도구
7		쇠도끼 2자루	무릉석(둥글둥글한 강돌) 10 잡(迊)	멸화기 10좌
8			고월아(古月牙: 창의 일종) 30개	물동이 10좌

대동배봉수 연대 한달비 방향

대동배봉수 연대

"동을배연대봉화는 동쪽으로 장기 장곡봉화와 서로 겨눈다."

-『경상도속찬지리지』(1469), 영일현.

후보지1: 1953년 항공사진으로 판별한 봉수대 위치는 대보초등학교 대동배분교 동쪽 구릉 위(포항시 남구 호미곶면 대동배리 산77-1) 높이 130m 지점에 있다고 한다.

후보지2: 한달비(동해면 대동배 1리) 남쪽 4km 정도 거리에 있다. 임도로 봉수대 아래까지 차량이 이동할 수 있다. 봉수대 위에 산불감시 초소가 있다. 훼손된 탓인지 봉돈은 보이지 않는다. 산정에 돌아가면서 흙과 돌을 섞어 방호벽을 쌓았다. 생활자기편이 곳곳에 흩어져 있다. 발산봉수와 짝이 되어 호미곶 가운데 높이 자리 잡고, 장기 말목장성과 호미곶 전체를 살필 수 있는 곳이다.

후보지1은 1.6km 거리에서 장곡봉수를 북동으로 바라보고, 후보지2는 4.2km 거리에서 장곡봉수를 북으로 바라본다. 우리 조상들은 호미곶을 '해가 가장 먼저 뜨는 곳', '신성한 곳'으로 생각했다. 장곡봉수가 호미곶 끝단에 있어서, 이곳을 해 뜨는 동쪽으로 생각할 수도 있다. 실제로 호미곶 끝은 거의 북쪽으로 바다를 향하지만, 후보지1의 동을배봉수에서는 호미곶 끝단 북동 사이의 장곡봉수를 '남쪽으로 바라본다.' 하였고, 후보지2가 북으로 장곡봉수를 바라보는 위치로 옮기자 '동쪽으로 바라본다.'고 표현한 게 아닐까 한다. 그렇다면 동을배봉수는 『경상도지리지』(1425) 이후 후보지1에서 후보지2로 옮긴 것일 수도 있다.

발산봉수대 설치 이전에는 장곡봉수에서 신호를 받았으나, 임란 이후 노선 조정으로 장곡봉수가 폐지된 이후에는 발산봉수에서 받은 신호를 영일만 건너 지을산봉수에 전했다.

두 예정 봉수의 위치에 대해 자세히 조사할 필요가 있다. 후보지2가 봉수대가 아니고, 말목장성과 관련된 시설이 있었던 자리인지, 『경상도지리지』(1425) 이후 동을배봉수가 좀 더 조망이 넓은 곳으로 옮겨간 것인지 알 수 없다. 지리서의 대응방향이 잘못 기록된 것일 수도 있다.

TIP

대보초등학교 대동배 분교(포항시 남구 호미곶면 대동배리 410-1)에서 포항방향으로 1km 정도에 있는 3거리에서 임도를 따라 3km 정도 가면 산불감시초소가 있는 봉수대에 이른다.

15

지을산봉수

지을산(知乙山), 봉우재, 우목리봉수

경북 포항시 북구 흥해읍 우목리 319-3 지을산

위도 36.5.987
경도 129. 25. 273.
고도 89m

영일만 왜구를 막다

지을산과 대동배는 영일만을 사이에 두고 서로 바라본다. 영일만 호미곶 쪽은 산이 가파르고 농토가 좁아 살기가 힘들었을 것이고, 흥해는 산이 낮고 농토가 넓으며 바다와 가까워 살기가 좋은 곳이다. '칠포리 암각화군·고인돌', '흥안리 고인돌 · 선돌', '용곡리 고인돌' 등 선사유적은 흥해가 살기에 좋은 곳임을 말해 준다. 바닷가에 살기가 넉넉한 곳이라면 왜구가 호시탐탐 노리다가, 노략질을 일삼기 십상이다. 우목리 '왜골(왜목)'은 왜구를 감시하는 초소가 있어서 붙은 지명이며, 흥해 덕성리는 어느 선비가 왜구를 덕으로 회유하여 물리쳤기에 붙은 이름이라고 한다.

– 흥해읍사무소 홈페이지

"흥해는 땅이 끝까지 가다가 막힌 곳인데, 어염이 풍부하고, 땅이 기름져서 이로움이 있었지만, 왜적의 침탈로 메마르고 황폐해 갔다. 경신년(우왕 6년, 1380) 여름에 적들이 고을을 함락하고 백성을 학살, 약탈하니 겨우 벗어난 자는 사방으로 달아나 마을은 빈 터만 남게 되고, 고을의 원님도 먼 마을에서 고을로 들어오지 못한 지 몇 년이 되었다. 정묘년(우왕 13년, 1387)에 이르러 나라에서 흥해군 남쪽에 병선兵船을 두고 적들을 막자, 백성들이 차츰 돌아오기 시작했다. 그러나 튼튼한 성城이 없었기 때문에 무진년(1388)에 '조우량' 원님이 와서 정사를 진심으로 하면서, 읍성을 쌓기 시작했다. 백성들을 감독할 때, 부지런한 자는 위로하고 게으른 자는 경계해 수고롭지도 않고 엄하지도 않으니, 모두 즐거이 성을 쌓았다. 적을 막을 때도 용맹해서 온다는 말을 들으면 곧 말에 올라 먼저 달려가기에, 왜적이 두 번이나 왔어도 침노하지

지을산 전경

지을산에서 본 영일만

못했고, 흩어진 백성들도 모두 모여들었다. 그해 겨울에 원님이 바뀌자 새 원님이 이어 못을 파고, 성문에 자물쇠를 채워 성을 더욱 견고하게 했다.

경오년(1390) 봄에 내가 여기에 귀양왔는데, 마을의 늙은이들이 말하기를, "뒷날까지 집을 세워 산 사람을 살리고 부족함이 없게 한 것은 모두 우리 조우량 원님 때문입니다. 우리 백성들이 부모처럼 사랑하고 어린 자식처럼 사모해서 잊지 못하는 것이니, 원하건대 글로 써서 뒷사람에게 보여, 우리 원님의 덕을 영원히 잊지 않게 해 주십시오." 하였다.

– 『신증동국여지승람』 흥해읍성 기문

양촌 권근 선생이 1390년 명과의 외교관련 문서 사건으로 흥해에 귀양와서, 왜구의 노략질과 연변의 피폐, 흥해읍성 축성 과정에 대한 견문을 적은 흥해읍성 기문이다. 대문호의 유려한 장문을 소략하게 줄이니 송구한 생각이 들지만, 고려 말 왜구의 피해 상황을 눈으로 보는 것 같다. 남해와 거제도를 비울 만큼 왜구가 극성을 부렸으니, 연변 어딘들 무사한 곳이 있었으랴. 봉수대 설치는 이런 연유로 국민적 공감을 얻게 되고, 나라가 안정된 후에도 장구한 세월 동안 나라가 잊지 않고 지켜 준다는 강렬한 유대감을 가지게 된 것이다.

지을산봉수대는 봉화산의 동남 기슭 마을 '지을知乙'의 뒷산에 있다. 바다와 인접한 야산이어서, 영일만으로 접근하는 왜구를 감시하기에 좋다. 또한, '왜목'의 '목(길목)'과 '지을(질 → 길)'을 생각해 보면, 이곳이 배가 닿기 좋을 뿐더러, 포항에서 칠포, 월포 방향으로 오가는 길목이었음을 짐작할 수 있다. 지금도 군부대가 봉수대를 대신해 국토를 지키고 우목리 '해병의 길'에는 지역민과 해병제일상륙사단이 맺은 '자매결연비(1966)'가 서 있다.

봉수대는 연대 안에 봉돈을 높이 쌓은 형태일 것이다. 군 시설 내에 있어서 접근이 어렵지만, 금단구역이 해제되는 그날까지 군부대에서 봉수대를 잘 지켜 나갈 것으로 생각한다.

TIP

죽천초등학교(포항시 북구 흥해읍 죽천길 185번길 30)에서 서쪽 700m 지을산 산정, 군부대 안에 있다.

16

오봉봉수

오산(烏山), 봉화산, 오연대

경북 포항시 북구 흥해읍
오도리 산69
위도 36° 9′ 14″
경도 129° 23′ 544″
고도 182m

까마귀 섬, 까마귀 연대, 사방공원

오도(烏島: 까마귀 섬, 검은 섬)는 오도리 마을 앞바다에 빛깔 좋은 검은 바위섬 4개가 까마귀 모양 같아서 이름 붙여졌다. 대부분의 명칭도 '오도'에서 비롯해 '오도 마을', '오산', '오연대' 등으로 불린다. 봉수대가 있는 오산은 광활한 동해가 눈앞에 펼쳐져, 포항 신항만·칠포해안이 아름답게 보이는 곳이다.

칠포에서 고기 뛰노는 것을 보다

暇日觀魚望海潯　바다에 한가로이 고기 뛰노는 걸 보노라면,
相忘至樂古猶今　즐거운 일 잊어버리기는 예나 다름없구나.
須知活潑玄機動　현묘한 이치 쉼 없이 움직임을 알아야 하니,
魚躍遺篇仔細尋　시경 '대아편'을 더 자세히 읽어 볼거나.

– 『흥해군읍지』 (1899), 유세무(명종 대의 문신) 칠포관어.

시인은 칠포에서 고기 뛰노는 것을 보고, 『시경』(대아–한록) "솔개는 날아서 하늘에 닿고, 고기는 연못에서 뛰어오르네.鳶飛戾天 魚躍于淵" '자연의 기운이 이처럼 왕성하니, 군자의 도가 잘 드러날 것'이라는 구절을 떠올렸다. 왜구

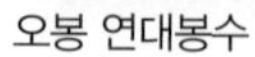
오봉 연대봉수

오봉봉수–오도리

의 소란이 그치고 태평한 세월 속에 인문이 융성해질 것을 그려 본 시다.

오산봉수대에 올라 바다를 보노라면 저절로 자연과 인생을 생각해 보게 된다. 짙푸른 바다와 잘 가꾸어진 사방공원, 멋진 풍광을 연출하는 도로, 항만을 드나드는 대형 선박……. 오래된 유적과 현대문명이 겹쳐져 보인다.

오산봉수대는 정상 부위가 편평하고 넓어서 아주 넓게 조성되었으며, 주변 조망이 유별나게 좋다. 토석혼축의 원형 봉돈이 가운데 있으며, 방호벽 안쪽에 깊게 판 호가 남아 있다. 전망이 좋은 탓인지 봉수대 주변은 공동묘원으로 변했다. 봉수대 안에도 민묘 4기가 있으나 터가 넓어서 눈에 거슬리지 않는다. 오산의 산허리 부분은 경사가 심한 편이나 9부 능선부터는 완만해지고 경관이 빼어나 봉수제도 폐지 이후 자연스레 묘원으로 활용된 것 같다. 북쪽 맞은편에 70년대부터 가꾸어진 사방공원이 바다와 어울려 멋진 풍광을 연출한다. 사방공원과 연계해 둘레길을 조성하면 호평을 받을 것이다.

송전탑 건설사업을 하다가 은퇴해, 지금은 오도리 이장이 된 김 사장님은 일찍이 오도리의 멋진 풍광을 알아보고, 오산 입구에 펜션을 지어 운영한다. 펜션 앞 커피점은 부인이 경영하는데, 최고 품질의 원두를 쓴다고 자랑한다.

TIP

작은행복펜션(경북 포항시 북구 흥해읍 오도리 268-2) 옆에 산으로 오르는 길이 있다. 오도모텔에서 산쪽으로 오르는 길이 있다.

17

도리산봉수

도리산(桃李山), 봉화산

경북 포항시 북구 송라면
화진리 산 42-1
위도 36° 14′ 17″
경도 129° 22′ 77″
고도 114m

복숭아·자두꽃 피는 산

도리산은 '도리都里, 桃李'로 표기되고, 송라면 광천이 바다에 닿으며 쌓은 충적 들판에 둘러싸인 조그만 산이다. 규모가 작기는 하지만 봉수가 있는 밀양 백산과 같은 형세다. 『청하현읍지』에 도리산 주맥은 '내연산'으로부터 왔다고 한다. 연산폭포, 쌍생폭포 내연산 열두 폭포를 거쳐 온 물이 송라 들을 적시고 오곡이 제대로 여물도록 했다. 화진리 사람들은 도리산에 돌아가며 집을 짓고, 들판과 바다에 의지해 살아갔으니 다른 곳보다는 생활

도리산 연대 석축

이 넉넉했을 것이다. 바다로 들로 나갈 때, 빙 돌아다녀야 하는 도리산도, 삶이 넉넉하고 풍요로운 이에게는 '복숭아·자두꽃 피는 이상향'이었고, 삶이 고달픈 이에게는 '빙 돌아다녀야 하는 산'이었을 게다.

도리산봉수대에서 굽어보면 눈이 시리도록 푸른 동해가 펼쳐지고, 올려보면 내연산 연봉들이 눈에 가득 들어온다. 바다의 정황을 살피고, 청하에서 송라를 거쳐 영덕을 오가는 길손을 잘 살필 수 있는 곳이다. 산허리에는 군사용 호와 시설이 군데군데 있으나, 봉수대 오르는 길은 마을 주민들의 산책로로 활용된다. 바다에 인접해 축조된 나지막한 봉수대는 그 터 위에 헬기장 두 개를 조성하면서 봉수 관련 시설 대부분이 훼손되었다. 헬기장 계단 부근에 봉수대 방호벽 석축 일부가 남아 있다. 지형으로 미루어 원래 형태가 어떠했는지 어슴푸레 짐작이 간다. 더 이상이나마 인위적 훼손이 없었으면 한다.

TIP

주은하이츠빌라(경북 포항시 북구 송라면 화진리 172, 경북 포항시 북구 송라면 해안로 2879) 남쪽 등산로를 따라 오르면 20분 소요된다.

18-1

황석산봉수

황석산(黃石山)

경북 영덕군 강구면 강구리 산 6-2
위도 36. 21. 905.
경도 129. 23. 458.
고도 121m

대게 맛을 돋우는 동해의 미항

강구는 강의 어귀라는 의미며, 오십천이 바다로 흘러드는 곳이다. 동해의 미항 강구항은 1995년 국가어항으로 지정되고, 1999년 항내매몰방지대책을 수립하면서 오십천이 바다로 흘러드는 모양대로 형성될 수 있었다. 예전부터 대게, 오징어, 청어, 방어, 황어 등이 많이 어획되는 곳이었으나, 요즘은 다른 어자원이 부족해져 대게만으로 큰 시장을 형성한다. 천하의 별미 대게는 도로명으로도 사용되고, 11월부터 이듬해 4월까지는 별미를 맛보고자 전국에서 몰려드는 이로 북적인다.

봉수대는 강구항 북쪽 산정에 있다. 남북으로 긴 능선 위에 축조되었으며 동쪽은 급경사를 이룬다. 오십천 하구와 바다가 해자처럼 둘렀으며, 주변 경관과 조망이 뛰어난 곳이다. 봉수대는 자연적 훼손을 거쳤지만 원형을 충분히 짐작할 수 있다. 강구항과 연결하여 복원하면 좋은 관광자원이 될 것 같다. 바로 아래에 강구대게축구장이 현대식으로 조성되어 동호인들로 붐빈다.

연대의 석축과 주위를 둘러싼 호는 메워져 희미하게 흔적만 남았다. 연대 상부의 봉돈은 약간 형태를 유지하고 있다. 연대는 돌과 흙을 섞어 원형으로 쌓았다. 동쪽 경사면 석축에 기와편과 생활자기편이 많이 섞여 있다.

황석산 연대

황석산 연대 전경

서쪽에 넓은 평지가 있는데, 이곳이 봉군 숙소 건물터로 추정된다.

송라의 도리산에서 황석산까지는 신호거리가 15km다. 신호거리가 20.5km인 별반산과 일직선상에서 조망된다. 신호거리 20km 내외의 봉수대가 전국에 여러 곳 있는 것으로 보아 도리산에서 별반산으로 직접 신호를 보내는 데 큰 무리는 없었을 것이다. 강구항 주변에 평안의 신호를 전하던 황석산봉수는 이런 이유로 임란 이후, 『여지도서』(1757) 편찬 이전에 폐치되고 도리산에서 별반산으로 직접 신호를 보내게 된다.

TIP

강구대게축구장(경북 영덕군 강구면 강구리 산 69) 북쪽 600m 거리의 산정에 있다. 축구장 뒤쪽에 등산로를 따라 오르면 5분 거리에 있다.

18-2

별반산봉수

별반산(別畔山), 봉산, 창포동봉수

경북 영덕군 영덕읍 창포리 산 66-1 창포리 풍력발전소 내

위도 36° 25′ 4.2″
경도 129° 25′ 12.4″
고도 174m

풍력단지, 고불봉, 별반산봉수

차운하여 계하에게 주다 4수 중 제3수

峯名高不人皆怪 '높지 않은 봉우리' 모두 이상하게 여기지만,
峯在諸峯最特然 여러 봉우리 가운데 가장 높이 있다네.
何用孤高比雲月 고고함을 어찌 구름과 달에 비하리오마는,
用時猶得獨擎天 쓰일 땐 홀로 하늘을 떠받칠 것이네.

-『고산유고』 제1권. 시

인조 16년(1638) 영덕에 유배 온 '고산 윤선도' 선생이 영덕읍 우곡리 고불봉(高不峰: 높이가 봉우리가 될 만하지 못하다) 아래에 거처를 정했다. 그때 '계하(자) 이해창' 선생도 주전파의 영수 '청음 김상헌'을 변호하다가 인조의 노여움을 사 영덕에 유배되었다. 고산 선생은 동병상련의 마음으로 '고불봉' 산 이름에 의탁해 이해창 선생이 유배에서 풀려나 나라에 크게 쓰일 것이라고 위로하는 시를 써 보냈다. 풍력단지 내에 고산 선생의 시비가 있어 옛 일을 전하고 있다. 대문호께서 거닌 산이니 '고불봉'을 다시 돌아보게 된다. 이 산 동쪽 10리 거리에 별반산봉수가 있다. '해파랑길 20코스'는 강구항에서 시작해 영덕 해맞이 공원에 이르는 명품 걷기 코스인데, 이 코스에 황석산봉수, 고불봉, 별반산봉수가 포함된다.

별반산 연대 수마석

별반산봉수 – 복원연대

별반산봉수대는 처음에는 황석산(5.8km)에서 신호를 받았으나, 임란 이후 황석산이 폐치되자 도리산(20.5km)에서 받은 신호를 대소산(10.9km)으로 보냈다. 영덕풍력발전단지를 개발하면서 단지 내에 봉수대를 석재로 쌓아 작은 요새처럼 복원했다. 실제 별반산 연대는 복원된 곳에서 동남쪽으로 400m 떨어진 해맞이 야영장 뒤에 있다. 봉수 내부시설은 시간의 흐름 속에 거의 사라졌지만, 흙과 돌을 섞어 만든 3.5m 높이의 봉돈 1기와 주변을 깊게 판 해자, 둘레 60m의 방호벽과 출입구 흔적이 양호한 상태로 남아 있다. 주변에 해맞이 야영장이 들어서면서 서쪽 방호벽 일부가 훼손된 것 같다. 봉돈 주위에 예전 봉군들이 무기로 활용한 둥글둥글한 강돌이 무더기로 박혀 있다.

풍력단지를 관광지로 개발할 때 석재로 쌓아 원형과 다른 모습으로 복원하는 것보다, 실제 연대를 원형으로 복원해 관광자원화 했으면 어떨까 생각해 본다. 잘못 복원된 연대가 실제 연대 모습을 왜곡할 수도 있다. 돌로 멋지게 장식한 것보다 선인들의 숨결을 느낄 수 있는 연대가 그립다.

TIP

영덕풍력발전단지(영덕군 영덕읍 창포리 산 66-1) 안에 있다. 복원된 봉수에서 동남쪽 400m 거리 해맞이 야영장 뒤쪽이다. 자동차가 풍력발전소 산정까지 진입할 수 있다.

19

대소산봉수

대소산(大所山), 봉화산

경북 영덕군 축산면 도곡리
산20 대소산
위도 36° 31′ 6.2″
경도 129° 25′ 56.8″
고도 282m

바다에서 내륙으로

'왜적이 영해를 침범해 강릉도 원수가 급히 떠났다는 말을 듣고'

蘂國鯨濤怒蹴天 강릉 바다 물결 노하여 하늘을 차는데,
古稱無處泛樓船 예부터 큰 배 띄울 곳 없다고 한다네.
豈容賊輩敢輕犯 왜적들 어찌 감히 함부로 쳐들어 오랴마는,
祗恐民生難自全 다만 민생이 불안할까 두렵구나.
慶晉池臺鎖風月 경주·진주 연못 누대에 풍월이 그치고,
登和烽火照山川 안변·영흥 봉홧불이 산천을 비추네.
廟堂憂念何時已 언제쯤에나 묘당에서 근심 걱정 안 할까?
遣率東門又敞筵 동문에서 장수 보내며 송별연 여는구나!

－『목은시고』 28권

목은 선생(1328·충숙왕15~1396·태조5)이 왜구가 영해에 침범해 먼저 강릉부 원수가 영해로 떠나고, 조정의 토벌 장수가 파견되는 것을 보고 읊은 시다. 영해 괴시리가 고향인 목은 선생은 고향에 왜적이 노략질하러 왔다는 소식에 걱정하는 마음이 남달랐을 것이다.

여기서 '안변과 영흥의 봉홧불'이라는 말은 함흥의 서수라에서 출발해 안변과 영흥을 거쳐 송도에 도착하는 제1거 노선이 제 기능을 하고 있다는 말이 된다. 제1거 노선이 이미 운용되고 있다면, 제1거 직봉노선이 아닌 영해서 강릉까지는 왜적의 노략질 소식을 어떻게 전했을까. 영해에서 북상해 제1거 직봉의 회양 소산봉수대에 닿는 노선과 동래에서 연해를 타고 북상해 대소산을 통해 제2거 직봉의 안동 봉지산까지 이어지는 연해의 봉수 노선이 이미 축조·운용되었을

대소산 연대

대소산-축산항 전경

개연성은 충분하다.

제2거 봉수로가 세종조에 신설된 것으로 알려져 있으나, 왜구가 극성을 부리던 고려 말에 이미 축조, 운영된 것으로 추측된다. 세종 대에는 개성 중심의 노선이 한양 중심으로 바뀌고 난 후 봉수대 축조 규격을 법적으로 마련하고 운영 제도를 재정비했으며, 일부 노선을 조정, 신설한 것으로 볼 수 있다.

대소산은 바다에 인접해 우뚝 솟은 산으로 영해 주변의 서늘한 바다와 맹동산·포도산 백두대간의 웅장한 연봉들이 안기듯 다가오는 곳이다. 위로 강원도 연안을 거쳐 평해 후리산에서 전해 온 불과, 아래로 동래 간비오에서 북상해 별반산에서 전해 온 신호를 모아 광산봉수를 통해 내륙으로 전하던 중요한 로터리 봉수였고 규모도 웅장하게 조성되었다.

봉수대는 1982년에 경북도지정기념물 제37호로 지정되었으며, 어마어마한 규모로 복원되어 축산을 찾는 이들이 꼭 둘러보는 명소가 되었다. 복원되기 전에도 최대 규모였으며, 보존 상태가 아주 양호한 곳이었다고 한다. 봉수대까지 차량을 이용할 수도 있으나, 도곡리 안내판에서 둘레길로 오르면 1시간 정도다. '영덕 블루로드 C코스'는 볼거리가 많은 명품코스다. '목은이색기념관', '괴시리 전통마을'에서 전통문화를 엿보고, 축산항에서 대게와 물가자미 회를 맛보고, '대소산 전망대', '대소산봉수대'에서 푸른 바다와 일출의 장관을 본다면 복이 많은 사람일 게다.

TIP

1. 영명사(경북 영덕군 축산면 축산리 743-7) 사찰을 지나 산쪽으로 4km 정도 오르면 봉수대까지 차량으로 진입할 수 있다.
2. 축산면 출장사무소 뒤편으로 난 길을 따라 오르면 40분 정도 소요된다.

20

광산봉수

광산(廣山), 봉화산

경북 영덕군 영해면 대리 산 154-1 봉화산
위도 36. 32. 180.
경도 129. 14. 138.
고도 728m

봉수군에서 신으로

"서읍령(西泣嶺: 울며 넘는 고개, 울치재)은 영해부 서쪽 40리에 있는데, 백암산으로부터 왔다. 읍에서 사신을 보내고 맞이하는 곳이다. 구증(동국여지승람)에 '민속에 전하기를 대소 사신이 처음 이 고개를 넘으면 반드시 흉한 일이 있다 하여 사람들이 피했다.' 손순효가 감사가 되자 곧장 고개에 올라 고목 껍질을 깎아 글을 썼다."

– 『영해읍지』(1871) 산천조

汝揖華山呼萬歲 너는 진산인 화산에 고개 숙이고,
我將綸命慰群氓 나는 왕명으로 뭇 백성 위로한다네.
箇中輕重誰能會 그 가운데 경중을 누가 능히 알리오?
白日昭然照兩情 태양이 양쪽 사정 환하게 비추리라.

이어서 고개 이름을 '파괴현(破怪峴: 괴이함을 부숴버린 고개)'으로 고쳤다. 이 일화를 듣고서 '수헌 권오복'이 시로 이르기를,

不必貪泉誤隱之 탐욕의 샘물 오은지를 그르치지 않았으니,
休將名字駭無知 이름 고쳐서 무지한 사람 놀라게 하지 마오.
區區破怪還堪怪 괴상한 것 부순다는 말 도리어 괴상하다네,
泣嶺須刋墮淚碑 서읍령에 '타루비'나 세워지게 해야 할 것을.

이라고, 하였다.

광산-동제사

광산봉수 연대

※ 타루비: 백성들이 관리의 선정비를 세웠는데, 보는 사람마다 그 관리를 추모하며 울었다는 비석이다.

'수헌 권오복'은 '점필재 김종직'의 문하생으로 무오사화에 화를 입었는데, '물재 손순효'보다 40세나 연하이다. 젊은 날 '물재'의 일화를 듣고서, 선비로서 기개 있는 충고를 한마디 던진 것일 수 있다. '물재'의 행동이 괴이함을 타파하는 용기는 있지만, 혹시 이름에 얽매여 백성을 돌보는 본연의 임무에 덜 충실할까 염려한 것이다. 후세 '서읍령'에 '물재' 선생의 선정을 기리는 '타루비' 소식이 없으니, '수헌' 선생의 염려가 맞은 것인지, 영해 사람들이 '물재' 선생을 잊은 것인지 알 수 없다.

광산봉수대는 영양읍 양구리와 영덕군 창수리를 잇는 서읍령(울치재)과 멀지 않은 곳에 있다. 고개 넘는 게 힘들었을까? 관리들에게 수탈당한 게 억울해 울었을까? '울고개'보다 훨씬 높고 가파른 곳에서 수백 년간 태백 준령을 넘어 신호를 전한 광산봉수대다. 대리 광산봉수는 높고 험한 곳에 위치해 봉수대 수직의 고통이 남달랐을 것이다. 그러나 대리에서는 영해에서 사십 리 떨어진 산속 오지여서, 나랏일을 행하던 봉수대가 신성한 곳으로 여겨졌을 것이다.

"1894~5년에 걸쳐 봉수제도가 폐지되자 봉수군 권낙돌 부부가 계속 봉수대에 거주하다가, 해방이 된 뒤 마을에 내려와 이장 일까지 맡아보다가 돌아가셨다고 한다."

–『옛 이동통신 봉수』 최진연

초파일 대2리 제관들과 함께 트럭으로 5km 임도를 지나, 가파른 산을 20여 분이나 오른 뒤 봉수대에 올랐다. 봉수대에 닿을 즈음 해가 떴다. 산속 일출은 산 너머에서 이미 비춰지는 서광으로 인해 큰 볼거리는 되지 못했고, 이른 더위로 파리 떼만 기승을 부린다. 제물을 차리고 예를 올린 뒤 마을사람들의 성명을 적은 종이를 일일이 소지하며 기원을 한다.

"할배요, 누구 댁 누구인데 잘 보살펴 주이소."

'신위神位'가 누구냐고 묻자, '봉할매·봉할배'라고 한다. '산신령'이라고도 한다. 마지막 봉수군 부부는 이렇게 '봉할매·봉할배'로 마을을 수호하는 '신'이 되었다.

봉수제도가 폐지된 후 마을의 동제사가 봉수대에서 행해진 것으로 보인다. 동제는 일반적으로 정월 초3일에서 보름 사이에 행해지지만, 정월 광산은 눈이 쌓여 접근이 어려웠을 것이다. 차선으로 천하의 길일인 초파일을 택한 것은 당연한 일일지도 모른다. 5·60대의 대리 제관들은 먼 곳에서도 봉수제에 참가하러 오시니, 자신들은 어른들이 행하던 법식대로 힘이 닿을 때까지는 봉수대 동제를 행해나갈 계획이란다. 올해는 지방선거가 있은 탓인지 영해면에서 제사 비용 일부를 보조해 제관들의 긍지가 높아진 상태다. 2년 전 방문 때 제수 비용 마련에 힘이 든다는 마을사람들의 사정을 듣고, 영덕군에 장문의 편지로 간곡하게 하소연했는데도, 대답도 없더니 이번에 영해면에서 전통문화 전승에 큰 관심을 가진 것 같다. 이게 일회성이 아니었으면 한다.

돌로 쌓은 봉돈이 높다랗게 있고, 주변에 방호벽을 둘렀다. 대리 사람들은 예전에는 기와편이 많았는데, 봉수대 능선이 백두대간 낙동정맥 구간이 되면서 오가는 산객들이 다 주워갔다고 불평을 한다.

그거 주워가서 어디에 쓰려나…….

숱한 사연을 담은 기와조각일 텐데…….

제자리에 천만 년 두는 것이 후손들에게 수백 년 가슴 아린 봉수군 사연을 들려주는 게 아닐까 한다.

TIP

대2리 마을회관(경북 영덕군 영해면 대리 231-2)에 임도를 따라 5km 정도 오른 후 등산로 입구를 찾아야 하는데, 안내를 받아야 한다. 백두대간 낙동정맥 구간이 봉수대 옆으로 나 있다.

21

신법산봉수

신법산(神法山), 남각산(南角山), 봉우재

경상북도 청송군 진보면 후평리 산99
위도 36. 30. 946.
경도 129. 0. 614.
고도 468m

무릉도원에 들다

진보의 성주 정자중에게 부치다

如入桃源是我鄕 무릉도원에 들어온 것 같은 내 고향,
玉流丹壁映琴堂 옥류 흐르는 붉은 절벽에 금당이 비치네.
老民幸有遊仙枕 늙은 백성에게 다행히 신선의 베개가 있어,
淸夢時同上釣航 맑은 꿈속에서 때로 낚싯배에 오르노라.

–『퇴계집』, 권3

고봉준령에 둘러싸여 반변천이 휘도는 조그마한 분지, 진보는 내 고향이 아니더라도 무릉도원에 들어가는 느낌을 준다. 청송에 들렀다가 그냥 지나치기 일쑤다. 높은 산이 찬바람을 막고 반변천 맑은 물이 옥토를 적시니 과일과 채소는 달고 싱싱하다. 김주영 작가의 소설『객주』는 진보와 청송의 5일장이 주 무대다. 생활의 터전이자, 문화공간인 안동장(2.7일), 영양장(4.9일), 진보장(3.8일), 청송장(4.9일) 5일장은 지금도 정해진 날을 어기지 않는다. 흰 옷 일색에 황소의 불그스름한 색이 드문드문한 섞인 활기차고 정감 넘치는 옛 장터는 아니지만, 사고파는 물건이 조금 달라졌고 이동수단이 다를 뿐 장을 떠돌며 늙어가는 상인의 모습은 예와 다르지 않다.

"看路不明, 啓聞移設" 불길이 밝지 않아, 주청하여 옮겨 설치했다. 영조 16년(1740).

–『전국봉수유적 기초학술조사』(2015)

원래 남각산에 있었는데, 대응신호가 잘 보이지 않아 옮겼다는 것이다. 남각산에 있던 봉수대 위치는 확인하지 못했다.

신법산봉수 방호벽

'남각산', '신법산'은 같은 산으로 보이기도 한다. 지리지에 '진보현치의 서쪽 10리 혹은 남쪽 7리'로 기록하지만 같은 산을 가리키는 것으로 보인다. 광산과 신법산은 지도상 직선거리가 22km로 『경상도지리지』에 기록된 거리 27리(약 12km)와는 차이가 있다. 비교적 신호거리가 길지만 사이에 막힘이 없고 광산과 신법산이 모두 높아서 잘 통했을 것으로 생각된다. 신법산 남쪽 기슭을 '봉우재'로 부른다.

신법산으로 옮긴 봉수대 터는 비교적 잘 남아 있다. 산 정상부 이장한 안동 김공의 묘소 터에서 북쪽 10m 아래에 봉수대가 있다. 봉돈이 있었을 묘소 터 부근은 심하게 변경, 훼손되어 알 수가 없다. 봉수대 내부와 방호벽에 기와편이 대량으로 흩어져 있어서 봉군 숙소 건물이 내부에 있었던 것 같다. 규모가 비교적 크며 북서쪽 방호벽은 3.5m 정도로 높다. 마을 사람들은 봉수대가 있던 곳은 절터였으며 빈대가 극성을 부려 절을 비우게 되었다고 한다. 봉수제가 폐지된 후 봉군들의 숙소 건물이 사찰로 활용된 경우를 볼 수 있는데, 신법산 봉군 숙소건물도 잠시 사찰로 사용되었던 것 같다. 사찰이 갖추어야 할 석탑, 건물 터는 보이지 않는다. 사찰이라면 굳이 추운 산 정상부일 필요가 있겠는가.

TIP

신법마을 경로당(경북 청송군 진보면 돈골신법길 153)에서 봉우재를 지나 북서쪽 산정으로 오른다. 상수도 가압지 → 봉우재 → 영양 천공 묘소 → 20분 거리 북쪽 산정이다. 예전에 봉우재는 고갯길이었으나 지금은 길이 없어졌다.

22

약산봉수

약산(藥山, 若山)

경북 안동시 임하면 오대리
산 49 약산 정상
위도 36. 29. 753.
경도 128. 54. 267.
고도 583m

약탕기만 한 꼭대기에서

임하 약산은 산세가 가파르고 뾰족하여 문필봉으로 불린다. 약산을 사이에 두고 길안천·반변천이 흐르고 그 연안을 끼고 촌락이 형성돼 인문이 피어났다. 1992년 임하댐이 들어선 이후 새로운 변화가 생겼다. 물이 차오른 반변천은 호수 같은 풍광을 자아냈지만 길이 끊기고 농토가 사라져 많은 이들이 떠났다. 임하1리에는 예전 약산봉수에서 평안의 신호를 받던 임하현치가 있었는데, 지금은 고가옥과 문화재 전시장이 된 것 같다. '오류헌, 양동댁, 이우당 종택, 임하동 동3층석탑, 호계서원, 사빈서원, 임하동 십이지삼층석탑 등 지정문화재와, 송석재사, 원림사지 석불좌상, 와룡정사, 길헌, 학산정 등 비지정문화재'는 원래 이 자리에 있던 것과 안동댐과 임하댐 수몰로 이전한 것이 있는데, 모두 반변천, 임하천 물줄기를 따라 빚어낸 인문의 결과다.

길안천·반변천을 경계 짓는 약산엔 신라의 효자 '손순'의 정신을 잇기 위해 후손들이 세운 홍은사가 있고, 산정으로 오르는 길에는 일제강점기 임하 출신 독립운동가 '김필락·손두원' 지사의 묘소가 있어 옷깃을 여미게 한다. 금소리 임중수 이장님은 옛 의관을 갖추지는 않았지만 선비의 풍모를 갖추신 분이다. 마을의 역사와 주변 환경을 자세히 설명하는 모습에서 고향에 대한 무한한 애정을 느낄 수 있다. 금소리에서 약산을 오르면 이장님의

약산봉수 전경

말처럼 군데군데 예전 역로 흔적이 보인다. 『신증안동부여지』(1745년 이후)에 "금소역은 금소천의 북쪽에 있다. 동남 40리에 '송제역', 동쪽 60리에 '청운역'이 있다."고 한다. 산정으로 난 옛길의 흔적이 역로인지 봉수군 통행로였는지 확실하지 않지만 고증할 필요가 있을 것 같다. 금소리에는 "약산으로 오르는 역로 들머리가 있으며, 금소 2리의 '마굿들'은 말을 기르던 곳이었다."고 한다. 약산 정상에 봉수대 안내판이 있다. 다섯 번이나 정상에 올랐어도 산정의 서른 평 남짓한 목재 전망대만 있지, 봉수대는 보이지 않았다. 방호벽 석재 하나도 찾을 수 없었고, 오대리 어르신들은 "약산 정상에 봉수대가 없다." 하고, 용계리, 금소리 어르신들은 막연히 "약산에 봉수대가 있다."라고만 하신다.

산정의 서쪽 좁은 평지에서 깊이 묻힌 기와편을 찾고서야 이곳에 숙소 건물이 있었고, 봉수대였다는 확신이 간다. '문필봉'으로 불리는 곳 아닌가. 가파른 경사 그 자체가 방호벽·해자 구실을 했을 것이다. 산정 서른 평 남짓한 터에 흙으로 방호벽과 봉돈을 만들고 서쪽에 숙소 건물을 지었을 것이다. 흙으로 쌓았으니 가파른 경사로 인해 더 빠르게 풍화, 훼손되고, 생활자기편은 수십 미터 아래로 흘러내려 묻혔다.

금소리에서 약산 정상에 오르는 길은 5km의 완만한 능선이어서 인마의 동시 접근이 가능하다. 그러나 용계리로 이어지는 동쪽 능선은 심한 경사로 인해 인마의 동시 접근이 어렵고 역로의 흔적도 보이지 않는다. 금소리에 약산 정상까지 난 길의 흔적은 역로라기보다 봉군들이 오르내리거나, 급보를 신석산봉수대로 알리는 길이었을 것이다.

TIP

1. 금소리(경북 안동시 임하면 금소리 444)에서 5km 정도 능선으로 약산 정상을 오른다.
2. 홍은사(경북 안동시 임하면 오대리 산1)에서 오른다.

23

신석산봉수

신석산, 신석리(申石里)봉수, 봉화산

경북 안동시 남선면 이천리 산 33-1
위도 36° 31′ 066″
경도 126° 47′ 571″
고도 311m

봉군 마을과 양반 문중

인터넷 블로그 '안동 법흥 고성 이씨 임청각' 자료에 신석리 주민들과 고성 이씨 문중 사이에 벌어진 송사 관련 내용이 있다.

"고성 이씨 문중에는 1900년을 전후한 시기에 남선면 신석리 일대 주민들과의 송사에 연루되어 이에 승소하였음을 보여주는 관련 소지 7-8점이 남아 있다. 처음 소송은 이씨 문중의 '이상희' 등이 제기하였다. 송사 이유는 '이씨 문중 선산이 신석리봉수와 가까워, 신석리 주민들이 봉수를 빙자하여 이씨 선산의 소나무를 남벌하는 등의 피해를 입혔을 뿐 아니라, 봉수대 근처의 산비탈에 나무꾼 통행로를 내겠다는 데에 있었다.' 이씨 문중의 소송에 대항해 신석리 주민들이 문중을 상대로 소송을 제기하였다. 주민들의 주장은 '고성 이씨 가문의 선산은 남선성동 앞산에 있고 동민의 땔나무 장소는 신석리봉수 터에 있어서, 장소가 구별되는데도 이씨 문중에서 주변을 다 취할 요량으로 무고하는 소장을 올렸다.'는 것이다. 처음에는 동민에게 승소 판결이 내려졌지만 이틀 후 재차 양측에 대한 대질 신문이 있었고, 결국은 이씨 문중에 승소 판결이 내려졌다."

신석리봉수 남쪽 방호벽

신석리봉수 내부

1894~5년에 걸쳐 봉수제도가 폐지되자, 신석리 주민들은 봉수대에 쓰기 위해 땔감을 얻던 산에서 생활용 땔감을 구했을 것이고, 일부는 이씨 문중의 선산 영역에서도 땔감을 구했을 개연성은 충분하다. 이씨 문중에서는 기능이 사라진 봉수대 주변의 산을 신석리 주민들이 계속 점유하는 것에 이의를 제기하고 양반의 세력을 활용해 문중의 선산 영역을 넓혀 나갈 요량이었던 것으로 보인다. 신석리 주민들이 모두 봉군, 봉군보 역을 감당했는지는 알 수가 없다. 그러나 수백 년 봉수대에서 군역을 치렀던 주민 단체와 지역에서 명망 있는 양반 문중 간의 쟁송이 큰 관심을 끈다. 봉수제 폐지 이후의 정황을 엿볼 수 있는 자료다.

얼마나 많은 옛 얘기가 잊혀 가는가. 봉수제도가 폐지된 후에도 봉군 수직의 생활이 몸에 밴 이들이 봉수대를 떠나지 못해 '봉할매·봉할배'로 살다가 떠난 후 마을의 수호신이 된 일도, 후손들의 애정 어린 옛 얘기 속에 겨우 명맥을 잇고 있다.

신석산 능선에 신석리 산성의 흔적이 있다. 출토된 토기편과 자기편으로 미루어 보아 고려시대에 축성된 성이다. 『영가지』(1899)-「고적」 기록에, "철비문(鐵扉門: 쇠 문짝)은 안동부성의 동문인데, 원래 신석산성의 성문이었다. 고려 때 왜구들이 영해로부터 침입하자 동문이 더욱 견고해야 하기에 신석산성에서 가져왔다."고 기록되었다. 고려 후기 신석산성이 사용되지 않게 되자 튼튼한 쇠문을 떼어 안동부성의 성문으로 재활용했다는 말이다. 쇠문이 떼어져 나가 휑하니 빈 신석산성 안에 신석산봉수가 축조 운용되었을까? 튼튼한 쇠문이 달렸던 성과 밀접한 관계를 가졌을 시기에 축조된 것은 아닐까? 이 노선이 개설된 명확한 시기가 궁금하다. 제2거 봉수로가 모두 조선 초기에 개설된 것일까?

신석산봉수대는 동서 35걸음 남북 14걸음의 타원형이다. 남쪽 방호벽은 잘 남아 있다. 기와편, 생활자기편이 많이 있고, 동쪽에는 출입구의 흔적이 있다. 내부에 진천 송공의 합장묘가 있다. 묘지를 조성하면서 내부 거화 시설은 거의 멸실된 것으로 보인다. 산 남쪽에 홍건적 난으로 안동으로 몽진한 공민왕이 적을 피해 숨었다는 '임금굴(왕굴, 왕암)'이 있다. 임금굴 전설은 신석산성과 연관되어 생겨난 것으로 보인다.

동래 간비오에서 출발한 제2거 간봉 1호선은 동해 연변으로 북상해 대소산과 광산에서 태백준령을 넘고, 신석산에서 직봉인 봉지산에 신호를 전하면서 그 임무를 다한다.

TIP

신평지(경북 안동시 남선면 신석리 253) 동쪽 산 정상이다. 신평지 제방에서 북쪽 산언덕을 올라 동쪽 능선으로 따라 가면 30분 소요된다. 신석리 마을 끝에서 등산로를 따라 40분 정도 소요된다.

간봉 1 지봉 1노선

1 대현봉수 ▸ 2 동악봉수

가리산봉수 22.2km
하서지봉수 9.4km
유포봉수 13.2km ◂◂◂ 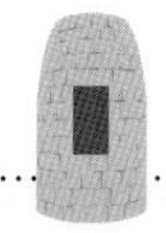 ▸▸▸ 동악봉수 13.7km

01

대현봉수

대현(大峴), 대점(大岾)

경북 경주시 양남면 신대리
산304-32
위도 35. 40. 746.
경도 129. 21. 859.
고도 604m

경주의 관문 만리장성과 큰 고개 봉수

관문은 안으로 들어가기 위해 통과해야 하는 곳이다. 울산에서 경주로 들어가기 위해서는 경주와 울산의 경계 외동읍의 산을 연결해 쌓은 12km의 신라 '만리장성', 관문성을 통과해야 한다. 성덕왕 21년(722년) 10월에 왜구의 침입을 막으려고 쌓았는데, 663년에 축조된 부산성과 673년 9월에 축조한 북형산성과 함께 경주로 통하는 중요한 길목을 방어하는 성이다.

– 국립중앙과학관_성곽 축조

관문성은 크기나 중요성에 비해 덜 알려져 있다. 신라 산성은 반듯하게 다듬은 돌을 정연하게 아귀를 맞추어 쌓았다. 천이백여 년이 흐른 지금도 반듯하게 짜 맞춘 성벽의 일부를 볼 수 있다. '세상에서 가장 힘든 일이 산 위에 성 쌓기'라는데 참으로 수고로운 일이었을 게다. 더듬어 보는 후손에게 짠한 마음이 들게 한다. 고려, 조선에서 쌓은 봉수대의 막쌓기 축조와 다른 것은 국가적 차원의 성 쌓기와 인근 주민들의 울력으로 쌓는 축조 기술의 차이일 것이다.

관문성에서 삼태봉 길은 달달한 숲 향기를 마시며 그늘을 밟고 오르는 멋진 힐링의 공간이다. 신호를 보내는 동악봉수는 변하지 않지만, 신호를 받는 곳은 여러 번 바뀌었다. 처음에는 유포봉수에서 신호를 받다가, 『경상도속찬지리지』(1469) 편찬 이전에 하서지봉수로 바뀌고, 『신증동국여지승

대현봉수 방호벽

람』(1530) 편찬 이전에 울산 가리산봉수로 바뀐다.

남북으로 이어진 능선에 군데군데 관문성 흔적이 있다. 봉수대는 관문성 남쪽 성터에서 삼태봉 사이 3번째 봉우리 정상부다. 숲과 잡초에 가려 산객들은 성의 일부로 여겨 눈길도 주지 않는다. 남쪽과 서쪽 방호벽은 1.2m 정도 남았으며, 북쪽과 동쪽은 많이 허물어졌다. 내부에 기와편과 옹기편이 많이 있다. 신라성의 흔적이 오롯이 남은 관문성은 치술령에서 관문산까지 12km 장성과, 신대리의 산 정상에 있는 1.8km 정도의 두 성으로 이루어졌다고 한다. 산성과 연관하여 봉수대를 복원하면 관광자원으로서의 가치가 높을 것이다.

TIP

마우나 리조트 눈썰매장(경북 경주시 양남면 신대리 산 307-1)에서 관문성 남문 터로 오른 뒤, 삼태봉 방향 1km 정도 3번째 봉우리 정상이다.

02

동악봉수

동악(東岳), 봉만댕이

경북 경주시 마동 산 1-1
토함산 정상

위도 35. 48. 103.
경도 129. 20. 723.
고도 745m

동악 경주의 안녕을 지키다

토함산이 동악이다. 경주의 진산이다. '불국사·석굴암·다보탑·무영탑·아사달·아사녀'등 숱한 설화가 깃든 영산이다. 어느 곳이나 떠오르는 아침 해지만, 토함산 일출은 깊은 감명으로 다가온다. 맑은 날 포항 앞바다가 훤히 보이고, 남기(푸르스름한 산 기운) 낀 연봉 위로 바다가 하늘처럼 두둥실 다가온다.

영산 동악은 신라 5악 중 하나로 제사 대상이었다. 『동경잡기』(1670) 풍속조에 신라인들은 "설날 서로 축하를 하고, 이날 일월신에게도 절을 했다." 라고 한다. 지금 우리가 설날에 세배·덕담하고 해맞이 행사를 하는 것과 똑같다. 신라인들도 설날 동악에 올라 한 해의 안녕을 기원하고 절하며 제사 지냈을 것이다. 석굴암에서 토함산 오르는 길에는 신라 토기편, 고려 청자편을 연이어 볼 수 있다. 이 그릇 조각들은 산성과 관련되거나, 제사 의식에 사용된 것으로 짐작된다. 동악에 오르면 멀리 동해바다 문무왕릉을 바라보며 제사지낼 만하다는 생각이 저절로 든다.

동악봉수는 고위산(황복)봉수와 경주시 일원에 평안의 불을 전했다. 정상에는 토기편, 자기편이 무수히 흩어져 있다. 봉수대는 많이 훼손되었으나 봉수에 사용한 석재가 정상부에 무더기를 이루고 동쪽에도 기와편이 대량

위. 동악봉수 – 동해
아래. 동악봉수 연대

으로 흩어져 있다. 봉수 관련 건물이 연대 동쪽에 인접했던 것으로 추측된다. 등산객들은 흩어진 석재를 아무런 의미도 없이 밟는다.

"토함산은 신라의 5악에 속하는 영산이어서 그런지 근래까지 정상부에 화장한 유골을 몰래 매장하는 경우가 많았다."

산불감시원과 주차장 관리원의 말이다. 이것을 제거하는 과정에서 봉수대 석재가 이리저리 변형되었다고 한다. 동악봉수는 토함산 정상부에 있으면서 제 기능을 다했으나, 불국사와 석굴암의 유명세에 의해 토함산을 찾는 이들의 기억 속에 잊힌 봉수다.

불국사, 석굴암을 들러 동악봉수대까지는 완만한 경사이며 숲 그늘 속 행복한 걷기를 즐길 수 있다. 설화와 성화채화지, 신라에서 근대까지의 흔적을 더듬는 힐링코스다. 겨레의 영산 토함산 산정에 동악봉수를 원형대로 복원하면 토함산 사랑을 보태는 일이 아닐까.

TIP

토함산 석굴암 주차장에서 정상으로 오르면 30분 정도 소요된다. 아름답고 완만한 경사길이다.

간봉 1 지봉 2노선

1 사화랑봉수 ▶ 2 형산봉수 ▶ 2 소산봉수

01

사화랑봉수

사화랑산(沙火郞山), 사화랑점(沙火郞岾), 봉우재, 봉수재

경북 포항시 남구 동해면 입암리 산103
위도 35. 59. 898.
경도 129. 28. 884.
고도 199m

영일만에서 내륙으로

사화랑점(沙火郞岾: 사벌→모래벌 고개)은 바닷가 모래산·모래벌이 있을 만한 곳에 붙여진 이름이다. '모래벌로 넘어가는 곳에 자리하는 고개', '모래흙으로 이루어진 고개'라는 뜻이다. 사화랑산 남쪽은 영일만과 구룡포를 넘나드는 고갯길인데, 산정 부근에는 여러 광산업체가 '백토'로 불리는 벤토나이트Bentonic를 채광하고 있다.

동래 간비오에서 출발한 간봉 1노선은 '지봉1·지봉2'를 통해 평안의 불을 좀 더 신속하게 경주와 안강·영천으로 전하며 북상한다. 유포봉수에서 갈라진 지봉1은 대점→동악을 거쳐 직봉 고위산으로 연결되며 남경주 외동읍 일원에 평안의 불을 전한다. 호미곶을 돌아가기 전 뇌성봉수에서 갈라진 지봉2는 사화랑→형산→소산을 거쳐 직봉인 영천 성황당봉수로 연결된다. 남동해의 경보를 내륙으로 신속하게 전하고, 일상적으로 안강, 영천 읍치와 지역민에게 평안의 불을 전하도록 배려한 것이다. 21세기의 네트워크처럼 한쪽 연결망에 문제가 생겨도 전체에는 지장이 없도록 보완한 것이다. 연변을 통하는 간봉1노선이 대소산봉수에서 진보를 거쳐 직봉 안동 봉지산에 연결되기 전에 지봉을 만들어 경주와 영천에서 직봉에 연결되도록 한 것이다. 참으로 주도면밀하고 지혜로운 설계다.

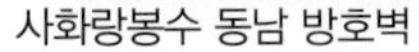
사화랑봉수 동남 방호벽

사화랑봉수 방호벽

사화랑점봉수는 뇌성봉수의 신호를 받는다. 영일만을 훤히 내려다보며 건너편 지을산봉수(12km)와, 5km 거리의 발산봉수를 살펴서 형산봉수로 신호를 보낸다. 동래 간비오에서 출발한 연변의 경보와 영일만, 호미곶의 경보를 모아 인접한 안강, 경주, 영천에 전한 것이다.

봉수대의 잔존 상태가 양호하다. 산죽이 안팎에 밀생하여 접근이 어려울 정도다. 촘촘한 산죽 숲이 봉수대를 보호하는 구실을 한 것 같다. 산죽과 참나무 숲으로 인해 시야가 확보되지 않아 영일만의 장관을 볼 수 없는 게 아쉽다. 내부로 연결되는 통로가 있다. 동서 단축 남북 장축의 타원형인데, 중심에 연조 흔적이 있다. 방호벽 동쪽에 민묘 2기가 있다. 사화랑산은 전망이 좋고 햇빛이 잘 들어 공원묘원이 큰 규모로 조성되고 있다.

TIP

동산공원묘원 입구(경북 포항시 남구 동해면 동해안로 5294-16)에서 동쪽으로 2km 정도 거리에 있다. 동산공원묘원(동해면 입암리 144)에 이르기 300m 앞 산죽 숲이 봉수대다.

02

형산봉수

형산(兄山), 봉우재, 봉화재

경북 경주시 강동면 국당리 산20-1 형산의 왕룡사 서편 산정

위도 35. 59. 1210.
경도 129. 17. 6030.
고도 254m

김부대왕 신이 되어

"문무왕 13년에 서형산성을 증축하였다. 경주부 서쪽 7리에 있는데, 선도산이라 한다. 북형산성은 안강현 동쪽 21리에 있는데, 문무왕이 동해로 침입하는 말갈, 거란, 왜구를 막기 위해 축조하였다. 지금은 형산(兄山)이라 한다."

– 『동사강목』, 제4하

형산성이 두 개 있었다는 말이다. 강동면 국당리 형산 정상에 있는 성은 북형산성이다. 봉수대는 형산의 정상에 있는데, 성의 유적과 구분하기가 쉽지 않다. 남쪽 봉우리 산정이 봉수대 유지로 생각된다. 봉수제가 폐지될 때까지 운영된 곳인데 심하게 훼손되었다. 형산강이 영일만으로 들어가는 곳이며 영일만을 한눈에 조망할 수 있는 요충지다. 6·25 당시 포항, 안강 전투가 형산강 건너 산 위에서 치러졌다. 동족상잔의 소용돌이 속에서 형산성과 봉수대도 무사할 수 없었을 것이다.

신라의 마지막 경순왕(김부대왕)은 천년 왕국을 일전도 치르지 않고 고스란히 고려 태조에게 내주고 귀

형산봉수 방호벽

형산봉수 내부

순한 무능한 국왕으로 여겨지지만, 귀순하는 행렬에 망국의 백성이 30리에 걸쳐 따랐다고 한다. 뒷날 민간에서는 김부대왕의 귀순을 백성을 위한 처절한 고심의 결과로 여겼고, 김부대왕을 신앙의 대상 무신巫神으로 삼았다.

"옛날에 형산강이 형제산에 가로막혀 동해로 흘러들지 못하고, 강동지역 일대에 큰 호수를 이루고 있었다고 한다. 이 일대가 물에 잠기어 백성들이 큰 불편을 겪을 때, 용이 나타나 동쪽에 막혀 있던 형제산을 꼬리로 내려쳤다. 산이 갈라져 호수의 물은 동해로 빠져나가고, 지금의 안강평야 부근은 옥토로 변했다고 한다. 그 후 잘린 형제산의 남쪽은 '형산(兄山)' 북쪽은 '제산(弟山)'으로 불리게 되었다. 사람들은 김부대왕이 죽은 후 신룡이 되어 백성들의 소원을 들어 준 것이라고 믿고, 그 은덕을 기리기 위해 신당을 지어 제를 올렸다."고 한다.

–「영천시민신문」, 2007. 05. 06.

또다시 천년이 흐른 지금까지, 김부대왕은 신앙으로 남아, 형산에는 기원정사(왕룡사)가 세워졌으며, 사찰 내에 김부대왕을 모신 용왕전이 있다. 성을 버리고 항전 한 번 없이 천년왕국을 고스란히 넘겨 준 아쉬움 때문일까?

삼국의 각축 시기 영일만을 통해 들어오는 적을 막기 위해, 남북으로 긴 형산의 능선에 축성하였던 옛 성터 위에 왜구의 경보를 알리기 위해 봉수대를 설치하고, 경주시의 동쪽과 안강 일원에 평안의 불을 전했다.

TIP
기원정사(경북 경주시 강동면 국당리 149–5)에서 서쪽 형산 정상부에 있는 봉수대로 오른다.

03

소산봉수

소산봉수(所山, 蘇山), 봉우재, 봉화산

경상북도 영천시 고경면 청정리 산 121 무학산 동쪽 봉우리
위도 35. 58. 314.
경도 129. 6. 183.
고도 374m

영천성의 승리 권응수 의병장

영천의 옛 이름은 '절야벌切也火·임고臨皐·영주永州·익양益陽·고울부高鬱府' 였다가 태종13년에 영천군으로 고쳤다. 오랜 역사를 지닌 고을답게 포은 정몽주·최무선 장군·노계 박인로·의병장 권응수 등 수많은 역사적 인물을 배출했다.

"영천읍성은 신묘년(1591년)에 새로 쌓았다. 임진년 왜적이 본군에 주둔했다. 의병장 진사 정세아 · 생원 조희익 · 전현령 곽회근이 초유사 김성일에게 편지를 보내 의병이 되었다. 여러 수장들이 막히고 흩어져 모이기 어렵기 때문에 절제사를 모시기로 원하자, 김성일이 따뜻한 말로 위로하면서 훈련봉사 권응수가 진심으로 병사들을 모으고 여러 번 적을 물리쳤기에, 의병대장을 삼아 여러 의병장들이 명령을 받게 했다. 이에 권응수는 더욱 분발했다. 정세아 · 정담 · 정대임 등과 서북풍을 등지고 성 안에 불을 놓고 적을 습격하여 격파하니 적들이 거의 불에 타 죽었다. 이로부터 신령·의흥·의성·안동 등에 주둔하던 적들이 소문을 듣고 무너져 좌도의 군읍들이 보전된 것은 영천에서 승리한 공이다."

– 『영천군지』(1861)

"임진왜란이 일어나자 지역의 선비들이 분연히 일어서 영천성을 전국에서 가장 일찍 수복했다. 임고면 황강리에서 의병으로 출전해 전사한 노항 김연(金演) 선생은 출전하기 전에 말하기를 '적이 죽지 않으면 내가 반드시 죽으리라.' 하고 흰 명주 수건에 성명을 써서 허리에 매고 갔다. 순절 후 아들 김취려가 달려가 시신들 중에서 흰 명주에 쓰인 성명을 보고 시신을 찾아 장례를 지냈다. 선생의 충의를 그 자손들이 본받으려고 애쓴 결과 향내에서도 유명한 마을이 되었다."

– 영천시홈페이지

소산봉수 내부

임란 초기 황망한 가운데 승전한 기록이다. 국난에 어찌 권응수 장군·김연 선생뿐이겠는가! 영천은 제2거 직봉 5개소와 지봉(간봉)인 소산봉수가 경유한다. 한 봉수대에 '봉군 25명, 봉군보 75명, 별장 1명, 감고 2명' 대체로 100명의 봉군들이 배정되었으니, 봉수군만 해도 600명이 된다. 이들 일부는 대응봉수와 긴밀하게 호응하며 전황을 알리고, 젊은 봉군들은 영천성 전투에 봉수대 비치 무기를 들고 참전했을 것이다. 봉수군은 평생 군역을 지는 당당한 조선군이 아닌가!

소산봉수대는 안강 들판 위로 사화랑봉수 신호를 받아, 영천군 읍내와 성황당봉수에 전한다. 호미곶 들머리 뇌성봉수에서 연변의 경보를 받아 '사화랑점 봉수→소산봉수' 짤막한 노선으로 내륙 깊숙이 영천읍내와 직봉 성황당봉수에 전한 것이다. 영천시 고경면 파계리 고경저수지 서편의 무학산(440m) 정상에서 300m 정도의 동쪽 봉우리에 있다. 방호벽과 출입시설이 양호한 상태로 남아 있다. 북서-남동 37m를 장축으로 하는 타원형이다. 단축 23m, 둘레 100여 미터의 큰 봉수대다. 출입구는 남동쪽 방호벽에 1개소가 있다. 방호벽의 높이는 2.5m 정도다. 생활자기편 중에 원형을 거의 유지한 것도 있어서 끝까지 유지된 봉수대임을 알 수 있다. 내부에 묘지를 조성하면서 횃불을 올리는 시설이 훼손되었지만, 남쪽 방호벽 가까이 연조의 흔적이 있다.

TIP

무학사(경북 영천시 고경면 파계리 산 107)에서 등산로로 오르면 30분 정도 소요된다.

간봉 2노선

1 가라산봉수 ▶ 2-1 계룡산봉수 ▶ 2-2 한배곶봉수 ▶ 연대도망 ▶ 3 미륵산봉수 ▶ 4 우산봉수 ▶ 5 천왕점봉수 ▶ 6 곡산봉수 ▶ 7 가을포봉수 ▶ 8 파산봉수 ▶ 9 가막산봉수 ▶ 10 미타산봉수 ▶ 11 미숭산봉수 ▶ 12 망산봉수 ▶ 13 이부로산봉수 ▶ 14 성산봉수

01

가라산봉수

가라산(加羅山)

경상남도 거제시 남부면 탑포리 산 60-28
위도 34. 45. 243.
경도 128. 37. 285.
고도 585m

비단을 덮은 가라산

가라산(加羅山: 비단을 덮은 듯 아름다운 산)은 옛 가야국에서 비롯된 이름이라고 한다. 거제도는 60여 개의 도서와 절경을 감상하며 오르는 명산이 많지만, 노자산에서 최남단 가라산 능선길은 탄성을 자아낼 수밖에 없다. 봄날의 능선 길은 야생화가 뿜는 남국의 향기 속에, 거대한 전함을 타고 멋진 바다 위를 항해하는 느낌이다.

가라산봉수 건물지

가라산 남쪽 2km 거리에 다대산성이 있고, 북쪽 8부 능선에는 말목장성 흔적이 돌담처럼 남아 있다.

"거제현의 명진포에 목장을 쌓아 아천 성황당을 거쳐 가라산에 이르면 3천 필은 기를 수 있습니다. 목장 안에 있는 밭은 제주의 예에 의하여, 백성이 담을 쌓고 경작하게 하소서."

– 『세종실록 27년』(1445), 10월 9일.

"거제 가라산 목장 제1소는 거제 현사로, 제2소는 지세포 만호로, 제3소는 옥포 만호로 나누어 관장하게 하소서." – 『세종실록 28년』(1446), 1월 23일.

'환상의 섬' 거제도는 국토의 최남단 전초기지 역할을 하던 곳이다. 농토도 많지 않다. 삶의 현장으로서 바다는 거친 곳이 아닌가. 더군다나 수군진·봉수대·말목장성 요역과 여말선초 섬을 비울 정도로 극성을 부린 왜구의 노략질로 살기가 팍팍한 곳이었으리라. 가라산봉수대는 경상남도 기념물 제147호(1995.5.2.)로 지정되었으며, 간봉 2노선에서 처음 불을 올리는 곳이다. 이른 새벽에 올린 평안의 불은 통영의 미륵산을 거쳐 고성, 마산, 합천, 고령으로 전해지고 성주 각산에서 간봉 6노선과 합해진다. 처음에는 통영의 미륵산으로 전했으나, 거제읍치에 전하기 위해 『신증동국여지승람』 직전부터는 계룡산으로 전했다. 임란 이후 거제읍치의 이전(고현→서상리)으로 계룡산봉수가 폐치되자 증설된 한산도 별망(한배곶봉수)을 경유해 미륵산으로 전했다.

'한산도 별망'은 30리 거리의 거제읍치에서도 보임으로 계룡산을 대신했다. 계룡산봉수의 설치와 폐지에 대한 기록은 없다. 처음 미륵산봉수로 전하던 신호를 계룡산으로 옮긴 것은, 계룡산이 거제의 진산이며 매일 평안의 불을 거제군 치소에 곧바로 전할 수 있기 때문이다. 가라산과 미륵산과의 거리(19.8km)는 계룡산으로 옮겨도 1km 정도 가까워질 뿐이니 신호 거리가 먼 이유는 아닐 것이다.

가라산 정상 봉수대에서는 대·소매물도, 홍도, 맑은 날이면 멀리 대마도까지 보인다. 연대의 기초석 위에 길게 사각형으로 조성된 터는 헬기장을 조성할 만큼 넓다. 남쪽 아래에 석축이 길게 남아 있고 서쪽에 봉군들의 숙소로 여겨지는 건물터가 있다. 봉수대에 무거운 등산 배낭을 지고 올라온 젊은 부부는 널찍한 산정에서 야영할 생각인가 보다. 산과 바다가 어우러지고 별빛이 하늘을 수놓을 그곳에 잠자리를 마련하는 그들의 호사가 부럽다.

TIP

학동리해수욕장에서 해금강 방향 1km 정도에 가라산 등산로 입구 내촐(오지막)이 있다. 정상까지 2.3km 정도다.

2-1

계룡산봉수

계룡산(鷄龍山)

경상남도 거제시 거제면 옥산리
위도 34. 51. 934.
경도 128. 36. 864.
고도 512m

역사의 현장이 되다

거제는 경관이 빼어난 산들로 등산객의 사랑을 받는데, 그중에도 계룡산이 으뜸이다. 산정이 암릉으로 이루어져 위엄이 있으면서도, 산자락은 사람을 포용하는 너그러운 산이다. 계룡산 기슭 고현동과 수양동 일대 포로수용소는 한국전쟁 당시, 인민군과 중공군 포로를 수용하기 위해 1953년 11월부터 종전될 때까지 운영된 곳이다. 세월이 흐른 후 불행했던 동족상잔의 현장을 잊지 않기 위해 1983년 12월 20일에 '경남문화재자료 제99호'로 지정하고 공원화했다. 2018년 3월 30일 산정으로 오르는 모노레일이 설치되었고, 공휴일이면 유적공원을 찾는 이들로 붐빈다. 당시의 거제도는 육지와 가깝지만 교량이 없어서 포로 수용에 적합했으며, 남국의 따뜻한 기후와 순후한 인심으로 1950년 12월에 시작된 흥남철수작전의 10만 피난민 중 많은 이들이 이곳에서 피난하고, 새 보금자리를 찾아 떠났다. 계룡산은 전쟁의 고통을 다 지켜본 곳이다.

계룡산봉수의 설치와 폐지 시기는 정확히 알 수 없지만, 『세종실록지리지』(1454년)에 실려 있지 않고, 『신증동국여지승람』(1530년)에 기록되었다가, 『여지도서』(1759) 이전에 폐지된다. 봉수대 설치와 폐지 시기는 거제도 읍치의 이동 시기로 짐작해 볼 수 있다.

"본읍은 옛적에는 섬 안의 수월리에 목책을 설치하고 있었습니다. 지난 병오년(1426)에 사등리로 옮겨 관사를 세우고 성과 연못을 수축하는 일이 무진년(1448)에 이르러 끝이 났습니다. 이번에 도체찰사 정본의 심정으로 인하여 또다시 고정리로 옮겨 쌓으려 합니다. 본읍 사람과 관리 · 노비들이 이미 모두 정주하여 창성하게 되었는데 지금 읍을 옮기게 하시면 영선이 끝이 없습니다. 원컨대 옮기지 말게 하여 백성이 편안히 생활할 수 있게 해 주시고, 하는 수 없으면 육지로 나가 거처를 옮겨 살도록 도모하여 주십시오."

– 『문종실록』 원년 (1451), 5월.

"계룡산봉수는 흔적은 남아 있지만 못 쓰게 됐다."

– 『여지도서』(1757년)

가라산에서 미륵산으로 전하던 신호를 거제읍치가 고현성으로 옮겨간 문종 원년(1451) 즈음에, 계룡산봉수대를 설치하고 고현성 읍치로 전할 수 있도록 한 것이다. 계룡산에 봉수대를 설치해도 가라산에서 미륵산과의 신호 거리는 가까워지지 않는다. 이로 보아 고현성 읍치에 전하기 위해 증설된 것임을 알 수 있다. 임란 이후 수군진영이 운영하는 봉수, 망대가 증설되고, 거제읍치가 고현성에서 서성리(거제면사무소 부근)로 옮기자 계룡산봉수대는 폐지된다. 거제면 서성리 부근 읍치에서는 한배곶 별망(한산도 망산)의 신호를 받을 수 있기 때문이다.

계룡산에서는 봉수대 흔적을 찾기가 쉽지 않다. 산정에서 연대를 설치할 만한 장소를 생각해 보면,

첫째 후보지: 관련 전문가들은 계룡산 정상부 남북으로 연이어진 암봉 5개소를 연대로 활용한 것으로 보고 있다. 세 번째 암봉에는 하단부에 6단의 인위적 계단시설이 있는데, 하부폭 0.9m, 상부폭 0.6m다. 암봉의 늘어선 형태와 계단시설을 근거로 정상부 5개소의 암봉을 연대로 판단한다. 봉군들의 숙소 건물지는 정확하게 고증되지 않은 상태다.

계룡산 연대–추정

계룡산 연대–통신대 유적

둘째 후보지: 암릉으로 이루어진 정상은 봉수대 축조와 운용이 쉽지 않았을 것이다. 봉군들의 접근이 쉬우면서도 가라산과 미륵산, 고현읍치가 잘 보이는 곳에 설치했다면, 지금의 포로수용소 통신대 유적지 부근일 것이다. 대응봉수와 읍치가 조망되는 조건을 다 갖추고 있다. 통신대 유적 부근 수많은 석재는, 봉수대의 석축 석재로 유추해 볼 수 있다.

계룡산봉수대 위치는 자세한 조사가 필요하다. 통신대 유적이 한국전쟁의 유적공원으로 운영되고 있으니, 과거의 군사시설 봉수대를 더하면 유적공원의 가치가 훨씬 높아질 것으로 생각된다.

TIP

거제 포로수용소 유적공원(경남 거제시 고현동 944) 모노레일 종착점인 통신대 유적과 계룡산 정상 암봉 5개소를 연대로 생각해 본다.

2-2

한배곶봉수

한배곶, 한산도, 당항진 별망, 별망산봉수, 망산

경남 통영시 한산면 두억리 산 242-2 한산도 망산 정상
위도 34. 46. 273.
경도 128. 29. 472.
고도 294m

삼도수군통제영을 살피다

선조 26년(1593) 초대 삼도수군통제사에 제수된 이충무공이 최초의 삼도수군통제영을 한산도에 세운다. "한산도는 대양에서 항구로 들어가면, 두 골짜기가 큰 물결을 마시는 듯하다. 밖에서 보면 바다에서 들어갈 곳이 없는 듯하며, 골짜기는 받아들이지 않는 듯하다. 안으로 들어가면 물은 그 안에 안긴 듯하며, 산은 밖을 감싼 듯하다. 이곳이 충무공께서 영을 설치해 적을 무찌른 장소다." -『거제부지』

충무공이 왜군의 이간질과 정부의 무능으로 서울로 압송된 뒤, 정유재란이 일어나 한산진영이 폐허가 되자, 통제영은 일정한 주둔 장소 없이 전세에 따라 떠돌아다녔고, 전란이 끝난 뒤에도 거제도, 고성 등으로 옮겨 다녔다. 선조 36년(1603) 제6대 통제사 '이경준'이 통제영을 현재의 통영시 문화동으로 정한 후, 1895년까지 삼도수군의 본영이 되었다.

한배곶 별망이 언제 축조되었는지 확실한 기록은 없다.

"청동기 시대 해상 제사유적, 봉수대 시설, 러일전쟁 당시 일본군 군사시설 등 다양한 흔적을 발굴했다. 이 조사에서 망산봉수대가 임란 당시 실전에 사용되었던 것이 확인됐다."

-「망산봉수대 발굴보고서」 경상문화재연구원, 2017.

"현종 4년(1663): 현치를 명진(溟珍: 거제면사무소 부근)으로 이전했다."

-거제시 홈페이지

『여지도서』(1757)에 기록된 것으로 보아, 통제영을 한산도에 설영(1593)하

면서 같이 설치했거나, 거제현치가 '명진'으로 옮긴 1663년 즈음에 설치했을 것으로 짐작된다. 왜란이 끝난 후 가라산, 계룡산이 미륵산과 거리가 멀어 중간에서 이어 주는 역할을 했으나, 『여도비지』(1856) 편찬 직전에 기능이 축소돼, "다만 고성현치와 당포진에만 알리게 된다."라고 기록된다. 지금 한배곶별망은 건물터만 휑하니 보이지만, 오랜 기간 제사 장소, 봉수대로 사용되었고, 외침의 격랑기에는 침략군 군사시설로 활용된 곳이다.

한배곶별망 발굴 시에 건물터, 망루 터, 연조 3기의 흔적이 잘 남아 있었다고 한다. 연조는 정상 부위에 있었으며, 봉군 숙소 건물터는 정상 남서쪽 30m 아래 네모진 석축 안에 있다. 석축 내부 둘레는 40m 정도인데, 여러 시설물 흔적이 웅덩이처럼 남아 있다. 망산에서는 진두항과 한려해상국립공원이 시원스레 보인다.

한산면소재지 진두에서 망산 정상을 거쳐 제승당 선착장에 이르는 등산로는 유서 깊은 한산도, 한없이 아름다운 한려해상을 굽어보며 걷고 또 걷고 싶은 곳이다.

TIP
통영항에서 한산도까지는 뱃길로 30분 정도다. 한산도에는 1시간 간격으로 섬 전체를 일주하는 버스가 있다. 한산면 소재지 한산농협에서 부근에 등산 안내판이 있다. 여기서 1시간 정도다.

한배곶 별망

간봉 2노선 보조망

연대도망

연대도봉수(煙臺島烽燧)

경남 통영시 산양읍 연곡리
산 101-1
위도 34. 73. 4198.
경도 128. 40. 0702.
고도 220m

역사의 흔적 연대도

연대도는 통영의 남쪽에 위치한다. 서쪽 만지도와 출렁다리로 연결된 후 관광지로 변모해 많은 이들이 찾는 섬이 되었다. 섬 가운데 솟아오른 연대봉(220m)은 우뚝하여 잘생긴 연대를 연상하게 한다. 북쪽에 연대도 패총(사적 제335호)이 있어서 선사시대부터 사람들이 살 만한 섬이었으며, 일본과 교류한 유적도 발견되었다고 한다.

"연대도(煙臺島)는 현 남쪽 바다 가운데 있다."

– 『신증동국여지승람』(1530) 고성.

"연대도는 영의 남쪽 35리에 있는데, 조도(학림도)의 바깥 바다다. 거주민의 생계가 조도와 같다. 민속이 본래 군창·둔전으로 충렬사에 부쳐진다."

– 『통영지』(1843)

1665년 섬 전체가 충무공을 모신 충렬사 사패지(나라에서 공신에게 하사하는 논밭)로 지정되었다. 섬 주민이 소작농이 된 셈이다. 1949년 농지개혁이 일어났지만, 일부 논밭은 여전히 충렬사 사패지로 남았다. 1989년 8월 7일 '사패지賜牌地에서 해면解免되자' 섬은 주민들의 소유가 되었고, 이날을 기념해서 '사패지해면' 비석을 세웠다.

연대도망은 간봉 2노선(미륵산, 한산도 망산)과 연결된 보조망으로, 거제도를 먼 해양으로 우회하여 접근하는 적선을 통영의 입구에서 살필 수 있다.

방호벽 높이는 1m 정도로 남아 전체적 윤곽을 짐작할 수 있을 정도로 남았다. 연대봉에 연대가 있다고 해서, 섬 이름이 되었다고 한다. 즉, 연대도의 연대는『신증동국여지승람』(1530) 이전에 설치된 것이다. 섬에 설치된 봉수는 대부분 수군진영에서 운용하는 권설봉수인 '망대'로 여겨지지만, 연대도 봉수는 조선 초기 봉수제도를 새롭게 편성할 때부터 축조된 봉수로 볼 수 있다. 봉수대 명칭도 후대의 '망대·별망·요망'과 달리 '봉수·연대봉수'의 명칭으로 불러야 한다. 도서 지역 봉수의 축조시기를 재인식할 필요가 있는 자료다.

봉수제도가 폐지된 이후 마을의 안녕과 풍어를 비는 '별신제'가 봉수대 부근까지 올라가 치러졌다. 연대 아래에 큰당이 있고, 마을 뒤 대숲에 중당이 있고, 마을 앞에 별신굿을 모시는 별신장군 비석이 있다. 얼마 전까지도 외지로 나간 사람도 돌아와 함께 마을의 안녕과 풍어를 비는 '별신제'에 참가했다고 한다.

TIP

연대마을(경남 통영시 산양읍 연곡리 91-2) 뒤편으로 오른다.

연대도-몽돌담장

연대도 봉수

가라산봉수 19.8km
계룡산봉수 18.8km
한배곶별망 8.1km

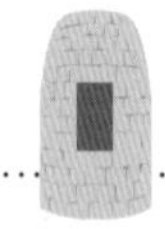

우산봉수 12.7km

03

미륵산봉수

미륵산(彌勒山)

경남 통영시 산양읍 영운리 산189

위도 34. 48. 629.
경도 128. 24. 979.
고도 454m

한산대첩의 환희

동양의 나폴리로 불리는 통영은 내외국인 발길이 연중 끊이지 않는다. 이 아름다운 항을 굽어보는 미륵산은 신성한 곳으로 여겨졌다. 제1봉 봉우리에 신라시대 토기 조각들이 많이 발견되는 것으로 보아, 신라 때부터 산천에 제사 지내는 곳이었다. 불교가 융성해지자 내세의 부처인 미륵부처의 이름이 붙었고, 미륵부처의 정토인 용화세계에서 따온 용화사가 세워진다. 근대 불교계에 큰 족적을 남긴 '효봉', '법정' 두 스님이 머물었던 미래사가 산 남쪽에 있다. '박경리' 선생, 작곡가 '윤이상' 선생, 운명 같은 사랑에게 5,000여 통의 편지를 보낸 시인 '유치환'도 미륵산과 아름다운 통영이 길러 낸 인물이다.

봉수대에서는 삼도수군통제영 '제승당'이 보인다. 또 임란 당시 '한산대첩', '당포해전'을 지켜보았던 곳이기도 하다. 수군진 소속의 젊은 봉수군들은 전투에 참가했을 것이고, 늙은 봉군들만 남아 그날의 환희를 맛보았을 것이다. 조바심 후 심장이 터질 듯한 환희…….

미륵산 연대 석축

미륵산 제1봉에서 남동쪽

미륵산 연대 전경

으로 80m 거리의 제2봉에 봉수대가 있다. 아래서 보면 제2봉 동쪽 경사면에 석축 흔적이 있다. 봉수 터는 조망이 가장 좋은 제1봉이었을 거라는 설과 건물지가 있는 제2봉이라는 설이 있다. 제2봉이 연대였을 것이다. 제2봉이 매우 가팔라서 천연의 방호벽 역할을 했을 것이고, 봉수대 관련 건물의 특징인 기와편, 토기편이 발견되는 것으로 보아 제2봉 정상에 연대가 있었을 것이고, 봉수 관련 건물은 제2봉 아래 '박경리 선생 묘소 전망대' 부근이었을 것이다. 봉군 숙소는 대체로 연대 내부에 짓지만, '원포봉수'처럼 연대 훨씬 아래에 설치하는 경우도 있다. 제2봉에서는 '망산, 가라산, 계룡산'과 제1봉 정상을 비껴 '우산봉수'와 '사량도주봉봉수'를 살필 수 있다. 제사 터인 제1봉은 신성시되어 봉수대 설치를 꺼렸을 수 있다. 밀양 종남산 봉수가 정상에서 비껴 설치된 것도 같은 연유일 것이다.

처음 가라산에서 받던 신호를 『세종실록지리지』 이후부터 계룡산봉수에서 받았다. 『거제군읍지』(1899)에서는 "조선 후기 계룡산봉수가 폐지되자, 가라산 봉수의 신호를 한산도 '한배곶별망'을 통해 받았다."라고 하였다.

1998년 11월 13일 경상남도 기념물 제210호로 지정되었고, 2008년 한려수도케이블카가 설치된 후 늘 붐비는 관광 명소가 되었다. 접근이 어려운 제2봉 전체를 연대로 복원하고, 봉군 숙소 건물을 재현해 관광자원으로 활용할 필요가 있다.

TIP
통영시 도남동 349-1번지, 한려수도케이블카를 이용하면 미륵산 정상까지 15분 정도에 도착한다.

미륵산봉수 12.7km ◂◂◂ 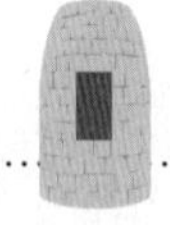 ▸▸▸ 좌이산봉수 12.6km
천왕점봉수 14.7km

04

우산봉수

우산(牛山), 봉화산, 서암산, 서우암산

경남 통영시 도산면 수월리
산368번지 봉화산
위도 34. 53. 471.
경도 128. 19. 104.
고도 318m

전함의 조타실 위에

수월리 해맞이공원에서 김해 김씨 서암공 묘소를 지나 우산봉수대를 오르는 길은 마치 거대한 전함 위를 걷는 것 같다. 도산면 봉화산 정상에서 남쪽으로 뻗은 능선은 전함이 남쪽 한바다로 나아가는 모습이다. '장풍득수' 풍수지리에서 중요시 여기는 말이다. 남쪽을 향한 산록에 따뜻한 기운이 가득하고 바닷물이 양쪽에서 넘실거리니, '바람은 감추고 물은 얻는 형국'이다. 산록의 양지바른 곳 '서암공' 묘소 주위에, 유택의 발복인지 서암공 후손들은 크게 번창하였고 번듯한 재실을 짓고 차례로 선영에 묻혔다.

우산牛山은 서우(犀牛: 무소)가 누운 형상에서 비롯되었다고 한다. 소가 논을 다 갈고 길게 누웠으니, 먹을 걱정은 안 해도 될 곳이요. 마을 이름이 수월리(水月: 물에 비친 달)니 한가롭게 자연을 즐길 만한 여유 있는 곳일 게다. 임란 중 이런 곳에 터전을 잡았다 하니, 서암공의 안목이 느껴진다. 서암공 후손 중에 봉수군이 있었을까? 양반 신분이어서 봉수군 군역을 면했을까? 양반 자손임이 자랑스럽겠지만, 봉수군 후손에게 훨씬 정감이 간다. 후기에는 양반 출신 봉수군도 있었다.

봉수대는 봉화산 정상에서 남쪽 300여 미터 거리에 있다. 2011년 12월 29일에 경상남도기념물 79호로 지정되었다. 봉수대 주변 바위를 서우암(犀

牛巖: 무소 바위)이라고 하는데, 여기서 남쪽을 보면 마치 거대한 전함의 조타실에 서 있는 듯하다. 사량도 주봉, 좌이산, 미륵산봉수를 바라보며 통영에서 고성으로 오가는 뱃길을 감시할 수 있는 곳이다. 연대 서쪽 일부가 무너져 내렸으나 전체적인 형태는 유지하고 있다. 연대 북쪽 50m 정도에 봉군 숙소 건물터가 있다. 주변 참호는 6·25 당시 인민군이 만들었다고 하며, 서쪽 부분이 무너진 것이 이것 때문인지 알 수 없다. 오르는 나선형 계단이 있고, 연대 위 창고처럼 쌓은 곳은, 연조인지 후대에 어떤 목적으로 개조한 것인지 알 수가 없다.

1. 도산면 가오치 여객선 터미널에서 남쪽으로 산을 오르면 봉화산 정상부 남쪽에 있다. 1시간 20분 정도 소요된다.
2. 도산면 수월리 해맞이 공원에서 김해 김씨 서암공파 묘지로 오른다. 등산로를 따라 50분 정도 소요된다.

우산 연대

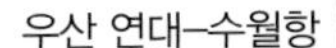

우산 연대–수월항

05

천왕점봉수

천왕점(天王岾), 천치(天峙)

경상남도 고성군 대가면 양화리
산52-3 봉화산 정상

위도 35. 1. 257.
경도 128. 17. 188.
고도 350m

벚꽃 길 효자 공원 봉수대

'하늘 천天'자가 지명으로 붙는 데는 나름의 이유가 있다. 고성 천왕산은 580여 미터로 주변에서 가장 높은 산이며 고성의 근간이 된다. 주변의 '대무량사', '천비룡사', '큰 재' 등은 천왕산에서 영향받은 이름일 것이고, 대가면소재지에서 갈천리로 넘어가는 고개는 천왕산 기슭에 있어서 '천왕산 고개'라는 의미인 '천왕점天王岾', '천산점天山岾', '천치天峙'로 기록되었다. 이 고개를 지키는 봉수대가 이름으로 삼는 것은 당연한 이치다. '천치天峙'로 기록된 것을 생각해 보면 혹시 '하늘재'로 부른 것은 아닐까. 지금의 '느릿재'도 정감 있는 이름이지만 '하늘재'가 더 예쁘다.

천왕점 연대 내부

봉수대 아래에는 효자 이평 선생의 지극한 효성을 주제로 한 충효테마파크가 있다. 200여 년 전 모친의 묘에서 시묘살이 하는 선생의 지극한 효성에 감동한 호랑이가 선생과 함께 묘성을 쌓았다는 얘기가 전

천왕점 봉수대 전경

해진다. 호랑이와 함께 쌓은 묘성 주위에, 시묘살이 여막을 재현해 요즘의 젊은이들에게 '효'를 되새기게 한다. 대가면에서 갈천으로 가는 길은 봄이면 벚꽃이 만발해 상춘객들이 많이 찾는다. 벚꽃 길·테마파크·봉수대는 서로 다르면서도 멋진 조화를 이룬다.

가라산에서 시작한 간봉 2노선은 미륵산, 우산을 거쳐 북진하다가 천왕점에서 우회하며 동해면 곡산을 향한다. 남해에서 출발해 삼천포, 진주를 경유하는 간봉 9노선과 중복을 피하기 위해서다.

천왕점봉수대는 경남 지정문화재 제221호다. 고성 천왕산 정상에서 동쪽 2km 거리 봉화산에 있다. 충효테마파크에서 등산로를 따라 500미터 거리다. 봉수대는 대나무가 터널을 만들고 원형의 석축과 어우러져 저절로 셔터를 누르게 한다. 남으로 통영 바다와 동으로 마산 너머 삼천포 앞바다가 눈에 든다. 석축 일부가 무너졌지만, 남쪽 출입구를 올라서면 직경 20m 정도의 타원형 석축이 웅장하다. 곡산봉수 방향인 동쪽 방호벽은 흘러내린 돌은 있지만 담장이 없다. 내부에 연조 일부가 남아 있다.

천왕점봉수는 원형이 잘 보존된 곳이다. 이만큼이라도 지켜서 후대에 물려주었으면 한다.

TIP

충효테마파크공원(경남 고성군 대가면 유흥리 547-2)에 주차하고 공원 내에 조성된 등산로를 따라 오르면 봉수대까지 30분 정도 소요된다. 등산로가 잘 정비되어 있다.

06

곡산봉수

곡산(曲山), 봉화산

경남 고성군 동해면 내곡리
산52-2 봉화산
위도 35. 1. 881.
경도 128. 24. 264.
고도 319m

공룡의 나라 당항포 대첩

고성 동해면은 경관이 매우 아름답다. 국토 동남쪽 모퉁이에 자라 모양으로 튀어나온 곳인데, 200여 미터의 호암산은 자라의 머리에 해당한다. 이곳에서 당항포 앞바다까지 충무공의 당항포 1·2차 해전이 있었다. 1592년 6월 5일부터 6일까지의 1차 해전에서 적선 26척(30척이었다는 설도 있다.)을, 1594년 3월 4일의 2차 해전에서는 하루 동안 적선 31척을 격파한 곳이다. 전라좌수사 이충무공과 전라우수사 이억기, 경상우수사 원균이 연합한 쾌거다. 얼마나 많은 왜군의 폐해를 줄인 전투인가. 이 가슴 벅찬 전승을 봉수대에서는 다 지켜보았다.

6월 2일 당포 전투에서 패한 왜군이 거제도를 거쳐 당항포에 정박한다는 소식이 수군 진영에 전해졌다고 하는데, 이 정보를 가장 빨리 전한 것도 곡산봉수대 봉군들이 아니었을까 생각한다. 왜란 당시 봉수대 근무 상황은 알 수 없지만, 평소 정보 전달에 익숙한 그들만의 전달 루트를 통해 수군 진영에 신속히 알렸을 것이다. 전황과 적정을 알릴 때, 평소에 봉수군들이 대응봉수로 달려가던 길이 어떤 길보다 빨랐을 것으로 생각된다.

고성에서는 임란 당시 의병을 모집해 고성, 성주에서 세운 전공이 이충무공의 노량 전투에

곡산 연대 동쪽 출입문

못지않다 하여 "정조대왕께서 '충장공' 시호를 내린 '제말 장군', 형제가 함께 창의해 화공으로 적선을 불태우는 데 공을 세운 '최균·최숙 장군'" 등 숱한 위인들이 국난 극복에 앞장섰다. 이런 유전자를 물려받아 일제강점기에 "2천만 동포가 한마음이 되면 독립을 쟁취할 수 있다."는 '일심교리'를 선양한 '초월대선사 백인영' 등 수많은 독립투사가 고성의 인물이다.

– 고성군홈페이지

지금의 고성은 '구학포 공룡발자국 화석지', '동해면 봉암리 용각류 발자국'으로 공룡의 나라가 되었고, 당항포 전적지로 호국의 성지가 되었다.

봉수대는 2001년 9월 27일 경상남도 기념물 제236호로 지정되었다. 고성군에서 2004년 시굴조사를 했다. 동해면 구절산 정상에서 서쪽으로 1.5km 정도의 내곡리 뒷산 봉우리에 있는데, 연대는 토석혼축으로 둘레 60m, 높이 1.5m 정도로 쌓았다. 보수한 흔적이 있지만 원형이 잘 남았고, 산정 방향에 건물터가 있다. 동해면 전체와 거제도 상단에서 마산 앞바다에 이르기까지 모두 살필 수 있고, 신호를 전할 진동면 요장리 갈포(가을포)봉수를 마주한 곳이다.

TIP

S-OIL 동해주유소(고성군 동해면 동해로 961) 맞은편 등산로 안내판 있는 곳에서 30분 정도 소요된다.

곡산봉수–당항포 조망

07

가을포봉수

가을포(加乙浦), 갈포, 봉화봉

경남 마산시 합포구 진동면 요장리
산60번지 광암마을 봉화산

위도 구봉수 35. 6. 54. / 신봉수35. 6. 422.
경도 구봉수 128. 30. 311. / 신봉수 128. 30. 208.
고도 구봉수 217m / 신봉수 146m

사찰과 수도원 사이

'가을'은 갈대를 가리키는 말이다. 지금은 살기 좋은 바닷가 마을이지만, 예전 '갈포봉수대' 앞 광암마을은 갈대로 가득한 늪지였을 것이다. 광암마을에서 나고 자라 동리로 시집오신 70대 후반 할머니는 "5~6세 즈음에 봉수군들이 산에서 내려와 할머니 댁에 머물다 가곤 했다."고 한다. 할머니의 할머니가 하신 말씀을 자신의 기억으로 잘못 전할 리는 없을 텐데, 이해가 가지 않는 부분이다. 혹시 일제강점기 말 일제가 예전 봉수제도를 이용해 연변의 봉수대를 지키게 한 것은 아닐까. 할머니의 총명한 태도로 보아 자신이 목격하지 않은 일을 그릇되게 전할 분은 아니다.

할머니 말씀으로는 봉수대는 체육공원으로 조성된 산정에 있었으나, 극성맞은 빈대로 인해 언젠가 현재의 봉수대로 옮겼다고 한다. 산 중턱으로 옮긴 신봉수대는 접근성이 훨씬 뛰어나면서도 대응봉수와의 조망이 가능한 곳이다. 경사진 곳을 정지하고 축조했는데, 바다 전망이 좋고 뒤는 산이 찬 바람을 막아 주는 곳이다. 1996년에 방호벽과 봉돈 1기를 웅장하게 복원하고, 경남 기념물 제169호로 1997년 12월 31일에 지정했다.

영천암(요장리 산5)에서 능선을 따라 구봉수대와 신봉수대를 거쳐 가르멜 수도원으로 오는 산행은 사찰, 봉수대, 수도원을 거치며 과거와 현재, 국가

[갈포봉수의 집물을 수리 · 보수한 목록]

	거화, 신호 도구	가옥, 비품	무기	식량, 식기
1	소나무 횃불 50자루	기와집 2칸	조총 1자루	반(盤) 5립
2	싸리나무횃불 50자루	임시 가옥 2칸	모난 방망이 20개	숟가락 5개
3	동거(同炬) 5자루	도기 뚜껑 4개	장전 5부	사발 5립
4	초거(草炬) 50자루	긴 동이 2좌	편전 5부	접시 1죽
5	쑥 5동	멍석 1립	활 5장	비상 식량 1석
6	화덕 1, 연굴 5 연대 5	빈 가마니 5립	통아(편전을 발시하는 지지대) 5개	밥솥 1좌 아궁이 1좌
7	소똥 5석, 말똥 5석	버드나무 바구니 1건	활집 5개	
8	마른 풀 5눌 불씨 단지 1좌	동아줄 3장	활줄 5개	소화 도구
9	불화살 9개 당화전 9개	토목(吐木:토막나무?) 5눌	환도 4자루	소화수 통 1좌
10	숯 5석 땔감 5눌	수와(水瓦:물받이 기와, 미상) 5좌	모 없는 돌 5눌	불 끄는 깃발 5면
11	신호용 깃발 1면	석회 5석	화통(火桶) 5개	가는 모래 5석
12	불씨 옮기는 나무 6개	법수목(벅수 · 장승 모양으로 깎아 세우는 나무, 봉수대가 접근금지 구역임을 알림) 5좌	고월아(古月牙:창의 일종) 15개	수조(물동이) 6좌
13	망덕(望德: 신호를 살피는 대) 1좌			

가을포 신연대

가을포구봉수대

와 종교를 생각하는 아주 특별한 의미를 지닌다.

"진해 현감 이흥수는 진해현의 육군 군기와 봉대 집물을 정밀하고 예리하게 보수하였고, 수축한 관사 건물과 성첩도 튼튼하며, 또한 현감 자신의 녹봉을 희사해 수선했으니, 격려하는 방도에 따라 포상을 건의합니다. 진해 현감 이흥수가 보수, 수축한 물목을 일일이 기록 보고합니다."

– 『경상우병영계록』, 철종 10년(1859) 4월 29일, 경상우도 병마절도사 오길선 상주.

수리보수한 봉수대 비품 품목만 55가지다. 원래 봉수대 점고 품목은 80가지가 넘는다고 한다. 5인의 봉군이 상주하면서 대응봉수와 신호에 대응하고 혹시 있을 적의 내침에 대비하기 위한 무기류와 생활물품이다. 봉수대 비치 품목만 봐도 사람 사는 맛이 난다. 현재의 우리가 봉수대를 방문해 무너진 석축과 몇 개의 돌덩이를 보고 느끼는 것과는 전혀 다른 느낌이 온다. '진동면 민속문화보존회'에서 매년 3월 1일 '가을포봉수대 봉화점화 재현행사'를 하고 있다. 아무쪼록 이 행사가 성황리에 계속 이어졌으면 한다.

가르멜 수도원에서 오르면 15분 정도 안에 도착한다. 진동면 광암마을회관 건너편 등산로로 오르면 20분이 소요된다.

08

파산봉수

파산(巴山), 지고(指高) 봉수, 봉화산, 파봉산, 봉곡 뒷산, 감현 뒷산, 소산

경남 함안군 여항면 주동리
산55-3 봉화산 정상
위도 35. 11. 246.
경도 128. 26. 565.
고도 676m

거꾸로 그려진 읍지도

洛江楓灘* 橫其北　낙동강과 풍탄은 북에 가로놓였고,
餘航巴岳鎭乎南　파산은 남에 진 치고 있네.
東連合浦西接宜　동으로 마산, 서로 의령과 접하는데,
春岡阜相屬原隰　봄날 산언덕은 개펄에 이어졌구나. '광연',

－『함주지』(1587)

"한반도의 지형은 대체로 북과 동이 높고, 남서가 낮아 하천은 남서 방향으로 흐르는 것이 일반적이다. 함안은 특이하게 남쪽이 높고 북쪽이 낮아 물이 역류하는 지세다. 남에는 여항산, 서에는 방어산, 동에는 청룡산이 솟아 함안천, 서천이 정북으로 흐르다가 풍탄강(남강)을 만나 동북으로 흘러 낙동강과 합류한다."

"서북은 고산준령이 없어 광활한 평야를 이루는데, 홍수 때마다 강이 범람하여 물바다가 된다. 이리하여 군은 서북의 마을 이름에 산(山)자를 넣어, '산팔', '죽산', '남산', '대산'이라 불렀다.

－ 함안군홈페이지

대동여지도는 지금의 '함안천'을 '파수巴水'로 기록하고 정북으로 흐르는

* 함안군의 북쪽, 의령의 정암(鼎巖)의 하류로, 동쪽으로 흘러 영산(靈山) 기음강(岐音江)으로 들어간다.

파산봉수

것으로 그렸다. 그러나 함안의 읍지도는 모두 남쪽을 위로 하여 파수가 아래로 흐르도록 그렸다. '함안군 홈페이지'에서의 '역류'는 강물이 남·서로 흘러야 하는데, 북으로 흐른다는 뜻이다. 물이 북으로 흐르는 지형이라면 낙동강 하류의 함안은 장마, 홍수 시에 수위가 높아진 낙동강으로 물이 유입되지 않아 범람하기 쉽다. 함안 사람들은 지도에서나마 진산인 남쪽 여항산을 위로 그려 물이 아래로 잘 흘러가기를 바란 것이리라. 지역을 안내할 때 주산을 중심으로 설명하지만, 대개의 읍지도는 북쪽을 위로 그린다. 유독 함안의 읍지도는 모두가 여항산이 있는 남쪽을 위로 그려, 북으로 흐르는 물길이 아래로 흐르도록 하였다. 함안 사람들이 신성하게 여기는 여항산의 힘으로 물이 잘 빠져나가기를 바라는 마음이 나타난 것이다. 남쪽의 진산인 여항(艅航, 餘航: 나룻배가 항행하다)산의 이름도 범람하기 쉬운 함안의 지형과 관련이 있다고 한다.

봉수대 이름은 예전 함안의 명칭 파산巴山에서 비롯되었다. 여항산 동쪽에 있는 파산은 경사가 심해 읍치가 있던 함안면사무소에서 보면 마치 문필봉처럼 뾰족하다. 함안에서는 봉화산으로 불리며 인지도가 높은 산이다. "동으로 마산과 이어지고 서로 의령과 접했다" 파산 주변은 마산과 협곡으로 이어진 통로인데, 봉수대는 이 통로를 잘 살필 수 있는 곳에 있다. 의령 가막산과는 50리나 된다. 미세먼지로 늘 희뿌연 요즘은 50리까지 살피던 예전이 부럽다.

TIP

1. 미륵정사 옆(경남 함안군 여항면 외암리 산 147-7) 여항산 둘레길에서 1.7km 정도 오른다.
2. 진고개 가든(경남 함안군 여항면 내곡리 산 159-2)에서 등산로로 오른다.

09

가막산봉수

가막산(可莫山), 봉우재, 봉화산

경남 의령군 정곡면 백곡리
산94 가막산 서쪽 정상부
위도 35. 21. 097.
경도 128. 22. 363.
고도 178m

풍탄강을 지키다

남강은 진주시 남쪽에서 동북으로 흐르다가 남지에서 낙동강과 합류한다. 아름다운 곡류를 만들며 숱한 역사를 안고 흐르는 겨레의 강이다. 진주성 1·2차 전투, 의암과 논개, 정암진 전투와 홍의장군의 역사에, 근대 '솥바위와 3재벌(삼성, LG, 효성) 전설'은 유명한 얘기다.

남강이 의령 정암진 솥바위 아래에서 용덕천을 만나 십 리쯤 북류하다가 동류로 바뀔 즈음에 이름도 예쁜 가현진(佳峴津: 가재나루)이 있었다. 여기서부터 굽이도는 강과 산, 들판이 빚어내는 풍광으로 '풍탄강(단풍강)·풍강'이라는 멋진 이름을 얻는다. 가재나루 동쪽 오 리 즈음에 가막산이 있다. "봉수대가 있는 '가막산'을 사이에 두고 북백北白 남적南赤이라 했다. 북쪽에 희실(백곡리)이 있고 남쪽에 붉실(적곡리)이 있다는 말이다. 적곡리 마을 뒷산을 '부미동', '부미'라 부르는데, 산의 흙이 아주 붉은 색의 황토여서 겨울철에는 산등성이까지 빨갛게 보인다."(의령군 홈페이지) 가막산의 '가막'은 '검다', '높다'의 의미는 아니다. 겨울철 '가재나루에 불어오는 찬 바람을 막아주는 산'이 아닐까 한다.

봉수대는 경상남도기념물 제228호로 2000년 8월 31일에 지정되었다. 적곡리 마을 동쪽 산을 봉화재로 부르는데 봉수대는 동쪽 봉우리에서 서쪽

가막산–호암 생가

가막산봉수 내부

으로 300m 거리에 위치한다. 동쪽 봉우리에는 옛 산성 터인지 봉수군 둔전인지 알 수 없는 석축과 평탄지 흔적이 있다. 가막산은 남강이 3면을 감돌아 바다로 삐죽 나온 곶串과 같다. 이곳에 성을 쌓으면 남강이 천연의 해자 역할을 하게 된다. 동남쪽으로 함안의 파산봉수와 서북쪽 초계의 미타산봉수를 연결한다. 양쪽 대응봉수와의 거리가 둘 다 50리 정도여서 신호거리가 먼 편이지만 미타산과 파산이 높아서 신호가 가능했을 것이다.

봉수대는 타원형으로 석축을 쌓았으며 주위에 토기, 기와, 자기편이 흩어져 있다. 연대 위에 2002년에 조성한 담양전공의 묘소가 있다. 민묘 조성 과정에 봉수대 상부 시설이 완전히 훼손된 것 같다. 묘지 조성 당시는 이미 문화재로 지정되었는데 민묘가 조성된 이유를 알 수가 없다. 봉수대가 문화재임을 인식시켜야 할 필요가 있다. 남쪽 석축에서 6m 아래 지점에 숙소 건물터가 있다. 이 주변에 기와편이 집중되어 있다. 봉수대 주변은 대나무가 밀집되어 접근하기 어려울 정도다.

적곡리 노인들의 증언으로는 봉수대 건물이 6·25 동란 중에 불타 버렸다고 한다. 적곡리는 가막산이 3면으로 감싸 안고 남쪽으로 좁게 터놓은 골 안이다. 겨울에 찬 바람 걱정할 일 없는 마을이다.

TIP

적곡마을마을회관(경남 의령군 정곡면 적곡리 831)에서 임도를 따라 서쪽 봉우리로 20분 정도 오르면 봉수대가 있다.

10

미타산봉수

미타산(彌陀山), 봉화산, 방아산

경남 의령군 부림면 묵방리 산 136-1 미타산 정상부 동쪽 300m
위도 35. 30. 95.
경도 128. 17. 476.
고도 650m

칠십 리 너머로

四山圍郡去　네 산은 군을 빙 둘렀는데,
八水抱村流　여덟 물길이 마을을 안고 흐르네. '서거정'

– 『초계군읍지』(1786)

초계의 지형을 노래한 시다. '대암산, 무월산, 청계산, 미타산'이 사방으로 둘러싸 넓은 평지를 만들고, 골짜기의 물이 8갈래로 감돌다가 합해져 황둔나루에서 동으로 들어간다.

'초계·적중' 분지는 운석이 충돌한 것처럼 높은 산에 둘러싸인 원형의 분지다. 이 독특한 지형은 "분지를 중심으로 다양한 방향의 지질구조선이 높은 밀도로 통과하다가 이 중의 약한 기반암이 풍화되어 분지의 형태가 되었다고 한다."* 대부분이 산지인 우리나라는 침식으로 이루어진 분지나, 하천의 충적토 위에 삶터를 마련한다. 이런 초계분지에 신라에서 현을 둘 정도로 일찍이 삶살이가 시작되었다.

남쪽 미타산은 경사가 완만해 부처님처럼 부드러운 데서 그 이름이 유래했는데, 지역 사람들이 부처님처럼 의지해 가뭄이 들면 산정 바위에서 기

* 황상일 · 윤순옥, 2009, 합천 적중 · 초계분지와 분지 내 선상지 지형발달. 한국지역지리학회지 제22권. 제1호.

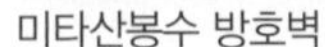
미타산봉수 방호벽

미타산성

우제를 지냈다고 한다. 임란 때 의령·초계 지역 의병장 변옥희卞玉希 공은 잘 알려지지 않았다. 장군은 초계 고을의 '이대기', '전치원' 등 여러 분들과 의병을 일으켜 여러 곳에서 무수히 적을 베었으나, 임진년 8월 18일 '미타령'에서 전사했다고 한다. 나라가 외침으로 황망할 때, 선비의 몸으로 분연히 일어나 왜군의 호남 진출 저지에 큰 공을 세우셨다.

봄꽃이 만발한 미타산은 나들이하기에 좋다. 삼국시대 축성된 미타산성이 있어서 멋진 배경이 되고, 부처님처럼 부드러운 산정은 햇살이 가득한 들판을 걷는 것처럼 포근하다.

남쪽 바다에서 올라온 '평안의 불'을 초계에 전하던 미타산봉수대는 경남기념물 제231호로 지정되었다. 다음 봉수인 미숭산과의 거리(26.2km, 도보 70리 196보)는 제2거 봉수 중 신호거리가 가장 멀다. 미숭산봉수와 미타산봉수 중간에 봉태산봉수(합천군 율곡면 기리 산55-3)가 있었다고 하지만, 기록에도 없고, 봉태산봉수대는 규모나 출토 유물로 보아 실제 거화를 한 장소인지 정확히 알 수가 없다. 2005년 '경남발전연구원 역사문화센터'에서 발굴조사했다. "미타산 정상부에서 동쪽 300m 거리에 있는데, 내부에 3동의 건물지와 간격을 두지 않고 5기의 연조가 설치되었으며, 이 중 제3연조는 단독으로 사용하면서 지속적으로 보수했고, 기와편과 생활자기편은 대부분이 조선 초기의 것으로 확인됐다."고 한다.

TIP
월전마을(경상남도 의령군 부림면 미타로2길 226)에서 산정 부근까지 임도가 있다.

11

미숭산봉수

미숭산(美崇山), 미숭산(彌崇山), 지현산(芝峴山)

경상남도 합천군 야로면 하빈리 산31 미숭산 정상 동쪽 500m

위도 35. 44. 11.9
경도 128. 11. 52.6
고도 734m

높고 아름다운 미숭산

미숭산은 고려조에 충절을 다한 '이미숭 장군'과 가뭄을 극복하는 '기우제'에 대한 전설이 가득하다. 이태조의 위화도 회군에 항거한 이 장군은 이곳에서 군사를 조련하며 고려 부흥에 힘썼으며, 조선 건국 후 태조의 부름에도 응하지 않고 휘하의 장군들과 함께 순절했다고 한다. 후세 사람들은 이미숭 장군을 추모해 산 이름을 상원산에서 미숭산으로 고쳐 불렀다. 500년 왕조가 기우는 데 지사들이 없을 수 있겠는가. '이미숭과 애마' 얘기는 꿈을 이루지 못한 아기장수 설화처럼 애틋하게 전해진다. '미숭(美崇: 높고 아름답다)산'은 오랜 역사와 온갖 전설로 고령 사람에게 큰 의미를 주는 산이다. 미숭산성은 정상부 서쪽에 남북으로 400m 정도 길게 쌓은 석축성으로, 대가야 토기편, 통일신라·고려 기와편, 조선 백자편·옹기편 등의 출토유물로 미루어 볼 때 대가야에서 축성된 산성이 조선까지 계속 사용된 것으로 추정된다.

봉수대는 산성의 북서쪽 성벽 높은 곳에 쌓은 것으로 추측된다. 풍화와 훼손을 거치면서 원형을 짐작하기 어려울 정도다. 석축의 형태로 보아 산불감시초소 있는 곳이 봉수대로 짐작되지만, 미숭산성 시설의 일부인지,

미숭산 정상

미숭산성 남문

봉수대 시설인지 재고해 볼 필요가 있다. 미타산 봉수의 발굴 결과로 미루어 보면 높다란 연대 하나만 설치한 형태로 봉수대를 만들지는 않았을 것이다. 5기의 연조 위치도 조사해 볼 필요가 있다.

다른 곳에 봉수대가 설치되었다면, 산불감시초소에서 500m 거리의 산성 동문 부근 삼각점이 표시된 곳이 미타산과 망산을 조망하기에 더 유리한 곳으로 생각된다. 삼각점 표시 부분이 연대로 추측되며, 민묘가 있는 곳이 연대 내부 건물지로 추정해 볼 수 있다.

미숭산에는 학생들의 체험학습 공간인 합천종합야영수련원이 있고, 둘레길은 숲 향기 가득한 힐링의 공간인데, 반룡사 옆과 귀원주차장(대가야로 600), 종합야영수련원 등 여러 갈래로 개발되어 있다.

1. 합천종합야영수련원에서 등산로를 따라 오르면 50분 정도 소요된다.
2. 반룡사 옆의 등산길로 오르면 1시간 30분 정도 소요된다.

12

망산봉수

망산(望山), 금산(錦山), 봉우말랭이, 봉우만댕이

경북 고령군 성산면 사부리
산 193 망산(금산) 정상
위도 35. 73. 1658.
경도 128. 29. 1226.
고도 286m

대가야를 살피다

고령의 읍치에서 동으로 빤히 보이는 망산에는 대가야 산성 '망산산성'이 있다. 대가야는 신라의 핍박을 받으면서도, 낙동강을 이용해 토기와 철을 교역하며, 합천과 남강 상류지역으로 영토를 넓혀 나갔다. 전성기인 하지왕(479) 대에는 교역을 통해 부를 쌓으며 중국 남제에 사신을 보내 '보국장군본국왕'이라는 작호를 받기도 한다. 국가적 면모를 일신하기 위해 대가야는 산성을 쌓기 시작하고, 6세기 초반에 합천을 거쳐 거창, 산청, 함양을 넘어 전북 남원, 장수까지 진출했다. 백제 땅이었던 하동 섬진강 하구를 장악하고, 전남 여수와 순천지역까지 영향력을 넓혀 갔다.

5세기 후반부터 도읍의 1차 방어를 위해 주산성을 쌓고, 고령읍 본관리산성(북), 장기리 망산성(동), 운수면 운라산성(북서), 성산면 풍곡산성(동북) 등 궁성의 외곽 방어망도 잇따라 구축했다. 대가야는 백제보다 신라 쪽 방어에 관심을 쏟았다. 망산성은 대구, 화원을 거쳐 낙동강을 넘어오는 신라의 침입을 지켜본다는 의미의 '망산성', 그들을 막는다는 의미의 '어라성' 등으로 불렸다.

– 고령군 홈페이지

무주, 진안, 순창, 순천, 의령까지 영역을 확대하고 도읍 방어의 성을 쌓아, 신라·백제에 대항하려던 대가야의 전성기 세력들은 고령 지산리 고분군에 지금까지 위용을 드러내고 있다. 고령군은 이 역사적 자원을 바탕으로 전시관을 만들고 축제를 열어 선인들의 치열했던 삶을 전하고 있다.

강나루에 있는 '말응덕산봉수', 고령에서 성주로 통하는 길목 '이부로산봉수'와 함께 망산봉수는 대가야에서부터 운용된 것으로 생각한다. 서쪽보다 신라가 있는 동쪽을 경계한 대가야는 일찍이 신라 영역에 든 성주 방향도 경계 대상이었다. '이부로산봉수'는 북동쪽 성주 방향의 경보를 전하고, 말응덕산봉수는 동쪽 대구 방향의 경보를 전하면, 망산에서는 위급함을 산 아래 도읍에 알리는 체제였을 것이다.

간봉 2노선이 고려 중기 봉수제 도입 시기에 개설된 것인지 확인할 수 없지만, 조선 초기에 노선을 정비하였고, 임란 때는 의병들이 수축한 망산성과 함께 국토 방어의 일익을 담당했다. 여기서는 고령읍내가 훤히 내려다보이며 '이부로산(의봉산)봉수', 대구와 이어지는 고령교 옆 말응덕산봉수가 한눈에 조망된다.

"봉수 터는 직경 11m 정도 되는 원형의 석열이 지표면 위에 3단~5단 정도 남아 있고, 가운데가 움푹한 연조에는 그을린 흙이 가득 차 있다."

– 고령군 홈페이지

양전삼거리 옆 S오일(경북 고령군 개진면 양전리 37–8) 옆, 청산건설 쪽으로 난 임도를 따라 산으로 오르면 산정까지 차로 접근할 수 있다.

망산–의봉산, 말응덕산 신호

망산봉수대

13

이부로산봉수

이부로산(伊夫老山), 의봉(儀鳳), 유방산

경상북도 고령군 운수면 봉평리 산 1 의봉산 정상
위도 35° 47′ 388″
경도 128° 19′ 824″
고도 552m

연기 피우는 산

"서쪽 가야산에서 발원한 '대가천'과 야로면에서 내려온 안림천이 비옥한 들판을 만들며 대가야읍에서 회천과 만나 낙동강으로 흘러든다. 서쪽 높은 산과 동쪽 낙동강으로 보호되어 외적 침입이 어려운 곳이다. 낙동강 뱃길로 공물을 수송했으며, 강화도 팔만대장경을 해인사로 운반했고, 먼 옛날엔 일본과도 물자 수송과 인적 교류가 많았다. 육상으로 문경~고령~영산~고성~거제로 이어지는 조선시대 5대로로서 교통량이 많았던 곳이다."

– 고령군 홈페이지

'이부로산'. 특이한 이름이다. '다음–일본어사전'에 '이브로 – いぶる – 燻る'는 '충분히 타지 않고 연기가 나다.', '연기가 차다.'라는 의미다. 세종 대에 기록된 봉수대 이름에 왜 일본어가 거론될까. 4·5세기에 철 생산과 교역으로 전성기를 맞이한 대가야가 도읍지를 중심으로 방어 성곽을 쌓고 영역을 넓혀 나가며 교역을 활발히 한 시기에 왜와의 교역도 성행했다. 이 시기의 교역 당사자들 곧, '가야–왜' 사이에 통역이 필요했는지는 알 수 없다. 아마 지금의 '한국어와 일본어' 관계보다 훨씬 유사했을 것으로 생각된다. 국어와 일본어는 어휘의 유사성은 드물지만, 원래 계통이 같은 언어였다고 한다. 가야 제국이 사라지고 왜와의 교역이 끊어진 후, 두 언어는 점차 다르게 변화되어 간다. 한국어는 신라의 삼국통일 후 신라어를 중심으로 고구려어·백제어가 통합을 이루어 새로운 모습으로 바뀌어 간다. 300개 이상의 행정적 독립체재인 번으로 이루어진 일본에서는 지역적 언어차이가 시간

이 흐를수록 심해지다가 현대일본어로 통합된다. 지금의 한일 양국의 언어가 유사성이 적은 것은, 원래 계통이 같았던 한일 양국의 언어가 천 년 이상 교류가 끊겨 버린 상태에서 독자적으로 심하게 변해갔기 때문일 것이다. 가야의 '이부로'가 일본에서는 '연기가 나다.'의 의미가 되었고, 한국어에서는 '일부러 불을 지르고 연기를 내다.'처럼 '특별히 마음먹고 일 삼아서~'라는 의미로 변화된 것은 아닐까. 이부로산은 '일부러 산 위에서 불을 지르며 소란을 피우는 산'일 것이다. 울주에도 '이부로산'이 있다. 억측일 것 같지만, 이부로산의 의미를 다시 생각하게 한다.

거제 가라산에서 출발한 간봉 2노선이 천성진에서 출발한 간봉 6노선 말응덕산봉수와 '망산·이부로산'에서 잠시 만났다가 헤어진다. 간봉 2노선은 성산봉수를 거쳐 각산봉수에서 소임을 다하고, 간봉 6노선은 낙동강을 따라 북상하다가 계립령(하늘재)을 넘어 충주에서 직봉 마산봉수에 전하고 소임을 마친다.

"둘레 80m, 장축 33m, 단축 15m의 규모로 남아 있다. 폭 1m, 1~2m 정도의 장방형 석재로 정교하게 쌓았다. 내부 돌들이 무너져 분명하지 않지만 불을 피웠던 재와 그을린 돌들이 일부 남아 있다."

– 고령군 홈페이지

이부로산봉수대는 운수면 봉평리 의봉산 정상, 가야 시대에 축성된 의봉산성의 가장 높은 곳에 있다. 정상에서 동쪽으로 대구·고령을 이었던 무계나루와 화원 지역 일대를 조망하고, 북으로 고령·성주를 잇는 옛길의 길목을 감시했다. 산정 위 웅장한 석성은 대가야 전성기의 힘을 느끼게 하는 산성이다. 봉수대 석축이 일부 훼손되었으나 비교적 잘 남아 있다. '재와 그을린 돌'은 쉽게 확인되지 않는다. 산정의 유서 깊은 대가야의 산성과 멋진 조화를 이루며 축조되어 있다.

TIP

운수면 봉평2리 마을회관을 지나 독점마을에서 용소리로 가는 임도를 이용하고, 산중턱에 주차하고 의봉산성 등산로를 따라 북쪽으로 오른다.

14

성산봉수

성산(星山), 별티

경상북도 성주군 성주읍 성산리 1006-9
위도 35. 54. 168.
경도 128. 18. 594.
고도 383m

별고을의 별뫼

'본피·가야·벽진·경산·신안·광평' 성주를 이르는 다양한 이름이다. 고을 이름 성주(星州: 별 고을)는 고려 충렬왕 34년(1308)에 성주목으로 승격하면서 처음 사용된다. 고을의 생김새가 높은 곳에서 보면 별을 닮았으며, 성주의 길목엔 '별티(별이 떨어진 고개)'도 있다고 한다. '별뫼·별고을' 되뇌어 봐도 예쁜 이름이다. 성주 참외는 남다른 별빛을 담아 명품이 되었다.

"성산가야의 옛 터전인 성주읍 동남쪽 성산(星山: 별뫼)에는 성산가야 지배집단의 무덤으로 추정되는 고분들이 능선을 따라 밀집돼 있다. 성주읍이 훤히 보이는 별뫼 자락을 따라 크고 작은 고분들이 분포하는데 성주군에서는 지속적으로 정비·복원 사업을 하고 있다."

– 성주군 홈페이지

'별터·별티·빌티(별이 떨어진 고개)'는 성주읍에서 동쪽으로 2km 떨어진 고개 마을로, 성주읍에서 용암면으로 가는 길목이다. 이 고개 동쪽 산정에 별뫼(성산)봉수대가 있다. 수백 년 봉수대가 지켜 온 자리에 같은 임무를 가진 군부대가 들어서서 일반인 접근이 어렵다. 이른 새벽 간봉 2노선의 초기봉수 거제 가라산에서 '평안의 불'이 출발한다. 거제에서 출발해 통영→

함안→고령을 거쳐온 간봉 2노선이 성주 별뫼에서 간봉 6노선 각산봉수로 '평안의 불'을 전하고 임무를 마친다. 진시(오전 7시·9시 사이)무렵이 될 것이다. 야화(밤의 불빛)가 주연(낮의 연기)으로 바뀔 즈음이다.

"성주 지역 사드 배치의 최적지로 거명된 성산포대는 당초 성산봉수대 자리였다. 1967년 군부대가 들어서면서 봉수대 흔적도 사라졌다. 문화재청이 제출한 자료에는 2015년에 성산포대에 대한 지표조사가 이뤄진 것으로 나타나 있다. 이 자료에서는 "동 지역 해당 부지 일대는 2015년 군부대 문화재 조사 대상지역으로, 지표조사 결과 성산봉수와 성산성에 대한 기록이 전하나 이미 원 지형에 대한 형질변경이 이루어진 상태이며 부대 내 문화재의 흔적은 확인되지 않았다"고 적혀 있다. 과거 성산포대에 군부대가 배치되면서 문화유적이 철저하게 훼손됐음을 말해 준다. 여기에다 사드가 배치된다면 또 한 번의 대규모 유적 훼손이 우려된다."

–「주간경향 2016.09.06. 윤호우 기자」

별뫼봉수는 위 기사로 현 상태를 짐작해 볼 수밖에 없다. 아쉬운 마음이 한량없다. 아름다운 산수를 배경으로 성주는 가야 시대부터 번성한 곳이었다. 2000년 인구조사를 토대로 성주군청 학예사가 성주를 본관으로 하는 성씨를 조사한 결과, '성주 본관 성씨'가 30성씨일 정도로 성주는 번성하고 영향력이 큰 고을이었다. 성주 참외의 명성과 이름도 예쁜 '별뫼(성산)봉수'도 잘 지켜지길 기대한다.

성주문화예술회관에서 남쪽 산으로 오른다. 성산 산정이 군부대여서 확인이 어렵다.

간봉 3노선

1 등산망 ▶ 2 가곶망 ▶ 3 율포진별망 ▶ 4 신눌일곶별망 ▶ 5 구눌일곶별망 ▶ 6 옥포진별망 ▶ 7 조라포진별망 ▶ 8 능포별망 ▶ 9 백암산봉수(사등섬) - (경남신문 2019. 3. 28.) 신발견 보도 ▶ 10 망치산망 ▶ 11 가조도망 ▶ 12 화도망

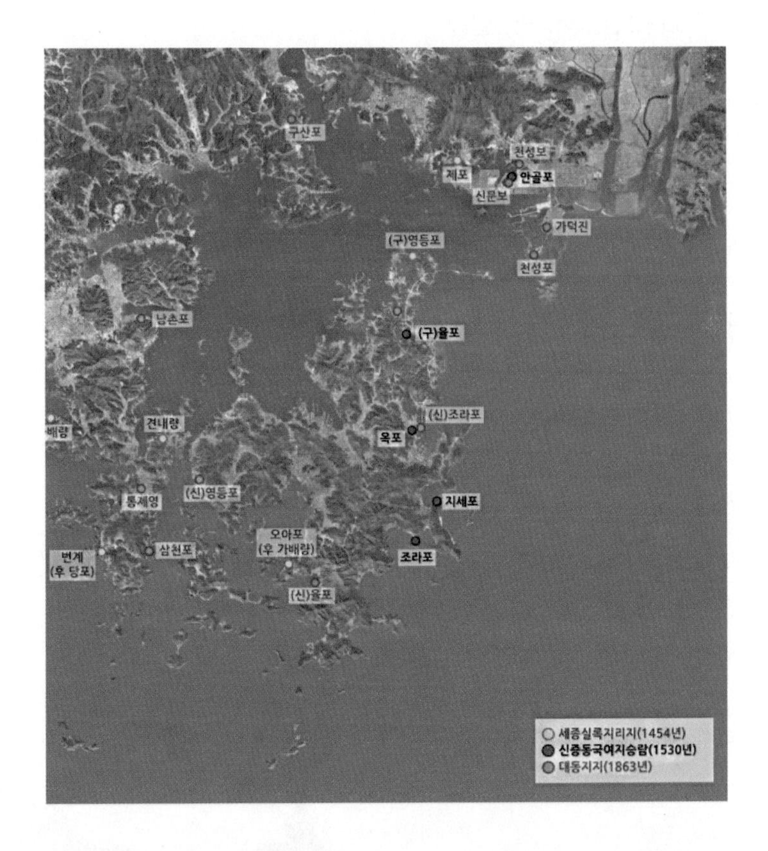

별망

거제의 별망은 해당 수군진성에서 단독으로 운용하고 진성과 대응하지만, 가라산봉수를 통해 간봉 2노선과 연결될 수 있다. '별망 · 망대 · 요망 · 망'은 봉수와 달리 수군진영에서 단독으로 운영하는 권설봉수로 분류되지만, 명칭과 기능이 각기 다르며, 흔히 봉수라고 지칭되기도 한다.

○ 『증보문헌비고』 간봉 3노선에 기록된 별망

- 한배곶별망: 가라산과 미륵산의 중간에서 기능했기에 간봉 2노선에 포함시켰다.
- 조라포진별망(강망산별망)
- 지세포진별망(신눌일곶별망)
- 옥포진별망
- 율포진별망

○ 기록되지 않았거나, 일찍 폐치된 거제의 별망은 간봉 3노선에 덧붙여 수록했다.

- 등산망
- 가곶망(명칭, 조라포진 이동으로 인해 강망산별망과 혼동됨)
- 구눌일곶별망
- 능포별망
- 백암산(사등성) –(경남신문 2019. 3. 28.) 신발견 보도
- 망치산망
- 가조도망
- 화도망

01

등산망

등산망(登山望), 천장산(天長山)

경남 거제시 남부면 다포리
산 21-2
위도 34. 42. 8150.
경도 128. 38. 0810.
고도 278m

적과의 동침

저구리 망산에는 봉수대 유적이 없다. 예전에는 저구리 망산을 망산으로 부르지 않았다고 한다. 갈곶리 어르신은 가라산을 망산으로 불렀고 저구리 망산은 언제부터인가 망산으로 불러 이상하다고 한다. 가배량진 별망을 '남망'으로 표기하는데, 가라산을 '망산'으로 부를 때는 가배량진 별망을 '망산(가라산) 남쪽에 있는 망산'으로 인식하고 '남망'으로 부른 것이다. 동리의 어르신들은 지금 인터넷 지도에서 남부면 저구리의 산을 '망산'으로 표기한 것이 어떤 이유인지 알 수 없다고 한다.

"등산(登山) · 남망(南望) 모두 가배량(加背梁)에 있다."

– 『신증동국여지승람』(1530), 거제현 봉수조

'거제군 지도(1899)' 가장 남쪽에 '등산망登山望'으로 표기된 곳이 있다. 저구리의 망산 위에 그려진 것 같지만, 저구리 망산 위에는 봉수대 유적이 보이지 않는다. 등산登山이 천장산天長山으로 생각된다. 등산 산정에 봉수대 유적이 있는데 일제가 봉수대 석재를 활용해 레이더기지를 쌓았다. 1904년 러일전쟁 당시 레이더기지를 구축한 흔적이라고 한다. 붉은 벽돌담 흔적이

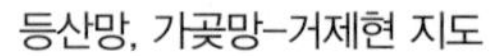
등산망, 가곶망-거제현 지도

등산망-일본군레이더기지 터

있다. 봉수대에 레이더 기지를 구축한 것이다.

1914년 5월 1일 대마도에서 32해리 60km 지점을 삼각점으로 측량하고, '경상남도 제1호 삼각점'으로 표지하여 전국3각 기준점으로 삼았다고 한다. 일제가 그들의 방식으로 국토를 분할하고 지적도를 그려 국토의 실제적 침탈을 시작한 것이다. 이 결과로 당시 상세한 '지적도'도 없이 소유하고 거래되던 토지는 삼분의 일 이상이 일제의 '동양척식주식회사' 소유로 넘어갔다고 한다.

이즈음에 '등산登山'이 '천장산天長山'으로 바뀐 게 아닌가 생각된다. 전국에는 '천天'이 들어가는 산이나 봉우리가 많은데, 아주 높은 봉우리이거나, 특별한 전설과 지형 등으로 인해 산명으로 정착한다. 서울 동대문구의 천장산(天藏山, 140m)은 명당 터로 하늘이 숨겨 놓은 곳이라는 의미로 붙여진 이름이며, 영천의 천장산(天掌山, 696m)은 산정 큰 바위에 손바닥으로 찍은 듯한 흔적에서 유래했다고 한다. 거제의 천장산(天長山, 278m)은 어떤 의미일까? 천장天長이 '천황의 장수, 천황의 땅이 길어지다'의 의미로 명명한 게 아닌가 의심이 간다. 일제가 등산(천장산) 위에 삼각 기준점을 만들고 우리 국토를 점차 침탈해 가는 시기에 천장산天長山이란 이름이 등장하니, 그들이 명명한 것이라면, 그들의 저의를 의심하지 않을 수 없다.

현재의 천장산이 '등산망登山望'이라면 천장산은 본래 이름인 '등산'으로 환원하고, 봉수대 위에 일제의 레이더 기지가 설치된 것임을 알아야 한다.

입구의 등산로는 희미하지만, 산정으로 갈수록 다듬은 길이 확연히 드러난다. 봉수대는 일제의 기지 조성으로 완전히 변형되어 마치 작은 성처럼 되어 있다. 동서로 긴 능선 위에 축조되었는데, 기지 양쪽의 석재 더미는 봉수대의 흔적으로 생각된다. 레이더 기지만 만들었다면 이렇게 많은 석재로 기초를 쌓고 여분의 돌을 좌우에 둘 이유가 없을 것이다.

- 『대동여지도』에는 거제도 남부면 다포리 부근을 '소비포(所非浦)'로 기록하였다.
- 거제시청 자료에는, 인조 원년(1623)에 구영등진을 둔덕면 영등으로 옮겼다가 영조 26년(1750)에 소비포(所非浦)로 옮겼는데, 영조 32년(1756)에 다시 둔덕면 영등으로 환원하였다고 한다.
- 구소을비보는 고성의 서쪽 47리인데, 처음에 권관을 두었다가, 성종22년에 둘레 825척의 성을 쌓았다. 선조 37년에 거제의 수영 자리(남부면 가배리)로 옮겼다.

– 『대동지지』 고성진보조.

『신증동국여지승람』(1530) 이전에 축조되어 가배량진과 연계 운용된 등산망登山望은 소비포진이 남부면 가배리 가배량진 곁으로 옮겨 왔을 때는 소비포진과 연결되었다가, 남부면 다포리 소비포에 영등진所非浦鎭이 잠시 왔을 때, 영등진과 연계되었던 것이 『증보문헌비고』에 '소비포별망'으로 기록된 게 아닐까 생각해 본다.

인근 주민들이 등산망登山望의 소재를 잘 모르는 것은 '가라산봉수'가 우뚝하게 서서 주변 '별망'들이 해야 할 일들을 대신하였기에 운용이 중단되거나 기능이 축소되었기 때문이 아닐까? 『증보문헌비고』에 기록된 '소비포보별망'에 대해서는 많은 연구가 필요하다.

천장산 안내판이 있는 곳(경남 거제시 남부면 다포리 산 21-7)에서 오른다.

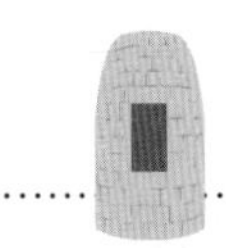

02

가곶망

가곶망(加串望), 가을곶(柯乙串)

경남 거제시 남부면 갈곶리
산 15-1
위도 34. 44. 4160.
경도 128. 40. 0690.
고도 159m

당산 할매의 원력·봉수군들의 성심

가곶망加串望은 『해동지도』(18세기 중반)에 가을도(갈도) 해금강에 들어가는 입구에 표시되어 있다.

"조라포진 가을곶은 본진에 응하고, 가라산봉에 합쳐진다."

－『증보문헌비고』

"거제도호부 소속 권설 가을곶 율포"

－『여도비지』(1856)

"가곶망(가을곶)은 율포진이었으나, 조라포진으로 바뀐다. 율포진이 조선 전기 장목면 율천리에 있었으나, 현종 5년(1664)에 우수영 옛 터(가배진)의 남쪽으로 옮겼다. 숙종 13년(1687)에 가라산 밑으로 경종 4년(1724)에 다시 우수영의 남쪽 5리로 옮겼다."

－『전국봉수유적 기초분석자료』, 2015.

가곶망은 가라산(4.7km)·등산망(4.3km)·와현(눌일곶, 8.2km) 대응거리에 위치한다. 부산에서 거제도를 돌아 남해로 들어가는 적을 가장 가까이서 조망할 수 있는 곳이다. 조선 후기 수군진에서 설치한 요망대 성격의 권설봉수다. 처음 설치했을 때는 가라산 아래의 율포진과 대응하였으나, 율포진이 율포리로 옮겨가자 조라포진과 대응한 것으로 생각된다. 거제는 부산·남

가곶망 대숲

가곶망–당집터

해도 지역보다 봉수대도 많고 수군진의 설진과 이동이 많았던 곳이다. 고려 말 조선 초기 왜구의 침범으로 인해 거제현이 다른 곳으로 옮겨갈 만큼, 거제도 전체가 왜구·왜적을 막아야 할 중요한 요충지였기 때문이다.

가곶망은 '당산할매'를 모시는 제사터로 바뀌었다. 제사를 지내던 당산나무도 '매미' 태풍 때 쓰러져 썩어 가고 있다. 봉수제도가 폐지되고, 신교육·신문물에 영향받고, 생활 방식도 바뀌고, 시간이 많이도 흐른 것이다. 기억도 희미해지고, 밤낮으로 적을 지키던 성심도, 이른 새벽 올리던 재계심(齋戒心: 재를 올리기 위해 몸과 마음을 깨끗이 하고 부정을 멀리하는 행동과 마음)도 함께 희미해져 간 것이다. 어차피 세월 따라 흐르는 인심도 변하는 풍속도 막을 수는 없지 않은가.

『해동지도』(18세기 중반)에 표기된 것으로 보아, 150여 년 전까지 운용되었지만, 마을 사람들은 가라산 봉수대만 기억하고 마을 뒷산 '가곶망'은 기억하지 못한다. 연대는 돌을 많이 쌓지 않고 축조하였던 것 같다. 정상 묘지 부근 넓은 터에 희미한 석축 흔적이 있고, 봉수군들이 심었을 산죽이 멋진 터널을 만들고 있다. 높지 않지만 바다로 돌출한 산정이어서 조망이 아주 좋은 곳이다.

갑오개혁(1894)·을미개혁(1895) 이전에 폐지된 것으로 짐작된다. 폐지된 이후 마을 제사를 지내기 시작한 것이다. 당산 할매의 징험이 좋아, 음력 섣달그믐에 길일을 잡아 제관이 목욕재계하고 치성을 드리면 일이 잘 성사되었다고 한다. 이십여 년 전까지 재일齋日이 다가오면 갈곶리 두 마을에서는 먼저 도착해 치성을 드리고자 다투었다고 한다.

세월과 인심은 변했지만, 갈곶리는 해금강 길목인데다 '바람의 언덕' 둘레길이 조성되고 관광지로 변해 살기 좋은 곳으로 변했다. '당산할매'의 원력인가 보다. 당산할매 이전에 주야로 적을 지키던 봉수군의 성심이 있었기 때문일 것이다.

바람의 언덕(경남 거제시 남부면 갈곶리 산 14-70)에서 둘레길을 따라 오르면 정상 전망대 부근이다.

03

율포진별망

율포진별망, 망산, 남망, 남망산

경남 거제시 동부면 가배리 산60
위도 34. 78. 4762.
경도 128. 58. 3671.
고도 200m

거제도의 남단 남망

"제2거 간봉3노선의 율포진별망이다. 세주: 『비국등록』에는 남망산으로 표기되고, 가라산 봉수에 합해진다고 하였다."

– 『증보문헌비고』(1908)

"'가배량진지도'–남망봉대로 기록함. 주민들도 '망산'이라고 부르고 있다."

"처음 율포진별망과 대응하던 수군진은 가배량진이었으나, 율포진이 장목면 율천리에서 현종 5년(1664)에 우수영 옛 터인 가배진의 남쪽으로 옮기고, 숙종 13년(1687)에는 가라산 밑으로, 경종 4년(1724)에는 다시 옛 우수영 남쪽 5리로 옮겼다."

– 『전국 봉수유적–기초학술조사』, 문화재청, 2015.

'율포진별망'은 수군진에서 운용한 권설봉수다. 처음에는 우수영 옛터에 자리한 가배량진과 대응하였으나, 가라산 밑에 있던 율포진이 다시 지금의 율포리로 옮겨 오자 율포진(4km)과 대응하게 되고, 명칭도 남망에서 '율포진별망'으로 바뀌게 된다.

가배리 어른들은 가배리에 있는 남망산을 '망산'으로 부른다. 인터넷 지도에 표기된 저구리 '망산'은 망산으로 부르지 않는다. 소꼴을 먹이러 산 위에까지 자주 다닐 때는 소로가 있었지만, 지금은 막혀 버려 다니기가 어렵다고 한다. 산정에는 넓은 터만 있고, 다른 시설물은 예전부터 없었으며, 맑은 날에는 대마도까지 훤히 보인다고 한다. 거제도 남단을 동쪽 '등산망'과 서쪽 '남망산'이 최일선에서 지킨 것이다. 가배량성 위 '동망산망대(KT거제수련관 뒷산)'는 석축 흔적이 완연하고, 창고터, 집터도 확인되는 데 비해, '남망산(율포진별망)'은 경종 4년(1724)에 다시 옮겨 오면서 축조한 것으로 생각되고 축조 당시부터 석축을 많이 하지 않은 것 같다.

율포진별망-거제 가배항에서

거제의 남쪽 끝이며, 산도 그리 높지 않고, 특별한 볼거리도 없어서인지 등산객도 찾지 않는 곳이다. 남망산을 빙 둘러가며 임도를 널찍하게 만들면서도 등산로를 개설하지 않았다. 아무 곳이나 뚫고 오르려고 하면, 가파르고 촘촘하게 자란 잡목이 낯선 이의 발목을 잡는다. 북쪽 안산 아래(경남 거제시 동부면 가배리 산 41)에서 시작해 능선을 타고 안산 정상→산허리 골짜기→남망산으로 접근하는 것이 멀기는 하지만, 그래도 통행이 쉬운 편이다.

예쁜 섬, '장사도'로 출항하는 배가 가배항에서 떠난다. 거제의 최남단 외진 곳이지만, 아름다운 도로와 남해의 푸른 기운을 만끽할 수 있는 신비한 곳이다. 토끼가 용궁을 다녀온 곳이 여기 어디쯤일 게다. 남망산망대도 개발되어 쉬 접근할 수 있었으면 한다. 산정에서는 대마도도 보이고, 아름다운 남해도 보이겠지……. 그 어디쯤에 용궁도 있겠지…….

TIP

가배항에서 가배량성을 지나, 안산 아래(경남 거제시 동부면 가배리 산 41)에서 시작해 능선을 타고, 안산 정상→산허리 골짜기→남망산으로 접근하는 것이 그래도 쉬운 편이다.

04

신눌일곶별망

눌일곶별망(訥逸串別望), 와현(臥峴), 지세포진 눌일곶, 지세포봉수, 조라망, 미조라리신망대

경남 거제시 일운면 와현리
산 98-8 망산
위도 34° 47′ 934″
경도 128° 43′ 462″
고도 303m

거제도 동남단 별망

거제도의 동남단 바다를 지키는 별망이다. 일운면 와현리, 구조라리에 있는 망산 정상부에 있다. 지세포성과 5km, 구눌일곶(지세포)별망과 2.7km 거리다. 19세기 『여도비지』(1856) 편찬 직전에 축조된 것으로 판단하고 있다. 구조라항 옆에 있는 2.5km 거리의 구조라성과 밀접한 관계를 가지고 있었다.

복원되기 전에는 2단의 석축으로 축조되었는데, 연대의 직경은 9.5m, 잔존 높이는 남서쪽이 3.3m며, 전체 하부 둘레는 33.5m다. 아래의 석축은 방호벽으로 쌓았으며, 그 위에 연대를 쌓은 것으로 추정된다. 방호벽은 원형의 담장처럼 쌓고, 넘어지지 않도록 일정간격으로 돌출부를 두었다고 한다. 보존 상태가 양호하며 대부분의 석축과, 연대 북쪽에 폭 1.7m의 나선형 오름시설도 남아 있었다고 한다. 방호벽 둘레의 빈 터에는 건물지의 흔적도 있었다 한다. 적을 감시하는 최일선 연변봉수답게 규모도 클 뿐 아니라 주변경관과 어우러져 멋진 모습을 자랑한다. 맑은 날 사진예술가들이 출사장소로 활용하면 좋을 것이다.

2002년 8월 14일 경남기념물 제243호로 지정되고 2015년 7월에 원형을 살려 웅장하게 복원하였다. 연대 아래에 복원된 4기의 연조가 북쪽을

신눌일곶(와현)별망-연대

신눌일곶별망-바다

향해 일직선으로 있다. 지세포진·지세포진 별망과 긴밀한 관계에 있었음을 말해 준다. 연대 위에서 바라보면 거제도 동남단 한바다가 아름답게 펼쳐진다. 등산로가 잘 정비돼 거제도를 찾는 이들이 많은 곳이 되었다.

TIP

한국석유공사 초소(경남 거제시 일운면 와현리 산 46-14) 남쪽 소로를 따라가다가 봉수 안내판이 나오는 곳에서 20분 정도 소요된다.

05

구눌일곶별망

지세포(知世浦)별망

경남 거제시 일운면 지세포리 산39번지
위도 34. 49. 264.
경도 128. 42. 799.
고도 215m

눌일곶 가운데 자리 잡고

일운면 와현리에서 망산을 거쳐 서이말 등대까지는 산이 평평하고 길게 누운 모습이다. 눌일곶은 산이 평평하게 바다로 돌출한 형태에서 온 이름이다. 눌일곶 끝부분 망산에는 '눌일곶(와현)별망'이 있고, 북쪽 5리쯤에 '지세포진별망'이 있다. 바다에 접한 연변봉수가 내지봉수로 연결돼 서울로 경보를 전하면 '봉수'로 불리고, 같은 연변봉수지만 수군진 혹은 군현의 본진에만 전하는 권설봉수(수군진에서 직권으로 설치 운용하고 이곳에만 신호를 전한다)일 경우는 '별망別望'으로 기록된다.

2002년 8월 14일 경상남도기념물 제242호로 지정되었다. 지세포진성·와현별망·옥녀봉별망·옥포진성과 긴밀한 관계를 가진 곳이다. 관련지세포진성 1.3km 남쪽 연지봉 정상에 지름 25m, 높이 1.5m 원형의 방호벽 석축이 남아 있다. 남쪽에 출입문이 있으며, 내부 연대는 묘지 조성 때문인지 완전히 멸실되었다.

"『여도비지』(1856)-눌일곶, 거제도호부 지세포 소속이다.

『증보문헌비고』(1908)-지세포진 눌일곶은 제2거 간봉3노선에 속하며, 다만 본진에만 응한다. '거제지세진지도(1872)'에는 '구망대'로 표기된다."

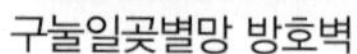
구눌일곶별망 방호벽

구눌일곶별망 연대

신눌일곶(와현)별망과는 형태가 많이 다르다. 와현별망은 방호벽으로 쌓은 석축 위에 2층 형태로 연대를 쌓았는데, 구눌일곶(지세포)별망은 지름 25m 방호벽 내부에 연대가 따로 있었을 것으로 생각된다. 후대의 읍지도에는 지세포성만 둥근 모습으로 표기하고 지세포별망은 표기하지 않는다. 지세포별망은 거제 지역의 다른 별망과 형태가 다르고, 능포별망과 비슷하지만, 규모가 더 큰 편이다. 형태가 다른 지세포·능포별망과 신눌일곶별망은 축조 시기가 다른 데서 연유한 것이다. 구눌일곶(지세포진)별망은 '거제지세진지도(1872)'가 그려지기 이전에 '신눌일곶(와현)'으로 옮겨 간 것이다.

거제의 7진성이 조선 초기에 축조되었고, 임란 초기 나름의 역할을 했다면, 진성에 경보를 전하는 별망 한두 개가 있었을 수도 있다. 충분한 연구가 필요한 부분이다.

TIP

한국석유공사 초소(경남 거제시 일운면 와현리 산 46-14)에서 북쪽 소로를 따라 1km 정도 가면 봉수가 있다.

06

옥포진별망

옥포진별망, 옥산, 옥림산, 옥녀봉

경남 거제시 장승포동 산 90
위도 34° 51′ 526″
경도 128° 42′ 891″
고도 233m

거제도로 표류한 왜인

옥녀봉은 거제시 동쪽의 높은 산(555m)이다. 옥산별망은 옥녀봉 정상에서 동쪽으로 2km 지점에 설치되어 있다. 북쪽 강망산별망(7km)이 조망되고, 장승포 일대와 옥포, 남쪽으로 와현별망(6.7km)까지 조망되는 곳이다. 원형으로 3단 석축을 쌓고 위에 연조를 세웠는데, 우람하게 복원되어 원형은 짐작이 되지 않는다. 『여도비지』(1856년)에 처음 기록된다. 조선 후기에 옥포진의 별망으로 축조되었고, 이양선이 많이 출몰할 즈음에 유용하게 활용된 별망이다. 와현별망과 같은 시기에 축조된 것으로 생각된다. 후기에 축조된 이유인지 연변봉수의 특징과 장점을 잘 살려 축조한 별망이다.

1993년 12월 27일 경상남도기념물 제129호로 지정되었다. 이충무공의 옥포대첩 현장이었던 옥포진에 경보를 전할 수 있는 별망이지만, 『여도비지』(1856) 이후에 기록된 것으로 보아, 임란 당시에는 옥포별망이 축조되지 않았던 것으로 생각된다. 조선 후기에 축조되어 주변 별망과 호응하며 거

옥포진별망–연대

옥포진별망–연대와 바다

제도 동쪽으로 접근하는 적을 경계했다.

"동래부사 이양정이 7월 3일 상주한 내용 중에 가덕첨사 이원복이 보고한 내용이 있습니다. 6월 16일 조선 배인지 일본 배인지 구별할 수 없는 선박 2척이 바다로부터 거제도로 표류해 갔습니다. 21일 옥포·조라포 만호가 보고한 내용에, 조선인지 왜인지 구별할 수 없는 배 한 척이 호운도 앞바다에서 와서 지세포 경내 지삼도로 표류해 왔습니다. 망군들이 알린 것을 만호 등이 탐지했습니다. 24일 지세포 포구에 왜선 1척이 부서진 채로 정박하고 옥포 왜학 김덕순이 통사 박우춘과 달려가 정황을 물었습니다. …… 동래부사의 장계를 보고 차왜를 데려가 일을 마땅하게 하고 관을 위로하라. 왜인 연례 잡물은 해당 관청에 보내라. 왜인은 전례에 따라 접대하라. ……."

–『각사등록 전객사일기6–31』 정조 7년(1783.7.13)

왜선이 조정에 바칠 공물을 싣고 가다가 파선하고 표류한 내용이다. 위의 자료로 몇 가지를 짐작해 볼 수 있다.

- 조라포진은 당시 지금의 구조라성이 아닌 지세포·옥포·조라포 순서로 위치하고 있었다.
- 정조 7년(1783) 이전에 지세포·옥포·조라포 해당 진성 망군들이 왜선의 표류를 인식하고 보고한 것으로 보면, 이미 별망도 축조 운영되고 있었던 것으로 추측된다.

대우조선소 건너편 산으로 난 임도를 따라 주차 공간이 있는 곳까지 가면 봉수가 보인다.

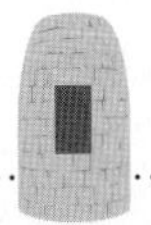

07

조라포진별망

강망산(江望山), 가을곶, 조라포진별망

경남 거제시 거제시 덕포동 산 37
위도 34° 55′ 059″
경도 128° 42′903″
고도 228m

대통령이 꿈을 키운 곳

경남 거제시 능포별망과는 4km, 옥산별망과는 6.5km 거리다. 『증보문헌비고』에 '조라포진가을곶별망'으로 기록된 강망산별망은 명칭에 대한 여러 주장이 있다. 『대동여지도』에 표기된 위치로 생각할 때, 율포의 가을곶 봉수가 강망산봉수로 추정되지만, '조라포진별망'을 '가을곶'으로 잘못 표기한 것으로 생각된다. '가을곶ㆍ갈곶'은 해금강으로 돌출한 남부면 갈곶리 일대를 가리키는 지명이니, 그곳에 있는 '가곶망'과 표기가 혼동된 것으로 보인다. '율포진'의 잦은 이동으로 생긴 혼동일 것이다.

덕포마을 뒷산 강망산 정상(370m)에서 동남쪽 1.3km 거리에 있다. 봉수대는 평면 원형으로 연대 남쪽면을 제외하고 무너져 내린 것을 2004년 발굴조사하여 2006년에 복원하였다. 『증보문헌비고』에 간봉 3노선으로 기록된 이 별망들의 축조 시기는 정확하지 않지만, 인근의 옥산 별망·신눌일곶(와현) 별망과 형태가 유사하여 같은 시기에 축조한 것으로 생각된

조라포진별망 연대

조라포진별망–옥포만

다. 『대동여지도』에는 옥포항 북쪽 끝에 조라포가 있고, 조라포의 바로 위에 율포, 장목포의 순으로 표기되어 있다. 조라포진(강망산, 가을곶) 별망은 조라포진(장목면 외포리에 있던 진성–2km)에 신호를 전하던 곳이다.

1998년 11월 13일 경상남도기념물 제202호로 지정되었다. 석축 안쪽에 잔돌을 채워 넣어 4~5단 높이로 쌓고, 그 위에 연대를 쌓았는데 무너져 버렸다. 상부의 연소실과 북서쪽 경사가 시작되는 지점에 연조 6기가 있었다고 한다.

발굴조사 용역(2005) → 복원(2006) → 탐방로 개설(2006) → 봉수대 보수공사(2015)가 이루어졌다. 강망산 별망 외 거제도의 봉수와 별망 중, 접근성이 좋고 관광자원으로서 가치가 높은 곳은 관심을 기울여 관리하고 있다. 덕포 사거리 산기슭에 강망산 별망으로 오를 수 있는 철제 계단이 있다. 30분 정도 소요된다. 산정과 1.3km 거리가 있어서 옥녀봉을 오르는 사람들이 옥산 별망을 함께 찾지 않는 경우가 많다. 등산로를 연계하고 홍보할 필요가 있다. 주변에 김영삼 대통령이 유년 시절 대통령이 되겠다는 꿈을 키운 생가가 있다.

TIP

덕포 사거리(경남 거제시 덕포동 산 33–11)에서 산기슭으로 난 철 난간을 따라 올라가면 30분 정도 소요된다.

08

능포별망

능포(菱浦)별망, 능포동봉수

경남 거제시 능포동 산 91
봉대산
위도 34. 53. 030.
경도 128. 43. 805.
고도 180m

마름풀 갯벌 위에

능포 별망은 능포아파트 뒷산에 있다. '능포(菱浦: 마름풀이 많은 개펄)동'의 해안가 나지막한 산 정상에 축조되었다. 북쪽 아래에 옥포항과 옥포만이 있고, 남서로 옥녀봉 별망(3.1km)이 가까이 있다. 2000년 2월에 등산로를 개설하고 체육시설을 마련해, 능포동 성수아파트 뒤쪽에서 오르는 길은 주민들의 산책로로 많이 이용하고 있다.

후기 읍지도에는 옥림산에 옥산 별망을 분명하게 표기했지만, 능포동 별망은 표기되어 있지 않다. 거리가 가까워 굳이 사용할 필요가 없었을 것으로 생각되지만, 능포동 별망이 축조된 시기와 연유도 함께 연구되어야 한다.

2000년에 복원했다. 방호벽 둘레 46m, 높이 1m 정도다. 형태는 지세포 별망과 비슷하지만 크기가 조금 작다. 남북으로 조금 더 긴 타원형인데 기반 석축 위에 석축 시설을 보강하였다.

경사진 옥포항 방향의 석축은 3단 구조로 보강 복원했다. 완만한 다른 방향으로는 2단으로 석축을 했다. 내부에 연대가 있었을 것으로 생각되는데, 형태가 비슷한 구눌일곶봉수(지세포봉수)와 함께 생각해 보아야 한다. 기반 석축을 넓게 하고 그 위에 연대를 웅장하게 쌓은 '와현·옥산·강망산'과는 다른 형태다. 방호벽 내부에 연대를 따로 쌓았던 것으로 생각되나 흔적

능포별망-연대

능포별망-옥포만

이 없다. 내부의 연대모습을 확인할 길이 없어서 복원하지 못한 것으로 생각된다. 능포별망은 형태가 신계화산봉수와 아주 유사하다.

능포동 성수아파트(경남 거제시 능포동 산 73-5)에 주차하고 등산로를 따라 북쪽 산으로 오르면 20분 정도 소요된다.

09

백암산봉수

백암산, 사등성

경남 거제시 사등면 사등리
산 26-4
위도 34. 53. 2040.
경도 128. 33. 5910.
고도 409m

놀란 가슴 위로 평안의 불을 전하다

"고려 원종 12년(1271)에 왜적으로 인하여 땅을 잃고 거창 가조현에 살게 하였다. 본조 태종 갑오년(1414)에 거창에 합하여 이름을 제창현으로 하였다가, 을미년(1415)에 다시 쪼개어 거창현을 만들고, 세종 4년(1422)에 다시 옛 섬으로 돌아가게 하였다."

– 『세종실록지리지』, 거제현.

"태종 14년(1414)에는 거창과 병합하여 '제창현'이라 부르다가 얼마 뒤에 또 파했고, 세종 14년(1432)에 옛 섬으로 환원하였다."

『신증동국여지승람』(1530), 거제현.

"본읍은 옛적에는 섬 안의 수월리에 목책을 설치하고 있었습니다. 지난 병오년(1426)에 사등리로 옮겨 관사를 세우고 성과 연못을 수축하는 일이 무진년(1448)에 이르러 끝이 났습니다. 이번에 도체찰사 정분의 심정(살펴서 정하는 것)으로 인하여 또다시 고정리로 옮겨 쌓으려 합니다. 본읍 사람과 관리 · 노비들이 이미 모두 정주하여 창성하게 되었는데 지금 읍을 옮기게 하시면 영선이 끝이 없습니다. 원컨대 옮기지 말게 하여 백성이 편안히 생활할 수 있게 해주시고, 하는 수 없으면 육지로 나가 거처를 옮겨 살도록 도모하여 주십시오. ~ 의정부에서 함께 의논하여 아뢰기를, "거제는 바다 가운데 섬으로 바로 적이 들어오는 길에서 처음으로 대면(對面)하는 곳에 해당하여 아주 긴요하니, 올 가을에 옮겨 쌓는 것이 편하겠습니다." 하므로, 임금이 그대로 따랐다.

– 『문종실록』 원년(1451), 5월 6일.

• 세종 4년(1422): 거창현으로 피난 갔다가 거제 수월리에 돌아와 목책을 세움.
• 세종 8년~30년(1426~1448)): 사등리로 옮겨 관사를 세우고 성을 수축함.
• 문종 원년(1451)~단종 원년(1453): 고현성이 축성됨.
• 현종 4년(1663): 현치를 명진(溟珍: 거제면사무소 부근)으로 이전함.

대개의 봉수가 초축 시기를 정확하게 알 수 없다. 조선의 봉수는 고려의 봉수를 이어받은 것으로 생각되기 때문이다. 고려의 봉수는 자세한 기록의 부재로, 아는 것이 많지 않다. 특히 고려와 조선의 봉수가 형태상 어떤 차이가 있는지 정확히 알 수도 없다. 고려 말 왜구의 노략질로 거제현의 주민들이 거창으로 피난 갔다가, 세종 4년(1422)에 다시 거제로 돌아와 수월리(수월리 산성지로 추측됨)를 현치로 삼는다. 이후 다시 사등성으로 현치를 옮기는 즈음에 백암산봉수를 초축한 것으로 생각된다. 피난에서 돌아온 거제현 사람은 왜구를 경계하는 것이 최우선 임무가 된다. 그래서 봉수대를 바로 설치했을 것으로 생각된다.

백암산봉수는 백암산 정상(455m)에서 동북으로 800m 거리의 조금 낮은 산정(409m)에 있다. 현재 남아 있는 유적은 세종 29년에 제정된 '연변연대조축지식'을 충실하게 따르면서 축조한 것으로 보인다. 경사가 심한 북쪽을 제외한 3면에 깊게 호를 두르고, 커다랗게 연대를 세웠다. 연대 내부에는 움푹 패인 연조가 600년 전 모습으로 남아 있다. 오랜 역사의 굴곡과 세월의 풍화를 이기고 제 모습으로 있기에 깊은 감명을 준다. 거제시에서 문화재로 지정할 방침을 세웠다 하니 반갑기 그지없다. 힘든 시기에 세워진, 가슴 저린 옛 얘기가 조선사업과 관광으로 번영하는 지금의 거제인들에게 오롯이 들렸으면 한다.

거제도의 봉수는 왜구가 들어오는 섬의 동쪽에 설치되어 있지만 백암산

백암산봉수 연조

봉수는 사등성에 전하기 위해 섬의 서쪽에 설치되었다. 추측해 보면, '연변연대조축지식'이 제정되기 전에는 봉수군 숙소와 거화시설을 관습적 방식으로 만들었다가, '연변연대조축지식'이 제정된 세종 29년(1447)에 다시 축조 법식에 의거하여 쌓았을 것이다. 이로써 백암산봉수의 운용 기간을 길게 생각하면, 수월리로 돌아온 세종 4년(1422)에서 고현성으로 옮겨 간 문종 원년(1451)까지 거의 삼십 년 정도 된다. 그러나 지금의 유적은 '연변연대조축지식'에 충실한 형태이므로 '연변연대조축지식'이 제정된 세종 29년(1447)에서 고현성으로 옮겨간 문종 원년(1451)까지 4년 정도만 운용된 것으로도 생각할 수 있다.

백암산봉수는 처음에는 진해를 거쳐 견내량으로 들어오는 왜구들을 가조도망(9.4km), 망치산망(3.5km)과 함께 감시해, 수월리 산성(9.5km)에 신호를 보냈을 것이다. 세종 8년(1426) 이후는 사등성으로 옮긴 현치(2km)와 연결되다가, 고현성으로 옮겨간 문종 원년(1451) 이후로 백암산봉수는 폐지되고, 신설된 계룡산봉수가 고현성에 평안의 불을 전하게 된다.

백암산봉수는 적에게 쫓겨 갔다가 다시 돌아온 거제 사람들의 놀란 가슴에 평안의 불을 전하던 곳이다.

TIP

거제 영진자이온아파트 102동(거제시 사등면 사곡리 504-2)에서 등산로를 따라 오른다. 첫 번째 봉우리다.

10

망치산망

경남 거제시 사등면 지석리
산 27 망치산 정상
위도 34. 90. 7953.
경도 128. 53. 1970.
고도 355m

지명 속에 흔적만 남기고

망치산망–연대

망치(望峙: 망 보는 언덕) 망치산망은 지명 속에서만 흔적을 남겼다. 예전에 가덕도·진해를 거쳐 견내량으로 들어오는 적을 가조도망과 함께 감시하던 곳이다. 거제의 서쪽에는 봉수대나 망대가 많이 알려져 있지 않다. 임란 이후에는 도쿠가와 막부의 실권 장악과 일본의 정치적 안정으로 적들의 노략질이 거의 사라진다. 왜구를 지키는 봉수대들도 가덕도와 진해 쪽에서 제 역할을 다하고, 거제도 동쪽에는 수군진이 차례로 늘어서 제 구실을 하니, 서쪽은 굳이 봉수대를 둘 필요가 없어지게 된다. 망치산에는 등산로가 개발되어 있다. 정상의 정자 주변이 망대였을 것으로 생각는데, 주변에 석재 흔적이 있는 곳이 망치산망이 있었던 곳으로 생각된다. 가조도망과 함께 백암산봉수와 대응하다가, 사등성이 고현성으로 읍치를 옮긴 이후에는 폐치한 것으로 생각된다. 그러나 견내량을 지나온 곳에 자리한 화도(거제시 둔덕면 술역리 산 131–3)봉수가 임란 당시에 제 역할을 했다면, 망치산망과 가조도망도 함께 운용되지 않았을까 생각해 본다. 거제도 서쪽 '망대와 봉수'에 대한 연구가 더 필요하다.

성포중학교 부근(경남 거제시 사등면 성포리 234)에서 등산로로 오른다.

11

가조도망

가조도망(加助島望), 옥녀봉

경남 거제시 사등면 창호리
산 286-132
위도 34. 57. 9520.
경도 128. 31. 4190.
고도 322m

견내량을 막아선 가조도 옥녀

거제의 옥녀봉(강망산)에는 두 곳에 봉수대가 있다. 단정히 머리를 빗고 하늘로 훨훨 오르던 선녀가 적을 힐끗 돌아보며 꾸짖는 모습을 연상한 것이다. 옥녀가 하늘에 올라 적의 내침을 고하면 천병을 내려 적을 응징할 것을 믿고, 봉수군들은 눈을 부릅뜨고 감시했을 것이다.

거제 가조도는 외지인들에게는 잘 알려지지 않은 거제도에 딸린 섬이다. 김해·진해만을 거쳐 견내량으로 가는 길목을 막아서고 있다. 섬 가운데 우뚝한 '옥녀봉'은 진해·김해 방향에서 보면, 머리를 단정하게 빗은 옥녀가 너울너울 춤을 추며 하늘로 오르는 모습이라고 한다. 봉우리 높이가 삼백여 미터나 되고, 멀리서 보아도 눈길을 끄는 아름다운 봉우리여서 전설을 머금을 만하다. 가조도 어르신들은 옥녀이야기, 산정의 동제사(섣달 그믐날 밤 산정에서 지냄) 이야기, 산 위에 집터가 있고 예전에 농사를 지었다는 등의 온갖 얘기를 하시면서도 산정에 '망대·봉수'

가조도망–정상석

가조도망-연대

가 있었다는 사실은 모르고 있다. 너무 먼 시간이 지난 것인가? 옛 망대 터가 엄연히 있는데도 '봉烽, 망望'이 들어간 지명 하나 전해지지 않는다. 남해의 작은 섬과 봉우리에 '임진왜란 당시 우리 군사가 불을 피우며 서로 신호를 했다.' 등등의 온갖 얘기가 전해지는 것과는 사뭇 다르다.

가조도망은 연대 1기와 주변에 봉수군들이 거주할 만한 넓은 공간이 있다. 연대가 동제사를 위해 쌓은 제단으로 보기에는 너무 크고, 형태도 연대와 흡사하다. 거제도 사람들이 왜구를 피해 거창 가조로 피난 갔다가 돌아온 직후, 사등성에 적의 동태를 전하기 위해 백암산봉수를 설치했다고 한다. 그 당시 백암산봉수(9.4km), 망치산망(6.6km)과 호응하며, 진해만을 거쳐 들어오는 왜구를 지킨 '망대'가 아니었을까 생각된다. 설치와 폐치시기도 백암산봉수와 같은 기간이었다면, 너무 먼 시간이 흘러 기억에서 잊힌 게 아닐까? 좀 더 자세한 연구가 필요한 가조도옥녀봉망이다.

TIP

거제시 사등면 창호리 309-6에서 산을 빙 둘러 임도가 개설되어 있어서 6부 능선까지 차량 이동이 가능하다.

12

화도망

화도망(火島望)

경남 거제시 둔덕면 술역리 산131-3
위도 34. 49. 4170.
경도 128. 28. 5110.
고도 125m

견내량 안에서 살피다

화도火島는 '붉섬, 적도(赤島: 붉은 섬), 각도(角島: 뿔섬→불섬)'라고 불렸다. 석양에 붉게 물든 모습에서 연유했다고도 하고, 방화도의 봉홧불이 비쳐 섬이 붉게 물들기에 '화도·붉섬'으로 불렀다고 한다. 지금은 봄철 진달래꽃이 만발하기에 '화도(花島: 진달래꽃이 만발하는 섬)'로 고쳐 부른다.

가조도망과 망치산망이 견내량으로 들어오는 적을 살피는 곳이라면, 화도망은 견내량을 통과한 적을 살피던 곳이다. 화도는 현재 거제에 소속되어 있지만, 화도망의 대응관계로 볼 때 통영에 속한 '보조망'으로 생각된다. 거제 망치산망(10.8km)과는 '거제둔덕기성'의 배후산에 가려 보이지 않고, 가라산봉수(15.4km)·율포진별망(남망-10.9km)과는 대응할 수 있으나, 통영 미륵산봉수(5.6km)·한배곶별망(6km)·삼천진보별망(5km)과의 대응이 상대적으로 훨씬 용이하다. 가라산봉수가 거제도 동쪽의 적변을 살펴 한배곶별망·미륵산봉수에 알릴 수 있으니, 화도망은 거제도 동쪽의 적변을 알리는 데 사용한 것이라기보다 견내량을 살피며 미륵산과 한배곶의 보조망대로 활용되었을 것이다. 임란 이후 광해군 11년(1619)에 사천현으로부터 미륵산 아래로 옮긴 삼천진보별망(5km)과도 긴밀하게 연결되었을 것이다.

화도망 연대

화도망 연대모형-거제

관련 기록이 없어서 사용 시기에 대한 추정이 어렵다. 화도의 어르신들은 임란 시 적들에게 섬을 빼앗긴 적이 없다고 한다. 그렇다면 화도의 왜선포는 어떻게 설명해야 할 지명인가? 임란과 관련된 이야기로 미루어 볼 때, 화도망은 임란 시 임시 망대로서 설치되어 일정한 기능을 한 것으로 보인다. 화도망 북쪽으로 산 능선 연직선상에 있는 2.3km 거리의 방화도(放火島: 임란 때 섬 곳곳에 불을 놓아 적을 교란했다고 함)에 봉수대를 만들었다는 얘기가 있다. 또한 방화도에 주민이 거주한 적이 있다고 하나, 표고(20여 미터)와 섬 면적으로 미루어 볼 때, 봉수대를 운용할 만한 섬은 아니다. 전투에 임해, 적을 불빛으로 교란하는 일시적 전술기지로 사용한 것일 수는 있다.

화도망은 화도의 최남단 봉우리에 있다. 망대 터만 있으며, 관련 시설은 찾을 수 없다. 누군가가 돌을 모아 작은 연대 모양을 만들어 놓은 것이 애틋해 보인다. 망대 터 위에 정자를 멋지게 지어 놓았으나, 이곳이 망대였음을 알려주는 표지판 하나 없다. 방화도 등대가 세워진 그곳이 정말로 화도망이 있었던 자리인지는 좀 더 연구가 필요한 부분이다.

화도망은 가조도망·망치산망과 더불어 견내량을 앞뒤에서 지키던 망대였다.

호곡항(경남 거제시 둔덕면 술역리 389-4)에서 화도행 배를 탄다. 2018년 11월부터 통영항에서 2시간 걸리던 뱃길이 10분 정도로 가까워졌다. 화도선착장 서쪽 봉우리다.

간봉 4노선

1 사량진주봉봉수 ▶ 2 좌이산봉수

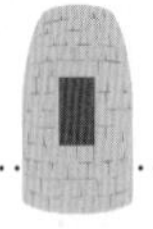

01

사량진주봉봉수

사량진주봉(蛇梁鎭主峰)봉수, 공수산봉수

경남 통영시 사량면 읍덕리
산 6-3 덕동 칠현산 망봉
위도 34. 49. 988.
경도 128. 13. 781.
고도 280m

옥빛 바다 위에 서서

사량도는 상도와 하도로 나뉘어졌고, 중심지가 상도여서 덕동터미널이 있는 하도는 관광객의 발길이 드물었다. 아름다운 풍광으로 이름난 '지리산'과 '옥녀봉'도 상도에 위치해 등산객들이 상도에만 머물다 돌아갔지만, 2015년 사량대교가 준공된 이후로 하도의 칠현산을 잇는 등산로가 개발되었다. 상·하도를 넘나드는 순환 버스가 생겼고, 차량도 상하도를 쉬 넘나들게 되었다.

사량도 봉수대는 세 곳인데 모두 하도에 있다. 하도의 박씨 어르신은 1망(사량면 양지리 산 10), 2망(사량면 읍덕리 산 6-3), 3망(사량면 읍덕리 산 36)으로 부르고 있다.

"1544년 4월에 사량진에 왜변이 일어났다. 대마도 왜선 20여 척이 삼포왜란으로 210척에서 60척으로 제한된 세견선을 늘려 줄 것을 요청하며 사량진에 침입해 성을 포위하였다. 만호 '류택'이 적을 사살하고 물리쳤다."

"봉수와 척후(斥候)의 일은 시급히 군사 기밀을 알리기 위함인데, 경오년(중종 5년 4월 동래 왜인의 변란, 웅천성 함몰)에도 봉수와 척후를 조심하지 않아 성이 함락되는 변이 있었다. 그 뒤 차례차례 추문하는 법을 세우기는 했으나 아직도 엄밀해졌음을 보지 못하겠다. 이번의 왜변을 보건대, 그곳의 봉수군이 후망(候望)할 적에 만일 '황당선(荒唐船)이 아무 곳으로 향하

사량진주봉–고성바다

사량진주봉–대교, 사량항

고 있다.'고 탐지할 것을 서로 알려 주고 또 불을 들어 알려야 했는데, 잘 살피지 않아 성을 포위당하게 만들었으니, 살펴서 추문해야 한다. 그리고 서울 근처에 있는 봉수군이 불을 들었는지 안 들었는지도 살펴서 추문해야 한다. 그곳 봉수·후망 등의 일을 조심하지 않은 것과 왜적의 선척이 어느 방향에서 왔는지, 접전한 상황을 아울러 자세하게 추열(推閱)하여 아뢰게 하라. 이런 나의 뜻을 대신과 해당 관청이 의논하라."

–『중종실록 39년』(1544) 4월 17일

중종 39년(1544)에 발생한 사량도 왜변에 대한 중종의 전교다. 대응과정과 조치에 대한 기록이 비교적 소상하게 나타난다. '그곳'이 가리키는 의도가 사량도에 한정된 것인지 통영 주변 모든 봉수를 가리키는지는 확실하지 않다. 그러나 사량도에 봉수가 있었던 것으로 짐작된다. 사량도는 경상도, 전라도, 대마도를 연결하는 요충지여서 성종 21년(1490)에 사량수군진이 설치되었는데, 이때 사량도 봉수가 수군진과 함께 설치된 것으로 짐작할 수 있으나, 중종 25년에 편찬된 『신증동국여지승람』(1530)에는 기록되지 않았고, 『여지도서』(1756)에는 나타난다. 사량도의 3기 봉수가 어느 시기에 설치되었는지 정확히 알 수는 없다. 다만 제2망 주봉에서 보면 '미륵산, 좌이산, 우산'은 살필 수 있으나 왜적이 들어오는 한바다는 칠현산 능선에 가려 보이지 않는다. 이런 이유로 보조 망대인 1망과 3망이 설치된 것이다. 섬 주변의 적정을 사량진과 좌이산 봉수에 알린 것이다.

'사량도주봉봉수'는 칠현산 정상에서 동쪽 8부 능선 상 망봉 등산로에 위치한다. 하도쪽 사량대교 바로 곁 등산로로 올라 두 봉우리를 지나면 칼날 진 능선에 조성되어 있다. 대응봉수와의 조망을 위해 칼날 진 능선 위에 조성한 것 같다. 여기서는 좌이산봉수뿐만 아니라 우산과 미륵산이 잘 보인다. 상·하도 가운데에는 뱀처럼 구불구불해서 생겼다는 사량(蛇梁: 뱀처럼 구불구불한 목) 해협과 통영, 고성 앞바다에 펼쳐진 양식장들이 환상적 그림으로 다가온다.

봉수대는 네모나게 석축을 쌓았는데 동남쪽과 서북쪽 아래는 둥그렇다. 연대 규모는 동서 8m, 남북 7m, 높이는 동쪽과 북쪽은 2.5m 정도다. 위에 연조 흔적이 있다. 봉수군들의 식량이었던 굴과 조개껍데기가 많이 흩어져 있다.

덕동 여객선터미널에서 남쪽으로 10여 분 걸으면 칠현산 등산로가 나온다. 칠현산 정상에서 동쪽 8부 능선 상 망봉 등산로에 있다.

02

좌이산봉수

좌이산(佐耳山)

경남 고성군 하일면 송천리
산 52-4

위도 34. 55. 467.
경도 128. 11. 194.
고도 420m

각산과 마주 서다

고성의 형승이 "고성침해(孤城枕海: 외로운 성이 바다를 베개로 삼다)"라고 한다. 고성이 거제도와 남해도 사이에 머리를 둔 모습이라면 좌이산은 왼쪽 귀가 되고 삼천포 각산은 오른쪽 귀가 될 것 같다. '좌이(佐耳: 귀를 보호하다)'는 시골 노인들이 상투를 보호하기 위해 쓰는 '탕건宕巾'을 의미한다. 산의 모습이 탕건을 닮았다고 탕건산으로 부르는 경우가 있는데, 좌이산 모습이 탕건 모습인지 확인할 수 없지만, '귀' 부분을 염두에 둔 이름이다. 고성의 양쪽 귀가 되는 산정에 봉수대를 설치해 고성 앞바다를 지킨 것이다.

고성은 김수로왕의 6형제 중 막내 '말로末露'가 소가야국(고자국)을 세워 문명을 일구었으나, 진흥왕 때 이사부에 의해 신라에 병합되었다. 고성은 선사 유적과 원삼국 시대의 오랜 역사가 있고, 아득한 예전에 공룡이 떼 지어 춤추던 고장이다. 공룡 군무의 흔적 '상족암군립공원'이 좌이산에서 멀지 않은 곳에 있다.

좌이산봉수대는 경상남도기념물 제138호다. 고성 하일면 좌이산 산정에 있다. 설치시기는 세종 초기 봉수제도 정비 기간이거나 고려봉수를 이어받은 것으로 생각할 수 있다. 각산과 마주해 고성 앞바다를 지키도록 설치한 것으로 보인다. 산정 암반의 형태를 잘 활용해 설치했다. 봉돈은 산정 암반 위에 돌을 쌓아 만들었는데 길게 네모난 형태다. 동쪽 아래에 건물터가 있다.

좌이산 연대-바다

고성은 공룡발자국 화석으로 '공룡나라'가 되었다. 봉수대 주변 바위에서도 공룡발자국을 볼 수 있다. 봉수대 내부에 산불감시초소가 있다. 산불감시원 어르신은 주변 경관에 대해 자부심을 가지고 연신 손가락으로 가리키며 자랑한다.

TIP

1. 청룡사(경남 고성군 하일면 오방리 725-2)에서 오르면 40분 정도 소요된다.
2. 가리미재(경남 고성군 하일면 오방리 산 110-2)에서 등산로를 따라 오르면 두 번째 봉우리에 봉수대가 있다.

좌이산봉수-연대

간봉 5노선

1 가배량진별망 ▸ 2 소비포보별망 ▸ 2-1 구소비포별망

남망(율포진별망) 3km ◂◂◂ ▸▸▸ 가배량진성 1.1km
가라산봉수 4.7km
한배곶별망 8.5km

01

가배량진별망

가배량진별망(加背梁鎭 別望), 동망산

경남 거제시 동부면 가배리 산 7-11
위도 34. 47. 0220.
경도 128. 35. 0080.
고도 291m

가라산 남쪽 남망과 동망

거제의 '가라산'은 '큰 산'의 의미로 보인다. 가라산은 중요한 봉수가 있는 거제에서 가장 높은 산이고, 거제의 치소에서 볼 때, 가배량(加背梁: 가라산 뒤 건널목)은 가라산 뒤쪽의 큰 건널목이다. 가배량진은 통제영이 잠시나마 설치될 정도로 큰 진성이다. 『대동지지』(1864)에는 가배량진 별망을 '남망'으로 표기하는데, 가라산을 '망산'으로 부른 데서 연유한다. 가배량진별망을 '망산(가라산) 남쪽에 있는 망산'으로 인식하고 '남망'으로 부른 것이다.

〈 '율포진별망'에 관련된 기록 〉

『여도비지』(1856), 『대동지지』(1864) – 남망 가배량 소속이다.
『증보문헌비고』(1908)–제2거 간봉3노선의 율포진별망이다.
세주: 『비국등록』에는 남망산으로 표기되고, 가라산봉수에 합해진다고 하였다.
'가배량진지도'–남망봉대로 기록함. 주민들도 '망산'이라고 부르고 있음.
처음 율포진별망과 대응하던 수군진은 가배량진이었으나, 현종 5년(1664)에 율포진이 장목면 율천리에서 우수영 옛 터인 가배진의 남쪽으로 옮기고, 숙종 13년(1687)에는 가라산 밑으로, 경종 4년(1724)에는 다시 옛 우수영 남쪽 5리로 옮겼다.

〈 '가배량진별망'에 관련된 기록 〉

『증보문헌비고』(1908)–제2거 간봉5노선에 속한 가배량진별망은 본진에만 알린다.

'가배량진지도'–남망산과 더불어 동망산이 표기되어 있다.

"가배량진은 처음에 남부면 저구리 등산봉수와 남망봉수에서 신호를 받았으나, 이후 가라산 아래에 있던 율포진이 지금의 율리로 다시 옮겨오자 기존의 남망봉수를 율포진에 내어 주고 동망산에 별도의 가배량진별망을 설치한 것으로 생각된다."

– 『전국봉수유적. 기초학술조사』, 문화재청, 2015.

가라산 앞 '망산·남망'에 해당하는 망대는 '동망·남망'이 있다. 초축된 연대를 정확히 알 수 없지만, 처음 가라산 앞에 축조된 망대를 '남망'으로 부르다가, 하나가 더 증축되자, '동망·남망'으로 구별한 것 같다. 가장 최근의 기록인 『증보문헌비고』(1908)의 기록과 두 망대의 위치 기준으로 보면, '남망'은 '율포진별망'(동부면 가배리 산60)이 되고, '동망'은 '가배량진별망'이 된다.

동리의 어르신들은 지금 인터넷 지도에서 남부면 저구리의 산을 '망산'으로 표기한 것이 어떤 이유인지 알 수 없다고 한다. '곶串'은 바다로 돌출한 지역을 말하고, '량粱'은 육지와 섬을 잇는 가장 가까운 곳에 붙는 지명이다. 한산도 망산봉수를 한배곶봉수로 기록한다. 섬인 한산도를 '한배곶'으로 기록한 연유를 알 수 없다. 바다로 돌출한 지형인 거제도 동부면 가배리를 가배량으로 부르기보다 '큰 곶→한배곶'으로 부르는 게 옳을 것 같기도 하다.

거제의 7진 '오아포(가배량진), 지세포진, 율포진, 옥포진, 조라포진, 장목포진, 영등진'은 각기의 별망을 가졌던 것으로 생각되지만, 지금 소재하는 별망으로 봐서는 장목포진, 영등진의 별망은 따로 없었던 것으로 보인다. 거제의 별망들은 가라산→한배곶→미륵산으로 통하는 간봉 2노선과는 구별되어 운용되었다. 별망이 각각의 수군진에서 단독으로 설치 운영한 권설봉수지만, 『증보문헌비고』(1907)에는 제2거 간봉 3·5·10노선으로 구분되어 기록된다. 거제 동쪽의 별망들은 적의 경보를 해당 수군진에만 전하지만, 서로 연결되어 있어서 가라산→한배곶으로 전달되고, 결국 거제의 서쪽편 거제읍치에서도 전달받을 수 있게 된다.

거제의 별망들의 초축 시기, 근무 방식, 소속 수군진을 정확히 알 수 있는 자료는 없지만, 별망의 이름과 해당 수군진과의 신호거리를 생각해서 추정할 수는 있다.

가배량진별망은 거제의 '강망산·옥산·지세포·와현' 별망들처럼 규모가 큰 편이다. 연대는 동서로 긴 능선에 축조되어 있는데, 동쪽을 제외한 3면은 경사가 심해 동쪽과 높이를 맞추기 위해 석축을 높게 쌓았다. 연대 상부에 불을 피우는 시설로 추정되는 석축이 있다. 누군가가 연대의 석재로 작은 돌탑을 쌓아 놓았다. 동쪽 방호벽에 접해 출입문과 창고가 있었던 것으로 보인다. 남쪽 산 아래에 가배량진성이 환하게 내려다보인다.

TIP

KT거제수련관(경남 거제시 동부면 가배리 29) 배후 산 정상이다. 거제수련관에서 오르는 등산길이 있다.

가배량진별망 방호벽

가배량진별망 연조

02

소비포보별망

소비포보별망(所非浦堡 別望)

소비포보별망所非浦堡 別望은 간봉 3노선 거제의 봉수와 별망 중 등산망(천장산)으로 생각된다. 고성소을비포진성(경남 고성군 하일면 동화리 398-4)에 있었던 별망과 정확히 구분할 수 없다. 1900년경에 편찬된 『증보문헌비고』의 소비포보별망은 거제의 남단 등산망으로 생각해 볼 수 있다.

02-1

구소비포별망

구소비포별망(舊所非浦 別望), 망산, 망치산

경남 고성군 하일면 동화리 산 123-3
위도 34. 53. 8490.
경도 128. 11. 4770.
고도 128m

숨겨진 소을비포진성

구소을비포진성은 통영만 안쪽 고성의 끝자락에 있다. 『세종실록』에 '소을비포' 기록이 나타나는 것으로 보아 그전에 성이 있었던 것으로 보인다.

"구소을비포는 고성의 서쪽 47리인데, 처음에 권관을 두었다가, 성종22년에 둘레 825척의 성을 쌓았다. 선조37년에 거제의 수영 자리로 옮겼다."

– 『대동지지』 고성진보조.

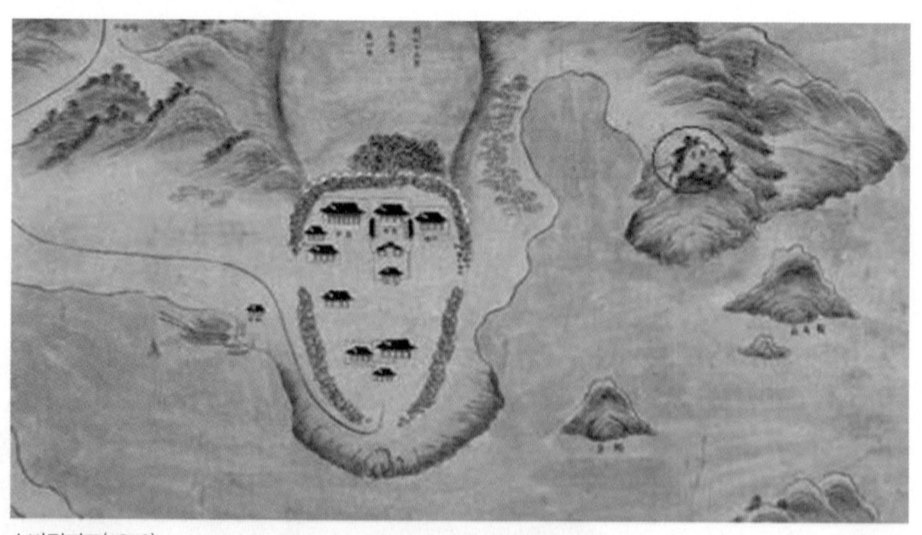

소비진지도(1872)

구소을비포진성과 좌이산

구소을비포진성문

사량도가 방패처럼 막아주는 협곡 안, 잘 숨겨진 진성은 밖에서 보이지 않는다. 망대에서는 통영만 안쪽을 자세히 감시할 수 있고, 높직이 좌이산 봉수가 올려다 보인다. 태풍의 피해가 없는 곳이라고 한다. 외부로부터 격리된 천혜의 요새지만, 적의 침입할 때 가장 먼저 대응해야 할 수군진으로서는 재고의 여지가 있는 곳이다. 이런 이유인지 임란 후, 거제도 남단으로 옮겼다. 봄날 가족과 함께 찾은 소비포진성은 세속과 먼 별천지 같은 느낌을 준다. 시집 갈 날을 손꼽는 처녀의 그윽한 정취를 느끼게 하는 곳이다. 마을 사람들은 '망산'을 잘 알고 있다. 진성을 정비하면서 둘레길을 예쁘게 만들었다고 자랑한다.

구소을비포진에서 운영한 망대다. 좌이산봉수의 보조망대로 활용되면서, 바다의 상황을 소을비포진성과 좌이산봉수에 신호로 보냈다. 소을비포진성 바로 뒤 망치산 산정에는 직경 10m 정도의 평탄지가 있다. 망대 터 위에 전망대를 만들었으나, 무수히 흩어진 생활자기편으로 미루어 오랜 기간 망대로 쓰였음을 알 수 있다. 기와편이 보이지 않는 것으로 보아 처음부터 가가(봉수막)는 설치되지 않았거나, 초가로 지었을 가능성이 있다. 현재의 우리는 병조에서 관할하는 봉수가 아닌, 수군진에서 자체적으로 운영하는 수많은 권설봉수와 요망(망대·망·별망)의 운영 방법을 잘 알지 못한다. 권설봉수와 요망의 근무방법을 구체적으로 기록한 자료를 발견하지 못했기 때문이다. 아마도 야간근무를 하지 않았을 가능성이 높다. 여수 금오도 '망산망'의 경우, 연대는 크게 남아 있지만 발굴조사 결과 기와편은 발견되지 않았다. 군기고와 물품 창고로 사용하는 초가는 있었겠지만, 봉수대처럼 기와집을 짓고 야간근무를 하지 않았을 가능성이 높다. 적의 선박도 야간 운행은 하지 않을 터이니, 주간근무만으로 적의 동태를 살펴 해당 수군진과 가까운 봉수에 전달했을 것이다.

"응봉봉수는 진의 북쪽 주산이며, 좌도 봉화가 초기하는 곳이다. 봉수별장 1인, 봉군 5인 중 2인은 곧 요망에 나누어 근무시킨다."

– 『영남 진지 부사례』 부산진지

이 기록은 '요망·망·망대'가 봉수와 같은 방법으로 근무한 것으로 짐작되지만 많은 망·요망에서 기와가 발견되지 않는다. 요망·망의 야간근무 여부는 좀 더 연구되어야 한다.

TIP

소을비포진성(경남 고성군 하일면 동화리 산 131)에서 남동쪽 산정으로 오른다. 정상에 정자가 있다. 등산로가 개설되어 있다.

간봉 6노선

1 천성산봉수 ▶ 2 사화랑산봉수 ▶ 3 장복산봉수 ▶ 4 고산봉수 ▶ 5 성황당봉수 ▶ 6 안곡산봉수 ▶ 7 소산봉수 ▶ 8 여통산봉수 ▶ 9 태백산봉수 ▶ 10 소이산봉수 ▶ 11 말응덕산봉수 ▶ 12 성산봉수 ▶ 13 마천산봉수 ▶ 14 각산봉수 ▶ 15 박집산봉수 ▶ 16 건대산봉수 ▶ 17 석현봉수 ▶ 18 남산봉수 ▶ 19-1 성황당봉수 ▶ 19-2 건령산봉수 ▶ 20 소산봉수 ▶ 21 회룡산봉수 ▶ 22 서산봉수 ▶ 23 소산봉수 ▶ 24 성산봉수 ▶ 25 선암봉수 ▶ 26 탄항봉수 ▶ 27 마골치봉수 ▶ 28 주정산봉수 ▶ 29 대림산봉수

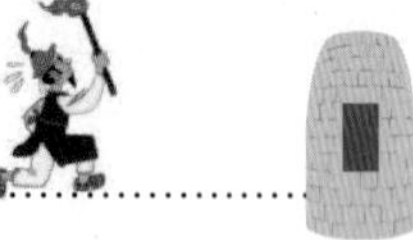

01

천성산봉수

천성보(天城堡), 가덕도응암연대봉화, 가덕도응암봉화, 가덕도봉수, 연대산봉수, 연대봉

부산광역시 강서구 천성동
산 6-98 가덕도 연대봉 정상
위도 35. 01. 25
경도 128. 50. 10
고도 458m

임진 왜적을 첫 보고하다

천성산봉수는 임란이 발생한 1592년 4월 13일 대마도에서 부산포로 침략한 왜군 함대를 가장 먼저 발견한 곳 중 하나다. 이충무공의 '임진장초'에는 이 사실을 가덕진첨절제사(전응린), 천성보만호(황정), 응봉봉수감고(이등), 연대감고(서건)가 경상우도수군절도사(원균)에게 보고한 내용이 실려 있다.

"오늘 4월 13일 신시(15:00~17:00)에 왜선이 몇 십 척인지는 알 수 없으나, 대략 90여 척이 일본 본토에서 나와서 경상좌도 뉴이도(살이섬, 쥐섬)를 지나 부산포로 향했습니다. 멀어서 수를 상세히 헤아릴 수 없지만, 계속해 나오고 있습니다."라고 하였다.

국가의 존망을 다투는 화급한 순간에 적의 동정을 살피는 최일선 봉수군의 심정을 헤아려 볼 수 있는 대목이다. 가덕도봉수군들은 급히 두 개의 봉화를 올리고 근무감독관인 감고 서건에게 알렸다. 서건은 상급자인 가덕진첨절제사 전응린과 천성보 만호에게 급보를 전하고, 말을 달려 절도사 원균에게 보고하고, 같은 일로 달려온 다대포응봉봉수감고 이등과 상의해 주변 백성들에게까지 경보를 전했을 것이다. 처음에는 천성보봉수군이 두 개

천성진 연대– 대항동

천성진 연대

의 봉화를 올리고 잇달아 세 개 네 개, 4월 14일 오전 왜군 선봉 고니시 유키나가군이 부산진성으로 오르기 전 다섯 개의 봉화가 전국의 봉수로 전해졌다. 화급총망한 상황에 봉홧불 올리는 것으로 임무가 완료될 수는 없다. 빠르기는 하지만 중간에 끊어지거나 지체될지도 모르는 봉수의 속성상 중대한 사안이 발생하면 역로를 통해 대응봉수에 전달하고, 주변의 군진과 읍치에도 경보를 알렸다.

조선 전기에 연대봉 남·북에는 각자 거화를 하는 2기의 봉수가 있었다. 남쪽은 '가덕도응암봉화'로서 서쪽 사화랑봉수와 대응하고, 북쪽은 '가덕도응암연대봉화'로 북쪽 김해 성화야봉수와 대응하였다. 중종 원년(1506)에 남쪽에 위치한 '가덕도응암봉화'가 웅천현으로 이설하여 '성산봉수'가 신설되었다. 그러나 현재 연대봉봉수대의 위치로 보면, 북쪽에 있던 '가덕도응암연대봉화'가 옮겨 간 것으로 생각된다. 현재 연대봉봉수대의 남쪽에는 연대가 설치될 만한 장소를 찾기 어렵다. 북동 2km의 응봉산이 '가덕도응암연대봉화' 아니었을까 생각된다. 조선후기 「청선진지도」(1872)에는 가덕도 최남단에 '망대'가 있는 것으로 그려져 있지만 이는 봉수대는 아니다.

'가덕도응암연대봉화'는 가덕진(1546, 명종 1년)과 천성보(1544, 중종 39년) 축성 직전에 축조되었다. 1592년 4월 13, 14일 온 나라에 형언키 어려운 고통이 시작되는 이틀간 '다대포응봉봉수와 가덕도에 남아 있던 응암연대봉수'는 그 임무를 다하고 의연한 자태로 지금 우리 눈앞에 서 있다. 가덕도는 동남권신공항 예정지로 세인들의 관심을 끌었던 곳이다. 공항이 되든, 공원이 되든 시류에 따를 일이지만, 눈이 시리도록 아름다운 주변 경관과 더불어 역사의 전면에서 제 구실을 다했던 연대봉봉수를 가슴 시리도록 기억해야 할 것이다.

봉수대는 지역의 학술기관에 의해 지표조사 후 강서구청에 의해 1996년 연대 조금 아래에 3단의 원통형으로 석축 연대 1기가 복원되었다. 조사된 원래 봉수대는 보존을 위해 그 자리에 두고, 건물터 남쪽 10m 지점에 복원하였다. 조금 떨어진 절벽 위에도 연조 1기가 남아 있다. 맑은 날 대마도가 아득히 보인다고 한다. 산불감시 어른은 방문객들에게 장관을 설명하느라 여념이 없다. 바닷가에 우뚝 솟은 연대봉 이름 그대로 천성(하늘성), 섬 주변의 경관이 빼어나고 광활한 시야를 가진 곳이다.

TIP

가덕도 천성산 밑 주차장에서 산 정상으로 오르면 50분 정도 소요된다.

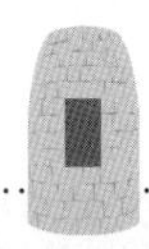

02

사화랑산봉수

사화랑산(沙火郞山), 봉우골

경상남도 창원시 명동 산75
위도 35. 6. 046
경도 128. 43. 365
고도 157m

이름도 예쁜 사화랑

사화랑은 세 곳의 봉수대에서 이름으로 사용한다. 포항 동해면과, 고흥 금산면 봉수대도 사화랑이다. 사화랑沙火郞. 참 예쁜 이름이다. 沙는 '모래·몰개'를 가리키고, 火는 '벌', '들'을 뜻한다. 랑郞은 일설에 령(嶺: 고개)이 변음된 것이라고 하니, 사화랑은 '모래벌 고개'라는 뜻으로 생각해 볼 수 있다. 내지봉수 이름에는 쓰지 않고, 바닷가 모래산이나 모래벌이 있을 만한 곳에 '사화랑'이라는 이름이 붙여졌다. '모래벌로 넘어가는 고개'라는 뜻일 게다.

사화랑봉수는 경상남도기념물 186호(1997년 12월 31일)로 지정되어 있으며, 유적이 비교적 양호하게 남아 있다. 크기는 남북 36~40m, 동서 15~20m 정도다. 방호벽은 바깥에 두 겹으로 석축을 쌓았다. 남서쪽은 등산객들의 발길과 자연적 훼손으로 약간 무너져 있다. 방호벽 남쪽에 출입구가 있다. 주민들의 등산로로 활용되는데, 안내판이 없어서인지 주민들은 봉수대 석축을 산성으로 알고 있다. 명동 해양공원 앞 가게에서 만난 어르신들은 사화랑산봉수 소재를 잘 모르고 있었다. 진해구 죽곡동에서 태어나 같은 동네로 시집와 평생을 살아오신 할머니 말씀은 "죽곡동에서는 사화랑봉수가 있는 산을 봉우골로 불렀다."고 한다.

사화랑산에서는 천성보 연대산이 바다 건너 조그마하게 보인다. 낮은 해

사화랑봉수 출입문

사화랑연대 방호벽

안가 산이지만, 거제도·가덕도와 여러 섬들에 둘러싸인 진해만이 한눈에 들어온다. 천성보 연대와는 12.9km, 장복산봉수는 8.5km, 웅천 고산봉수는 9.8km, 여음포봉수는 11.4km 거리에 있다. 『여지도서』(1757) 이전까지 장복산, 고산, 여음포봉수로 신호를 전하다가 임란 이후 장복산봉수가 폐지되자 고산과 여음포로 전하였다. 고산은 성황당을 통해 간봉6노선을 이어가고, 여음포는 갈포봉수를 통해 간봉2노선으로 이어진다. 벚꽃 명성으로 많은 이들이 찾아오는 진해에 사화랑산봉수대를 복원하고 등산로를 재정비해 관광자원화하고, 찾는 이들이 편안하게 둘러보는 곳이 되었으면 한다.

TIP

청명그린빌아파트(경남 창원시 진해구 죽곡동 505)에서 동남쪽 산정으로 오른다.

03

장복산봉수

장복산(長福山, 長卜山), 봉화재

경남 창원시 진해구 태백동
산 52-1
위도 35. 10. 6700.
경도 128. 39. 1470.
고도 387m

진해 마산 고개 위

덕주봉은 1960년대까지 생존했으며 도사로 알려진 '김덕주'라는 분이 덕주봉 부근 덕주샘에서 생활하면서 붙여진 이름이라고 한다. '장복산(長福山: 오래도록 복을 받는 산), (長卜山: 점쳐서 오래도록 살 만한 산)' 이름처럼 진해만을 굽어보는 경치가 아름답기 이를 데 없을 뿐 아니라, 도사들이 고심 끝에 찾아낸 선경 같은 곳이다. 안민고개에서 덕주봉으로 오르는 곳의 진해만 조망은 너무도 아름다워 큰 바위에 '명상하는 자리'도 마련되어 있다. 진해를 에워싼 듯한 장복산은 높으면서도 산세가 부드러워 시민들의 사랑을 받는다.

모자가 잘 어울리는 산불지기 어른은 안민고개 부근을 봉화재라고 불렀다. 안민고개 옛길의 '당고개'는 웅천, 진해 사람들이 넘나들던 길이다. 넘나드는 이들이 안녕을 기원하며 던졌을 돌들이 '당집(서낭당)' 주변에 수북이 쌓여 있다. 장복산 동쪽 줄기인 덕주봉→안민고개 쪽에는 봉수대가 없다. 안민고개에서 덕주봉으로 오르는 중턱, 자연 암반 위에 기와편과 생활자기편이 있는 것은 아마 수도修道를 위한 암자를 만들었던 흔적으로 보인다. '당고개'를 '봉화재'로 부르니, 덕주봉→안민고개 어디쯤에 봉수대가 있었단 말인가?

장복산 연대 전경

봉수대는 안민고개 서쪽 진해와 마산을 넘나드는 마진 고개 위에 있다. 연대는 장복산 정상에서 서쪽 바위 능선을 따라 마진터널로 내려오면 중간 정도에 있다. 큰 돌로 방호벽을 쌓았고, 방호벽 바깥에 호가 일부 남아 있다. 남북(17m)이 동서(13m)보다 약간 긴 타원형이다. 등산로가 연대 가운데로 나 있다. 복원이 훼손을 막으려면 등산로를 확보해 줄 필요가 있다. 높은 산봉우리가 북쪽 찬바람을 막아주고, 남쪽은 낮고 햇볕이 잘 드는 곳이다. 웅천 고산과 가까이 마주 보며 진해와 마산 사이의 마진 고개를 살피던 봉수대다. 진해 시내가 잘 보이는 곳이다.

장복산 연대

장복산봉수와 고산봉수가 2.8km로 가까워 대응봉수가 바뀌어 기록되기도 한다. 임란 이후 『여지도서』(1757) 이전에 장복산봉수가 폐지될 때까지 사화랑산 신호를 고산봉수로 전했다. 두 봉수 간 거리가 가까워 임란 이후 봉수노선 조정기에 장복산은 폐지된 것으로 보인다. 봉수대 지표 조사를 자세히 할 필요가 있는 곳이다. 안내판이라도 세워 오가는 이에게 봉수군들의 수많은 노고를 전했으면 한다.

진해 마진터널(경남 창원시 성산구 양곡동 산 35-1)에서 숲속 나들이길-진해 드림로드 길을 따라 오르면 20분 거리다.

04

고산봉수

고산(高山)

경상남도 창원시 진해구 현동 산2 고산
위도 .
경도 .
고도 401m

진해만과 마산항을 지키다

고산봉수는 진해 현동 산 2번지 고산 정상에 있다고 한다. 진해만과 마산항을 굽어보는 고산은 진해의 서쪽과 창원시 귀산동과의 경계를 이루는 고지여서 조망이 좋다. 성산구 귀산동 노인회관에서 만난 팔순의 김해김씨 노옹은 "이 마을에서 태어나 살아왔지만 뒷산에 봉수대가 있다는 말을 들은 적이 없으며, 산정에는 옛 성터가 있고 지금은 군부대가 주둔하고 있다."고 한다. 봉수대 존재에 대해 채근하자 자신의 말을 믿지 않는다고 역정을 낸다. 마을 가운데 번듯한 재실을 두고 김해김씨 9대조 조상에 대한 자랑스러운 긍지를 가지고 있었던 귀산동 마을 사람들이 군역을 면제받는 양반이었을까? 양인이면서도 수고스러운 역을 맡은 '양인천역'의 봉군이 자랑스럽지 않았을까? 고산 뒤쪽 귀산동이 봉수군들이 집단으로 거주하는 봉군 마을이었다면 이런 반응을 하지 않았을 것 같다. 대체적으로 다른 봉수대의 인근 마을 노인들이 봉수대에 관련된 유년의 기억을 앞다투어 말하는 것과는 다른 모습을 보인다.

갑오년(1894)과 을미년(1895)에 걸쳐 봉수제도가 폐지된 후, 일제강점기와 동족상잔을 겪으면서 봉수대 관련 기억이 희미해져 갔을 것이다. 1895년에 폐지된 봉수대지만 1930년대 출생의 귀산동 노인들은 유년시절 고산봉수대가 그 자리에 둥그런 모습으로 있는 것을 보았을 터인데 안타까운 일이다. 귀산동 411번지 마을은 '봉하마을·봉골'이 아니었기에 기억이 전해지지 않았을 수도 있다.

고산봉수는 조선 초기에 설치되어 끝까지 유지되었다. 처음에는 장복산봉수의 신호를 성황당에 보냈으나, 임란 이후 봉수노선 조정기에 장복산이 폐지되자 사화랑봉수의 신호를 성황당과 여음포봉수에 전달한다. 사화랑과 여음포가 직접 대응할 때는 사화랑봉수의 신호를 성황당봉수로만 보냈다.

창원시 진해구 현동 뒷산인 고산(산성산) 정상부에 있다. 군사시설이어서 출입이 어렵다.

05

성황당봉수

성황당(城隍堂), 봉화산

경남 창원시 마산회원구 회원동 산 18 봉화산
위도 35° 37′ 49.6″
경도 129° 9′ 12.3″
고도 265m

고성과 칠원의 분기점

마산의 명산 무학산 줄기가 동북으로 흘러 석전동 부근에서 멈추는 곳에 봉화산이 있다. 봉수대는 봉화산 정상 동쪽 150m 지점에 위치한다. 연대를 설치하였던 자리가 남아 있고, 1996년에 복원하였다. 성황당으로 부른 것은 이곳에 성황당이 있어서였다. 전국 봉수대 중 성황당으로 불리는 곳이 여러 개 있다. 대체로 교통의 요지에 해당된다. 성황당봉수산 아래에 산자락을 따라 옛길이 있었는데, 지금은 마산 진동, 고성 통영으로 가는 길목이 되었고 서쪽으로는 함안, 칠원으로 가는 길목이 되었다. 봉화산에서 무학산으로 이어지는 등산로는 잘 정비되어 등산객들의 발길이 끊이지 않는 명소가 되었다.

봉수대 아래쪽 봉국사는 '나라를 받들다奉國'는 의미지만 봉수대와 밀접한 관련이 있었을 것이고, 사찰명이 봉수대의 '봉(烽: 봉홧불)'에서 유래된 것 같다. 봉국사 샘물이 달아 등산객들이 목을 축이거나 담아서 산을 오른다. 봉화산 맞은편 회원구 석전동 팔용산에는 1993년부터 이삼룡 님이 통일을 기원하며 쌓은 1,000여 기의 석탑이 마산9경으로 지정되어 찾는 이들의 감탄을 자아낸다. 고성과 통영, 함안과 칠원의 분기점에 행인들의 안녕을 기원하던 성황당이 있었기 때문인지, 석전동 부근은 나라의 안녕과 행인의

성황당봉수– 안곡산

성황당봉수

무사함을 기원하는 곳이 되었다.

봉수대는 1997년 1월 30일 '경상남도기념물 제157호'로 지정되었다. 마산회원구 일대가 한눈에 조망되며 북서쪽으로 칠원의 안곡산이 나지막한 산 위로 아스라이 보인다. 연대가 앙증맞게 복원되었다. 연대 아래 봉수군 건물 터가 있다. 연대 복원과 함께 봉수군 건물까지 함께 복원해, 찾는 이들이 예전 봉수군의 무한한 노고를 짐작해 보는 장소가 되었으면 한다.

TIP

봉국사(경남 창원시 마산회원구 석전서9길 124–2)에서 물 한 모금 마시고 오르면 30분 정도에 이를 수 있다.

06

안곡산봉수

안곡산(安谷山), 안국산봉수

경남 함안군 칠서면 회산리
산 251-2 안곡산

위도 35° 19′ 18.747″
경도 128° 29′ 00″
고도 344m

산신이 돌보는 산

안곡산성은 함안군 칠서면 안곡산 정상에 있으며, 함안 아라가야와 주변국들과의 관계를 보여 주는 중요한 유적이다. 안곡산은 함안과 칠원의 경계지역 전망이 좋은 곳이어서 일찍부터 요새지로 활용되었다. '안곡(安谷)'은 임진왜란 전까지의 이름이고, 임란 이후부터는 '안국(安國: 나라를 편안히 하다)'으로 불렀다. 임란 당시 안곡산에는 조선군이 주둔해 각지로 봉화통신을 보냈으며, 관군과 의병이 안곡산에서 왜군을 격퇴해 나라를 안정시켰기에 '안국산'으로 고쳐 부르게 되었다고 한다. 한국전쟁 때는 이곳에서 미군과 인민군의 대접전 끝에 인민군이 궤멸되자, 주민들은 안국산 산신의 돌보심이라고 믿고 있다. 산성은 흙과 돌을 섞어 쌓았으나, 신라의 축성 방법과 전혀 다르고, 성벽 내부에서 출토되는 토기도 신라 형식이 아니어서 학계에서는 5세기 후반 가야에서 축성한 것으로 판단한다.

– 함안군홈페이지

봉수대는 산성의 서북쪽 정상에 위치한다. 산성 내에 축조한 봉수로서 간봉 6노선에서 '석축이나 연대의 규격을 국가에서 엄격하게 지정한 연변봉수'로서는 마지막 지점이다. 대응하는 창녕 소산봉수는 석축 방호벽은 있으나 '연대나 불

안곡산연대 유구

을 피우는 아궁이인 연조를 높게 쌓지 않는 내지 봉수'의 형태를 가지고 있다. 연대 높이는 2m, 둘레는 약 30m 인데 상부가 우물처럼 깊이 파여 있다. 1960년대 기우제를 지내기 위해 마을사람들이 판 것이라고 한다. 남쪽 석축이 잘 남아 있다. 산불감시초소가 봉수대 위에 설치돼 있다. 마산 성황당봉수와 창녕 소산봉수로의 전망이 뛰어나다.

안곡산연대; 예전과 많이 다른 시야- 창녕 소산 방향 유구

산 아래 칠원읍 지역은 중부내륙고속도로가 시원하게 뚫려 있으며, 넓은 들판을 앞에 두어 살기가 넉넉한 곳으로 보인다. 얼마 전까지 대산면 대사리 사람들은 정월 대보름날 안곡산성에 모여 달불놀이를 했다고 한다. 요즘 농촌은 어느 곳이나 젊은 사람들이 없어서 이런 전통이 이어지기 어렵다. 돌아갈 수도 없고, 돌아가기도 싫은 예전 농촌사회지만, 그 나름의 장점이 참으로 많았던 것 같다. 이웃끼리 음식과 정을 나누고, 울력으로 힘든 농사를 짓고, 같은 장소에서 같은 추억을 쌓아 가는 이웃사촌이 아니었던가!

회산리 방향 산 중턱 '봉불사'는 지친 봉수군들의 정신적 위안처가 되었을 것이다. '봉불사' 역시 성황당봉수 아래 '봉국사'처럼 봉화烽火에서 비롯된 이름으로 생각된다.

TIP 봉불사에서 서쪽 편으로 돌아 오르면, 30분 정도 소요된다.

07

소산봉수

소산(所山), 봉우지, 금이산(金伊山)

경남 창녕군 계성면 봉산리
산 50

위도 35. 27. 366.
경도 128. 30. 962.
고도 110m

수난과 영광을 함께

중부내륙고속도로 영산IC 동쪽 500m 거리의 나지막한 야산에 봉수대가 있다. 고속도로와 국도5호선으로 산이 절개되어 봉수대 남쪽 800m 거리의 봉우골 마을과는 산 능선으로 다닐 수가 없게 되었다. 예전 불이 통하던 긴 협곡 칠원에서 현풍까지는 고속도로가 시원하게 뚫려 있다. 낙동강은 이 협곡을 따라 흘러내리고, 봉홧불은 협곡을 거슬러 오르고, 사람들은 이 길을 따라 영산, 창녕, 현풍, 대구를 오간다.

봉수대는 서쪽편이 많이 훼손되었다. 주민들은 중부내륙고속도로 건설 시에 건설현장사무소가 세워지면서 훼손되었다고 한다. 시멘트 건물이 맞닿아 세워지면서 봉수대 서쪽 방호벽이 피해를 입은 것이다. 남쪽 방호벽은 석축이 잘 남아 있다. 북쪽 방호벽은 훼손되었으나 내부로 들어가는 출입구가 희미하게 남았다.

봉산1리 어르신들은 “봉군 숙소 건물에서 일제강점기 때는 노름꾼들이 노름판을 벌였고, 6·25 때는 빨치산들이 활동했으며, 봉수대 주변 산에서 인민군과의 전투가 심했고, 건물은 6·25 이후에 허물어졌다.”고 한다. 나라가 주권을 잃었을 때나 광복 후 혼돈의 시기에도 의연히 버티던 봉수사가 현대문명의 무관심과 세월의 무게 속에 무너져 갔다. 널찍한 연대 내부

소산봉수 방호벽

소산봉수 출입문

와 희미한 북쪽 출입구를 돌아보며 아쉬움을 달랜다.

안곡산봉수와의 거리는 14.8km로 먼 편이지만 가운데 높은 산이 없고 들판이 연이어져 소산에서는 안곡산 공제선(하늘과 맞닿은 선)을 통해 신호를 잘 받았을 것으로 생각된다. 봉수대 800m 남쪽 김해김씨 재실이 있는 마을을 '봉우지'라고 부른다.

영산4거리의 남쪽 100m에서 서쪽 신제 방향으로 1km 정도 가면 고속도로 지하도가 나타난다. 지하도 북쪽 산정으로 오르면 10분 거리다.

08

여통산봉수

여통산(餘通山), 여통, 봉오재

경남 창녕군 장마면 초곡리 1111
위도 35. 29. 711.
경도 128. 30. 06.
고도 135m

엿보는 고개

여통산봉수 고개를 '봉오재'라고 부른다. 예전 초곡 사람들이 영산을 오갈 때 넘나들던 고개다. 지금은 중부내륙고속도로가 뚫려 이 길을 이용하지 않지만 창녕, 영산을 오가던 이들은 모두 봉오재를 넘나들었다고 한다. 봉수대에서 흔히 볼 수 있는 것처럼 여통산봉수도 고개를 오가는 이에게 '평안의 불'로 변방의 안녕을 전하고, 급보를 행인들에게 전하는 기능을 했을 것이다.

'여통'은 '엿보다'와 언덕, 구릉을 의미하는 '둔·등·뜽'이 합해진 '엿뜽'이 한자음으로 표기된 것이다. 영천 신령의 '엿동'봉수대도 '여통'과 같이 신령에서 군위로 오가는 중요한 길목에 설치되어 있다. 고개를 넘나들던 행인들은 봉수대에서 전해지는 신호를 의식했을 것이고, 행인들의 입장에서는 고갯마루에서 자신들을 엿보고 감시하는 것으로 인식될 수 있다. '엿보는 고개'는 이런 상황에서 생겨난 것이다.

봉수대는 '동훈힐마루골프장' 본관 건물 정면 남쪽 500m 지점의 구릉이다. 골프장 내 동코스의 1번과 8번 사이의 구릉에 위치한다. 800여 년 동안 제자리를 지키던 봉수대가 마치 골프장 부속물이 된 것 같다. 2005년

여통산 – 태백산 신호

여통산봉수 방호벽

우리문화재연구원에서 발굴조사했다. 연조 3기와 노지 시설 14기 등 여러 유구가 발굴되었는데 연조 3기는 북쪽 태백산봉수를 향해 동서 일렬로 설치되었다. 연조 간 거리는 23m 정도이며, '봉수대의 위치를 알리는 깃발'을 꽂은 장소도 발굴되었다고 한다. 봉수군들이 오랜 기간 사용하면서, 잃어버리고 아까워했을 상평통보와 기와편, 자기편, 옹기편이 다수 발견되었다. 조각 하나하나가 수고로움을 견디며 묵묵히 제자리를 지켜온 봉군들을 떠올리게 한다. 발굴조사 후 복원 계획을 세웠다고 한다. 조잡한 복원이 아니라 옛 모습 그대로 복원될 그날을 기다려 본다.

'동훈 힐마루CC' 골프장 내 동코스의 1번과 8번 사이의 구릉(창녕군 장마면 초곡리 1111)에 위치한다.

09

태백산봉수

태백산(太白山), 합산봉수

경남 창녕군 대합면 십이리
산 73 태백산 정상 동쪽 봉우리

위도 35. 37. 205.
경도 128. 27. 564.
고도 265m

북도로 들어가다

창녕 대합면 태백산은 동서에 두 개의 봉우리가 있다. 서쪽 봉우리는 일제강점기 포관측소가 있었는데, 지금은 해맞이 단을 만들어 놓았다. 해맞이 행사 때 산정에서 떡국을 제공한다고 하니, 창녕 사람들의 태백산 사랑이 남다르다. 합리에서 보면 태백산은 문필봉처럼 뾰족하면서도 웅장하다. 그리 높지 않은 산에 '태백산'이란 이름이 왜 붙었는지 수긍이 간다.

합산봉수는 『세조실록』, 세조 10년(1464)에 "봉산봉수가 낮아서 잘 통하지 않으니 합산(태백산)으로 옮기도록 했다."고 한다. 봉산봉수의 원래 자리는 확인이 되지 않는다. 창녕현 북쪽 7리쯤이면 '퇴산리 진봉산(뒤봉산)'이 될 텐데 유지가 없다. 기록이 잘못된 것인가? 창녕현치가 바뀐 것인가? 더 조사되어야 할 것 같다.

봉수대는 태백산(합산)정상에서 동쪽 300m 거리의 봉우리에 있으며, 서쪽을 제외한 3면의 조망이 매우 뛰어난 곳이다. 2008년 '우리문화재연구원'에서 지표조사를 하였다. 방호벽은 동서 길이 36m, 남북 24m, 둘레 106m 정도다. 높이는 남쪽 2.4m, 서쪽과 동쪽은 1m 정도다. 방호벽 안에 신호를 올리는 굴뚝시설인 연조 5기가 있었던 것으로 추정된다. 봉수대 서쪽 부분에 건물지가 있었다. 조선시대 봉수는 국경 방향에서 전해 받는 기능보다, 서울을 향해 전달하는 기능이 강조되었기에 다음 봉수와 가까운 쪽 방호벽에 거의 붙여서 설치하는 것이 일반적이다. 그러나 태백산봉수는 다음 봉수인 현풍 소이산 가까이 연조를 설치한 것이 아니라 남쪽 방호벽 가까이 설치했다. 2019년 봉수대를 조사발굴해 원래의 형태를 어느 정도 알 수 있게 되었다.

가덕도 천성보봉수에서 이른 새벽 출발해 태백산에 이른 신호는 경상남도 지역을 벗어나. 북도인 현풍·논공, 화원을 거쳐 낙동강 연안을 따라 북상한다.

TIP

대합면소재지로 넘어가는 고갯마루(경남 창녕군 대합면 십이리 산 65-1)에서 북쪽으로 오른다. 산정의 두 봉우리 중 동쪽 봉우리에 봉수가 있다.

태백산

10

소이산봉수

소이산(所而山), 소산, 경일산, 문필봉

대구광역시 달성군 논공읍
남리 산 62
위도 35. 42. 922.
경도 128. 26. 430.
고도 241m

소이들의 산

논공 공단과 현풍 사이 국도변에 위치한 경일산(문필봉) 정상 서쪽 500m 거리의 제2봉에 봉수대가 있다. 낙동강이 안기듯 흘러와, 강줄기가 해자처럼 느껴지는 곳이다. 북에는 고령 길목의 '말응덕산'봉수가 '달성보' 위로 아스라한데, 그림인들 이보다 아름다울까!

봉수대는 현풍과 논공을 잇는 고갯길을 살필 수 있는 곳이다. 가야제국이 신라에 병합되기 이전, 대가야와 신라의 접경지인 논공 지역에는 두 나라 사이의 전투가 전설처럼 전해지고, 전투에서 비롯된 '솔병골', '망한골', '진터' 등의 지명이 남아 있다.

6.25 당시 봉수대 바로 아래 나루터 자리에 세워진 박석진교와 대구 고령을 잇는 성산대교 부근에서는 낙동강을 사수하려는 미군 6사단과 인민군 사이에 치열한 전투가 있었다고 한다. 상리 지역 노인들은 당시 미군의 폭격이 혹심했다고 증언한다. 동족 간의 전쟁에서 비롯된 고통이 이 땅에서 영원히 사라졌으면 한다.

논공은 현풍에서 대구로 들어가는 길목이었다. 역마를 대여하는 '쌍산역'과 관리들이 쉬어 가는 역이었던 '소도원'이 있어 예전부터 교통의 요지였음을 알 수 있다. 80년대 초반 공단 지역으로 조성돼 농촌 모습이 완전히

소이산–말응덕산 신호

소이산봉수 방호벽

사라졌다. 읍내에서 외국인 노동자와 쉽게 만날 수 있고, 밤낮으로 가동되는 공장과 현대식 아파트가 밀집한 곳이 되었다.

'소이산'이라는 이름의 봉수대가 많다. '소산·소이산' 봉수대는 해당 현이나 군에서 멀지 않은 곳에 자리한다. '영산 소산·현풍 소산·상주 소산·풍산 소산' 이외에도 많은 '소산봉수'가 있다. '소산'봉수대는 높다기보다 낮은 산이 더 많다. '소산'은 어떤 임무를 맡은 산, 임무를 맡은 이가 있는 산이라 의미로 불리어진 것 같다. 고유어에서 '소·쇠', 이두 표기 '召史(소이·조이)', '소임·소임이'는 전문가·우두머리·장인의 의미를 가지고 있다고 한다. 고대에는 고귀한 신분의 이름에도 쓰였지만, 후기에 올수록 신분이 낮거나 하층 직업을 가진 이를 가리킬 때 많이 쓴다. 이런 예는 '마당쇠·구두쇠·

장쇠·돌쇠', 현대어의 '짱쇠·모르쇠' 등에서도 볼 수 있다. 봉수제도가 고려 때 도입되고 여기에 어떤 임무를 맡은 사람들이 산에서 일상적 근무를 하게 되자, '봉수 임무를 맡은 이들이 근무하는 곳'이라는 의미의 '소이산·소산'이라는 이름이 붙게 되었다. 이후『세종실록지리지』에 기록된 많은 '소산·소이산' 봉수대는 당시에 불리어지는 대로 기록된 게 분명하다.

봉수대는 낙동강과 인접한 제2봉에 있다. 경일산 제1봉은 문필봉으로 불리며 산책길과 체육공원이 조성되어 지역민이 많이 이용하는 등산로지만, 1봉과 2봉 사이는 경사가 심하고 등산로가 개발되지 않아서, 봉수대 원형이 덜 훼손된 것으로 생각된다. 내지봉수로는 비교적 큰 형태다. 동서로 긴 산정에 조성되었다. 남·북 방호벽은 석축이 잘 남아 있다. 낙동강 위로 말응덕산이 빤히 보이고, 참나무 사이로 창녕 태백산이 조망된다. 지역 어른들은 70년대까지 봉수대 주변에 우물이 있었다고 한다.

1. 논공주공아파트(대구 달성군 논공읍 남리 635)에서 산으로 오르는 등산로가 있다.
2. 대구 달성군 논공읍 남리 584에서 오르는 등산로가 잘 개설되어 있다.

11

말응덕산봉수

말응덕산(末應德山), 물알산

경북 고령군 성산면 삼대리 114
위도 35. 45. 242.
경도 128. 23. 041.
고도 112m

간봉 6노선·2노선과의 조우

말응덕산은 화원 지역과 고령을 잇는 고령교 끝부분의 나지막한 산이다. 유장한 낙동강 어딘들 명승이 아닌 곳 있으랴만 이곳의 경치는 빼어나기 그지없다. 한강 정구 선생, 임진란 의병장 김면 선생, 명성이 쟁쟁한 성주, 고령, 현풍의 선비 일곱 분이 이곳의 아름다움을 알고 모임을 즐겼다고 한다. 사방을 돌아보며 즐긴다는 '사망정四望亭' 정자는 이분들을 기리기 위해서 지었다. 사망정과 봉화산 주위를 가꾸어 '낭만공원'이라 부른다.

隔闊良朋已半年	좋은 벗님네 소식 끊긴 지 반년이더니,
淸江邂逅思無邊	맑은 강에서 만나니 반갑기 그지없네.
中流扣枻陶陶醉	흐르는 강 뱃전 두드리며 술기운 도도한데,
不覺煙波物外天	물안개 속 이곳이 선경인 줄 몰랐구나.

– '낙강칠현 육일헌 이홍량'

말응덕산에서 달성보 너머 보이는 논공 소이산 봉수대 방향은 한 폭의 그림으로 다가온다. 산 아래는 화원과 고령을 잇는 '무계진' 나루터다. 예전엔 길손의 왕래가 끊이지 않았던 곳이다. 아름다운 전경과는 달리 고령과 화원의 접경인 이곳은 3국의 쟁탈기에 대가야와 신라의 세력이 맞닿았

위. 말응덕산–소이산 신호, 아래. 말응덕산

던 곳이다. 5세기 후반 화원 지역은 이미 신라와 밀접한 관계를 가졌다. 말응덕산은 조선 초기 봉수대가 만들어지기 훨씬 이전 3국 시대, 어쩌면 그 이전부터 경쟁관계 세력들의 동향을 살피는 국경 전초기지로 활용되었을 것이다. 대가야 도성과 10km 거리다. 이곳에서 발령된 경보는 고령읍 망산봉수를 거치면 순식간에 전달될 수 있다. 봉수대 주변에는 시대를 망라한 토기편, 기와편이 무수히 흩어져 이곳의 역사를 말해 준다.

6.25 당시에도 치열했던 낙동강 전투를 다 지켜봤던 곳이다. 강 건너 위천의 '씩실늪'에서는 70년대까지 인민군 전사자의 시신이 발견되었다고 한다. 발굴 조사, 연구를 통해 이 산 전체를 대가야의 문화에서 낙동강 전투까지의 기념 공간으로 활용했으면 한다.

봉수대가 위치한 곳은 매우 낮은 구릉이지만, 남쪽 소이산봉수(6.8km), 서쪽 고령 망산봉수(8.8km), 북쪽 이부로산봉수(6.3km), 동쪽 화원의 성산봉수(11.2km), 멀리 성주의 성산(별뫼)봉수(17.5km)가 보이는 요충지다. 북을 향해 달려오던 간봉 6노선이 간봉 2노선(이부로산, 망산, 별뫼)을 만났다가 강의 굽이를 따라 동쪽 화원봉수로 달린다. 봉수터는 많이 허물어져 원형을 알아보기 어렵지만 연대와 방호벽의 흔적을 어렴풋이 짐작할 수 있다. 남쪽 민묘가 있는 곳에 자기편, 기와편, 가야 시대 토기편이 산을 이룬다. 산이름도 기묘하다. '강가에 붙은 말똥처럼 생겼다.'는 뜻인지, 대가야의 '강 끝부분 언덕'이란 뜻인지 아리송하다. 화원 성산(화원유원지 내)에서는 서쪽 강 아래로 보이는 이 산을 '물알산(강물 아래의 산)'이라고 한다.

TIP

위천 3거리에서 고령교 끝나는 지점에 사망정(四望亭)이 있다. 사망정 옆으로 임도를 따라 오르면 구릉의 정상이다.

12

성산봉수

성산(城山)

대구광역시 달성군 화원읍 성산리 310 화원동산내 북쪽 전망대매점 뒷쪽

위도 35. 48. 826.
경도 128. 28. 839.
고도 90m

행궁·성산·봉수대·유원지

화원유원지는 대구지역의 명소다. 일제강점기에 유원지로 개발하고 놀이시설을 갖추어 전국적인 관광지가 되었다. 명성이 예전만 못하지만, '사문진' 나루터를 연계 개발하여 대구시민들이 즐겨 찾는 곳이다. 화원은 '꽃동산'처럼 아름답다는 뜻이다. 전설에 따르면, 신라 경덕왕이 가야산에서 휴양하던 세자를 찾아 거둥하다가 화원의 경관에 반해 이곳에 행궁을 지었다고 한다. 지금도 그 터를 상화대(화원을 감상하는 곳)로 부른다. 산정에 가야에서 쌓은 것으로 추정되는 토성이 있다. 토성 안쪽에 신라가 건축물을 올렸고, 성산 정상에 봉수대를 만들었다. 산죽이 여러 군데 밀생하고 있다. 아마 봉군들이 횃불을 만드는 데 쓰려고 심었을 것이다. 전망대에서 만난 어른들은, "전망대 매점 주변이 봉수대 자린데, 여러 차례의 개발 과정에 훼손되었다"고 말씀하신다.

'성산봉수'로 부른 것으로 보아 기존의 토성과 연계해 설치했을 것이다. 전망대에서 마천산봉수가 있는 다사 지역을 보면 달성습지가 한눈에 들어온다. 성주대교 부근에서 동쪽으로 곡류를 이루는 낙동강이 금호강 물길을 더한다. 두 강이 만나면서 느려진 유속으로 습지를 만들고, 강의 습윤한

위. 성산봉수대 터, 아래. 성산–마천산 신호

기운으로 꽃동산 화원 성산을 만들었다. 성산에서 또다시 진천천 물길을 더한 낙동강은 서쪽으로 굽이돌아 흘러간다. 낙동강이 곡류를 이루지 않았다면 '말응덕산'봉수는 화원 성산을 거치지 않고 곧장 '마천산'봉수로 신호를 보냈을 것이다. 아름다운 꽃동산에 볼거리를 더하여 화원동산 안내도에 성산봉수가 표기될 수 있도록 달성군에서 관심을 기울였으면 한다.

TIP

화원유원지 사문진나루터를 지나 성산의 가장 높은 곳에 있는 팔각정 바로 뒤쪽이 예전의 봉수터다.

13

마천산봉수

마천산(馬川山), 봉우골,
금산(錦山)-대구읍지(1907년)

대구광역시 달성군 다사읍
문양리 산 9
위도 35. 876. 520.
경도 128. 447. 583.
고도 169m

낙동강 너머 오가다

마천산은 두 개의 봉우리다. 봉수대는 문양역 방향의 마천산(196m)에서 동쪽으로 500m 거리에 있다. 대나무가 주변을 에워싸고 있다. 남쪽 부분은 산의 경사를 이용하고, 나머지 3면은 흙과 돌을 섞어 방호벽을 쌓았다. 부곡리에서는 봉수대 주변을 봉우골이라 부르는데, 어르신들은 자신들이 봉수대를 거쳐서 초등학교를 다녔으며, 장난을 치면서 봉수대 석벽을 허물었다고 한다. 봉수대 주변 등산로에 새겨 놓은 '봉화대 꽃길'이란 글씨가 눈길을 끈다. 봉수제도가 폐지된 이후, 군사용 시설·헬기장 건립 등 공공목적으로 훼손된 봉수대도 많지만, 사람들의 통행이 잦고 접근이 쉬운 봉수대는 인위적으로 훼손된 경우가 많다.

마천산봉수 방호벽

흙을 거의 사용하지 않고 석재로만 쌓은 봉수대 내부에는 기와편이 많이 흩어져 있다. 유지는 원형을 짐작할 수 있을 정도로 잘 남아 있다. 마천산의 두 봉우리(문양

마천산봉수 바위명

역 쪽 196m, 북동쪽 274m) 사이에 위치하는데, 문양역에서 가까운 봉우리 뒤 고갯길 옆이다. 봉수대는 그리 높지 않고, 부곡리에서 오르기도 쉬워 예전에는 부곡리 사람들이 동곡, 하빈으로 넘어가는 고갯길로 사용되었다. 높지 않은 고개지만, 화원 성산봉수와 성주의 각산봉수가 잘 조망된다.

평안의 불은 화원 성산에서 낙동강 너머로 올라와, 북으로 낙동강 너머 아득히 성주 각산으로 전해진다. 강과 산을 뛰어넘으며 구미→김천→상주를 거쳐 내륙 깊숙이 전해진다.

TIP

문양역에서 등산로를 따라 20분 정도 오르면 고갯마루에 있다.

14

각산봉수

각산(角山), 봉화산

경북 성주군 월항면 용각리
산 48 봉화산 정상
위도 35° 58′ 667″
경도 128° 19′ 778″
고도 468m

합해서 박집산으로

성주군 월항면 용각산은 우뚝 솟아올라 신비한 기운이 감돈다. 뜻있는 분들의 사랑을 받은 듯, 용각산 정상석은 위용을 자랑하며 늠름히 서 있고, 등정을 알리는 리본이 꽃처럼 매달렸다. 산 아래 사찰 '대성사'에는 여걸풍의 비구니 주지 스님이 봉수대에 남다른 관심을 가져, 경사가 심한 용각산에 등산로를 개설하라고 여러 번 성주군청에 건의했다고 한다. 끼니때가 지난 불청객에게 라면을 끓여 주시는 중생을 사랑하시는 분이다.

용각산은 천하의 명당으로 여겨지는 '월항 인촌리 세종대왕자태실'이 4.2km 거리의 약목 박집산봉수와 정삼각형으로 위치하고 있다. 봉수대가 있는 산정은 넓은 대지가 있어서 봉수군들이 밭을 일구어 농사를 지을 정도다. 허물어졌으나 완연한 봉수대, 건물지, 밭을 일군 터가 있다. 성주와 고령을 한눈에 살필 수 있는 곳이어서 예전부터 산성을 쌓았고, 봉수대는 그 위에 설치되었다. 고령에서 올라오는 제2거 간봉2노선의 성산봉수와 현풍에서 올라오는 간봉6노선의 마천산 신호가 이곳에서 합해져 약목 박집산봉수로 전해진다. 정상에 삼국시대 석축산성이 있으며, 봉수대는 산성 남쪽 끝부분에 긴 타원형을 이루고 있다. 서쪽 방호벽은 흙과 돌을 섞어 높이 쌓았다. 남동쪽에 출입구가 있으며 내부에 연조시설이 일부 남아 있다.

위. 각산봉수 내 연조, 아래. 각산봉수 방호벽

바깥에는 건물터가 있으며, 자기편과 기와편이 많이 있다.

성주는 한때 경상도의 중심지였다. 성주 참외뿐 아니라 아름다운 가야산, 옛 모습을 간직한 '한개마을, 성밖숲, 세종대왕자태실' 등 성주가 가진 관광자원과 연계하여 용각산봉수대가 개발되면 좋을 것이다.

1. 대성사(경북 성주군 월항면 용각리 11)에서 도덕암 방향으로 오르면 40분 정도 소요된다.
2. 필산마을(경북 성주군 월항면 용각리 176) 남동쪽으로 300m 정도 가면 반남 박씨 묘원이 나온다. 묘원 앞 저수지에서 능선을 따라 북쪽으로 오르면 1시간 정도 소요된다.

15

박집산봉수

박집산(朴執山)

경상북도 칠곡군 약목면 무림리 산44-1 박집산
위도 36. 012. 799.
경도 128. 347. 698.
고도 346m

신유 장군의 개선

봉하마을 가사막골에서 8대조부터 살아오셨다는 용궁 전 옹에 의하면, 예전에 어른들로부터 봉수에 대한 얘기를 많이 들었다고 한다. 전 옹은 일찍이 출향해 도시 생활을 하다가 느지막이 귀향하여 양봉과 자투리 농사로 생활하신다. 할머니께서는 아드님이 시집을 출간한 유명한 시인이라고 자랑하신다. 『어느 시인의 흙집 일기』의 저자 전남진 시인이다. 노부부께 자랑스러운 아들이다. 길손에게 꿀차를 권하며, 주변에 밀생한 아까시나무가 무공해 지역에서 자라 좋은 꿀이 생산된다고 하신다. 노부부에게 내년 봄에도 꿀을 구하러 오겠다고 약속하며 봉수대로 올랐다.

가사막골에서 봉수대 오르는 길은 대나무가 멋진 터널을 이룬다. 셔터를 마구 누른다. 아무렇게 찍어도 신비한 대숲이다. 대개의 봉수대 주변에는 봉수군들이 횃불 재료로 쓰려고 중간 정도 크기의 시눗대를 심는다. 보통 키가 2~3미터 정도의 대나무인데, 이곳은 왕대나무가 숲을 이루어 겨울에도 푸른 기운이 가득하다. 봉수대 내부에 안내석이 있다. 남북으로 이어진 산 능선에 축조되었는데, 넓이는 남북 30m, 동서 15m 정도다. 방호벽은 1m 높이로 남아 있다. 남쪽에 출입구가 있으며 기와편과 생활자기편이 눈에 띈다. 남쪽으로 성주 각산이 빤히 올려다보인다. 경사가 가파른 북쪽엔

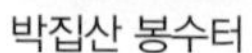
박집산 봉수터

박집산봉수 대숲길

낙동강 물줄기를 따라 넓은 들판이 이어져, 약목·구미·경부선 고속도로가 훤히 보이지만, 30리 거리의 건대산은 가늠하기 어렵다.

산 아래에 '신유장군 유적'이 있다. "장군은 1658년(효종 9) 청나라가 러시아의 남하를 막으려고 청병하자, 함경북도 병마우후로서 제2차 나선정벌에 북병영의 정예 병력 265명을 이끌고 만주의 흑룡강까지 출병했다. 이곳 전투에서 러시아의 스테파노프 부대를 격파하는 전공을 세웠다."

– 디지털칠곡문화대전

청나라와 러시아에 조선의 존재감을 보인 쾌거다. 듣기에, 가수 '신유' 씨는 장군의 후손으로 자랑스런 조상의 '휘'를 예명으로 쓴다고 한다.

내륙 깊숙이 있는 봉수대는 연변으로부터 전해지는 적의 동정을 주변에 알리고, 서울 목멱산으로 전한다. 특별한 적변이 일어나지 않으면 국경의 무사함을 알리는 평안의 불(하나의 횃불)을 전하는 기능을 했다. 멀리 출정한 장군의 승전 소식을 알리는 봉수대였으면 어땠을까 생각해 본다. 등산로 곁이어서 조금씩 훼손되고 있다. 좀 더 관심을 기울여 보존할 필요가 있는 봉수대다.

TIP

도로변(경북 칠곡군 약목면 무림리 산 44-1)에 주차 후 서편으로 오르면 박집산 정상 조금 아래에 있다.

16

건대산봉수

건대산(件岱山), 봉화산

경북 구미시 구포동
산 85-1
위도 36. 123. 617.
경도 128. 403. 392.
고도 152m

인동현 서쪽 건대산

'건대'는 '거(炬: 횃불) + 대臺'에서 '것대, 건대' 등으로 불리다가 문자로 정착한 것 같다. 인동현의 서쪽 강변에 건대산이 있다. 구미전자공고 바로 뒷산이 봉수대다. 해평의 석현봉수로 평안의 불을 전한 곳이다. 건대산의 다른 이름이 석현(石峴: 돌 고개)이다. 실제 건대산에는 장롱 크기의 풍화된 화강암을 산 전체에서 볼 수 있는데, '보물 제1122호 황상동마애불'도 이곳에 산재한 화강암에 부처님을 봉안한 것으로 보인다. 마애불이 있는 마애사에서 오른편으로 오르면 고압선 철탑이 나온다. 철탑에서 서쪽 능선 위에 장롱크기의 바위가 마치 대문처럼 지키는 곳이 봉수대 터다. 70년대까지는 봉수대 일부가 남아 있었다는데, 지금은 석축 흔적만 있다. '황상동마애불'과 연계해 관광자원으로 복원하면 좋을 것이다.

예전 인동현은 작은 고을이었다. 봉수대에서 동쪽으로 높다랗게 보이는 천생산성에서 의병장 곽재우가 왜적을 크게 무찔러 도호부로 승격되었고, 지금은 구미공단으로 인해 인구 42만의 도시가 되었다. 성주가 30성씨의 본관으로 사용될 만큼 번성한 곳이어서, 처음에 경부선 철도가 성주를 경유하기로 했으나 "무거운 철마가 땅기운을 해친다."고 반대했기에, 구미를

건대산봉수 출입구

황상동마애불

경유하게 되었다고 한다. 이 말이 사실인지 알 수 없으나, 낙동강에 의지해 형성된 구미는 원래 교통이 좋은 곳이다.

간봉 6노선은 대체로 낙동강 본류를 따라 북상한다. 강에 의지해 사람들은 강가에 모여 산다. 평안의 횃불은 많은 사람들에게 알리며 상경하도록 설계되었으니, 봉수도 강을 따라 가게 되었고, 경부선도 구미를 경유하게 된 것이다.

마애사(경북 구미시 황상동 482)에서 고압선 철탑이 있는 산 능선 서쪽에 장롱크기의 바위가 대문처럼 지키는 곳이 봉수대 터다.

17

석현봉수

석현(石峴: 돌 고개), 봉우재, 반이산

경북 구미시 산동면 성수리 산 8
위도 36 9 213
경도 128 25 156
고도 144m

해평현 낙동강 철새 도래지 너머로

산동면에서 구미로 넘어가는 봉우재 동쪽편의 야산 중턱에 봉수대 터가 있다. 야산이지만 남쪽으로 구미·인동과 낙동강을 거슬러 구미보가 훤히 보이는 곳이다. 구미5공단 건설과 아파트 신축으로 인해 신당2리에 살다가 괴곡리에 이주하신 구순九旬의 김 옹은 산동에서 옥계, 구미로 넘어가는 고개를 '봉우재'라 부르며, 봉수대는 그 위에 있다고 하신다. "너무 노쇠해 봉수대에 같이 갈 수는 없다."고 하신다. 어르신이 살아온 삶이 민족의 근대사다. 일제강점기를 거쳐 광복과 분단·전쟁·산업화 과정을 몸소 겪으며 오늘에 이르신 것이다.

산동면 오 계장님과 함께 봉우재 동쪽 산을 올라가 보기로 했다. 높이 150여 미터 산정에는 아무런 인위적 흔적이 없다. 하산 길에 이동통신 중계탑 부근에서 생활 자기편과 기와편이 산재한 곳을 보았다. 자세히 살피며, 여기가

석현–건대산 신호

어르신이 말씀하신 봉수대 터인가 짐작해 본다.

석현봉수 생활자기편

봉수대는 민묘를 조성하느라 훼손되었고 내부에 등산로가 있다. 방호벽에 사용된 석재를 묘지 조성에 썼지만 어느 정도 방호벽 규모를 짐작해 볼 수 있다. 내부 연조 시설은 완전히 훼손되었다. 방호벽 서쪽 편에 기와편, 옹기편, 도자기편이 무수히 흩어져 있다. 석현봉수는 건대산봉수와 거리가 3.9km로 매우 가깝다. 건대산에서 남산봉수 방향은 매봉산에 막혀 대응이 되지 않으므로, 석현봉수를 두어 해평현에 매일 평안의 신호를 보내게 하였다.

북으로 낙동강을 거슬러 '하중도 해평습지와 철새도래지' 너머 30리 떨어진 남산봉수가 아스라이 보인다. 구미시에서 좀 더 자세한 지표조사와 보호 조치를 해야 할 곳이다.

TIP

오일뱅크(양포주유소) 옆 동쪽으로 산을 500m 정도 오르면 KT 이동통신중계탑이 나온다. 중계탑 동쪽 100m 부근이 봉수대 터다.

18

남산봉수

남산(藍山), 남산(南山)

경상북도 구미시 선산읍 원리 산56-2 남산 정상
위도 36. 235. 528.
경도 128. 335. 862.
고도 168m

푸른 강·푸른 산·한없이 푸른 들판

歸臥烏山下 금오산 아래에 돌아와 누운,
淸風比子陵 맑은 지조 엄자릉에 견줄 만한데.
聖主成其美 성군께서 아름답게 여기신 것은,
勸人節義興 절의를 흥기토록 한 것이라네.

– 〈숙종대왕. 어제시〉

고려와 조선을 함께 섬기지 않겠다는 야은 길재 선생의 '불사이군' 정신을 태종이 높이 평가한 사실에 대해, 그 감회를 표현한 숙종의 어제시다. 금오서원은 길재 선생의 충절과 학문을 기리기 위해 선조 3년에 지었다. 원래 금오산 기슭에 있었으나 임란 때 소실되어 이곳으로 옮겨 지었다. 서원 내 누각 읍청루(挹淸樓: 강의 맑은 기운을 퍼올린다)는 주변의 풍광을 고려해 지었다. 숭례문 밖 10리 용산에도 같은 이름의 누각이 있어서 한강의 맑고 푸른 기운을 완상하는 곳이다. 얼마나 멋진 이름인가! 서원 뒷산이 남산(藍山: 쪽빛 기운의 산)이다. 낙동강 푸른 기운을 손으로 퍼 올릴 듯하다. 감천이 낙동강 본류로 흘러드는 곳, 습윤한 강의 기운이 산을 쪽빛으로 물들이고 들판을 풍요롭게 한다. 김천에서 시작해, 감천 물빛으로 빚어지고 남산 아래서 마무리되는 들판은 지역의 곡창이며, 문화와 생명의 근원이다. 남산 아래 강창나루는 부산에서 소금을 싣고 와 김천과 상주, 안동으로 보냈던 곳이다. 50년대 초반까지 소금 배가 다녔으며, 70년대 초반까지 강을 건너고, 고기를 잡는 배들의 정류장이었다.

남산봉수 봉돈

남산 정상에 올라서면 멀리 남동쪽으로 신라 불교가 잉태된 '도리사'를 품은 태조산(냉산)이 보이고 발밑에는 유장한 낙동강이 흐른다. 구미보가 웅장한 위용을 과시하는 남빛 강물은 남산에 푸른 기운을 더한다.

봉수대는 산정 부위에 있다. 남쪽으로 해평 석현봉수가 강물 위로 보이는 곳이다. 강을 따라 북상하던 불길은 여기서 방향을 바꾼다. 강을 비껴 개령·상주로 돌아 하늘재(계립령)를 넘는다. 평안의 불이 상주목을 거쳐야 하기 때문이다. 내부에 4기의 민묘가 묘비와 함께 조성되어 있다. 문화재·유적지·기념물에 대한 인식 부족으로 이 시간에도 잠식되고 훼손되어 가고 있다.

내부에 연조 1기가 남아 있다. 높이 1.8m, 상부직경 2.6m, 하부직경 4.3m다. 원래는 흙과 돌을 섞어 쌓았지만 석재만 남아 있다. 전체 둘레가 85m 정도다. 방호벽 남북 25m, 동서 26m로 원형으로 축조되었다. 따뜻하고 균형감 있는 예쁜 봉수대다. 겨울이면 강을 따라 세찬 바람이 불겠지만, 봄날의 남산은 선경 그 자체요, 감천과 낙동강이 만나며 빚어내는 온통 생명의 녹색 그 자체다. 푸른 강·푸른 산·한없이 푸른 들판…….

남산봉수는 구미보와 연계하여 '금오서원 녹색길'로 조성되었다. 봉수대를 원형을 제대로 살려 복원한다면 참으로 감동적인 녹색길이 될 것 같다.

TIP

금오서원 주차장에서 봉수대에 오른 후 구미보 방향의 산책길을 이용한다. 등산길이 예쁘게 단장되었으며, 전망이 뛰어나다.

19-1

성황당봉수

성황당(城隍堂), 감문산(甘文山), 취적봉

경북 김천시 개령면 양천리 산 61
위도 36. 10. 622
경도 128. 10 .773
고도 321m

손방(巽方)으로 옮기다

"철종 6년(1855) '성황(감문산)봉수가 개령향교 뒷산 취적봉 곧, 성묘(공자 사당)의 주봉 위에 설치한 것은 체모에 흠이 된다'는 유림들의 논의가 일어나 옛 봉수대인 남산으로 옮겼다."

"고종 2년(1865) 남산으로 옮긴 뒤로는 읍촌 사이에 재난과 탈이 계속 일어나고, 부유한 집안이 모두 가난해졌습니다. 이는 봉수를 고을의 손방(巽方: 남동쪽)으로 옮겼기 때문이며, 고을이 없어지고 말 것이라고 소문이 돌아 대중의 마음이 동요해 뿔뿔이 흩어질 생각을 한다는 백성들의 소송장을 받고 조정에서 조사해 보니, 남산은 과연 고을의 손방(巽方: 남동쪽)이고 터가 조금 움푹 파이고 운무가 늘 변해서 비록 맑은 날도 횃불을 못 보며, 큰 내가 아래에 흘러 '치인'(달려가 알리는 봉수군)이나 전준(傳準: 관의 준급한 문서) 또한 바랄 수 없으니 응당 옮겨야 할 상황입니다."

"옛 터의 조금 낮은 곳에 설치하여 공자 사당의 체모 손상을 덜고 백성들을 편안하게 하려고 다시 옮겼다고 한다."

– 『경상우병영관첩』

감문산봉수에서 철종 6년(1855) 남산(봉화산, 건령산)으로 옮겨와 고종 2년(1865)까지 운용하다가 다시 옮겨 갔다는 말이다. 옮겨 온 봉화산(남산, 343m)에서는 감문산봉수가 있는 취적봉(321m) 위로 소산봉수(302m)가 겨우 보이며, 거리도 4.5km나 더 멀어진다. 수백 년간 잘 운영되던 봉수를 '성묘(공자 사당)' 운운하며 옮긴 일이 봉수군들에게는 불만이었으리라. 게다가 감천

성황당 5봉돈

성황당 봉돈

이 가로막혀 훨씬 불편하다. 이런 불편이 불만으로 쌓여 10년간 운용되다가 민원이 발생한 뒤 제자리로 돌아왔다. 옮기지 않아도 될 봉수대를 별난 유림들의 별난 논의로 옮기니, 봉수군들의 불만이 생긴 것이다.

손방巽方은 옮긴 남산봉수가 개령현의 남동쪽이라는 뜻이다. 불만스런 마음이 손방(남동쪽)을 주역 손괘巽卦에 연관시켰을 것이다. 손괘巽卦☴는 하나의 음효가 두 개의 양효 밑에 엎드려 있는 괘의 형상으로 보아 '들어가다' '따르다'라는 뜻이 생겨났다. 손괘의 상징은 '바람'이며, 괘사는 "형통한 것이 적다. 가는 것이 이로우며 대인을 보는 것이 이롭다."이다. 봉수대를 옮겨서 형통한 것이 적으니 대인(나라, 관리)에게 하소연하는 것이 이롭다는 뜻으로 해석할 수 있다.

또 달리 생각해 보면, 손방의 '손巽'은, 일반적으로 '손(損: 덜다, 손해)'을 떠올리게 하고, 남산봉수의 위치가 개령현에서 감천 너머 남동쪽에 있는 형상을 통해 주역 '손괘損卦☶'를 연관지었을 수도 있다. 그렇다면,

- 손괘의 형상은 '산 아래 연못이 있는 형상'이고
- 괘사는 단전彖傳에서 '아래를 덜어내서 위를 더해 준다'이다.

이것은 아래의 연못 바닥을 파서 흙을 산 위에 보태어 높여 주는 형상이다. 하층부의 수고로 상층부의 체모 유지에 보탠다는 의미가 된다. 유림이

상층부이고, 평민인 봉수군이 하층부라면 상층부의 체모 유지를 위해 하층부인 봉수군이 수고를 더하는 꼴이 된다. 화가 난 하층부가 대인(나라, 관리)에게 하소연하니, 나라에서 원래 위치로 돌아갈 것을 허락한다.

• 손괘의 대상전大象傳에서 "산 아래에 연못이 있는 것이 손괘이니 군자는 손괘의 상을 본받아 화를 그치게 하고 사사로운 욕망을 막는다."고 한다.

곧 하층민이 화내는 것을 받아들여야 하며, 자신들의 체모만 유지해서는 안 된다는 뜻으로 받아들인 것이다. 실제로 남산봉수는 개령현의 감천 건너 남동쪽에 있다. 조선 후기 주자학의 본령인 '수신제가치국평천하'는 흐려지고 형식 숭상에 굳어버린 유림들의 이기적 태도가 빚어낸 에피소드다.

감문산봉수지는 취적봉 정상 삼국시대 소국 감문국에서 쌓은 산성 안에 있다. 흙무덤 같은 5개의 연조가 남북으로 설치되었다. 봉수대 석축이 산성 흔적과 섞여 있다. 남쪽 봉돈 1기가 둥그렇게 옛 모습을 간직하고 있다. 봉수대 남쪽에는 개령향교와 개령면소재지가 있고, 고개를 돌리면 낙동강 구미보의 남산봉수가 들판 저 멀리로 보인다.

남동쪽(손방) 남산으로 옮겼다가 10년 뒤 다시 옮겨올 때, "옛 터의 조금 낮은 곳에 설치해 공자 사당의 체모 손상을 덜었다."라고 했는데, 지금 정상에 남아 있는 유지로는 조금 낮은 곳이 어딘지 알 수 없다. 보고만 그렇게 하고 봉수대는 예전 그대로였다는 말인가.

개령면 계림사에서 절 왼쪽으로 오르면 30분 정도 소요된다.(취적봉)
경북 김천시 아포읍 대신리 721에서 남산으로 오른다.(옮겨 설치된 감문산봉수)

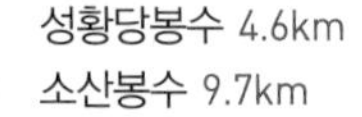

19-2

건령산봉수

건령산, 남산, 봉우산

경북 김천시 아포읍 대신리 산 34
위도 36. 8. 408.
경도 128. 12. 056.
고도 343m

손방 건령산봉수대

건령산(봉우산, 남산) 정상에 봉수대 유지가 있다. 터는 정상부를 원형으로 편평하게 했으며 지름이 20m 정도다. 석축 흔적은 보이지 않는다. 여기서는 소산봉수가 취적봉 정상 위로 9.7km 거리다. 남산봉수가 취적봉보다 20여 미터 높으나 소산봉수대가 취적봉보다 20여 미터 낮아서 겨우 보이는 곳이다. 구미보의 남산봉수는 16.2km로 비교적 먼 데다가, 감천 위로 조망권이 형성되어 안개에 쉽게 가릴 수 있다. 이러한 상황이 민원을 만들어 낸 이유가 될 것이다. 남산봉수는 산 정상부에 있다. 그런데 『경상우병영관첩』에서 봉수대의 "터가 조금 움푹 패였다."라는 기록은 다시 조사 연구되어야 할 부분이다. 80년대까지 봉천리 인근 주민들은 3월 30일에 봉수대에서 한 해의 풍년과 마을의 안녕을 위한 제사를 지냈다고 한다.

『경상우병영관첩』에 "봉화산(남산)봉수는 예전에 봉수대로 운용된 적이 있다."고 했는데 어느 시기에 설치되어 언제까지 운용되었는지 알 수가 없다. 현재 봉화산(건령산)의 원래 명칭은 '남산'이었다.

봉천1리 마을회관(경북 김천시 남면 연봉길 186) 뒤 '연봉웰빙숲길'을 따라 오르면 40분 정도 소요된다.

건령산봉수 내부

20

소산봉수

소산(所山), 봉오산, 봉화산, 운학산

경상북도 김천시 감문면 금라리 산 38

위도 36. 12. 811
경도 128. 9. 08
고도 302m

장풍득수의 명당

금라리 마을회관 앞 어르신들은 해바라기를 하신다. 온갖 화제로 분분한 의견이 오간다. 농촌에서도 요즘 보기 드문 광경이다. 점차 잊혀 가는 '사랑방 문화'다. 낯선 행인의 물음에 앞다투어 '봉오산'을 가리킨다. "봉수대는 뒷산 가장 높은 곳이며, 그 터에 커다란 묘소가 있고, 취적봉에서 신호를 받아 상주 공성면으로 전달한다."라고 소상히 말씀하신다. 뒷산을 동리에서는 모두 '봉오산', '봉우산'으로 부른다. 금라리 어르신들 참으로 보기에 좋다. 고개 많이 숙여 인사한다.

위량초등학교에서 은림리로 가는 길에 '갈골지'가 있다. 산 입구 김녕김공 묘비석에 봉화산이라는 표기가 있다. 참나무가 무성하고 묘지가 많은 능선을 따라 정상에 오르면 봉수대가 나타난다. 봉수대에는 호조참판 이공의 묘소가 있다. 크고 번듯한 상석에 '기미년'이라고 적혀 있다. 돌아가신 해가 1919년이 될 것이다. 후에 새로이 분묘를 정비하고 석물을 갖춘 듯하다. 금라리 어르신들은 다만 큰 묘라고만 말씀하신다. 묘지가 조성되면서 봉수대가 많이 훼손되었다. 전망이 뛰어나며, 푸른 대나무가 봉수대를 감쌌고, 한겨울에도 햇살을 마음껏 받는 곳이다. 그런 곳이니 큰 묘를 번듯하게 조성했으리라.

봉수대 내부에 조성된 대부분의 분묘는 묘지석을 두지 않는다. 원래 그곳이 봉수대인 줄 알았고, 나라에서 관리했으며, 봉수제도가 운용될 때는 금단구역이어서 남들의 이목이 집중되기 때문이다. 양택·음택 모두 풍수지리에서는 '장풍득수(藏風得水: 바람은 가리고 물은 얻어야 한다)'를 첫 번째로 여긴다. 그러나 봉수대는 대체로 전망이 뛰어난 산정이니 바람을 감추기가 쉽지 않다. 바람은 지형적 특성이어서 봉수대 주변 울창한 대나무로 가린다 해도 물을 얻기가 더 어렵다. 또한 국가지정 문화재급 봉수대도 있으니, 봉수대 내부에 묘지를 조성하는 것은 남의 이목을 의식해야 될 일이다.

봉수대는 산정에 북쪽을 높게 쌓고 남쪽은 낮은 타원형으로 흙과 돌을 섞어 쌓아 비교적 넓게 대지를 만들었다. 동쪽 방호벽에 봉군들이 심은 대나무가 촘촘히 서서 이곳이 봉수대였음을 알리고 있다. 내부에 건물지로 보이는 터가 있으며, 방호벽 서남쪽 아래 넓은 공터에도 봉수대 관련 건물이 있었을 것으로 생각된다.

소산을 떠난 불은 내륙 깊숙이 전해져 상주 함창을 거치고 계립령 하늘재로 달려간다.

감문면 금라리에서 위량초등학교에서 은림리로 가는 길 300m 정도에 갈골지가 있다. 주변에 주차하고 오르면 정상에 있다.

21

회룡산봉수

회룡산(回龍山), 봉우산, 봉골산, 봉우뚝, 보뚝

경북 상주시 공성면 도곡리 산 20 봉우뚝
위도 36. 17. 230.
경도 128. 2. 520.
고도 417m

회룡의 허리

강을 거슬러 오르던 불길은 구미보 남산봉수에서 개령으로 방향을 돌리며, 강과 잠시 이별한다. 평안의 불을 개령, 상주에 알리기 위해서다. 국토 깊은 속살을 달리는 불을 예전에는 복리봉수(腹裏烽燧 국토의 뱃속 봉수)라 했다. 선조들이 국토를 정신과 육체를 가진 하나의 생명체로 본 결과다. 풍수에서는 땅의 기운이 흐르는 산맥을 '용'으로 생각했다. '용'을 살필 때 나라의 근원이 되는 백두산을 '조산'으로 삼고 여기서 땅 기운이 막힘없이 잘 흘러오는가를 살핀다. 봉산리에서 우하리와 도곡리 사이를 가로지르는 회룡재 부근은 고도 400m 산이 2km 이상 연이어 있다. '용'이 굽이치는 모습으로 보인다. 회룡回龍이라는 이름은 이 모습에서 비롯되었다.

회룡산봉수대는 공성면 양촌마을 동쪽 700m 거리의 능선에 있다. 마을회관에서 점심을 드시려던 어르신들은 길을 여쭙는 길손에게 같이 들자 하신다. 염치불구 수저를 들며 '양촌마을(양지마을)과 남쪽 음지마을'에 대한 얘기를 들었다. 전국의 양지마을, 음지마을은 일반적으로 남쪽에 있는 마을이 음지마을이다. 골을 사이에 둔 남쪽마을은 산 그림자에 가려져 겨울이면 고층아파트 저층처럼 빛이 줄어들고, 북쪽마을은 골의 간격으로 인해 햇빛을 많이 받기 때문이다. 조그만 예물로 일어서는 길손을 회룡재 아래

회룡산봉수 내부

회룡산봉수 연조

까지 안내하신다. 이런 후덕한 인심이 있기에, 방랑시인 김삿갓은 평생토록 음풍농월, 천하유람할 수 있었을 것이다.

좁은 산 능선에 봉수대를 설치했다. 봉수대 가운데로 백두대간 종주로가 있다. 안내판을 설치해 등산객에게 알리고 덜 훼손되는 방법을 함께 생각해 보아야 할 곳이다. 산 능선의 경사를 이용해 방호벽을 쌓았다. 북쪽 방호벽 아래에 봉수대 관련 건물지로 짐작되는 빈터가 있다. 비교적 낮은 곳이지만 대응봉수가 잘 조망된다. 남동쪽 30리에 소산봉수가 회룡의 잔등 옆으로 아스라이 보이고, 동쪽에 높다란 상주 서산이 가까이 보인다. 서산봉수는 서산 정상에서 남쪽 능선으로 1,3km 지점을 가늠해 보아야 한다. 방호벽 동쪽 밖에 연조 1기가 남아 있다. 기와편과 생활자기편이 무수히 흩어져 있다.

봉수대 북쪽 고개, 우하리에서 봉산리와 도곡리로 넘어가는 고개를 '봉골', '봉우재'로 부른다. 예전엔 회룡재를 넘나들던 길손에게 변방의 급보와 평안의 소식을 전하던 곳이다.

1. 우하감리교회(경북 상주시 공성면 우하리 305-7) 북쪽편에 봉산리로 넘어가는 시멘트 임도가 있다. 고개에서 남쪽으로 500m 능선에 있다.
2. 상주시 백두대간생태교육장(경북 상주시 공성면 우하리 524)에서 북쪽 능선을 따라 오르면 1km 거리에 있다.

22

서산봉수

서산(西山), 봉우등

경북 상주시 청리면 하초리 산51 하초마을과 상초마을(불당골) 사이 구릉

위도 36. 18. 724.
경도 128. 5. 697.
고도 177m

상주의 전설 서산

"서산 남록 하초리 방향 중턱에 서산사가 있다. 임란 때 사명대사의 제자들이 사명대사의 공을 기려 대사의 진영을 서산사에 봉안했으나 상주목사 이한응이 그의 조부를 이곳에 이장하니 드디어 폐사되었다."고 한다.

"임진왜란 때 왜군을 쫓아 묘향산에서 나온 서산대사께서 이곳을 지나다가 '서산'이란 이름에 끌려 잠시 머물면서, 지팡이를 산에 꽂은 후, '내가 살면 지팡이도 살 것이고, 내가 죽으면 지팡이도 죽으리라.'고 하고 떠났다. 후에 지팡이는 무성하게 자라나 1960년까지 살아 있었다고 한다. 나무 이름이 알려지지 않은 희귀한 나무였다."고 전해진다.

– 『상산지』(1928)

상주와 서산대사의 직접적인 의병 활동은 거리가 있다. 임진년에 의주로 몽진해 다급해진 선조가 73세의 서산대사께 '팔도도총섭' 직책을 내렸고, 대사가 전국에 격문을 돌려 '유정', '처영'을 비롯한 수천 명의 제자 승병이 궐기하게 된다. 승병들은 평양성 탈환과 도성 수복 등 여러 전투에 큰 공을 세웠지만, 73세의 서산대사는 너무 노쇠해, 2년 후 제자 두 분에게 뒷일을 부탁하고 묘향산으로 들어간다. 대사가 상주까지 원정한 기록은 보이지 않는다. 제자 승병들의 활동과 관련된 전설로 생각된다. 서산은 사방 어디서 보아도 산 모양이 비슷하고 수려하여 눈에 띄는 산이다. 서산의 모양과 전

서산봉수 방호벽

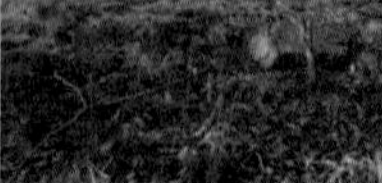

서산봉수대

설을 배경으로 명당이 많다고 여겨져, 19세기 후반 상주 목사도 서산에 조부를 이장한 것이다.

봉수대는 청리면 하초리 마을 서쪽 뒷산 구릉에 있다. 서산 정상에서 하초리 방향으로 남남서쪽 능선을 따라 약 1,300m 정도 거리다. 방호벽 석축이 잘 남아 있다. 높이는 1m ~ 3m 정도다. 봉수대 내부에 근래에 조성된 풍양 조공의 묘가 있다. 묘지 조성 과정에 내부 시설은 완전히 훼손되었다. 봉수대가 마을과 가까운 대부분의 경우, 자연적 마멸과 인위적 훼손이 심하다. 마멸·훼손된 후에 묘지가 들어서 완전히 변형된 상태가 되었다.

상주 지역 봉수대는 산정 높은 곳을 피하고 민가에서 가깝고 낮은 능선에 자리 잡았다. '회룡산', '서산', 다음 봉수인 '소산'도 그러하다. 지혜로운 선택이다. 예전에는 겨울눈이 늘 산에 쌓여 있어서, 높은 산정에 위치한 봉수대는 생필품 운반과 땔감 준비, 물을 긷는 수고가 훨씬 심했을 것이다. 하초리 주민들은 봉수대에서 하초리 쪽으로 난 골짜기를 봉골이라 한다.

TIP

하초리 마을 남서쪽 끝에 정자나무에서 산능선으로 오르면 15분 정도 소요된다.

23

소산봉수

소산(所山), 보우더이, 봉모티이

경북 상주시 외답동 산 24-1
식산 정상 북서쪽 능선
위도 36. 25. 067.
경도 128.11. 305.
고도 114m

소이들이 있는 소산

상주는 경주와 함께 경상도를 대표하는 도시로서, 구석기 이래로 사람들이 살아온 곳이다. 청리의 지석묘군과 삼국시대 사벌국이 역사 발전의 현장임을 말한다. 삼국통일기 신라의 전초기지 역할도 했고, 후기 '원종과 애노' 폭동이 '양길·궁예·견훤'의 후삼국 형태로 발전했는데, 이렇게 신라의 몰락을 재촉한 곳이기도 하다. 조선 전기에는 경상감영이 있었고, 임란 시 '바다에는 이순신, 땅에는 정기룡'이라 할 정도로 의병활동이 왕성했던 곳이었다. 유구한 민족사에 당당히 한 모퉁이를 담당한 상주다. 근래에는 '상주 곶감'과 '자전거 도시'로 이미지를 일신해 가며, 낙동강을 가장 아름답게 감상할 수 있다는 '경천대'를 비롯한 많은 관광자원으로 발길이 끊이지 않는 지역이다.

동쪽에는 상주의 진산 '갑장산과 식산'이 나란히 있다. 식산에는 무학대사가 창건한 동해사가 있는데, 이 절의 서북쪽 능선 끝부분, 화개동 북쪽에 봉수대가 있다. 나지막하여 상주 사람들에게 평안의 불을 쉬 전할 수 있는 곳이다. 주민들은 화개동 북쪽 능선을 '보우더미'로 부르며, 국도 쪽 화개동 마을을 '봉모티'로 부른다. 화개3거리 화개정 정자 옆으로 산을 오르면 300m 정도다. 봉수대 중에서 접근성이 가장 좋은 곳 중의 하나다.

소산봉수대

소산봉화산

접근성이 좋기에 풍화적 훼손에 더불어 인위적인 훼손이 심해 흔적이 거의 남지 않았다. 커다란 자연석 위에 토석을 섞어 봉돈을 축조했다. 주변을 돌아가며 방호벽을 쌓았던 흔적이 조금 남아 있다. 북쪽 방호벽 아래 봉수 관련 건물지이거나 봉군들의 둔전인 듯한 터가 있다. 남쪽 경사면에 민묘가 있고, 기와편, 도기편, 자기편들이 수백 년 동안의 생활쓰레기처럼 버려져 있다.

상주 소산은 치소에서 5리 거리의 나지막한 산이다. 그 산에 '소이(전문적인 일을 하는 사람)'들이 있다. 청리의 서산봉수대는 병성천과 경북선 철도가 있는 길을 막힘없이 조망할 수 있다. 구미보 남산봉수에서 낙동강을 떠난 불길은 개령에서 김천→상주→문경을 잇는 철길과 나란히 북상한다. 강의 흐름이나, 철길이 놓이는 이치도 불길을 이어 간 선인들의 지혜와 상통한다.

화개3거리(경북 상주시 외답동 834-1) 옆 화개정 정자 옆으로 산을 오르면 300m 정도 거리에 있다.

24

성산봉수

성산(城山), 봉우재, 오봉산, 남산

경상북도 상주시 공검면 역곡리
산23-2
위도 36. 32. 050.
경도 128. 10. 832.
고도 244m

오봉산, 성산, 남산, 쌍화산

함창 오봉산에는 삼국시대 초기 산성이 있다. 둘레 1.4㎞의 남산고성이다. 주변 고분 발굴로 '토기류, 금동류, 마구류'가 발굴됐는데, 학계는 삼국시대 초기 유물로 본다. 함창읍은 가야 권역 중 가장 북쪽 고령가야(古寧伽倻)의 옛 도읍지라고 한다. 문경, 함창에서 낙동강 하류 연안 700여 리에 걸쳐 6가야가 있었다. 북쪽으로 소백산이 가로막고 동에서 흘러온 낙동강이 영강과 합류해 남으로 방향을 바꾸며 일궈 낸 충적들판이 경상도를 살찌워 가는 곳이다. 고령가야의 도읍지 함창은 소백산맥을 배경 삼고, 낙동강을 따라 가야 제국과 교통하며 나라의 체모를 유지해 갔다. 함창읍 '증촌리 고령가야 태조왕릉'과 '남산고성의 고분군'은 이런 학설을 뒷받침하는 근거다. 6가야국사실록을 보면 고령가야는 김해 가락국이 건국된 서기 42년 수로왕의 셋째 동생 '고로왕'이 나라를 세운 후, 3대 '이현왕'까지 215년간 이어졌다고 한다.

– 상주시 홈페이지

'다섯 봉우리 오봉산', '함창현 앞 남산', '산성이 있는 성산', '다인에서 보면 두 송이 연꽃 같아서 쌍화산'으로 불린 예쁜 산이다. 여러 이름으로 기록되었다. 남산봉수대는 역곡리 노인회관 동쪽 봉화봉 봉우리에 있다. 오봉산성에서 동쪽 700m 거리다. 신흥리 어르신들은 봉수대와 봉우재 마을의 위치를 정확히 알고 있다. '봉우재 마을'이 오봉산과 동쪽의 봉화봉 사이에 있다. 봉수대 아래에 함창현으로 이어졌던 옛길이 있다. 신흥리부터 시작하는 산길은 '원님이 말을 타고 오르내리던 길'이라고 한다. 문경의 연

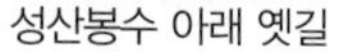
성산봉수 아래 옛길

성산봉수대

봉들이 훤히 조망되며 함창, 공검, 이안지역의 들판이 발아래 있다.

방호벽은 무너졌지만 봉수대 규모를 파악할 수 있다. 신흥리 어르신들은 "70년대까지 석축이 완연하게 남아 있었고, 300m 거리의 동쪽 봉우리도 봉수대였다."라고 한다. 연조의 흔적이 희미하게 남아 있다. 두 곳 모두 봉수대로 사용된 것으로 보인다. 직봉의 지봉이었던 '군위 박달산→간점산→대암산→다인 소산' 노선이 임란 이후 폐지되자, 다인 소이산과 상주 소산에서 함께 신호를 받던 동쪽 봉우리에서 상주 소산이 잘 보이는 서쪽 봉우리로 옮긴 것 같다.

TIP

봉우재마을(경북 상주시 함창읍 신흥리 산 24)에서 남쪽으로 시멘트 포장도로를 따라가면 배나무 과수원이 나온다. 서쪽 봉우리가 봉수대다.

25

선암봉수

선암(禪巖), 봉우등, 봉우재

경북 문경시 마성면 외어리 산 35-1 가섭마을 북쪽 봉우리

위도 36. 41. 074.
경도 128. 10. 256.
고도 665m

백두대간 문경함창 사이

가덕도 천성연대에서 이른 새벽 출발해, 칠원 안곡산에서 낙동강과 함께 북상하며 일상에 지친 이들에게 평안을 전하던 불이, 직봉인 안동 봉지산에서 갈라져 산양 소산봉수로 전하는 불과 선암산에서 합해져 하늘재 너머 충청도 깊숙이 들어간다. 선암산은 그런 곳이다. 문경을 앞에 두고 등 뒤로 영남의 관문 새재를 살피고, 동으로 내성천이 일궈낸 예천, 산양, 풍산의 들을 바라보며, 남으로 영강과 내성천, 낙동강이 합류해 빚어내는 함창 상주들판의 풍요를 바라본 곳이다. 선암산봉수에 올라야 왜 그곳인가를 알 수 있다.

선인들이 땅을 고르는 지혜는 국토에 대한 깊은 이해와 풍수지리에서 영감을 얻은 결과다. 봉수대가 있어야 할 그곳, 그 자리를 선택한 것은 봉군들의 노고, 대응봉수와의 거리, 신호전달에 필요한 자연적, 지리적 환경을 고려한 결과다. 문명의 이기 속에 살아가는 현대인들은, 봉수대를 우직한 통신수단으로 치부한다. 그 속에 숨은 그들의 희생과 노고, 천 년 가까이 자리를 지켜온 나라사랑의 마음을, 실속 없고 부질없었던 일로 넘겨 버린다. 그 붉은 한 조각 마음이 온갖 외세의 격랑 속에서 국토를 지키고 역사를 이어 내 손바닥 위 통신기기로 세계를 수십 년간 제패하게 한 밑바탕이 아니겠는가.

선암-가섭마을 느티나무

선암봉수 연대

봉수대는 문경 호계리 가섭마을 북쪽 665m 봉우리에 있다. 마을 가운데 큰 느티나무에서 맨 끝집 오동나무 왼쪽을 돌아 능선으로 오르면 1시간 정도 소요된다. 등산로가 없어서 문경대학교에서 오정산 정상에 올라 북북동쪽의 능선 1.4km 지점에 있는 봉수대를 찾는 게 쉽다. 봉수대 주변 넓은 평탄지는 둔전으로 활용했다. 가운데에 연대가 있다. 동쪽 방호벽 안쪽이 건물지로 추측된다. 남쪽 끝에 또 다른 건물지가 있으며, 이 건물지 동쪽에 우물터가 있다. 봉수대 표지 나무 팻말이 있다. 산정 넓은 터에 다른 곳보다 크게 조성되었으며, 관련 시설이 훼손 풍화되었지만 원형을 가늠할 수 있다.

가섭마을 어르신 김 옹은, "6.25 발생 직전부터 빨치산이 봉군들의 숙소 건물에 거주했다."고 한다. 이러한 증언은 여러 군데서 들을 수 있다. 봉수제도가 폐지된 후 일제강점기를 거쳐 60여 년 동안이나 봉군들의 숙소 건물은 의연히 제자리를 지켰는데, 한국전쟁 이후 분별없는 개발과 무관심 속에 버려지고 무너져 갔다. 군위의 승목산 봉군 숙소 건물이 마을의 서당, 가정집으로 활용되다가 여러 노력에도 불구하고 폐가로 헐려진 것은 개탄할 일이다.

1. 가섭마을(경북 문경시 호계면 호계리 336번지)의 가운데 큰 느티나무에서 마을 맨끝 집 오동나무 왼쪽으로 능선을 오르면 1시간 정도 소요된다. 등산로가 없다.
2. 문경마성농공단지(경북 문경시 마성면 외어리 산 38)에서 동쪽 산정으로 오르면 산정 우측 아래에 있다.

26

탄항봉수

탄항(炭項)

경북 문경시 문경읍 관음리
산 93 하늘재 남쪽
위도 36° 45′ 6.5″
경도 128° 05′ 14.2″
고도 638m

하늘재를 지키다

계립령(하늘재)은 신라 아달라왕 때 열린 이후, 신라와 고구려가 치열하게 다툰 곳이다. "계립령과 죽령 서쪽 땅을 되찾지 못하면 돌아오지 않겠다."는 온달 장군의 비원이 서린 고개다. 마의태자가 울며 넘은 고개, 공민왕께서 안동으로 몽진한 고개, 겨레의 애환과 역사가 서린 고개다. 계립령은 하늘재 옆 포암산 바위가 마치 '지릅(벗겨 놓은 삼대)' 같다고 '지릅재'로 부르기도 한다. 그러나 지릅재는 사문리와 미륵리 사이에 있는 마골점(麻骨岾: 지릅대 고개)봉수가 있는 고개다. '계립'이란 말이 '지릅'을 한자로 표기한 것이니, 4km 거리의 하늘재와 지릅재를 구별하지 않고 계립령으로 표기한 것이다. 하늘재는 가장 이른 시기에 개발된 영남과 충주 지역을 잇는 교통로였으나, 태종 때 조령이 뚫리고 임란을 거치면서 조령의 군사적 중요성이 강조되자 점차 쇠퇴해졌다.

탄항봉수는 하늘재를 끝까지 지켰다. 눌이항(추풍령)봉수, 죽령(죽령)봉수와 더불어 중원과 영남을 잇는 옛 고개를 지키며, 남동해의 경보를 충청도 내륙 깊숙이 전한 봉수대다. 탄항(炭項: 숯고개)은 '수자리(戍: 수자리, 지키다)를 서는 고개'다. 봉수군들이 늘 수자리 서며 고개를 지킨다는 의미가 '수戍고개→숫고개→숯고개(탄항)'로 표기된 것이다. 강원도의 '수산·술산'봉수는 '수자리

탄항봉수 봉돈

탄항봉수 봉돈

서는 산'이라는 뜻이다.

봉수대는 하늘재 입구에서 남쪽 탄항산 방향으로 700m 거리에 있다. 동서 35m, 남북 10m 정도의 타원형 터에 봉돈 1기와 건물터, 방호벽이 있다. 군사용 참호가 북쪽을 제외하고 빙 돌아가며 파여져 있다. 봉수 남쪽에 건물지와 관련된 석축이 있다. 능선의 좁은 터를 정비하고 지형을 살려 축조하였다.

하늘재 너머로 미륵사지와 송계계곡이 연결되고, 주변에는 삼국시대의 '대원령 산성'이 있다. 봉수대에서는 하늘재를 넘나들던 행인을 아주 가까이서 살필 수 있다. 사방으로 백두대간의 연봉들이 올려다보이며, 남쪽으로 오정산 정상과 북쪽 지릅재 마패봉이 조망된다.

TIP

하늘재(경북 문경시 문경읍 관음리 산 92) 입구에 주차하고 남쪽 탄항산 방향으로 오르면 700m 정도 거리에 있다.

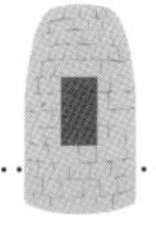

27

마골치봉수

마골치(麻骨峙), 마골점(麻骨岾), 마골산, 마역산, 마폐봉, 마골재

충북 충주시 수안보면 사문리
산 23-2 지릅재 남쪽 봉우리
위도 36° 49′ 677″
경도 128° 4′ 365″
고도 576m

연거와 병거

'지릅재(계립령, 지릅은 삼대를 가리키는 말이다.)'는 질러가는 재, '지름재'라고도 한다. 천여 미터가 넘는 월악산 주위 이름난 봉우리들 사이로 통하는 야트막하고 밋밋한 고개다. 고개 아래 '미륵사지'는 통일신라 때 창건되어 고려시대에 번창했던 사찰 터다. 마의태자가 계시를 받고 창건했다지만 망해 버린 왕조의 태자가 무슨 겨를이 있겠는가. 국내 유일의 북향 불상이 있는 미륵사는 중원을 향하는 신라인의 마음을 읽을 수 있는 사찰이다. 미륵사를 건립한 실제 목적은 계립령을 넘는 이들의 안전을 기원하며, 중원의 백성들을 위무하고 정신적 안식처를 제공하기 위해서이다. 화랑과 미륵신앙이 밀접하게 연결될 만큼 통일신라는 미륵신앙의 이상세계를 꿈꾸었으나, 먼 중원에까지 용화세계를 만들지 못했다. 신라 하대와 후삼국의 혼란기, 도탄에 빠진 민중에게 미륵 용화세계의 도래는 절실한 염원이었다. 이런 염원을 담아 사찰과 역원의 기능을 겸하는 미륵사가 창건되었고, 미완성 석조물은 용화세계의 도래를 꿈꾸던 이들의 간절한 몸짓이었다.

"철종 3년(1852) 7월 26일 밤 오해에서 비롯한 사건이 '탄항 · 마골치 · 주정산 · 대림산' 네 봉수대에 연관되어 일어난다. 26일 밤 탄항봉수대에서 한 개의 불을 올렸으나 마골치봉수대

마골산봉수 방호벽

에서 즉시 대응하지 않았다. 탄항봉수대에서는 관례에 따라 잠시 후 또 한 개의 횃불을 올렸다. 또 마골치에서 대응이 없자, 탄항에서는 연이어 세 번째의 횃불을 올렸다. 늦게야 알게 된 마골치봉수대는 '연이어 올리는 횃불(연거)'을, '한꺼번에 올리는 세 개의 횃불(병거)'인 줄 알고 심하게 당황하면서, 다음 봉수대인 주정산봉수대로는 그냥 연거를 올리고 나서, 걱정(탄항봉수에서 병거를 올린 것으로 생각함)을 한 나머지 급히 연풍현에 병거 3개(적이 국경에 접근한다는 경보)가 올라왔다고 보고했다. 경보가 보고되었으니 관에서는 조사를 하게 되고, 조사 과정에서 연거를 올렸다는 탄항봉수와 병거를 받았다고 항변하는 마골치봉수의 봉수군들 사이에 구타 사건이 일어나고 심한 반목을 하게 된다."

–『충청감영계록』

이 사건은 충청감영까지 보고되어 자세한 기록을 남기게 되었다. 일상적으로 봉수대는 변방의 초기(시작점에서 매일 새벽에 올리는 봉수) 봉수대에서 올린 하나의 횃불(평안거 · 평안화)을 순서로 전해 초저녁 무렵 서울 남산에 이르게 한다. 경보의 횃불(두 개 이상의 횃불을 동시에 올리는 것)은 수십 년, 수백 년 동안 오르지 않을 수 있다. 이런 상황이 계속되니 매너리즘에 젖게 된 봉수대에서는 날이 흐려 앞 봉수의 신호가 보이지 않더라도, 신호가 도착할 즈음을 가늠하여 '한 자루의 불(평안의 불)'만 올리고 만다. 전후 대응 봉수대끼리는 그 지역 출신이며, 오랜 시간 정의가 쌓여, 서로 빤히 알고 있는 처지다. 그럼에

마골산봉수-성황당

도 사건 조사 과정에서 불만을 품은 마골치봉수군들이 탄항봉수대를 찾아가 구타하는 일이 생긴 것이다. 이 사건은 마골치봉수대에서 착오한 것으로 생각된다. 주정산봉수 다음 봉수인 대림산봉수에서는 한 개의 횃불로 인식해 평안의 불을 서울로 전했던 것이다. 전달상의 오해에서 발생한 일이지만, 철종 때까지 봉수의 운영상황을 짐작해 볼 수 있는 소중한 자료다.

마골치봉수는 지릅재 '야문산성' 북쪽 끝부분과 연결되어 있다. 성과 연계해 지릅재의 상황을 잘 살필 수 있는 곳에 축조한 것이다. 방호벽 바깥은 성벽처럼 석재를 높이 쌓았으며 안쪽 높이도 0.5m~1.5m 이상이다. 남북 30m, 동서 15m 정도의 타원형이며 원형을 유지하고 있다. 지릅재에서 봉수대로 오르는 곳에는 산성 흔적이 많다. 주정산 방향에 연조 흔적이 있으며, 내부 높은 곳에 성황당이 있다. 미륵리 주민들은 음력 10월 3일에 이장이 제관이 되어, 봉수대 안 서낭당에서 마을의 안녕을 위해 제사를 지낸다고 한다.

TIP

지릅재 정상(충북 충주시 수안보면 사문리 산 23-71)에서 남서쪽으로 오르면 15분 정도 소요된다.

28

주정산봉수

주정산(周井山), 주정봉수

충북 충주시 상모면 온천리
산 47-2 주정산 정상부
위도 36° 51′ 461″
경도 127° 58′ 089″
고도 446m

물탕거리 수안보

수안보는 온천으로 기억한다. 고려 현종 대에 온천 기록이 있으며, 많은 역사서에도 나타난다. 예전부터 이 길을 지나는 이들의 숙소요 휴식처였다. 과거 길에 오르는 영남의 선비들은 대부분 조령을 넘고 수안보를 거쳐 상경했다. "추풍령 길은 추풍낙엽秋風落葉처럼 떨어지고, 죽령 길은 주욱 미끄러진다."고 새재를 넘었다고 한다.

"고사리면 온정동(수안보면 온천리의 옛 이름) 사람들이 1832년에 작성한 마을규약, '동규절목(洞規節目)'을 충주시에 기증했다."고 한다. 중요 내용은 "이태조가 피부병 치료를 위해 수안보를 자주 찾았고, 겨울철이면 전국의 인파가 온천리로 몰려들어 지역 주민들의 미풍양속이 흐트러지기 때문에, 이를 바로잡기 위해 지역 주민들이 스스로 규칙을 만들었다." 한다.

– 〈연합뉴스 2018년 1월〉

주정산봉수–출입구

실록에는 태조의 수안보 온천행 기록은 없다. 거동을 안 한 것인지, 기록이 안 된 것인지 알 수 없지만, 예전에도 수안보 인기는 대단했다는 것이다. 이러하니 온천리에 '주정산(周井山: 주위에 샘이 있는 산)'이 있는 것은 당연한 결과일 것이다. 수안보 물탕거리는 연중 쉼 없이 사람이 찾아드는 명소이며, '속리산', '화양구곡', '미륵리사지', '단양팔경', '문경새재'를 잇는 관광코스로 인기가 높다.

주정산봉수-연조

봉수대는 1995년 충북대 호서문화연구소에서 발굴조사하고, 1997년 복원했으며, 2000년 '충북기념물 제113호'로 지정되었다. 온천리 오산마을에서 시작하는 등산로와 상세한 안내판이 있다. 주정산봉수대는 다른 지역 봉대를 복원할 때, 참고로 활용된다. 방호벽은 둘레 50m, 폭 1m 정도다. 산 능선을 따라 축조한 출입구가 남북에 있다. 복원한 5기의 연조가 큰 거북이 모양으로 앉아 있다. 괴산, 장연으로 오가는 행인과, 살미에서 계립령, 조령으로 오가는 이들을 다 살필 수 있는 곳이다.

하늘재를 넘은 평안의 불은 국토의 심장 충주를 앞두고, 간봉 6노선의 마지막 봉수 대림산으로 달려간다.

TIP

온천리 오산마을(충주시 수안보면 온천리 603) 합천 이씨 재실 옆에서 등산로를 따라 오르면 40분 소요된다.

29

대림산봉수

대림산(大林山), 봉화뚝

충북 충주시 직동 산 99-2
대림산 정상
위도 36. 56. 230."
경도 127. 56. 700.
고도 490m

제구실을 다한 산성과 봉수대

살미는 '빠른 물살'이라고 한다. '달천(달래내)'과 남한강이 충주를 에워싼 형국인데 외부에서 '살미면'으로 들어서려면 화살처럼 빨리 흐르는 달천을 건너야 한다. '달천'은 충주를 에워싼 듯한 형국 '둘레내(둘러싼 시내)→달래내'를 한자로 표기한 것이다. '달'이 고어에서 '산'을 뜻하므로 달천은 '산 사이로 흐르는 시내'로 볼 수도 있다.

동쪽 남한강을 해자로 삼은 충주산성과, 서쪽 달천을 해자 삼은 대림산성은 숱한 이야기를 안고 흐르는 두 강 사이에서 충주의 남쪽을 지켰다. '대림산성'은 '큰 숲으로 이루어진 산성'이다. 성 안에 수천 평의 경작지가 있고, 우물이 있고, 동쪽은 가파른 산세로, 서쪽은 달천의 빠른 물살로 막았으니, 천혜의 성이 아닌가.

최근 연구로는 제4차 침입 몽골병을 물리친 충주산성이 곧 대림산성이라고 하니 충분히 그럴 만한 곳이다. 성 안 창동마을은 조선시대까지 창고가 있어서 생긴 이름이다. 유사시를 대비한 충주 사람들의 지혜다. 산성 서문

대림산봉수대 전경

지에서 달천을 따라 걸으면 임경업 장군의 전설이 깃든 삼초대와 오밀조밀 꾸민 정심사가 나오고, 달천 건너편에는 '청태종의 10만 대군이 피해가게 만든 임 장군'의 묘소가 있다. 임 장군 휘하의 조선 정예병이 백마산성에서 청태종과 맞붙었더라면, 훗날 조선 역사와 청 제국이 이룩한 세계 역사에 엄청난 영향을 주었을 텐데……. 가정이 없는 게 역사라지만 아쉬움이 가득하다. 국난에 즈음한 장군의 용기와 지혜가 빛나는 무공으로 전해졌으면 하는 아쉬움이다.

대림산봉수대

봉수대는 대림산성 최정상부를 깎아 내고 둘레를 쌓아 올렸다. 높고 규모가 커서 위압감을 줄 정도다. 석축 아래에서 정상까지 9m 정도를 비스듬하게 쌓았고, 오르는 계단이 있다. 봉돈과 연조는 남아 있지 않다. 봉수대 전체를 개보수 중이다. 대림산 최정상인 봉수대에서는 북쪽 충주시가 한눈에 들어온다. 주덕 대소원역을 지나 조령, 이화령, 하늘재를 넘는 사람들의 동향을 잘 살필 수 있다. 몽골 침입을 막아 냈고, 매일 평안의 불을 전하며, 충주의 진산 역할을 제대로 한 곳이다.

간봉 6노선은 가덕도 천성보 연대에서 이른 새벽 출발해 마산, 영산, 창녕, 현풍, 대구, 구미, 개령, 상주를 거치고 문경에서 하늘재를 넘어 대림산봉수에서 직봉인 마산봉수로 전하고 여기서 기나긴 소임을 다한다.

TIP

대림산성 안내판이 있는 창골마을(충북 충주시 살미면 향산리 산 45-3)에서 등산로를 따라 40분 정도 오른다.

간봉 7노선

1 (간봉 6)사화랑봉수 ▸ 2 (간봉 7)여포봉수 ▸ 3 (간봉 2)가을포봉수

간봉 7노선은 사화랑봉수(간봉 6노선) ▸ 여포봉수(간봉 7노선) ▸ 가을포봉수(간봉 2노선)로 전해지는 노선이다. 간봉 6노선의 가덕도 · 진해만의 적변을 간봉7노선 여포봉수를 통해 마산 · 함안으로 통하는 간봉 2노선에 전한다.

01

여포봉수

여포(餘浦), 여음포봉수

경상남도 창원시 마산합포구 구산면 난포리 산37-5

위도 35. 5. 202.
경도 128. 36. 493.
고도 236m

옥포해전을 엿보다

"삼가 적을 멸한 일로 아룁니다.

–1592년 5월 4일 축시에 제장들과 판옥선 24척, 협선 15척, 포작선 46척을 거느리고 출발하였습니다. 경상우도 소비포 앞바다에서 날이 저물어 결진하고 밤을 새웠습니다.

–5월 5일 새벽에 전선을 몰아 양 도가 일찍이 약속한 당포 앞바다에 달려 이르렀습니다.

–5월 6일 진시에 원균이 병영 내 한산도로부터 전선 한 척을 타고 왔고, 제장들이 속속 달려왔기에, 양 도의 제장을 한곳에 모으고, 재삼 명확하게 약속한 후 거제도 송미포 앞바다에 이르자 날이 저물어 밤을 지냈습니다.

–5월 7일 새벽 일시에 전선을 몰아 적선이 정박한 천성진, 가덕도로 향했습니다. 오시에 옥포 앞바다에 이르러, 제장들과 태산같이 조용하고 무겁게 일제히 나아가, 왜선 50여 척을 쳐부수고 불태우니, 큰 바다가 연기와 불꽃으로 하늘을 가렸습니다. 산으로 도망간 적들은 추살하려 했으나, 날이 저물어 뜻을 이루지 못하고, 영등포 앞바다에 물러가 밤을 지낼 계획이었습니다. 신시에 또, 가까운 바다에 왜의 대선 5척이 지나간다고 척후장이 보고하기에, 제장과 추격하여 웅천 합포 앞바다에 이르러 남김없이 쳐부수고 불태웠습니다. 밤을 틈타 노를 재촉해 창원 '남포' 앞바다에 이르러 진을 치고 밤을 새웠습니다."

– 『이충무공전서』 2권 '옥포에서 왜병을 격파한 장계'

남포는 지금의 난포리 '난포만'을 말한다. 마산합포구 구산면 바다로 돌출한 곳에 있는 '난포'는 거제도와 맞닿을 듯한 곳에서 진해만을 감시할 수 있는 곳이다. '여음'과 '여'는 '엿보다'는 뜻이니 이곳에 봉수대가 설치된 것은

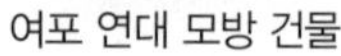
여포 연대 모방 건물

여포 연대-난포만

당연한 일이다. 통쾌한 옥포해전의 그날, 가덕도 적을 섬멸하러 가던 중 대낮에 거제도 옥포에서 만난 왜선 50여 척을 격파하고, 오후에 웅천 합포(진해)의 적마저 섬멸하고 봉수대 아래 난포에 와서 밤을 새우는 쾌거를 다 지켜본 '여포봉수'다. 승리한 수군이 쉴 수 있게 밤새워 적의 동태를 살폈을 것이다.

여음포 봉화산은 해맞이와 일출 출사 장소로 유명하다. 구산면 난포리에서 거제도와 이어지는 교량이 계획되어 있다. 난포리에서 만난 사람들은 한결같이 몇 년 전까지 봉돈의 흔적이 있었다고 하는데, 지금은 흔적을 찾기가 어렵고, 마산가톨릭교육관에서 만든 봉수대 봉돈 형태의 건물이 멋지게 들어섰다. 낯설기는 하지만 봉수대를 기억하는 다른 모습이리라. 휑하니 빈 터에 '봉화산' 정상석이 있어 애틋한 마음에 한결 위로가 된다.

산정에서는 멀리 동해면 곡산봉수와 진해의 장복산봉수, 고산봉수 대응봉수인 사화랑봉수와 갈포(가을포)봉수가 잘 보인다. 진해만을 살피는 간봉이다. 『신증동국여지승람』(1530) 이전까지는 진해만의 상황을 고산봉수에 알렸으나, 이후에는 사화랑산의 신호를 고산과 장복산에 알렸다. 장복산봉수가 폐지된 조선 후기에는 사화랑산에서 신호를 받아, 간봉 2노선 가을포봉수에 보냈다.

TIP

마산가톨릭교육관(경남 창원시 마산합포구 구산면 이순신로 115-758), 바로 위 봉화산이다. 산정까지 포장도로가 있다.

간봉 8노선

1 섬화례봉수 ▶ 2 분산봉수 ▶ 3 자암산봉수 ▶ 4 백산봉수 ▶ 5 종남산봉수 ▶ 6 추화산봉수 ▶ 7 분항봉수 ▶ 8-1 남산봉수 ▶ 8-2 송읍리봉수 ▶ 9 팔조현봉수 ▶ 10 법이산봉수 ▶ 11 성산봉수 ▶ 12 시산봉수

01

성화례봉수

성화례산(省火禮山), 성화야(省火也), 봉화산, 금단곶

부산광역시 강서구 녹산동 산61번지
봉화산 정상
위도 35. 7. 263.
경도 128. 52. 245.
고도 328m

성스러운 어머니를 뵙다

성화례산省火禮山·성화야省火也의 의미는 '불을 살피다, 성에 피워 놓은 불'이라는 뜻일까? 야也가 이두식 표기에서 '-이다'를 표기하며, 성화례산省火禮山의 예禮도 '-리'의 음차로 본다면, 성화례산省火禮山·성화야省火也는 '불을 살피는 장소→불살피' 정도의 의미가 아닐까? '성省'을 동쪽을 뜻하는 고어 '새·살'의 성근 한자표기로 본다면, '동쪽의 불, 동쪽을 살피는 불'의 의미로 생각할 수 있다.

성화야봉수는 가장 오래된 봉수 중 하나로 본다. 『삼국사기』 백제본기 온조왕 10년(기원전 9년)에도 봉현(烽峴: 봉홧불 피우는 고개)에 대한 기록이 나온다. 이외에도 삼국시대 초기부터 '봉잠(烽岑: 봉홧불 피우는 봉우리)', '봉산(烽山: 봉홧불 피우는 산)'에 대한 기록이 있다.

가락국 수로왕이 허왕후를 맞이할 때(48년), 『삼국유사』의 기록이다.

"신하들이 왕비를 맞이하라고 하자 왕이 말씀하시기를, '짐이 여기에 내려온 것도 하늘의 명이요, 짐의 배필이 되는 것도 하늘의 명일 것이니, 경들은 걱정하지 말라.' 하고, 유천간에게 명하여 가벼운 배와 준마를 가지고 '망산도'에 가서 기다리게 하였다. 신귀간에게 명하여 '승점'(주(註): 망산도는 서울 남방의 섬, 승점은 연하국)으로 가게 하였다. 갑자기 바다 서남쪽에서 붉은 돛과 깃발을 단 배가 북쪽으로 오고 있었다. 유천간이 먼저 망산도에서 횃불을 드니 육지에 내려서 다투어 뛰어왔다. 신귀간이 바라보고 대궐로 달려와 아뢰었다. 왕이 기뻐하면서 구간 등을 보내 예로써 맞이해 궐내로 모셔오려 하였다."

성스러운 어머니가 바다를 통해 가락국에 온 것이다. 지금 김해 김씨와 김해 허씨가 모두 허왕후에게서 비롯되었고, 그 자손이 500만 명이나 되며, 집안마다 김해 김씨 할머니가 없는 집안이 있겠는가! 허왕후가 가야에 올 때 망산도에서 횃불 신호로 알렸다는 것이다. 지금 망산도는 육지에 가까워 썰물 때는 걸어서 드나들 수 있지만, 당시에는 육지와 제법 떨어진 섬이었다. 횃불 신호를 받고 망산도에 내리니, 육지인 승점에서도 횃불 신호를 받고 뛰어가 수로왕에게 알렸다. 허황후 일행을 기다릴 때 망산도가 잘 보이는 육지의 고개인 승점(乘岾: 연하의 나라, 지금 학자들마다 승점의 실제 장소 비정이 조금씩 다르다. 수레나 말을 타는 고개일 수 있다)에서 신귀간 일행이 횃불 신호를 기다렸다는 뜻이다.

망산도와 성화야봉수는 십 리 남짓의 거리다. 횃불 신호가 잘 전달될 수 있다. 승점이 지금의 성화야봉수대인지는 알 수 없지만, 당시 이곳에 봉수대가 있었다면 망산도의 신호를 받아 삼십여 리의 분산성과 구지봉 부근에 있었던 가락국 궁궐에 뛰어가지 않아도 신호로 알릴 수 있었을 것이다. 승점이 성화야봉수라면 바다의 상황을 신속히 궁궐에 전달하는 유용한 수단일 것이다. 당시에는 지금의 구지봉 부근까지 바닷물이 들어오는 곳이었으니, 신속한 전달을 위해 봉수대가 필요했을 것이다.

현재 봉수대는 남쪽 간척지에 녹산공단이 있어 바다와 멀리 떨어졌지만, 예전에는 바다와 가까웠던 곳이다. 낙동강 하류와 해안의 섬들을 살피기에 좋으며, 11km 거리의 가덕도 천성진 연대가 바다 건너 우뚝한 봉우리에 있다. 『신증동국여지람』(1530) 이전에는 가덕도응암봉수의 신호를 동평

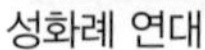
성화례 연대

성화야봉수-연대봉

현 석성과 분산성 타고암에 전했으나, 이후에는 타고암으로만 전했다.

1991년 강서구청에서 원통형으로 봉수대를 복원하였고, 강서구에서는 매년 10월 3일에 개천절 기념행사와 봉수대제 제례 행사를 개최했다. 산불지기 노인은 예전 어른들에게서, "봉수군들이 모여 살던 집터가 연대 동남쪽 아래에 있다."고 들었다 한다. 연대 아래 헬기장이 봉군숙소 터로 생각된다. 연대는 산정 좁은 곳에 조성되었다. 봉수대 옆에서 산불 감시 어르신 두 분과 많은 대화를 나누었다. 서쪽 1.5km 지점 '성고개' 부근에서 왜구의 출몰에 대비한 '금단곶보와 말목장성' 터가 발견되었다. 봉수대와 산성이 있고 전설을 머금은 성화야산은 강서구 주민들에게 모산母山으로 여겨진다.

천삼백 리 국토를 적시며 유장하게 흘러온 겨레의 강은 여기서 바다와 만난다. 성화야봉수는 낙동강의 숱한 전설을 들으며, 가덕도 천성보 연대의 신호를 구지봉 부근의 분산성에 전했다.

1. 산양마을회관(부산 강서구 녹산동 1114-3)에서 산으로 나 있는 임도를 따라 오르면 40분 정도 소요된다.
2. 성고개 옆 수손짜장(부산 강서구 송정동 71-3)에서 동쪽 산으로 오르면 1시간 정도 소요된다.

02

분산봉수

분산(盆山), 산성(山城), 분성산(盆城山), 분산성(盆山城), 타고암(打鼓巖), 고암(鼓巖)

경남 김해시 어방동 산 9 분
산성 남쪽 끝부분
위도 35° 14′37.3″
경도 128° 53′ 32.0″
고도 327m

북소리로 알리고, 대마도를 정벌하다

분산성은 김해시 북동쪽 분산 정상에 남북으로 긴 타원형의 산성이다. 타고암(打鼓巖: 북 치는 바위)이 분산성 남쪽 봉수대 아래에 있다. 산성 내 '정국군박공위축성사적비'에 의하면, "고려 우왕 3년(1377) 부사 '박위'가 왜구를 막기 위해 옛 산성을 고쳐 쌓았고, 임란 때 무너진 것을 고종 8년(1871) 다시 개축했다."고 한다. '옛 산성'은 가야에서 쌓은 고성을 가리키는 말이다.

전설 같은 가락국·수로왕릉·수로왕비릉·구지봉이 산성 바로 아래에 있다. 분산은 역사가 비롯할 때부터 김해 사람들이 기대어 온 진산이다. 타고암에서는 수로왕이 겨레의 성스러운 어머니를 예로 맞이해 올 때 사방으로 북을 쳐 알렸으리라.

분산성 주변에 '수로왕비'와 왕비의 오빠 '장유화상'이 바다를 무사히 건너게 해 준 용왕께 감사한 '해은사'가 있다. 사찰 앞에 박위 공을 기린 '정국군박공위축성사적비'와 조선 말기에 분산성 보수를 허가한 흥선대원군에게 감사하는 '흥선대원군만세불망비', 보수 당시 김해부사 정현석 공을 기린 '부사통정대부정현석영세불망비'가 있다. 숙적 왜구를 막는 데 노력한 사람들이다. 흥선대원군, 만감이 교차하는 통치자다. 그의 충정과 권력욕에 세계정세를 보는 혜안이 보태졌으면 조선 말기가 그렇게 허무하지 않았

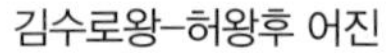

김수로왕–허왕후 어진

분성 연대

을 것이란 씁쓸한 가정을 해 본다.

가락국 초기 시대에는 지금의 김해시청 부근까지 바닷물이 들어왔고, 분산성은 바다에서 보면, '웅장한 위용의 만장대'로 불린 요충지였으며, 성의 효용성도 매우 컸다.

> "공양왕 원년(1389) 2월, 경상도 원수 '박위'가 대마도를 공격하여 불살랐다. 병선 1백 척으로 공격해 왜선 3백 척과 집을 거의 다 불살랐고, 원수 김종연 · 최칠석 · 박자안이 잇달아 이르러 사로잡혔던 1백여 인을 찾아 돌아왔다."
>
> –『고려사절요』 제34

장군이 분산성을 수축해 대마도 정벌의 전진기지로 삼은 것은, 분산성의 이점을 잘 알았기 때문이다. 흥선대원군도 분산성이 왜적을 물리친 기지였고, 높이가 만 길이나 된다고 '만장대' 휘호까지 직접 써 주었다. 봉수대 뒤편 바위에 휘호와 낙관이 새겨져 있다. 봉수대는 분산성 남쪽 끝부분 타고암 위에 설치되어 있는데, 최근 봉돈 1기를 복원했다. 김해시가와 낙동강 하류 충적 평야를 한눈에 조망할 수 있으며, 성화야봉수와 그 너머 다대포 앞바다까지 눈에 든다. 찾는 이들은 이곳 역사와 전설에 젖고, 시원한 전망에 감탄해, 다투어 포즈를 취하기에 바쁘다.

TIP

김해 가야테마파크에서 오르면 20분 정도 소요된다. 해은사 주변까지 차량이 오를 수 있다.

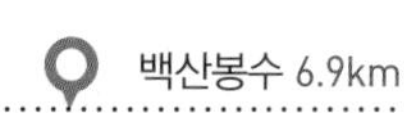

03

자암산봉수

자암산(子巖山), 봉화산, 자암산(子庵山)

경남 김해시 진영읍 본산리 산4-10
위도 35. 31. 6019.
경도 128. 77. 6424.
고도 138m

전설 · 누운 부처님 · 대통령의 마을

"가락국 '거등왕'이 모후를 기리기 위해 창건한 무척산 모은암(母恩庵), 부왕의 은혜에 보답하기 위한 천태산 부은암(父恩庵), 허왕후가 태자 거등을 위해 창건한 자암산 자암(子庵)은 가락국의 세 원찰(願刹)이었다고 한다."

– 김해시 홈페이지

자암산은 봉화산으로 부르고 '자암'은 터만 남았다. 누운 상태로 발견된 '경상남도 유형문화재 제40호 봉화산 마애불 부처님'이 일어나는 날 통일이 이루어진다고 한다. 일으켜 세우면 안 될까? 빨리 일어나셔서 통일이 이룩되기를 기원해 본다. 북한의 봉수대도 찾아가 봉수군들의 수고로웠던 노역을 기억해 줄 수 있다면 얼마나 좋을까.

봉수대가 있는 사자바위는 시야가 넓고 신비한 기운이 감돌아, 예전에는 기도하고 제사 지낸 곳이라고 한다. 바위엔 깊게 팬 둥근 홈이 여러 개 있는데, 제사 지낼 때 음식 담았던 곳이라고 한다. 허왕후와 함께 전해진 남방불교와 관련된 것인가. 하동의 계화산봉수·경주 동악봉수처럼 전망이 뛰어난 봉수대 주변에서는 제사 흔적이 더러 발견된다. 안내문에는 "평소에는 홈에 빗물이 고여 음양의 조화로운 기운을 발산하는 곳이니 기를 듬뿍 받아가라."고 적혀 있다. 봉하마을은 고 노무현 대통령으로 인해 연간

사자바위 제사유,감실,컵마크

자암산 연대

수십만 명이 찾는 관광지가 되었지만, 자암산은 원래부터 신비함을 간직한 곳이었다.

봉하마을에 인접한 야산이지만 사자바위에 올라서면 마산·창원과 삼랑진·양산·부산으로 통하는 고속도로와 철길이 가로놓였고, 가슴 아픈 그날의 부엉이 바위도 보인다. 예전에는 훤히 트인 자암산 앞길에 통행이 빈번했을 것이다. 북쪽 아래엔 낙동강이 가로 흐르고 드넓은 충적평야가 하남읍에서 밀양까지 이어진다. 가로지른 낙동강과 넓은 들판 위로 오랜동안 15.3km 거리의 종남산에 신호를 전했다. 신호거리가 비교적 멀고, 신호를 보낼 즈음에 낙동강 아침 안개로 자주 시야가 막혀, 하남읍에 6.9km 거리의 백산봉수대를 신설했다.

자암산봉수대는 발굴조사 후 복원했다. 사자바위 자연암반 위에 연대를 쌓았다. 나지막하며 좁고, 경사가 심한 곳이다. 복원한 연대는 봉하마을이 가진 자원과 연계하여 좋은 관광자원이 될 것이다.

TIP

봉하마을에서 봉화산으로 올라가는 길이 있다. 정토원 주차장에서 봉수까지 200m 정도다.

04

백산봉수

백산(栢山), 독산(獨山)

경남 밀양시 하남읍 백산로 267-208 대원사 뒤쪽
위도 35. 22. 357.
경도 128. 45. 07.
고도 113m

원혼의 축복

낙동강이 청도천을 더하고 밀양강과 삼랑진에서 만나면서 광활한 하남들을 만들었다. 하남(河南: 강의 북쪽을 남이라 함)은 강의 충적토가 일궈 낸 살기 좋은 곳이지만, 여기에 기댄 사람들은 범람원이 가져오는 고통과 은혜 속에 삶 살이를 켜켜이 쌓아 간다. 하남읍과 초동면 사이에 축조된 '수산제'는 '벽골제', '의림지'와 함께 국내 3대 삼국시대 농경문화유적지다. 수산제 아래 하남읍 명례리(상촌동) '당집'에는 강의 범람에 얽힌 애틋한 얘기가 전해진다.

"예전 을축년(1925년 대홍수라고 함)에 홍수가 나서 이 지역이 물바다로 변했을 때, 마을 풍헌의 꿈에 한 처녀가 나타나 하소연했다. '이번 홍수에 목숨을 잃고, 제방 밑에 묻힌 저의 시체를 거두어 주시면 은혜를 갚겠다.' 하고 사라졌다. 잠을 깬 풍헌이 둑 밑에 달려가니, 홍수에 익사한 처녀의 시체가 제방 밑에 있었다. 이튿날 마을사람들과 장례를 치러주기로 의논하였다. 그날 밤에 다시 꿈에 나타난 처녀는 '저의 고향은 합천 어디인데 올케와 함께 나물 캐러 갔다가 홍수를 만났습니다. 오빠가 와선 올케만 구출해 가고 나를 돌보지 않고 가버렸습니다. 한이 많은 주검이오니 어느 산봉우리든지 만리향이 스치는 곳에 묻어 주십시오.' 하고는 사라졌다. 풍헌은 처녀의 바람대로 마을의 맞은편 어은동 뒷산에 묻어 주었다. 이후로는 질병이 사라지고 농사가 잘됐으며, 처녀의 무덤에 벌초를 하면 운이 좋아진다고 하여 다투어 벌초했다고 한다. 그 후 마을에서는 처녀의 원혼을 달래 주는 당집을 세워 매년 음력 정월 보름에 고사를 지낸다고 한다."

– 하남읍 홈페이지

낙동강 하류 범람원의 이 전설은 '오라비가 익사한 아내의 시신만 거두고 누이는 버려 두었다.'는 어이없는 면이 있기는 하지만, 강이 주는 고통을 모든 이가 함께 축복으로 바꾸며 살아가는 지혜가 담겼다.

백산봉수 동쪽

"백산은 하남들 가운데 홀로 우뚝 서 있어서 독산(獨山)이라고 부른다. '백산정', '칠관정' 정자가 있어서 들판의 멋진 정경을 볼 수 있다." – 『밀주지』

"효종 갑오년(1654년)에 신설하였다." – 『경상도읍지』(1833)

백산봉수대는 효종 갑오년(1654)에 자암산봉수와 종남산봉수의 신호거리(15.3km)가 멀어서 중간에 증설한 것이다. 천성진의 새벽불이 자암산에 도착할 무렵엔 가로지른 강안개로 신호전달에 지장이 있을 것이다. 백산봉수를 신설한 이유다. 백산 정상에서 칠정마을 쪽으로 치우쳤다. 내부에 산죽이 무성하고, 봉수대 서쪽에 당집이 있다. 서쪽 방호벽은 많이 훼손되었으나, 나머지 3면은 양호하다. 건물지로 추정되는 남쪽 아래편에 생활자기편이 많이 흩어져 있다. 봉수대 인접한 곳에 묘지를 조성하면서 내부 시설이 많이 훼손되었다. 산정에 동서로 5기의 연조가 있었을 것이다. 연조의 석재로 '당집'을 만들고 돌탑을 쌓은 것으로 보인다. '당집'은 1985년 4월 1일에 준공했으며, 매년 정월 12일에 당제를 지내고 있다고 한다.

봄가을 널찍한 하남들판, 유유히 흐르는 낙동강 풍광과 아침 안개·저녁노을을 감상할 수 있는 곳이다. 평안의 불은 백산을 떠나 밀양 종남산을 넘고 청도, 대구로 전해진다.

백산의 동쪽 칠정리에서 대원사로 오르면 대원사 바로 뒤쪽에 봉수가 있다. 산으로 오르면 5분 거리에 있다.

05

종남산봉수

종남산(終南山), 자각산, 남산봉수

경남 밀양시 상남면 남산리 366-10
위도 35. 26. 947.
경도 128. 44. 087.
고도 363m

종남산 허리 봉수대

종남산은 밀양의 진산이다. 장쾌한 시야의 정상에서는 밀양강 8자 모양 굴곡을 볼 수 있다. 칠순의 노옹은 1959년 9월 17일 사라호 태풍 때 밀양여중이 있는 삼문동 용두교 방향으로 새 물길이 생겨났다고 한다. '밀密'은 '물'의 한자 표기며, '양陽'은 강의 북쪽, 산의 남쪽을 가리킨다. 밀양강 북쪽 햇빛 잘 드는 밀양은 강과 함께 전설을 빚어내고, '아랑의 전설, 영남루'도 강과 조화하기에 더 아름답다.

남동마을 '종남산 가든' 할머니는 "1960년대까지 '산 정상에 묘를 쓰면 비가 오지 않는다.' 하여 묘를 쓰지 못하도록 주민들이 감시하고, 가뭄이 심해지면 산에 올라가 몰래 쓴 묘를 찾아내 유골을 산 밑으로 던져 버렸다고 한다. 묘지의 후손들은 밤중에 손전등을 들고 올라가 유골을 수습해 다시 매장하곤 했다."고 한다.

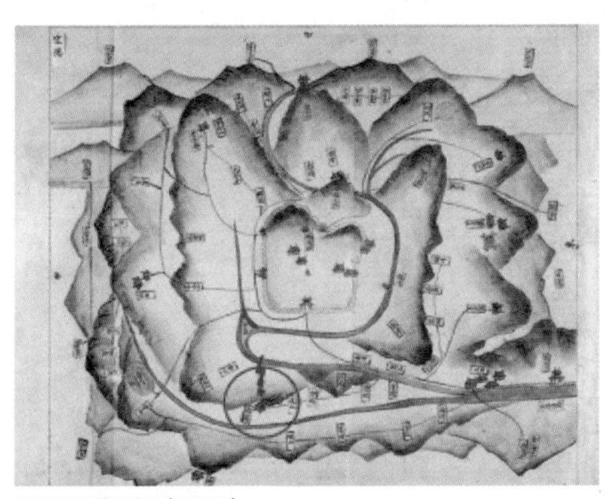

밀양군읍지도(1899)

봉수대는 전망이 좋기에 명당으로 소문나기 쉽다. 봉수제가 폐지된 이후 봉수대에 묘지가 조성되었는데, 대개 상석이나 비석

종남산봉수 방호벽

을 쓰지 않았다. 이는 봉수대가 나라에서 운영하던 금기의 장소임을 알고 있었고, 묘를 조성할 때 남의 눈을 의식했다는 증거다. 7·80년대 이후에 조성된 몇몇의 경우를 제외하면 대부분이 비석이나 상석을 두지 않았다.

종남산봉수대 유지는 제2봉 헬기장에서 동쪽으로 700m 내려가 임도 옆, 산죽이 둘러싼 곳에 있다. 약수터에서 남쪽으로 150m 정도다. 『밀양군읍지』(1899) 지도의 종남산 허리에 그려진 봉수대 모습과 일치한다. 물을 긷는 밀양 사람은 봉수대의 위치를 분명하게 알려 주며, 사포리에서 남산리로 넘어가는 봉수대 주변을 '봉우재'라고 한다. 봉수대에는 산죽이 밀생하며 방호벽 일부가 무너졌지만 흔적이 잘 남아 있다. 동쪽 경사면에 출입구가 있으며 북쪽 방호벽은 2m 높이다. 봉돈과 연조의 위치는 확인되지 않는다. 산정 50여 미터 거리의 구덩이가 연조 흔적으로 보인다.

개령 성황당봉수가 개령향교 대성전 뒤 주봉에 있다는 이유로 옮긴 적이 있다. 종남산이 신성시되는 곳이면, 연기와 불을 피워 올리고, 위급 시 징·꽹과리를 쳐야 하는 봉수대가 산정을 피해서 설치되었을 것이다. 600여 미터가 넘는 산정은 봉수군이 접근하기에도 힘이 든다.

TIP

미덕사(경남 밀양시 상남면 남산리 453)에서 동쪽으로 난 임도를 따라 500m 정도에 헬기장으로 오르는 등산로 입구가 봉수대다. 약수터에서 남쪽으로 150m 거리다.

06

추화산봉수

추화산(推火山), 봉화산, 성황봉(해동지도), 산성봉화(山城烽火)

경남 밀양시 교동 62-3
위도 35° 30′ 13.9″
경도 128° 46′ 8.7″
고도 227m

밀양강, 영남루, 추화산

추화산은 역사 태동기에 밀양의 치소가 있었기에 '추화(推火: 밀벌, 밀양)산'으로 불렸고, 강과 산이 멋진 조화를 이룬 '아리랑길'의 중요코스다. 추화산을 중심으로 한 밀양은, 난세에는 밀양강을 해자 삼고, 태평성세엔 밀양강의 풍광을 즐기며 살아왔다.

추화산, 밀양강, 영남루, 아랑각…….

영남루에 올라 보라! 오늘도 영남루 8자 곡류는 장쾌한 풍광으로 전설처럼 흐른다.

산성과 봉수, 역사의 굴곡이 새겨진 추화산이다. 잡초 속 '창훈문(彰勳門)'은 밀양의 성황신 '손대장군(고려태조공신 광리군 손극훈: 병자호란 때 쌍령전투에서 밀양 군사를 다 살려 내겠다고 밀양부사의 꿈에 현몽함), 박대장군(박욱)' 소상을 모시고 관청에서 제향을 올리던 곳이다. 몇 번 사당을 옮겼다가, 1875년 제자리에 복원했다. 1924년 손대장군 자손들이 창훈각(彰勳閣)을 짓고 손대장군 소상만 모셨다. 1948년 2월 7일 남조선노동당 폭동사건 때, 창훈각은 훼철되고, 소상은 춘복재(밀양시 교2동 현충사)에 옮겼다.

– 『밀양군읍지』(1899), 『cafe.daum.net/historymiryang』

추화산-창훈각

추화산봉수대

성황당도 헐리고, 고을 수호신도 세월의 변화 속에 버려지고 옮겨졌다. 안내판이라도 세워 두었으면 한다.

'물과 빛의 고장', 밝은 햇빛 아래 수많은 인물을 길러 내 역사의 깊이를 더한 고장이다. 밀양아리랑의 아랑각 옆에는 친일파로 지목된 5·60년대 최고의 대중음악가 '박시춘' 선생의 생가가 발길을 멈추게 하고, 삼백여만 명 자손을 둔, 밀양 박씨 시조 박언침의 '단소'가 우뚝 서 있다. '나 밀양사람 김원봉이오'라는 말로 알려진 독립운동가 약산 선생의 내이동 생가 터가 자리하고, 사명당 대사를 기리는 표충사 또한 이곳에 있다. '화산별곡'의 변계량 선생도 밀양의 빛과 물에 의지했다.

역사 태동기에 쌓은 추화산성은, '경상남도 기념물 제94호'로 지정(1990.01.16.)된 후, '추화산성보존회' 중심으로 '봉수제와 답성놀이'를 매년 정월보름에 개최하며, 달집태우기 등 다양한 볼거리를 제공한다. 선인들의 국토수호 정신이 밀양사람의 관심 속에 지속적으로 이어졌으면 한다.

추화산성 내부에 봉수대가 있다. 종남산 신호를 받아 하루의 평안을 알리고, 상동면 분항봉수로 전했다. 2002년 방호벽과 연조, 출입구를 웅장하게 복원했다. 봉수대가 있는 널찍한 산성은 햇볕이 마음껏 들고 광활한 전망으로 인해 봄나들이 하는 이들에게 무한한 행복감을 준다.

영천암(경남 밀양시 교동 82-2) 들어가는 표지석을 따라 자동차로 산성 내부까지 진입할 수 있다.

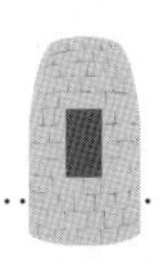

07

분항봉수

분항(盆項), 봉오재, 봉오골

경남 밀양시 상동면 금산리
산 27-2
위도 35. 33. 491.
경도 128. 46. 309.
고도 240m

청도의 길목

상동면 금산리 분항산은 밀양과 청도 사이를 살피는 길목에 있다. 서쪽은 밀양강 물길을 따라 경부선 철도가 달리고, 신대구부산 고속도로가 동쪽 자락으로 통과한다. 동이를 누인 듯한 모양에서 '분(盆: 동이)', 청도와 밀양을 오가는 길목이니 '항(項: 목)'으로 이름 지었다.

은행나무가 마을 앞을 지키는 '금곡마을'에서 분항산으로 오르면, 대숲이 멋진 터널을 이룬다. 봉수대 주변에 흔히 있는 시눗대보다 훨씬 키가 큰 왕대다. 대나무는 횃불 재료로 땔감으로 쓰이며 봉수대 운용에 긴요한 물자다. 봉수대 앞마을 '금산리←금곡金谷←쇠실'은 금속 성분이 우러나온 땅이나 시냇물에서 연유한 지명이다. '금곡(金谷: 쇠실, 쇠가 있는 골)'은 예전부터 마을 뒤 골짜기에서 쇠 찌꺼기가 많이 발견되어 붙은 이름이라고 한다. 또 달리 생각하면, 봉수제도는 고려 의종 3년(1149)부터 운용되었고, 세종 때 서울 남산으로 전달하는 체계가 전국적으로 확립되었다. 역마제도는 고려 원종 15년(1274)에 지역으로 파견되는 관원의 역마 이용 규정을 명문화한 '포마법'이 제정된 데서 비롯했다. 금곡마을에 있는 역원인 '금곡원'은 이 당시에 생겼다고 한다. 금곡원과 분항봉수 어느 것이 먼저 설치되었는지 정확히 비교할 수 있는 자료는 없지만, 금곡원이 생긴 시기는 봉수제도가 시작

분항봉수 방호벽

분항봉수대 내부

된 지 백여 년 후다. 분항산 봉수군들이 불을 올리는 '소이(전문적인 일에 종사하는 사람이나 봉수군을 가리킨다.)' 활동이 지역민들에게 각인되어, 분항산 봉수대는 '소이실(소이들이 활동하는 골짜기나 산)'로 불리고, 지명이 문자로 기록될 때, '소이실→쇠실→금곡金谷'의 과정을 거친 것으로 생각해 볼 수 있다.

분항산봉수는 방호벽 석축과 전체적인 형태는 잘 남아 있다. 내부 시설은 휑하니 비었는데, 잔디가 예쁘게 자라며, 민묘 1기가 있다. 묘지 조성 과정에 내부 시설이 대부분 훼손된 것으로 보이지만, 봉돈은 처음부터 높게 쌓지 않은 것으로 짐작된다. 추화산봉수와 복원된 몇몇 봉수는 연대를 첨성대처럼 만들었는데 어디에 근거를 두었는지 확실하지 않다. 구운 벽돌로 쌓은 화성봉돈의 형태를 유추해 돌로 웅장하게 만든 것이다. 분항은 가운데 봉돈을 높게 쌓지 않고 연조만 둔 내지봉수였을 것이다.

1. 상동면 금곡마을 앞에 은행나무에서 시멘트 포장길을 따라 300m 정도 오르면 오른쪽에 비포장 임도가 있다. 대숲을 지나고 순천박공의 묘소에서 서쪽 200m 거리에 있다.
2. 옥천암(경남 밀양시 상동면 금산리 산 46)에서 대웅전 좌측으로 산능선 위로 오르면 15분 정도 소요된다.

8-1

남산봉수

남산(南山), 남산 봉화, 남봉대

경상북도 청도군 화양읍 범곡리 산160-3
위도 35° 36′ 57.7″
경도 128° 43′ 12.4″
고도 804m

청도의 안식처

청도 남산은 화산華山으로 기록되었지만, 대부분 남산으로 부른다. 우리나라 어느 지역에 가도 남산(앞산)이 있다. '삼대가 발복해야 남향집에 산다' 하니, 마을 전체가 남향집을 짓기 어려워도, 뒤(북)에 산을 두고, 앞(남)에 넓은 들과 시내가 흐르는 곳에 터를 잡는다. 자연스레 남쪽이 앞이 되고 앞산이 남산이 된다. 청도의 남산도 그러하다. '이서국'의 고도 화양읍 토평리, 청도군 읍치가 있었던 화양읍 서상리에서도 남쪽에 듬직이 자리한 앞산이다. 약수가 떨어지는 낙대폭포, 신둔사와 적천사, 이서국 패망의 전설을 간직한 은왕봉이 있는 앞산이다. 앞산을 둔 청도 사람들에게는 여름날 더위를 식히는 곳이요, 겨울철 땔나무를 구하는 곳이요, 부처님께 의지를 구하는 곳이요, 급하면 달려가 숨는 곳이다. 신분을 가리지 않고 찾는 곳으로, 서민들은 땔나무를 구하고 더위를 식히는 곳이지만, 사대부에게는 풍류의 장이었다. 청도의 대표적 명승지 '남산계곡(화산동)', 1.5km 바위 19군데에 선비들의 아름다운 글귀가 새겨졌다. 남산계곡을 금사계(금모래가 펼쳐 있고 관음보살이 계시는 곳)로 여겨 그들의 이상을 남겨 놓았다.

醉臥溪邊石 취하여 냇가 바위에 누우니,

夢中聽水聲 꿈결인 듯 물소리 들리네.

亂沫浮花去 물거품 속에 꽃잎 떠 가니,

升沈亦世情 세상의 부침 또한 이런 것인 걸. '일취 도필락'

– 청도 남산계곡 바위글씨 탁본전

벗 중에 청도 남산을 닮은 듬직한 이가 있다. 임란 중 왜군의 선봉장으로서 "조선과 명분 없는 전쟁을 할 수 없다."고 투항한 후, 수많은 전공을 세운 '모화당 김충선' 장군의 후예임을 긍지로 여기는 벗이다. '임진왜란·이괄의 난·병자호란' 3난에 참전해 '3난공신'에 오른 조상에 대한 긍지로 당당한 벗은, 여느 청도사람처럼 씨 없는 청도반시 자랑도 대단하다. 퇴직 후 청도의 품으로 돌아간 그가 '청도 추어탕'까지 자랑할 날을 기다려 본다.

만고의 청도 남산, 하루의 평안을 알리는 횃불이 청도인들에게 깊이 각인되어 봉수대를 송읍리로 옮긴 후에도 '남산봉수'로 표기한다. 남산봉수는 높은 곳에 설치된 봉수 중 하나다. 해발 800m 정도의 고지다. 『청도군읍지』(1786)에 "군의 남쪽 십 리 남산에 있다."고 했으나, 이후 읍지도에는

남산봉수–신둔사 대웅전

남산봉수대

송읍리로 옮긴 것으로 표기하고 있다. 봉수군들의 접근 편의를 위해 해발 265m 송읍리로 옮긴 것이다.

봉수대로 오르는 '신둔(薪芚: 땔나무, 새싹)사'는 이름처럼 생명의 기운이 왕성하고 숲이 무성한 곳이다. 사찰은 산 중턱 남산봉수군들과 긴밀한 관계를 가졌던 곳으로 생각된다. 봉수대는 남산 정상에서 동쪽 능선으로 1.5km 지점이다. 석축 일부만 남았던 것을 청도군에서 복원했다. 타원형의 두툼한 방호벽을 가졌다. 동서에 계단식 출입 시설이 있고, 동쪽 방호벽 바깥에 5기의 연조를 원형 석축으로 쌓았다. 청도읍 쪽으로 기울어진 곳이어서, 읍내에 신호를 전달하기가 용이하다.

1. 신둔사(경북 청도군 화양읍 동천리 659) 범종각 뒤, 등산로 C코스로 오르면, '남산골 관리번호 8번' 북쪽 100m 아래에 있다.

분항산봉수 11.3km
남산봉수 5.8km

팔조령봉수 10.4km

8-2

송읍리봉수

송읍리봉수, 종도산, 봉화산, 봉만댕이, 남봉대

경상북도 청도군 청도읍 원정리 산132-2
위도 35° 39′ 44″
경도 128° 45′ 29″
고도 265m

봉할머니의 집터

"남산봉수는 청도군의 남쪽 10리에 있다."

– 『청도군읍지』(1786)

그 이후 지도에는 모두 송읍리 위치에 '남산봉수', '남봉대'로 그려져 있다. 1786년 이후 송읍리에 옮긴 것으로 보인다.

"조선 중엽 이전까지 군대가 주둔했으며, 마을 주위가 군사훈련장이었다. 지금도 부근에는 군사교육장이 있다. 송읍리 마을 앞 논밭은 청도군 최고의 옥답이다. 조선 초기 밀양 박씨 박현운 공이 터를 닦은 뒤 김해 김씨, 창원 황씨가 차례로 이주하여 오늘날까지 3대 성씨가 마을을 이룬다. 마을이 형성될 당시에 마을 주변은 송림이 울창해 '송곡(松谷)', '솔골', '솥골'로 불리다가, '곡(谷)'이 '읍(邑)'으로 변한 것 같다."

– 청도군 홈페이지

남산에서 송읍리로 이설할 때는 당시 읍치인 화양면사무소 부근에서 동쪽 13리 거리였으나, 지금은 청도읍이 봉화산 아래 청도천 부근까지 넓어져 읍내와 매우 가까운 곳이 되었다. 야산의 남쪽 경사면이어서 햇빛이 잘 비치며, 청도읍과 남산, 대응봉수인 팔조현 조망이 좋은 곳이다. 방호벽 석축이 일부 붕괴되었으나 거의 원형에 가깝다. 사방 12m 정도의 사각형 방

송읍리봉수대

송읍리봉수대-북쪽

호벽 안에 연대 흔적이 있다. 후대에 설치된 탓인지 형태가 비교적 잘 남아 있고, 가까운 송읍리에서는 '봉만댕이'로 부르며 많은 관심을 가지고 있다.

송읍리 황 이장님은 어릴 때 봉수대 주변에서 소꼴을 먹이면서 어른들로부터 "봉수대 아래 있던 봉군 숙소 건물에 '봉할머니'가 살았다."는 얘기를 들으셨단다. 이런 예는 의흥의 '승목산 봉할머니', 영해의 '광산봉수 권낙돌 봉수군 부부' 등의 얘기에서도 비슷한 형태로 전해진다. 팔백여 년의 봉수제도가 갑오개혁으로 폐지되자, 평생을 봉군으로 살아온 사람들 중 일부는 의지할 곳을 잃게 된다. 논밭이 넉넉한 사람들은 농부로 환원하겠지만, 농토가 부족하고 기댈 가족마저 없는 일부 봉수군들은 일자리를 잃은 셈이 된다. 봉수군 한 명당 세 명의 봉군보가 지정되어, 식량과 봉수대 운영에 필요한 물자를 지원하는데, 제도 폐지와 아울러 재정적 지원도 끊기자, 가난한 봉수군들은 봉수대 주변의 둔전을 일구며 봉군들의 숙소 건물에 살게 된다. 이들 중 한두 명의 할머니들이 1930년대까지 생존하니, '봉할머니'란 이름으로 뒷 세대에게 전해진 것이다. 몇 년 전 전국적으로 거행한 봉화제 행사 시에 봉수대 주변의 울창한 나무와 잡초를 제거했다.

TIP
송읍교차로 옆 중평저수지(경북 청도군 청도읍 송읍리 136-3)에서 시멘트 포장길을 따라 자동차로 진입할 수 있다.

09

팔조현봉수

팔조현(八助峴), 북봉대, 북산(北山)

대구광역시 달성군 가창면
삼산리 산 284

위도 35. 43. 284.
경도 128. 40. 644.
고도 417m

팔조령 너머로

팔조현八助峴은 청도에서 대구를 잇는 고개 중 하나다. 예전에는 한양과 동래를 잇는 영남대로(동래로)에서 가장 가까운 길이었다. 광화문을 출발해 한강을 건넌 후 광주(1) → 용인·양지(2) → 죽산·음죽·충주(3) → 연풍·문경(4) → 함창·상주(5) → 선산·인동(6) → 칠곡·대구(7) → 청도·밀양(8) → 양산·동래(9)에 이르는 노정 중, 8번째 즈음의 큰 고개, 팔조현이라 불렸으며, 일설에는 도둑떼가 자주 출몰해 8명이 모여 서로 도우며 고개를 넘기에 붙여졌다고 한다.

영남대로상에는 17개 군현에 165개의 원(주요도로상에 여행자를 위해 설치한 여관)이 있는데, 대부분이 도적떼의 출몰, 도로의 훼손과 밀접한 관계를 가진다. 그중 50개의 원이 팔조령, 조령, 관갑천 잔도(문경 토끼비리), 작천 잔도(삼랑진읍 작원마을에서 양산시 원동역까지의 험로) 등에 설치되었다. 일반적으로 주막(원의 기능을 함)이 4㎞ 간격으로 설치되는데 조령과 팔조령은 1~2㎞ 거리였다고 전한다. 팔조령은 팔조지를 지나 양원리 샛별 장터까지 직선으로 연결되었는데, 이 길의 흔적은 팔조지 아래에 행인들의 안전을 빌었던 신당이다. 아직도 '짐터', '주막걸'이라는 지명이 있다. 예전에는 이곳 기생들의 치맛바람이 불 정도로 번화한 거리였다고 한다.

팔조현-남산방향

팔조현봉수-전경

"팔조령은 험한 군사적 요충지로 인식돼, 선조 20년에 청도읍성을 쌓고, '신학성 · 고읍성 · 증성'과 오혜산성을 묶어 방어선으로 구축하자는 제안이 있었지만, 왜란 초기에 실효를 거두지 못하고, 이 방어선이 무너지며 대구가 함락되었다."

– 청도군 홈페이지

팔조현봉수대 서쪽 우록리는 모화당 김충선 장군이 여생을 보낸 곳이다. 장군은 임란 후에도 '이괄의 난', '병자호란'에 출정했는데 국난의 소식을 매번 마을 앞 북봉대에서 오르는 불과 연기로 전해 받았을 것이다.

청도군 소속 2개의 봉수 중 남산봉수를 '남봉대'로 부르고, 팔조현을 '북봉대'로 불렀다. 북봉대는 팔조령 정상부 산정휴게소에서 서쪽 봉화산 방향으로 200m 거리 능선에 있다. 남북으로 청도와 대구의 조망이 뛰어나다. 남쪽은 급경사를 이루며, 동서가 긴 타원형으로 둘레는 90m 정도다. 봉수대 내부 시설은 풍화와 인위적 훼손으로 확인되지 않는다.

팔조령을 넘은 불길은 대구의 명소 수성못 앞 법이산에서 대구를 굽어보다가 동쪽으로 향한다. 고산과 하양을 거쳐 직봉인 영천 성황당으로 불을 넘기고, 간봉 8노선의 소임을 다한다.

TIP

봉수대로부터 동쪽으로 200m가량 떨어진 곳에 구 팔조령 도로가 뚫려 있다. 고갯마루에 산장 휴게소가 있다. 휴게소 뒤쪽으로 난 길을 따라 오르면 5분 정도에 도착할 수 있다.

10

법이산봉수

법이산(法伊山), 법어산, 봉화산, 조족산(鳥足山)

대구광역시 수성구 지산동 산104
위도 35° 49′ 01.2″
경도 128° 37′ 35.2″
고도 335m

대구 찍고 영천으로 돌고

"법이산은 조족산(새발을 닮은 산)으로도 불리며, 기우제를 지내는 기우단이 있었다고 한다."

– 『대구부읍지』 (1907년)

매일 평안의 소식을 전하는 봉수대를 대구의 명소 '앞산'에 설치하지 않고, 법이산을 택한 것은 산의 높이와 대응봉수와 호응의 용이성을 고려한 것이다. 앞산과 팔조령 사이에는 최정산(905m), 주암산(846m)이 있어서 앞산의 대부분이 가려진다. 대구 중심부에서 동남쪽 5km 정도인 법이산은 높지 않지만, 예전에는 수성들판 위로 대구 전체를 조망할 수 있었던 곳이다.

법이산에서 대구 시내 방향은 조망이 아름다워 사진작가들이 많이 찾으며, 수성못 위 모형 봉수대에서는 통일기원 전국 봉수제 행사를 거행한다. 봄이면 상춘객으로, 여름밤 더위를 식히는 시민으로, 가을의 풍취 속에 호반 음악제를 즐기려는 사람들로 늘 붐비는 수성못이다. 봉수대를 제자리에 복원하고, 수성못 둘레길과 연계하면 더 좋은 관광자원이 될 것이다.

"봉대 3곳(법이산, 화원성산, 마천산)에 각기 별장 2인을 두고 봉군 100명씩을 순서대로 수직하게 한다. 봉군은 4전씩, 감고는 봄가을 나뭇단을 나누어 거둬들인다. 절목을 정묘년(1867

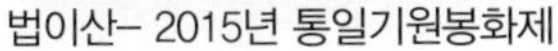

법이산– 2015년 통일기원봉화제

법이산봉수–출입문

년)에 만들었다. 조정의 명으로 아전에게 주는 정비는 봉군은 3푼에서 7푼으로 올리고, 파발군은 1전 2푼에서 1푼을 감한다."

–『대구부사례』(1872)

후기에는 지역마다 봉수대 근무 규칙이 달라지는 것 같다. 원래 25명이 수직하고, 75명이 보가 되어 재정 후원을 하던 것이, 모든 봉수군이 돌아가며 수직을 하는 것으로 바뀐 것이다. 봉수대를 수직하는 군역 이외에 따로 정비(情費: 비공식적으로 아전에게 주는 잡비) 칠푼까지 부담했다. '양인천역(양민으로서 천민의 일처럼 괴롭고 힘든 노역)'으로 여기는 봉수대 수직과 운영 경비 부담 이외에 아전의 녹봉에 해당하는 '정비'까지 부담이 늘어나 봉군들의 생활이 갈수록 팍팍해졌을 것이다.

북동쪽에 방호벽 석축이 남아 있다. 봉수대는 동서로 능선을 따라 타원형으로 조성되었다. 방호벽은 동남쪽이 잘 남아 있는데, 높이 2m 정도 된다. 전체 둘레는 87m 정도다.

누군가 내부에 돌을 쌓아 작은 봉돈을 만들고 조형물을 세워 놓았다. 동서쪽에 출입구가 어느 정도 보존되어 있지만, 등산객이 다니고 있어서, 보호대책이 시급하다. 복원을 할 때는 등산객의 편의도 함께 생각해야 한다.

1. 수성못 서쪽 끝부분에서 등산길을 따라 오르면 40분 정도 걸린다.
2. 수성호텔 인공폭포 뒤에서 동쪽 용지봉 쪽으로 약 30분만 올라가면 나온다.

11

성산봉수

성산(城山), 산성(山城), 고산

대구광역시 수성구 성동 산 46-2
위도 35. 50. 846.
경도 128. 43. 069.
고도 94m

상처 입은 병사처럼

용지봉 기운이 동에서 금호강과 남천을 만나며 끝난다. 남천과 금호강이 겹겹의 해자처럼 둘러싼 고산孤山은 강물이 빚어낸 비옥한 들판에 외로이 서 있다. 남북으로 1km 정도 야트막한 고산, 삼국시대 토성이 있어 성산으로도 불린다. 둘레는 1.5km 정도이며 발견되는 유물은 삼국시대 초기의 것이라고 한다. 들판 가운데는 야산이지만 요충지며, 성 안에 물이 풍부하다. 산정 봉수대 주변에는 지금도 사용할 수 있는 우물이 두 군데나 있다. 처음 쌓은 이들은 성의 동쪽 '임당동고분' 주인들이다. 고분의 주인들이 세운 '압량(독)국'은 일찍이 신라에 병합된 후, 경주에서 합천까지 이어지는 분지를 따라 진출하는 신라의 전초 기지가 되었다.

산성의 기능을 잃고 난 뒤에는 밭으로 알뜰히 개간되었다. 성내 저수지는 성벽을 제방으로 활용했고, 저수지 일대와 무성한 참나무 숲은 도시인들의 산책 장소로 바뀌었다. 여름철 상큼한 그늘과 가을날 낙엽을 밟는 재미는 걷는 이에게만 선물처럼 주어진다.

봉수대는 고산성의 동쪽 정상 부위에서 반야월과 경산읍에 평안의 불을 전하던 곳이다. 주변을 밭으로 개간하면서 훼손되었지만 윤곽은 짐작할 수 있다. 동서 방호벽은 변형되었으나, 북쪽 방호벽은 온전한 상태다. 밭 가운

성산봉수 연대

성산봉수-우물터

데 봉돈이 상처 입은 병사처럼 서 있다.

누군가 주변 석재로 돌탑을 쌓았다. 밭주인에게 이곳이 팔백여 년을 지켜온 봉수대요. 유적지라고 하면 어떻게 생각할까? 그런다고 일구던 밭을 그만둘 리도 없다. 같은 기능을 담당했던 봉수가 어떤 곳은 문화재가 되어 수억 원을 들여 복원되고, 어떤 곳은 무관심 속에 훼손되고 있다. 모든 봉수대를 복원할 수야 없겠지만 안내판 하나 없이 잊혀 가는 현실이 안타깝기만 하다.

1. 모산지(대구 수성구 매호동 477) 부근이 지명이 비롯된 고산성 터다. 동쪽의 산정으로 오르면 봉수대가 있다.
2. 성동교(대구 수성구 성동 566-1)를 건너서면, 성산의 북쪽 기슭 청운예당(晴雲藝堂) 농장 안에 등산로가 있다. 동쪽 산정에 성산봉수가 있다.

12

시산봉수

시산(匙山)

경북 경산시 하양읍 금락리 산57-1
위도 35. 54. 367.
경도 128. 48. 522.
고도 93m

가마솥과 숟가락

하양河陽은 금호강 북쪽 햇빛이 잘 드는 곳이다. 남쪽에는 넓은 진량들이 있으며, 고속도로와 고속철도가 가로지르는 교통의 요지이기도 하다. '경일대학교, 호산대학교, 대구가톨릭대학교'가 들어서 싱그러운 젊음과 활기가 넘치는 대학가로 변모한 부호리(釜戶里: 가마솥 마을)는 뒷산이 솥 모양이어서 '가마실'이라고 불렀다. 경일대학교 캠퍼스 뒤쪽이 '윗가마실', 호산대학교 앞쪽이 '아랫가마실'이다. 솥이 있으면 주걱이 있어야 하니, 주걱을 대신한 '시산(匙山: 숟가락산)'이 가톨릭대학교 기숙사 앞쪽이다. 부호리는 가마솥이 있고, 숟가락을 든 대학생이 가득하니 미래에 밥 먹을 걱정은 안 해도 될 곳이다. 젊은 그네들이 가마솥에 먹거리를 가득 채울 꿈을 키우고 있으니 말이다.

"하양현 시산봉수는 신호를 주고받을 다른 봉수가 없어 규례에 따라 거화擧火할 뿐이니, 백성에게 폐만 끼칠 따름입니다……"

보고를 받은 정조 임금은 수신(帥臣: 병마절도사와 수군절도사)에게 조사하게 한 후 보고하도록 명하였다. 후에 경상 좌병사 이윤겸이 올린 장계를 좌의정 유언호가 받는다.

"시산의 봉수대를 버려두고, 성산과 성황 두 봉수만 상응하는 것보다, 시산봉수가 있는 것이 좋습니다……"

"좌의정 유언호가 봉수가 폐해를 주지만, 예전대로 두겠다고 아뢰니, 상께서 따랐다."

– 『일성록』 정조 18년(1794) 11월 27일

"하양은 고을이 작고 역을 부담할 곳이 많습니다. 시산봉수는 영천 성황당 · 경산 고산에 의지해 형식적으로 거화하니 백성들 원하는 대로 혁파하는 것이 좋겠습니다……"

– 『순조실록 11년』 신미년(1811) 3월 30일

18세기 말 봉수대 운용 상황을 유추할 수 있다. 성산봉수에서 신성황당 봉수까지 20.8km여서 시산봉수를 거치지 않더라도 호응이 가능했다는 것이다. 이런 이유로 시산에서는 형식적으로만 불을 올리는 셈이었다. 또 여러 방법으로 군역 면제를 받는 자가 많아, 나머지 양인들의 군역 부담이 커지자, 시산봉수를 폐지해 백 명의 봉군을 여러 군역에 편입하자는 논의가 일게 되었다.

국가적 차원에서 봉수제도의 존속은 평안의 불로 민심의 안정을 꾀하는 데 있었다. 전국을 거치며 상경하는 불이 서울 남산에 도착할 때까지 대다

시산봉수 방호벽

시산봉수 연조

수의 민중들은 불을 통해 하루의 안녕을 본다. 신문·라디오도 없던 시절, 국경의 무사함을 알고, 심리적 안정을 얻을 수 있기 때문이다. 그러나 평안의 횃불을 수백 년 올리는 봉수군들은 거화에 대한 회의가 생길 만도 하다. 전후의 대응봉수가 맞통할 수 있다면 더욱 그러할 것이다. 영천 구성황당봉수가 시산과 조금 가까운 신봉수로 옮긴 것도 이즈음이 아닐까 생각한다.

봉수대는 '시산(숟가락산)'에 있다. 대구가톨릭대학 하양캠퍼스 기숙사동 남쪽 산정에 흔적이 있다. 마을과 가까워 많이 훼손되고, 서북쪽 방호벽이 둘레 50m, 높이 1.5m 내외로 남았다. 남쪽 석축은 멸실되고, 봉돈 1기가 50㎝ 정도로 남았다. 전체적 형태는 짐작할 수 있다. 생활자기편과 기와편이 많다.

숟가락만 꼭 쥐면 밥 먹을 도리는 늘 있지 않겠는가! 대구가톨릭대학교에서 교정 안 문화재에 조금 더 관심을 가졌으면 한다.

TIP

대구가톨릭대학교 하양캠퍼스 기숙사동 남쪽 산 위에 있다.

간봉 9노선

1 금산봉수 ▸ 2-1 대방산봉수 ▸ 2-2 우산봉수 ▸ 3 각산봉수 ▸ 4-1 침지봉수 ▸ 4-2 안현산봉수 ▸ 4-3 성황당봉수 ▸ 5 망진산봉수 ▸ 6 광제산봉수 ▸ 7 입암산봉수 ▸ 8 금성산봉수 ▸ 9 소현산봉수 ▸ 10 금귀산봉수 ▸ 11 거말흘산봉수 ▸ 12 구산봉수 ▸ 13 고성산봉수 ▸ 14 눌이항산봉수 ▸ 15 소이산봉수 ▸ 16 박달라산봉수 ▸ 17 월이산봉수 ▸ 18 환산봉수 ▸ 19 계족산봉수 ▸ 20 소이산봉수 ▸ 21 것대산봉수 ▸ 22 소흘산봉수

▸▸▸

대방산봉수 11.7km
설흘산봉수 7.9km
원산봉수 7.3km

01

금산봉수

금산(錦山)

경상남도 남해군 상주면 상주리 257-3 금산 정상

위도 34. 45. 228.
경도 127. 58. 974.
고도 701m

해수관음보살 기도처

남해 금산, 국내 3대 해수관음보살 기도처로 '보리암·허왕후·원효대사·이태조'의 전설이 깃든 곳이다. 동쪽으로 흘러내린 대장봉과 보리암, 쌍홍문 우측의 만장대와 삼신산, 선녀 전설의 사선대, 환희대와 제석봉 등이 하나같이 절경이다. 푸른 바다 속에 '호도, 목과도, 고도, 노도', 둥실 떠 있는 섬들은 '좋다'라는 말로는 너무 부족하다. 신비한 기운이 감돌기에, 많은 이들이 발복 기도하러 찾았고, 기원하며 새긴 이름자가 바위마다 빼곡하다. 봉수대 앞 둥그런 바위에는 '주세붕' 선생의 석각이 있다. 몇 글자는 지워져서 확인이 불가능하다.

由虹門 上錦山 홍문을 거쳐 금산에 오르다

嘉靖戊戌歲 가정무술년(중종 33년 1538년)에
前翰林學士周世鵬景遊 전 한림학사 경유 주세붕은
尙州浦 權官金九成ㅁ之 상주포 권관 ㅁ지 김구성과
進士吳季鷹翰之 진사 한지 오계응과
僧戒行同登 승려 계행과 함께 오르다.
翰之子顯男書 오한지의 아들 현남이 쓰고,

刻僧玉工道ㅁ 옥장인 승려 도ㅁ이 새기다.

'경유'는 주세붕(1495~1554) 선생의 자다. 풍기 군수에 부임해 백운동서원(소수서원)을 세워 유생들 교육과 향촌의 교화에 힘썼다. 오계응은 중종 2년(1507)에 증광시 진사 3등으로 급제하였으며 진주 사람이다.

–『한국학중앙연구원』(정덕2년정묘춘증사마방목)

판관 김구성, 오계응의 아들 현남, 승려 계행에 대해서는 알려진 바가 없다. 뒷날의 선비들도 오현남이 쓴 큰 글씨 6자를 칭찬하며 기록을 남긴다. "由虹門 上錦山: 무지개 문으로 비단산을 오른다." 옛 사람들의 감성과 표현력이 돋보인다. 주세붕 선생의 덕행과 오현남의 좋은 글씨가 아니었으면 눈살을 찌푸릴 것 같지만, 담겨진 풍류를 보아 눈감을 수밖에 없다. 그날 선생의 일행은 수직 봉수군과 환담하며 무지개 타고 오른 비단산에 감격했을 것이다.

題詠登錦山 금산에 오른 것으로 짓다

浮海山還有 산이 바다 위에 떠 있는 듯,

尋眞字欲無 진기한 경치 표현할 수도 없구나.

菴深雲共宿 암자는 깊어 구름 함께 잠들고,

烽迥月同孤 봉홧불 멀리 달과 함께 외롭구나.

石窟笙簫動 석굴에 생황 소리 들리는데,

巖門蝶蝀紆* 바위 문에 무지개 걸려 있네.

何年穿九井 어느 해 구정을 뚫었는가.

* 산꼭대기에서 남쪽으로 석벽을 타고 내려와 보리암(菩提庵)에서 휴식하였다. 보리암 앞 석벽 위에 돌부처가 보였다. 그 아래로 교룡굴(蛟龍窟)이 석벽 사이에 있고, 석벽 아래에 바위구멍을 뚫어서 바다로 내려가게 해 놓았는데 '무지개문〔虹門〕'이라 하였다. 보리암 아래 바위 봉우리 일대를 산의 기운이 쌓인 곳이라고 하는데, 세상에 전해지는 말로는 태조가 왕이 되기 전에 무학대사(無學大師)를 따라와 산신령에게 제사를 지냈다고 한다. 신사(神祠)의 남쪽에 있는 바위 봉우리가 가장 기이한데 사신암(捨身巖)이라고 한다. 혹은 구정봉(九井峯)이라고도 하는데, 꼭대기에 아홉 개의 우물이 있다.『기언 별집』제15권/기행/범해록, 허목.

금산봉수 전경

금산봉수대

高頂貫聯珠 봉우리에 구슬 같은 글귀 있네.

– '남구만' 『남해현읍지』(1786)

남구만 선생도 주세붕 선생처럼 '홍문'을 거쳐 정상에 올랐는가 보다. 이태조가 왕이 되기 전 제사를 지낸 금산의 기운을 느끼며, 산정에 오르고, 석각을 보았을 것이다. '달과 함께 외로운 봉홧불'은 금산봉수가 이른 새벽 초기(매일 이른 새벽에 처음 불을 올리는 것)하는 모습을 말한 것이다.

천하의 절경 위 금산봉수대는 '경상남도기념물 제87호'로 지정되었으며, 연대는 둘레 26m의 네모난 형태며, 높이는 4.5m이다. 원형이 잘 보존된 곳이다. 연대 위로 나선형 계단이 있어서 이곳을 찾는 사람들은 모두 연대에 올라 사진을 찍고 주위 경관에 감탄을 자아낸다. 아끼고 보존해야 할 우리 문화재다.

금산봉수대에서 매일 이른 새벽 첫 봉화를 올리면, 이 불은 창선 대방산과 진주 망진산, 추풍령 눌이항 등 제2거 간봉 9노선을 따라, 직봉인 충주 망이산에 연결된다. 설레는 마음으로 새로운 '불길 순례'를 시작한다.

TIP

금산주차장(경남 남해군 상주면 상주리 산 261-22)에서 미니버스를 타고 정상에 내리면 15분 거리다. 보리암 바로 위 산정이다.

2-1

대방산봉수

대방산(臺方山)

경남 남해군 창선면 옥천리
산75 대방산 정상

위도 34. 51. 571.
경도 127. 59. 093.
고도 446m

한려수도 위

대방산은 창선도에서 가장 높은 산이다. 남해도와 통영 사이의 한려수도가 그림처럼 펼쳐지며, 창선·삼천포대교(한국의 아름다운 길 100선)와 죽방렴이 눈길을 머물게 한다. 봄철 춘란은 남국의 정취를 더하며, 단풍철에는 바다와 어울린 멋진 경관으로 지족마을→대방산→운대암에 이르는 등산코스가 북새통을 이룬다.

봉수대는 정상에서 북동쪽으로 400m 떨어진 곳에 있다. 방호벽 석축과 연대가 있다. 둘레 30m, 높이 2.6m 정도다. 북동쪽 공터 봉수대 원래 터에 연조가 잘 남아 있다. 연대를 2007년 8월 우람하게 복원해 등산객들이 꼭 들르는 명소가 되었다. 연대 속을 텅 비웠는데 실제 연조 모습인지, 어떻게 연기를 올리는지 알 수가 없어서 아쉽다. 경상남도기념물 제248호로 지정되었다.

삼천포항 각산봉수와 대응하며 북쪽 4km에 있는 금오산성과 함께 남해 노량의 길목을 감시했다. 충무공 전몰지 노량은 알고 있으나, 창선대교가 가로지르는 노량의 길목 창선면 대벽리 금오산성은 모르는 이가 많다. 노량의 길목을 지켰던 금오산성에는 말목장과 임란에 연관된 장군바위 전설이 있으니, 황망한 국난에 대방산·각산봉수와 연계해 국가수호의 역할을

대방산-운대암

대방산 연대

충실히 했을 것이다.

청명한 가을날 꼭 다시 들러보고 싶은 곳이다.

『세종실록지리지』(1454)에 기록된 이후 망운산→양둔산→주산→침지→성황당→망진산으로 전하던 노선은 '망운산·양둔산·침지·성황당'이 폐지되고 '대방산과 안점산'이 새로 생겨, 금산→대방산→각산(주산)→안점산→망진산봉수로 노선이 단순화되고 이후 지속된다. 이는 군현의 읍치에 신호를 전하던 봉수대가 읍치의 이동으로 봉수대가 따라 이동 설치된 것으로 판단한다.*

간봉 9노선 평안의 불이 금산에서 출발해 사천→진주→합천→거창→김천→황간→영동→청주를 거치고 진천에서 직봉 망이산과 합한다. 가슴 설레는 불의 길을 따라 순례한다. 순례를 끝내면 병조에서 봉대별장 사령장을 내려주지 않을까. 혼자 웃어 본다.

1. 창선면 옥천마을 북쪽 산 중턱 묘지공원에서 북동쪽 능선으로 오르면 20분 정도 소요된다.
2. 창선면 운대암(경남 남해군 창선면 옥천리 산 54) 아래쪽 저수지 댐 아래에 봉수대로 오르는 등산로가 있다.

---

* 권순강 · 정은숙 · 하환옥, 2018, 『조선전기 읍성정비에 따른 봉수노선 정비와 실증적 검토』, 한국성곽협회 2018년도 춘계학술대회, p. 52쪽

2-2

우산봉수

우산(牛山), 남산

경남 사천시 곤양면 남문외리 산1
위도 35° 3′ 115″
경도 127° 57′ 958″
고도 137m

곤양의 남산

"맑다. 일찍 굴동(하동군 옥종면 문암리)을 떠나 곤양군에 이르니 군수 이천추가 군에 있고, 백성들도 본업에 힘써 혹 이른 곡식을 거두어들이기도 하고, 혹 보리밭을 갈기도 하였다. 오후에 노량에 이르렀다."

– 『난중일기』 정유년(1597년 7월 21일)

"곤양군수 이광악은 충주 사람으로, 선조 24년(1591)에서 28년(1595)까지 재임하였다. 진주성 전투의 진정한 영웅이다. 당시 군사는 김시민 군대 3,700여 명과 이광악 부대 백여 명뿐이다. 김시민이 적탄을 맞아 전투를 지휘할 수 없게 되자, 곤양군수가 지휘해 싸움을 승리로 이끌었다. 몸을 바쳐 왜적과 맞섰다. 항상 선봉에 나가며 장병들을 격려하고 대오를 정비했다. 곤양군수가 적장을 활로 쏘아 죽이니, 적이 모두 통곡하며 시체를 메고 돌아갔다. 성안의 사기는 하늘을 찔러 적을 퇴각시키고 진주성을 수호할 수 있었다."

– 홈페이지 '사천시사 곤양향토사'

국난에 어딘들 누군들 그러하지 않으랴마는 곤양사람들은 군수와 함께 왜적을 맞이해 충심을 다해 싸웠고, 백의종군하러 임소로 돌아가는 충무공을 뵙고 뜨거운 눈물을 흘렸다.

예전엔 곤양읍 부근까지 바닷물이 들어왔다고 한다. 읍의 남쪽에 있는 우산은 소가 누운 듯한 모습인데, 마을 사람들은 남산이라 부른다. 곤양현의

우산봉수 연조

앞에 있기에 명명된 이름이다.

"우산봉수는 초기하는 곳이다. 동쪽으로 진주 각산봉수와 서로 겨눈다."

– 『경상도속찬지리지』(1469)

우산봉수는 『경상도속찬지리지』(1469)에 처음으로 기록된다. 세종 19년(1437)에 '남해현을 곤남군에서 분리하고 곤남군과 금양현을 병합하여 곤양군으로 분리했다.' 남해현에서 분리된 뒤 곤양 앞바다를 살피고 곤양읍에 '평안의 불'을 전하려고 신설된 것이다. 사천과 마주 보며 통영만 깊숙이 곤양천으로 들어오는 적을 살폈다. 이른 새벽 첫 불을 올리는 초기봉수로서 각산봉수에 신호를 전했지만, 진주 망진산과도 통할 수 있다. 우산봉수는 『여지도서』(1756) 편찬 이전에 폐지된다. 대방산과 각산이 노량 입구와 통영만을 지켜 주기에, 곤양읍에 전하기 위해 설치한 우산봉수를 양란 이후 봉수 노선 조정기에 폐지한 것으로 보인다.

봉수대는 '경상남도기념물 제176호(2014. 08. 11)'로 지정되었고, 1994년 둘레 50m 정도 되는 연대로 복원되었다. 연대가 마치 경주의 왕릉처럼 호석을 두른 모습이다. 주변에는 대나무 숲이 울창하고, 내부에 체육시설을 만들어 주민들이 애용하는 곳이 되었다.

곤양 IC에서 내려 곤양의 입구 현대오일뱅크 동쪽으로 가면 고속도로 지하도가 나온다. 지하도 2개를 넘어 산 밑에 주차하고 등산로를 따라 올라가면 20분 거리에 있다.

03

각산봉수

각산(角山), 각산향 주산

경남 사천시 대방동 산2번지 각산
위도 34. 56. 610.
경도 128. 3. 470.
고도 412m

저기 봉래 영주가

삼천포항 곁에 있는 높은 산이다. 『세종실록지리지』에 '각산향 주산'으로 표기된 산이다. 각산角山은 '높다, 우두머리'라는 뜻으로 산의 인지도가 높아 산 이름을 지명으로 부른 것이다. 위용을 자랑하는 창선·삼천포대교가 징검다리 같았던 섬들을 시원스레 잇는다. 각산에서 보는 한려수도의 풍광은 눈을 뗄 수가 없다. 통영과 사량도, 대응봉수인 대방산과 뭍처럼 보이는 남해도·욕지도·두미도 점점이 선경을 방불케 한다. 내륙으로는 사천의 명산 와룡산 연봉이 눈에 든다. 이 아름다움을 만인이 누리도록 사천바다케이블카 설치 공사가 진행 중이다. 각산은 바다 쪽으로 돌출한 높은 산이기에, 조망이 좋고 적을 막기에 유리해 일찍이 군사적 요충지로 인식되었다. 1983년 '경남문화재자료 제95호'로 지정된 각산산성이 있다. '산성 남문'은 원형이 잘 남았고, 성벽은 1991년부터 세 차례에 걸쳐 복원공사를 했다고 한다.

"본래 진주는 백제의 '거열성', '거타'였다. 문무왕이 공취하여 '주(州)'를 설치하였다. 삼천진은 진주목에서 남쪽 74리에 있다. 석성이 있는데 둘레가 2천 50척이다."

– 『신증동국여지승람』 진주목

각산봉수 연대

위 기록은 각산산성에 대한 것이다. 삼별초의 항쟁을 평정하는 데 활용되었고, 왜구가 침범할 때에는 각산리 주민들이 이 산성에 의지하며 대응했다고 한다.

봉수 신호를 처음에는 동으로 고성의 좌이산봉수, 북으로 사천의 침지봉수, 남으로 하동 양둔산봉수로 전하다가, 중종 때 와서는 침지와 양둔산은 폐치되고 남쪽 대방산봉수, 서쪽 곤양 우산봉수, 북쪽으로 사천 안점산봉수와 대응하였다. 대응노선은 시기와 필요에 따라 조정되면서 운용하였던 것 같다. 1983년에 '경상남도지정문화재 자료 제96호'로 지정되었다. 봉수대 원형이 잘 보존된 것을 1990년 되살려 복원하였다. 복원 연대는 둘레 30m, 높이 2.3m 정도며, 아래에 건물터가 있다.

건물 터 석축 사이로 촘촘한 산죽이 예전 봉수군들의 생활을 말하는 듯하다. 생활이 고단하고 힘들 때면, 저 푸른 바다를 보며 신선이 사는 '봉래蓬萊·영주瀛州'가 저기 어디쯤일까 생각했으리라.

1. 대방사(경남 사천시 삼천포대교로 263-56)에서 오르면 각산산성을 지나 40분 정도 소요된다.
2. 사천시문화예술회관(경남 사천시 동림동 190)에서 등산로를 따라 오르면 50분 정도 소요된다.

4-1

침지봉수

침지봉수(針枝烽燧), 봉두산

경상남도 사천시 용현면 신복리 산149-1

위도 35. 03. 0195.
경도 128. 08. 4487.
고도 466m

좀 더 낮은 곳으로

침지봉수는 사천시 용현면 신복리와 석계리를 잇는 동쪽 뒷산 위에 있었다. 안현산봉수에서 남쪽 능선을 따라 1km 정도 가면 이를 수 있다. 남쪽 각산봉수의 신호를 받아 북쪽 성황당 봉수에 전했으나, 『신증동국여지승람』(1530)이 기록되기 이전에 1.1km 거리의 좀 더 낮은 곳에 안점산봉수가 신설되면서 침지봉수는 폐치되었다. 침지봉수 일부 유구가 지금도 남아 있다.

약수암(경남 사천시 용현면 신복리 28-2) 뒤쪽 능선에 올라 남쪽으로 600m 거리의 산정에 있다.

4-2

안현산봉수

안현산(鞍峴山), 안점산(鞍岾山), 봉대산

경상남도 사천시 용현면 신복리 산 4번지 안점산 정상

위도 35. 2. 361.
경도 128. 4. 919.
고도 298m

둘 빼고 하나 더하기

용현면 신복리 봉대산 약수암에서 시작해 하늘먼당→백천재→민재봉을 거쳐 와룡산에 이르는 명품산행코스를 찾는 이가 많다. 숲 사이로 사천대교가 힐끗 보이는 길을 걷다 보면, 재미있는 이름의 '하늘먼당'과 기묘한 바위를 볼 수 있다. '먼당'은 경상도 방언에서 '만대기·말랭이'처럼 산정을 뜻하는 말이다. '봉대산약수암·봉대산·봉두산'은 봉수대로 인해 생긴 이름이다. 안현산봉수대 남쪽 1km 정도의 봉대산 정상에는 폐치된 침지봉수가 있다. 안현산봉수대는 『신증동국여지승람』(1530년)이 발간될 무렵 침지봉수와 성황당봉수를 폐치하고 새로 설치했다. 봉두산(465m) 정상에서 안현산(298m)으로 옮기어 안현산에서 곧장 망진산과 새로 성을 쌓고 옮겨간 사천현에 신호를 보냄으로써 두 곳을 한 곳으로 감축할 수 있게 된 것이다. 봉수대 운영에는 봉군 25명, 봉군보 75명, 봉대별장 1인, 5교대 근무조 5명 중에 1명의 오장이나 감고가 포함돼 100명 정도의 군인으로 구성되며, 막대한 경비가 소요

안현산연대-연조

되는 체제다. 봉수대 하나를 줄인 것은 봉군수직의 수고와 체제 유지의 비용을 절감하는 것이 되니, 결국 안현산봉수는 두 곳 폐치에 하나 보태기인 셈이다.

안현산연대–출입문

안현산봉수는 약수암 뒤쪽 산봉우리에 있다. 신복리 도로변에서 보면 4개의 봉우리가 일렬로 서 있다. 사천해안과 병행해 북서에서 동남으로 이어진 능선의 왼쪽 두 번째 봉우리다. 산정 널찍한 평탄지에 설치한 봉수대다. 연조를 원통형으로 크게 복원했는데, 원형을 고려한 것인지 알 수가 없다. 원형의 방호벽은 둘레 100m, 높이 1.5m 정도로 석축이 잘 쌓여서 작은 성채 같다. 방호벽 외곽의 빈 터가 건물지로 추측된다. 웅장하게 복원한 봉수대가 모양도 예쁘고, 바깥에 팔각정자를 세워 등산객이 머무는 곳이 되었다.

1997년 '경상남도기념물 제175호'로 지정되었다. 용현면 주민들은 예전에 봉수대에서 기우제를 지냈다고 한다. 기우제가 없어진 요즘은 3월 셋째 일요일에 주민들 수백 명이 봉수대에 올라 마을의 안녕과 기복을 위한 축제를 연다고 한다. 출향한 용현면 출신 사람들은 멀리서도 웬만하면 이 축제에 참가한다고 한다. 애향이 곧 애국 아닐까. 애향이든 애국이든 용현면 축제가 오래도록 이어졌으면 한다.

TIP

약수암(경남 사천시 용현면 신복리 28–2) 뒤쪽 산봉우리다.

성황당봉수

성황당봉수(城隍堂烽燧)

경남 사천시 정동면 예수리
산 45-4

위도 35. 03. 402.
경도 128. 05. 876.
고도 211m

사천현 옛 치소와 함께

"경상남도 시도기념물 제132호-'사천성황당산성' 내에 축조되었다. 성황당산성은 사천읍 남쪽에 위치한 성황산(城隍山) 정상부에 토성과 석성으로 연결된 테뫼식성(산 정상을 둘러 쌓은 성)이다. 성벽은 9부 능선을 따라 이어졌으며, 성내에 연못 · 건물지 등이 있고 주변에는 기와 · 도자기편이 많이 흩어져 있다. 사천읍성이 현재의 자리로 옮기기 전에는 이곳이 사천의 치소로 사용된 것으로 추정된다."

-『한국민족문화대백과사전』

성황당봉수는 『경상도지리지』(1425) 이후의 기록에는 나타나지 않는다. 정동면 '고읍리古邑里'는 예전에 이곳에 읍치가 있었기 때문에 지명으로 남은 것이다. 사천현치가 세종 12년(1430) 곤양면 성내리에 읍성을 축성하고 옮겼다가, 세종 27년(1445) 사천읍 선인리에 새로 읍성을 쌓고 옮겨가면서, 성황당봉수는 폐치된다. 신설된 안현(안점산)봉수(5km)에서 신호를 받을 수 있기 때문이다.

이때 노선을 새로 조정하면서 침지봉수도 함께 폐치했다. 침지봉수와 성황당봉수의 거리가 3.2km로 가까운 탓에, 침지봉수를 안현산 낮은 곳으로 옮겨 설치하고, 안현산봉수에서 망진산봉수로 바로 연결되도록 하였다.

성황당산성의 성벽은 잘 남아 있으며, 성내에는 원래 성황신에게 제사

성황당봉수대 자리

지내는 제단이 있었는데, 근래에 와서 같은 자리에 단군상을 안치했다. 성 안이 편평하고 널찍하여 과거 사천현치소가 충분히 자리 잡을 만한 곳이다.

봉수대는 성의 동북쪽 편에 치우쳐 있었던 것으로 생각된다. 정상부 체육공원으로 꾸며 놓은 곳의 북쪽 언덕이 봉수대였을 것으로 생각된다. 오랜 시간이 흐르고, 성 안에 많은 시설이 들어서면서, 연대는 이지러져 성의 자취와 쉽게 구별되지 않는다. 성황당산성은 오랜 세월 봉수와 함께 사천 지역을 방어하는 요새지였으며, 서낭신을 모셔 둔 곳으로 사천사람들의 정신적 위안처였다.

성황당봉수–단군상

TIP

선황사(경남 사천시 정동면 예수리 45–4)에서 산 정상 부근으로 오른다.

안점봉수 15.1km
성황당봉수 13.4km ◂◂◂ ▸▸▸ 광제산봉수 12.3km

05

망진산봉수

망진산(望晉山), 망진(望津)봉수

경남 진주시 주약동 산156-1(원래 봉수 터)
경남 진주시 망경동 산 29-3(복원된 장소).
위도 35. 10. 624.
경도 128. 4. 554.
고도 172m, 142m

진주성을 바라다

남강이 태극으로 곡류하며 빚어낸 땅에 진주가 있다. 가야문화는 이런 터전 위에 꽃피웠다. 가야의 보배로움을 다 간직한 진주성 국립진주박물관은 가야문화의 온갖 알맹이가 모인 곳이다. 기록이 부족해 그 빛이 가려졌지만, 사람과 말이 함께 철제 갑옷을 입은 '개마기병' 만으로도 가야의 수준을 가늠할 수 있다. 진주성 국립진주박물관은 보는 이에게만 보이는 곳이다.

'망진(望晉: 진주를 바라다), 망진(望津: 남강 나루를 바라다)' 망진산은 진주를 훤히 내려다보는 산이다. 진주성과 5리 거리에서, 진주성 1차 전투의 승전 감격과, 이듬해 6월 민관의 총력전 진주혈전을 다 지켜본 곳이다. 당시 봉수는 어떠했을까. 부산이 함락됐을 때, 봉수 기능은 교란되었을 것이다. 신령 여통산봉수·봉화와 용점산봉수대에 전해지는 말을 살펴보면, 일부 봉수대 봉수군과 왜군 사이의 전투를 알 수 있다. 병조 수군절도사, 관찰사 휘하의 봉수군은 신분 자체가 군인이다. 봉수대는 기본적 병기를 갖추고 있었으므로 국운을 건 전투에 당연히 참전했을 것이다.

임란 당시 명나라 군대는 파발 제도가 있었다. 파발이 신속한 전령 역할을 했지만, 말의 보급·파발아의 숙식·전선이 분명치 않은 상태에서의 적의 기습이라든가, 평상시 관리들의 사적인 사용 등 실록에는 파발 제도의 문

제점을 기록하고 있다. 그러나 명군의 장수들이 조선 정부에게 파발제도와 병행하여 봉수제도의 존속 유지를 건의하는 것으로 보아, 전쟁 기간 봉수는 전선이 교란된 상태에서도 나름의 기능을 했던 것으로 생각된다.

망진산 연대

원래 봉수대는 주약동 망진산(172m) 산정에 있었으나, 복원된 봉수대는 망진산 정상 북서쪽 200여 미터 거리, 남강이 발아래 보이는 곳에 옮겨 설치했다. 성황당봉수에서 신호를 받았으나, 사천현이 평지성으로 옮겨 간 이후, 침지와 성황당은 폐치되고, 신설된 안점산봉수에서 신호를 받게 되고 조선 말까지 유지된다. 노인들의 말에 의하면, 1960년대까지 봉군들의 숙소 건물이 남아 있었다고 한다. '동학농민항쟁, 3·1만세운동' 장소로도 활용된 봉수대를 광복 50주년인 1995년 통일기원 전국봉화제 행사 때 연대 형태로 복원했다. 예전에는 토석혼축의 연대였으나, 진주시민들의 성금과 열의를 모아 우람한 석축 연대로 복원했다.

연대에서 바라보는 진주야경이 일품이라고 한다. 남강의 저녁 불빛 위로 '진주성 1·2차 전투, 논개와 봉수군'을 생각하며 감상에 젖어 볼 만한 곳이다.

TIP

망경한보아파트(경남 진주시 망경동 221-3) 옆으로 난 산길을 따라 오르면 복원 봉수대까지 차량으로 이동할 수 있다.

06

광제산봉수

광제산(廣濟山)

경상남도 진주시 명석면 덕곡리 산1 광제산 정상
위도 N 35° 16′ 593″
경도 128° 1′ 314″
고도 420m

무너미 고개와 우는 돌

광제산 정상에 오르면 남해바다와 지리산이 보일 만큼 조망이 좋다. 천지가 개벽할 때, 광제산은 산봉우리가 광주리만큼 남았고, 집현산은 집채만큼 남았다고 한다. 두 산 사이에는 '무너미 고개'가 있다. 전국에는 청원군 문의면 '무너미 고개 전설', 내설악과 외설악 사이 '무너미 고개', 관악산 서쪽 '무너미 고개', 지리산 '무넹기 고개' 등의 지명과 홍수와 관련된 전설이 많다.

무너미 고개의 전설은 새로운 세상에 대한 기대에서 비롯되었다고 한다. 광주리만큼 남았다는 광주리산을 광제(廣濟:널리 세상을 구제한다)로 표기할 때도 이상향의 도래에 대한 기대 때문이다. 서민·종놈으로 태어나면 온갖 세금 부담하랴, 신공 바치랴, 살아가기 팍팍한 세월, 새로운 세상 천지개벽에 대한 기대는 있기 마련이지만, 왜놈·되놈 쳐들어 올 때는 양반상놈이 어디 있으랴. 길가의 '돌멩이조차 성돌이 못 된 한으로 울었다'고 한다.

진주 명석면 신기리 '명석각'에는 한 쌍의 암수 바위가 1988년에 '경상남도 민속자료 제12호'로 지정되었다. 지역 사람들은 '운돌, 명석(鳴石:우는 돌)'이라고 부른다.

"고려 공민왕 때 여진 및 거란의 침입에 대비하여 진주성을 쌓을 때 백성들이 부역에 동원

광제산봉수

우는 돌-자웅석

되었다. 광제암의 스님이 신기리를 지나다가 급히 걸어오는 한 쌍의 돌을 만나서 '무령석물(영혼이 없는 돌덩이)이 어디로 가느냐?' 하고 물으니, 돌들이 '진주성 부역에 고생하는 백성들의 부담을 덜어 주려고 성돌이 되고자 갑니다.' 하고 답하였다. 스님이 이미 성을 다 쌓았다고 하자 돌이 애석하여 전신에 눈물을 흘리더니 그 자리에 섰다. 그 뜻을 가상하게 여겨 '운돌'이라고 부르고, '거룩한 보국충석(輔國忠石)이여!' 하며 아홉 번 절을 했기에, 그 골짜기를 구배곡(九拜谷)이라 부르게 되었다."

– 진주시 홈페이지

'운돌'은 지금도 나라에 큰일이 있을 것 같으면, 겉에 물이 흐르는 징조를 보인다고 한다. 나랏일에 온 힘을 다한 진주인들의 '혼'이 담긴 고마운 돌에, 매년 음력 삼짇날 정오에 〈명석각보존회〉가 제사를 지낸다.

광제산봉수대는 명석면 덕곡리 광제산 정상에 있다. '경남기념물 158호'로 지정되어 있다. 2004년에 복원했다. 지표조사에서 다량의 생활자기편과 쇠도끼, 철편(쇠채찍) 등이 출토되었다고 한다. 석축 방호벽 안에 3기의 연조를 갖추고 있다. 서쪽이 높아 2단 계단을 통해 오르도록 만들었다. 방호벽은 북쪽이 높고 길다. 복원된 봉수대 중에서 가장 예쁜 봉수대다. 어느 곳을 촬영해도 예쁜 사진이 된다. 3기의 연조와 적절한 크기, 상하로 구분된 깔끔한 공간 분할 등이 나무랄 곳 하나 없고, 전망은 더더욱 좋다. 소나무와 참나무가 연이은 길은 걷기도 좋다.

TIP

광제산 주차장(경남 진주시 명석면 계원리 62-5)에서 등산로를 따라 50분 소요된다.

07

입암산봉수

입암산(笠巖山), 봉화재, 봉도재

경남 산청군 신안면 소이리
산30번지
위도 35. 21. 843.
경도 128. 1. 623.
고도 296m

삿갓 바위 아래에

버섯을 닮은 '입암(삿갓 바위)'이 산정에 있다. 삿갓 바위 곁에 'KBS 신등 TV 방송 중계소'가 있다. 산정에서 남쪽으로 흘러내리는 능선 1.5km 정도에 입암산봉수대가 있다. 봉수대 북쪽 고개는 생비량면 사람들이 단계 5일장으로 가는 지름길이다. 산업화 이후 도로가 정비되고 버스 노선이 확장되고 자가용이 널리 보급되자 고갯길로 다니지 않게 되었고, 울창한 산림을 땔나무로 베지 않자 고갯길은 저절로 막혀 버렸다.

단계시장 옆에는 '이충무공추모행로유적지' 공원이 꾸며져 있다. 정유재란으로 백의종군하던 충무공께서 권율장군이 있는 합천 초계로 가셨던 길이다. '1597년 6월 2일 새벽 단성에 있는 박호원의 노비 집에서 유숙하고, 단계천에 이르러 아침 식사를 위해 잠시 머물렀던 곳'이라고 한다. 오랜 전쟁으로 젊은 봉군들은 여러 전투에 동원되었다. 노쇠한 나머지 봉군들에게 충무공 소식은 벅찬 기쁨이었을 것이다.

'생비량'. 호기심이 생기는 지명이다. 생비량면 소개에 명칭 유래가 있다.

"가계리와 화현리 사이에 사찰이 있었는데, 주지는 '비량比良도사'였다. 스님은 자비심이 깊어 주위의 존경을 받았다. 언젠가 떠나려는 스님을 가지 못하도록 애원했으나, 스님은 끝내 떠나고 말았다. 그러나 '스님의 자비로운 마음은 영원히 남아 있다'는 뜻에서 스님의 법명에 생生자를 붙여 '생비량'으로 불렀으며, 스님이 떠난 후에도 생비량은 살기 좋고 후덕한 인심을 가진 고을로 전해 온다고 한다."

봉수대의 형태는 금산, 대방산, 각산, 안현산, 망진산봉수까지는 방호벽 내부에 망루처럼 커다란 연대를 설치한 모양이나, 광제산부터는 연대 대신 연조를 나지막하게 설치했다. 커다란 연대를 설치하는 봉수대를 '연대', '연대봉수', 작은 봉돈 위에 연조를 설치하는 봉수대를 '내지봉수', '복리봉수'라 한다. 봉수대마다 규모나 형태의 차이가 있지만, 내륙 깊숙이 들어갈수록 연대가 없어지고 석축의 규모가 작아지는 경향을 보인다.

입안산봉수대는 산청군에서 2006년 지표조사를 하였다. 남북 폭이 넓고, 동서의 폭이 좁은 타원형이다. 동쪽 방호벽 바깥은 급경사를 이룬다. 북쪽 방호벽이 잘 남아 있다. 일부가 허물어졌으나 원형이 보존된 상태다. 남동쪽 모서리에 출입 계단이 있다. 남쪽 방호벽 밑에 건물터가 있다. 연대가 없는 내지봉수지만 석재를 많이 활용해 크고 웅장하게 조성하였다. 봉수대를 안내하는 이정표와 안내판이 없어서 찾기가 쉽지 않다.

입암산 입암

입암산봉수–방호벽–돌절구

TIP

생비량면 우체국에서 북쪽 1.2km에 내도 소류지가 있다. 소류지 북쪽 800m에서 왼편으로 계곡을 따라 40분 정도 오르면 봉우리에 봉수대가 있다.

08

금성산봉수

금성산(錦城山), 봉화산

경남 합천군 대병면 장단리
산 32-1 금성산 정상
위도 35. 31. 001.
경도 128. 2. 249.
고도 585m

비단 소반에 매단 꽃

금반현화(錦盤懸花: 비단 소반에 꽃을 매단 듯하다) 암반암괴로 이루어진 산정에 소반 같은 바위가 꽃잎처럼 매달려 있다. '금성산을 둘러싼 황매산, 허굴산, 악견산'이 빚어낸 선경의 정취를 신선주 향기 속에 읊어낸 말이다. 금성산 바위산정을 꽃심으로 보면 합천의 명산들이 꽃잎처럼 둘러선 곳이다. 만수위 합천호의 풍경은 삶에 찌든 세속인으로 하여금 선경을 연상케 한다.

李命大
○○公 李完才 洪奉才
乾隆 四十三年 戊戌 八月 日
別將 陳聖大 成造 有功 碑
都監 全五鶴
起摠 沈沃化

이명대,
○○공 이완재, 홍봉재
건륭 43년(정조 2년,1778) 무술 8월 ○일
'별장 진성대'가 축조에 공을 세운 비
도감 전오학, 기총 심옥화

위. 금성산–금반현화–기원홈,　아래 금성산봉수대

지난번 방문 때 찾지 못해 아쉬웠던 석각 사진을 김주홍 박사님이 새로 찾아가 조사해 보내 주었다. 김 박사의 봉수연구는 여러 권의 저서를 통해 알 수 있지만, 끊임없는 노력에 경의를 표하는 바이다. '별장 진성대가 축조에 공을 세운 비'이며 주변에 축조에 관련된 이의 이름을 새긴 공적비다. 봉수대 서쪽 방호벽 옆 대숲에 있는 자연석을 다듬지 않고 새겼다. 글씨체가 아주 뛰어나다. 축조된 시간이 길고 집물이 낡아 가니 수리보수는 당연한 일이었을 게다. 이렇게 한 줄 글로 공적을 기록하니 당시인들도 흐뭇했을 것이고, 지금의 우리도 그 수고를 짐작할 수 있어서 좋다. 글을 모르는 이도 시구가 떠오를 만한 금성산이니 걸맞는 시구도 씌었으면 더 좋겠다.

'금성金城'과 '금성錦城'으로 기록되던 산이다. 금성金城은 우뚝한 모습과 암반으로 이루어진 바위산 형세에서 굳센 '쇠'의 이미지를 연상했으며, 실제로 산정의 동북쪽 봉수대 주변에는 산성으로 추정되는 석축이 있다. 금성錦城은 산정에서 관망하는 경치가 너무도 아름다워 '비단'의 이미지를 연상한 것이다. 화산이 아닌데도 가파르게 솟은 산이다. 어떤 방향으로도 경사가 심하지만, 쉬엄쉬엄 오르면 낙엽과 예쁜 바위, 솔향기 속에 멋진 경치를 볼 수 있다. 금성산의 진가는 오르는 이들만이 알 수 있다.

봉수대는 1999년 '경남도기념물 제219호'로 지정되었다. 정상부 동쪽 끝단 100여 미터 즈음 산죽이 밀생한 곳이다. 암반 주위에 석축 연대 1기가 뚜렷하다. 암반 사이의 비교적 넓은 터에 건물을 지었던 것 같다. 터를 평탄하게 조성하기 위해 방호벽 겸 석축을 쌓았다. 북쪽에는 병풍 같은 바위가 겨울바람을 막아 주고 남쪽은 훤히 트여 햇살을 마음껏 받을 수 있는 곳이다. 남쪽 방호벽 아래에 더위에 지친 봉군이 늘어지게 낮잠 잘 수 있는 바위굴이 있고, 그 안에는 생활자기편이 많이 있다. 정확한 용도를 알 수 없지만, 실제 사용한 것으로 생각된다.

남쪽으로 가회면사무소 옆을 흐르는 신등천을 따라 입암산봉수대가 아스라이 보이고, 북으로 합천호 위로 소현산봉수가 보인다.

1. 합천 대원사(경남 합천군 대병면 성리 산 58-3)에서 오른다. 1시간 정도 소요된다.
2. 금성산 남쪽 등산로 입구 장단교회(경남 합천군 대병면 장단리 806-2)에서 밀양 박씨 묘원 옆으로 오르면 40분 정도 소요된다.

09

소현산봉수

소현(所峴), 소현산, 숙성산(宿星山), 봉우재, 봉화산

경남 합천군 봉산면 상현리 산 7
위도 35. 39. 17.
경도 128. 1. 404.
고도 507m

소이들의 고개

도선국사가 가야산, 오도산을 거쳐 '숙성산(宿星: 별 아래서 잠들다)' 아래에 노숙을 하면서 별을 보고 방향을 잡았기에 붙여진 이름이라고 한다. 가야산에서 숙성산으로 이어지는 우두산, 비계산, 두무산, 오도산 연봉과, 머리를 늘어뜨리고 누운 여인 모습의 미녀봉은 신비하고 웅장한 산세를 자랑한다. 황강의 충적토가 거창 들판을 만들고, 가천천을 만나는 곳부터 봉산면 합천호가 시작된다. 소현산에서 내려다보는 봉산면 일대는 아름다운 합천호 주변에서 입맛 돋우는 매운탕을 끓이고, 농산물을 재배하며 오순도순 살아가는 곳이다.

소현봉수대, '소현'은 '소이산·소산'과 같은 과정으로 붙여진 이름이다. 간봉 9노선에는 '황간 소이산, 문의 소이산, 진천 소이산(소을산 · 소흘산)'이 있다. 모두 '소이(-쇠)들이 사는 산'이라는 의미다.

'소이'의 후대 형태인 '-쇠'는 국어사전에서 다음의 의미로 서술되어 있다.

① 일부 부정적인 의미를 지니는 명사나 어근에 붙어, '그러한 속성을 지닌 사람'의 뜻과 얕잡는 뜻을 더하여 명사를 만드는 말.

② 일부 장소를 나타내는 명사 뒤에 붙어, '거기에서 살거나 일하는 사내'의 뜻과 얕잡는 뜻을 더하여 명사를 만드는 말.

고려 의종 대에 봉수 제도가 마련되고 봉수대에 상주하는 사람이 있게

소현산 동쪽 방호벽

되자, 사람들은 봉수대가 있는 산을 '어떤 사람들이 특정한 일을 하며 사는 산, 소이들이 상주하는 산'의 의미로 '소이산'으로 부르게 되었다. 수백 년이 지난 후 세종 대에 기록될 시에는 동시다발적으로 '소이산·소산·소을산·소현산(소이들이 사는 고개)' 등으로 기록된다. '소이산'은 대체로 사람들이 많이 통행하는 고개에 있거나, 군·현에서 가깝고 낮은 산일 때 붙게 된 것을 보면, '소이산'의 기록 과정을 유추해 볼 수 있다. 조선 후기에는 '-쇠'가 명사 뒤에 붙어 신분이 낮거나, 특정 행동을 하는 사람을 가리키게 되지만, 고려 시대에는 이 말이 신분이 낮은 이들을 얕잡아 부르는 말이라기보다는 특수 기능을 가진 사람이나 직분을 나타내는 말이었을 것이다. 봉수군은 엄연히 군역이 부여된 양인이기 때문이다.

봉수대는 숙성산 정상에서 남쪽 능선으로 1.3km, 가조면에서 봉산면으로 넘어가는 고개에 있다. 숙성산 남쪽의 낮은 능선이지만 합천군, 거창군의 경계 지역이어서 합천 금성산과 거창 금귀산이 잘 보이는 곳이다. 동서로 이어진 능선을 따라 타원형으로 조성되었으며, 긴 방향 지름이 20m 정도다. 서쪽 방호벽 바깥의 높이는 4m 정도이나, 나머지 3면의 방호벽은 분명하지 않다. 후대에 훼손된 것인지, 처음부터 가파른 경사면을 활용해 높게 쌓지 않은 것인지 알 수 없다. 합천군에서 세운 안내판이 있다.

학산마을회관(경남 거창군 가조면 기리 1407)에서 동쪽 시멘트 포장도로를 따라 30분 정도 오르면 고개가 있다. 고개(봉화재)에서 좌측으로 100m 정도에 있다.

10

금귀산봉수

금귀산(金貴山), 봉우산, 봉수산

경남 거창군 남하면 둔마리
산 279 금귀산 정상
위도 35. 43. 734.
경도 127. 57. 369.
고도 837m

금거북이 산

'금귀산(金貴山 · 金龜山: 금처럼 귀하다. 금거북이)'은 귀하게 여겨지는 산이다. 거창읍에 아침 해가 떠오르면, '금빛으로 빛나던 산'이다. 천여 미터가 넘는 황석산, 비계산보다는 낮지만 아름다운 산세와 하루의 평안을 알리는 봉수가 있고, 금빛으로 아침 해를 맞이하는 금귀산성이 있다.

거창에서 웅양→대덕→지례를 거쳐 김천으로 가는 국도는 가을 단풍으로 이름난 드라이브 코스다. 대덕면 대리에서 발원하는 감천은 지례, 김천, 개령을 거치면서 사람들의 생활 터전을 마련했고, 초기 삼국시대에 '감문국'을 탄생시켰다. 벗이자 동료인 임 선생은 젊은 날 직장 동료였던 부인과 이 길로 출퇴근하다가, 단풍과 감천의 매력 속에 사랑을 가꾸어, 남들이 부러워할 만큼 잘 살고 있다.

남해 금산에서 출발한 간봉 9노선은 진주→거창을 지나온 뒤, 감천을 따라 내륙 깊숙이 들어간다. '큰재 고개'에서 금귀봉으로 오르는 등산로는 가파른 경사에 나무계단을 만들어 생태를 살린 숲길로 가꾸어져 있다. 봉수대는 금귀산 정상에 있다. 허물어진 연대 주위에 넓은 평탄지가 있으며, 기와편, 도자기편이 무수히 흩어져 있다. 무기나 연장을 갈던 숫돌 조각,

금귀산봉수–생활자기편–숫돌

금귀산–장군봉

봉군들이 요긴하게 사용한 샘터도 오롯이 남았다. 산불감시초소가 과거의 역할을 이으려는 듯 연대 위에 덩그러니 서 있다. 정상 조망은 감탄할 만하다. 남쪽의 감악산·지리산, 동쪽의 가야산·비계산, 서쪽 황석산·남덕유산이 아스라이 눈에 든다.

봉수대 서쪽의 '봉우재·땅재'로 하산하면, 봉군들이 마을을 이루었던 '봉우당골'과 아담한 당집이 있는 당동마을에 이른다. 땅재 하산 길에 풍요와 다산을 기원하는 '남근석·여근석' 바위가 있다. 동남쪽 능선에는 1972년에 발굴된 '둔마리 벽화고분'이 있다. 고분에서 상감청자가 발견되어 12·3세기 고려 고분으로 추정되는데, 악기를 연주하는 선녀가 무덤의 주인을 극락으로 인도하는 내용으로, 불교에 도교적 성격이 더해진 그림이라고 한다. 금처럼 귀한 금거북 모양의 '금귀산과 봉수대', 솔숲·물·바위가 어울려 빼어난 경치를 자랑하는 거창의 명소 '수승대', 더불어 꼭 둘러볼 만한 곳이다.

TIP

용산리(거창군 가북면 용산리 815-1) 북쪽 송라교 3km 거리의 큰재에서 서쪽편 금귀봉으로 오른다. 거창군에서 생태숲과 등산로를 잘 정비해 두었다.

11

거말흘산봉수

거말흘산(巨末訖山), 거을미(巨乙未)봉수, 봉우산, 거말산

경남 거창군 웅양면 산포리
산 291-1 거말흘산 정상
위도 35. 85. 2347.
경도 127. 92. 3984.
고도 902m

우두령 고개 위

"웅양면 한기리(汗基里: 큰 터 마을)는 대현리(大峴里: 큰 재가 있는 마을)로 부르다가 나중에 원한기(元汗基: 본래의 한기 마을)로 불렀다."

– 거창군 홈페이지

"금귀산은 남쪽으로 합천 소이현에 응하고, 북쪽으로 거창현 '거을미·걸미(巨乙未)'에 응하며, 또 지례 산성에 응한다.

–『세종실록지리지』

한기리(큰 터 마을) 남쪽에 우뚝 솟은 '거말흘산(巨末訖山-902m)'을 처음에는 '거을미(巨乙未: 걸미, 큰 뫼, 큰 마을)'로 표기했다. 이후 '거말흘산巨末訖山, 渠末屹山'으로 기록할 때, 미(未: 뫼, 산)가 '말(末: 마을)', '흘訖, 屹로 표기된다. '미未'는 신라어에서 '뫼, 산'의 뜻이고, '홀·흘'은 고구려어에서 성읍, 촌락, 마을의 의미다. 백제, 대가야, 신라의 접경이었던 거창 지역에 신라 통일 후 3국의 집단들이 유입돼 언어적 요소가 혼용되고, 산명에도 영향을 준 것이다. '거말흘산巨末訖山, 거을미巨乙未'는 '큰 산, 큰 마을'이란 의미다.

한기리에서 가깝고, 봉수대가 산정에 있으니, 그렇게 부를 수밖에 없다. 동서 2.5km, 남북 3.5km 분지에 자리한 한기리, 신촌리는 논밭이 넓고 큰 마을이 들어설 만한 곳이다.

거말산봉수대

봉수대 아래에 우두령이 있다. '1592년 7월 17일 의병대장 김면이 의병 2,000명을 매복시켜 왜군을 크게 무찌른 우두령 전투의 현장이다.' 고개 서쪽에는 800여 년 밤낮으로 왜적의 침입을 지킨 봉수대가 있다. 그날의 전투에 우두령 봉군들도 한몫 했을 것이다.

봉수대는 경상남·북도의 경계인 거말산 정상에 있다. 내지봉수 중 가장 높은 곳이다. 산정 부근의 터도 협소해 봉군들의 수직 생활에 불편했을 것으로 생각된다. 중턱에는 이곳에서 낙동강까지 170리 옥토를 적셔 주는 감천 발원지가 있어 봉군들의 생활용수가 되었다. 삼동의 칼바람과 삼복의 뙤약볕, 높은 산정 집 한 채에 의지하면서도, 민원을 제소하고 불만을 터뜨려 낮은 곳으로 옮겨 가지 않았다. 높은 곳에서 낮은 곳에 자리한 구산봉수를 내려다보며 쉬 신호를 보낼 수 있고, 마을과 나라를 지킨다는 굳은 마음이 있었기에 감내할 수 있는 일이다. '걸미봉수군'에게 경외심을 느낀다.

봉돈은 돌과 흙을 섞어 쌓았으며 둘레 20m, 높이 4m, 폭이 3~4m 정도다. 정상석이 세워져 있고, 삼각점 표시도 있다. 산정 높은 곳이어서 대응봉수가 잘 보인다. 지례 구산봉수와는 공제선(하늘과 땅의 경계선, 어둠 속에서도 사물을 인식하기 좋다)이 형성되지 않지만, 걸미(거말흘산)봉수가 높은 곳에 있어서 신호가 가능했을 것으로 생각된다.

웅양저수지(경남 거창군 웅양면 산포리 산 261-16)에서 북쪽 2km 우두령 교회 부근에서 서쪽 등산로로 오르면 50분 거리다.

12

구산봉수

구산(龜山), 구천봉수, 구성산

경상북도 김천군 지례면 상부리 산 32-1번지
위도 35. 58. 871.
경도 128. 1. 468.
고도 256m

지례 전투에 횃불로 앞장서다

감천과 국도 3호선을 따라 길게 자리 잡은 지례는 가야, 신라, 백제의 접경이며, 군사적 요충지였다. 임란 시에도 이 지역은 의병 활동의 중요 무대였다.

임란 초기에 왜군들은 진격로를 나누어 한양으로 직행했으나, 흐트러졌던 관병이 전열을 수습하고, 각지에서 궐기한 의병들이 적의 보급로를 차단하자, 한양 함락 후 각 도를 분담하여 공격하는 전술을 택했다. 이때 왜군 제6진 '고바야가와' 부대는 전라도로 남하하기 시작했다. 창원에서 남원으로 가려다 의령의 곽재우에게 막혀 지례·김산·선산·개령에 흩어져 주둔했다. 경상도 지역을 장악한 왜장 '데루모토'는 개령현에 후방 사령부를 설치하고 경상도 일대에 군정을 실시했다. 당시 개령의 왜병은 3만~4만명 정도였다. 이에 경상도 각처의 의병과 호남의 일부 의병군이 합동 작전으로 왜군 후방 사령부를 공격하기 시작했다.

고령 '김면' 의병대장의 2,000여 군사는 지례 상좌원에 포진하고, '최경회', '민여운' 예하 1,000여 군사는 거창에서 개령으로 집결하고, 지례의 의병과 경상도 승병은 남쪽으로 돌아 개령으로 진군했다. 호서 의병은 우두령에서 왜의 응원군을 막고, 상주 의병이 상주 통로를

구산봉수–정수암

구산봉수대–토기편

막는 상황에서, '김면'의 본진군이 개령의 왜군사령부 동쪽 산에 올라가 횃불로 신호하면서, 김함·정유회·김몽린의 군병과 일시에 공격하는 작전을 세웠다. 1592년 11월 25일 개령의 왜군이 거창으로 진군하자, 먼저 송죽리 석현(돌고개, 지금의 구성면사무소 부근) 산 위에 매복한 의병군은 돌과 화살을 왜군에게 퍼부었다. 진격·후퇴가 세 번이나 거듭되었고, 왜군의 후퇴로 끝이 났다. 이 전투에서 계원장 '김충민'과 함양의 노비 '억복'이 왜장을 사살했다. 지례의 승리는 국토가 유린당해 갈피를 못 잡던 상황에서 한 가닥 희망을 주는 쾌거였다.

– 한국학중앙연구원 향토문화전자대전

"1593년 8월 3일 대장 '김면'이 지례로 돌아갔다. 왜적 5백여 명이 지례에 주둔하면서, 민가를 분탕질하고 살인 방화와 온갖 만행을 자행하였다. 이달 초하루 '김면' 대장이 장수들의 역할을 지정한 뒤, 전 부사 '서예원'을 중위장으로 삼아, 곧바로 적의 소굴을 공격했다. 적장이 머무는 지례의 사창을 먼저 공격해 담장을 허물고 불을 지르니 적이 거의 타 죽었다. 천여 명의 잔당이 객사로 도망치자, 활과 대포를 쏘아 거의 소탕했다. 지례 현감에게 명하여 흩어진 병졸들을 거두어 경내를 지키게 하고, 떠도는 백성들이 모여들게 하였다."

—『고대일록』, 제1권, 정경운.

국난에 직면해 온 나라가 황망할 때, 각성된 지도자를 중심으로 반전의 계기를 만든 지례 의병 전투다. 이때 구산봉수군들은 횃불을 올리며 전투에 앞장섰을 것이다.

구산봉수대는 지례면사무소 남쪽 봉우리다. 낮은 산이지만 대응하는 봉수가 잘 보인다. 남쪽으로 거창의 연봉들 가운데 '걸미산'이 아스라이 보인다. '거을미봉수'가 901m 높은 곳에 위치해 상호대응이 용이하다. 북쪽 고성산봉수 사이에 '돌고개'가 있다. 서쪽으로는 삼국시대 산성인 구산성과 연결되어 있다. 봉수대 지름은 15m 정도며, 석축 둘레가 있다. 북쪽 방호벽 석축은 일부가 무너진 상태이며, 남서쪽은 1m 높이로 남아 있다. 내부에 거화시설은 없지만, 기와편과 토기편이 많이 흩어져 있다.

지례면사무소에서 남쪽으로 오르면 정수암 암자가 나타난다. 정수암 암자의 남쪽 봉우리다.

13

고성산봉수

고성산(古城山), 고성(古城)

경상북도 김천시 부곡동 산 53-1번지 고성산 정상
위도 36. 6. 364.
경도 128. 5. 667.
고도 482m

교통도시에서 첨단도시로

'과하주·추풍령·직지사' 김천은 옛 이미지 위에 '첨단교통도시·친환경에너지도시·자연과 조화된 명품도시'로 거듭나고 있다. 동서로 거창·선산과 통하고, 남북으로 충청도·경상도를 잇던 교통의 이미지에 새로운 이미지를 덧씌우고 있다. 과하주에 미소 가득한 행복도시로 거듭날 것이다.

고성산에서는 감천 상류로 높다란 연봉과, 하류 80리의 감천 뒷모습이 보이고, 김천시를 관통하는 고속도와 고속철도, 추풍령 옛길 위로 눌의항산이 보인다. 고성산, 삼국시대 성이 있는 산이다. 등산로 곳곳 성 흔적 사이로 그릇 조각이 지천으로 흩어져 있다. 아주 오래된 얘기가 들려올 것 같다.

김천의 진산에서 추풍령 남쪽 길목을 지키던 봉수대다. 남해에서 출발해 열두 봉수를 거쳐 오는 간봉 9노선과 가덕도 천성진에서 출발해 열여덟 봉수를 거쳐 오는 간봉 6노선이 서로 잠깐 만났다가 제 갈 길로 돌아서는 곳이다. 간봉 6노선의 개령 성황당봉수(11km)보다 신호를 전해야 할 9노선 눌의항산봉수(14.5km)가 더 멀다. 봉수대가 있었던 산정은 정상석만이 덩그렇게 서 있다. 예전 봉수대였을 터는 풍화에 마멸되고, 6·25를 겪고, 예비군 참호 구축과 등산로, 쉼터 공사로 심하게 훼손되어 기와편과 생활자기편만 무수히 흩어져 있을 뿐이다. 예비군 참호와 교통로 사이로 방호벽 석축 흔

고성산 정상 – 봉수터

고성산봉수 기와, 토기편

적만 겨우 남았다.

여러 길로 고성산을 오른다. 옛 사람들은 산성과 봉수대를 쌓아 적을 막았지만, 요즘 시민들은 등산로를 다듬고 쉼터를 만들어 휴식과 힐링의 공간으로 사용한다.

고성이 있고, 봉수대가 있었던 산은 오전의 햇빛 속에 달달한 숲 향기를 풍긴다. 숲 향기 속에 밤낮으로 봉수대를 지키던 선인들의 노고를 함께 생각하는 시간이 되었으면 한다.

TIP

고성사 주변에 주차하고 오르면 30분 정도 소요된다.

14

눌이항산봉수

눌이항산(訥伊項山), 눌의산(訥誼山), 선계산(仙溪山), 누리산

경북 김천시 봉산면 광천리 산 202
은편마을 뒤 눌이산 정상
위도 36. 194. 049.
경도 127. 986. 305.
고도 743m

추풍령 너머로

조선시대는 '죽령·조령·추풍령' 중에서 충주→문경(조령)→상주로 통하는 '영남대로(동래로)'를 많이 이용했다. 조령이 군사적으로 중요시되었고 남한강 물길을 이용하기 위해서였다. 1905년 경부선 철도가 추풍령으로 개통되자, 대부분의 교통은 추풍령을 통하게 되었다.

임란 초기 신립의 탄금대 패전으로 조선의 정예병은 막대한 손실을 입고, 각 도에서 급히 모집된 수만의 근왕병(국왕을 보필하기 위한 군대)은 선조의 의주 몽진으로 갈피를 잡지 못한다. 지금 사람들은 천연의 요새지 조령을 두고 탄금대에서 패한 것에 분개하지만, 당시의 추풍령은 군사적 요충지로서 역할을 다했다.

"1592년 4월 지례에 피신한 경상도관찰사 김수가 모병한 군사와 황간에서 창의궐기한 '장지현 · 장효현'의 군사가 500여 명이었다. 25일 김천역 전투에서는 패했으나, 27일 밤 서울에서 파견된 우방어사 조경과 함께 왜군 1만여 명과 추풍령 전투를 벌였다. 이때 돌격장 정기룡이 황소 꼬리에 불을 붙여 적진으로 내몰고, 적에게 잡힌 조경을 구출했다. 날이 밝자 왜군이 우리 군사의 적음을 알고 백병전을 벌여 왔다. 정기룡과 의병들이 중과부적으로 추풍령을 내주고 말았지만, 소수 병력으로 왜군의 북진을 지연시키는 데 공헌한 전투였다. 이후 80여 전투에서 왜군의 간담을 서늘케 한 청년 장수 정기룡의 등장은 추풍령 전투에서 시작된 것이다.

눈 내리는 눌이항산

눌의항산봉수대

1593년 의병장 '장지현'이 수천의 군사로 왜군 2만 명을 물리친 곳도 추풍령이며, 왜군에게 심각한 타격을 준 요새지로 역할을 한 곳도 추풍령이다."

– 디지털김천문화대전

추풍령은 난함산과 눌의산 사이에 있다. 동서의 봉우리 사이를 넘어가는 추풍령은 죽령과 조령보다 훨씬 낮은 고개다. 김천에서 황간에 이르는 50여 리는 비스듬한 고갯길을 느릿느릿 넘어가는 '느릿재'라고 불렀는데, '눌의항'은 '느릿재'를 한자로 표기한 것이다.

봉수대는 눌의산 정상에 있다. 아득히 높은 산정에서 황간 소이산봉수와 마주보며 유서 깊은 겨레의 옛길을 살폈다. 아래로 추풍령 옛길과 북서쪽으로 황간 소이산봉수가 가깝고, 남동쪽으로 고성산이 가물가물 보인다. 봉수대 바로 아래에 헬기장이 있고, 사방이 군 참호로 훼손된 상태다. 봉수대 석축에 흙 포대를 덧쌓아 흉하게 되어 있다.

이른 새벽 남해 금산에서 열세 봉수를 거쳐 도착한 '평안의 불'은 추풍령 넘어 내륙 깊숙이 전해진다. 백두대간 16구간인 눌의산은 등산객이 많이 찾는 곳이다. 이곳에 서면 호연지기가 저절로 느껴진다. 정상석은 세워져 있어도 봉수대 안내판이 없어서 아쉽다.

TIP

은편마을회관(충북 영동군 추풍령면 추풍령리 650) 동쪽 능선에 등산로가 있다. 봉수대까지 1시간 10분 소요된다.

눌이항봉수 4.7km   박달라산봉수 14.6km
상주 소산봉수 11.4km

15

소이산봉수

소이산(所伊山), 봉대산

충북 영동군 황간면 난곡리
산 25-1 소이산 정상에 북
동쪽 300m

위도 36. 13. 833.
경도 127. 57. 177
고도 615m

초강천 위 가학루

김천에서 오른 느릿재(추풍령)는 지장산에 가로막혀 서쪽으로 돌아선다. 눌이항 가까운 곳에 소이산 봉수를 둔 이유다. 김천에서 추풍령 마루까지는 눌이항에서 살피고, 서쪽으로 돌아서면 소이산에서 살핀다. 봉수대는 변경 정보 전달이 소임이지만, 교통 길목에서 행인의 정황을 살피기도 한다.

경상도 사투리가 느릿재 넘어 느릿하게 바뀌는 황간은 낯선 전설을 머금은 듯, 장옷을 둘러쓴 신비한 여인처럼 다가온다. 교통량이 줄어든 황간역은 추억의 공간으로 꾸며 행인의 발길을 붙들고, 월류봉을 휘도는 초강천은 한 폭의 풍경화처럼 흐른다.

황간(黃澗: 누런 물이 흐르는 시내)은 신라의 '소라(召羅: 소내·소나)현'인데, 경덕왕 때 황간으로 고쳤다고 한다. 민주지산 물한계곡에서 시내를 이루는 초강천은 황간에서 석천을 만나며 양을 불린다. 소라(召羅: 소내·소나)를 한자어로 기록하면서, '召(소·초)'는 비슷한 음의 草(초)로 기록하고, '라(羅: 내·나·라 → 시내의 고어 표기임)'는 강江으로 대치했다. 여기에 '천(川: 시내)'이 덧붙어 '초강천'이 된 것이다. 초강천 위 가학루에서 '학을 타고 하늘로 오르는 느낌'을 맛보고, 올갱이 국밥으로 빈속을 채우는 황간은 어머니 품속과 같다.

소이산은 황간읍치 동쪽에 '소이(전문적 직업인)들이 밤낮으로 사는 산'이다. 황간

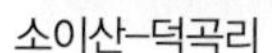
소이산-덕곡리

소이산봉수대-기와편, 할미꽃

읍치에 '평안의 불'을 전하던 산이다. 봉수대 아래에 경부선 고속도로, 국도, 고속철도가 쭉 뻗었고, 추풍령휴게소와 눌이항산이 가까이 있다. 서쪽에는 소백산 연봉들이 겹쳐진 사이에 박달라산이 들어온다. 소이산 산정에는 조선 시대 이전의 토기편, 기와편이 많다. 예전 제사 터 혹은 성 터였는지 확인할 필요가 있다.

봉수는 정상에서 북동으로 300m 거리에 있다. 북동으로 긴 좁은 능선에 방호벽을 쌓았다. 그 형태가 월이산봉수와 흡사하다. 방호벽 석축은 동북쪽과 동남쪽에 1m 정도로 남아 있다. 봉수관련시설은 확인되지 않으나, 본래 형태를 충분히 짐작할 수 있다. 동북쪽 아래에 봉군숙소건물이 있었던 것으로 생각된다. 소이산 정상 주변의 넓은 터는 봉수군들이 둔전으로 사용한 것 같다.

덕곡마을회관 할머니들이 산나물 뜯으러 다니던 60년대까지는, 기와편이 수북이 쌓인 집터의 흔적이 완연했고, 돌무더기가 있었다고 한다. 그때만 해도 봉수대 흔적이 잘 남아 있었던 것 같다.

남해를 떠난 불이 거창을 지나 감천을 따르다가 추풍령을 넘고 다시 초강천 물길을 따라 북상한다.

1. 덕곡마을(충북 영동군 추풍령면 계룡리 41-3) 북쪽 시멘트 포장된 길 끝에 주차하고 서쪽 봉우리로 오른다. 1시간 정도 소요된다.
2. 군부대 뒤 제헌국회의원의 묘 앞쪽(충북 영동군 추풍령면 사부리 412-1)에서 북서쪽으로 등산로가 있다. 1시간 20분 정도 소요된다.

16

박달라산봉수

박달라산(朴達羅山), 봉화둑

충북 영동군 용산면 율리 산 87 섶누니 마을 남서쪽 산
위도 36. 14. 765.
경도 127. 47. 59.
고도 315m

서쪽 높은 산

황간 월류봉을 거쳐 온 초강천이 영동 포도·딸기의 단맛을 돋우고, 박달산을 굽이굽이 돌아 금강과 합류한다. 용산면 율리 '박달산'은 옛 이름이 '박달라산'이다. 산의 이름처럼 신비한 전설을 간직한 산이다. TV 프로그램 '전설의 고향'을 통해 널리 알려진 '덕대골 동자삼–내 다리 내놔'는 박달산의 골짜기를 배경으로 한다.

박달산(박달라산)은 '서쪽 높은 산'이다. 서쪽을 뜻하는 고어 '벌·팔·밝·박'과 산을 의미하는 고구려어 '달'과 시내를 뜻하는 '라·나'가 합해진 뒤, 한자어 '산'이 덧붙은 것이다. '괴산군 장연면의 서쪽 박달산', '안동시 녹전면의 서쪽 박달산', '제천의 서쪽 박달재' 등 지명에서 '팔'이나 '박'은 흔히 중심지에서 서쪽을 가리킬 때 사용하는 말이다. 용산면 중심지에서 보면, 박달라산은 '서쪽 높은 산'이다. 법화천과 초강천이 만나는 곳, 지금의 박달라산은 겨울이면 산기슭에 인공 빙벽장을 만들어 전국 아이스클라이밍 동호인들이 몰려든다.

박달산 정상은 높고 물을 구하기도 어려워 생활이 쉽지 않은 곳이다. 봉수대는 박달라산 정상(475m)에서 북서쪽으로 1km의 봉우리(315m)에 있다.

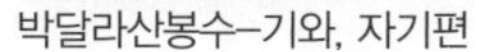

박달라산봉수-기와, 자기편

박달라산봉수-출입문

낮으면서도 대응봉수가 잘 보이는 곳을 선택한 선인들의 지혜가 돋보이는 곳이다. 북동 남서 방향의 긴 타원형이며 방호벽 석축이 잘 남아 있다. 남서 장축 37m, 북동 단축 13m 안쪽 높이 2m 정도다. 남쪽에 5기의 연조 흔적이 있으며, 출입구는 동쪽에 있다. 세월의 풍화를 거쳤지만 원형을 충분히 짐작할 수 있다. 기와편으로 보아 봉수대 내부에 숙소 건물이 있었던 것으로 생각된다.

율리(섶누니) 마을과 멀지 않은 곳이다. 마을 어르신들은 봉수대 소재를 정확히 알고 있다. 산나물을 뜯고 땔나무 하러 많이들 다녀갔을 만한 곳이지만, 인위적인 훼손이 심하지 않은 편이다. 율리 어르신들에게 고마운 생각이 든다. 봉수제도가 폐지된 이후 봉수대 내부에 당집이나 기도처가 만들어진 곳이 많다. 박달라산 봉수대는 봉군들의 숙소건물과 연조 등 내부의 관련시설은 없어졌다 하더라도 원형이 비교적 잘 보존된 편이다. 박달산 산허리로 소이산과 멀리 눌이산까지 보이며, 서쪽으로 옥천 월이산이 훤히 보인다.

1991년 서원향토문화연구회에서 지표조사 후 봉수대 안내판을 세웠다.

TIP

율리 2구 마을회관(충북 영동군 용산면 율리길 145) 서쪽 봉오둑골에서 남쪽으로 700m 정도에 있다.

17

월이산봉수

월이산(月伊山), 달이산, 현이산(懸伊山)

충북 옥천군 이원면 원동리 산 31
위도 36. 14. 110.
경도 127. 38. 863.
고도 305m

월이와 일향

월이산의 비경은 옥계폭포다. 폭포와 조화된 경관이 빼어나 난계 박연 선생을 비롯한 수많은 시인묵객이 '음풍농월'하던 곳이다. 옥계폭포에서 시작해 산정 가까이 이르면, 금강이 초강천을 합해 곡류의 절정을 이루며 옥천을 살찌우고 대청호로 휘돌아 가는 장관을 볼 수 있다. 솔숲 사이로 대성산, 천태산·민주지산·백화산과 남쪽 아득히 무주의 남덕유산까지……. 탄성을 자아내게 하는 곳이다.

원래는 '달이산'인데 한자로 '월이산(月伊山: 달이 떠오르는 산)', '현이산(懸伊山: 매달린 산, 달려 있는 산)'이라 표기한다. 북서쪽 셋째 봉우리인 봉수대에서 바라보는 월이산은 마치 본존불이 협시보살을 끼고 있는 모습이다. '현이산(懸伊山: 달이산→큰 산에 매달린 산)'은 봉수대가 협시보살 자리에 있는 것을 표현했다. 월이산 북쪽 5리, 금강이 아홉 구비 휘도는 곳에, 우암 송시열 선생이 26세까지 사셨던 용방리 '구룡 마을'이 있다.

'임진년·병자년 양난으로 국토와 정신까지 피폐해진 시대에 조선 고유의 찬란한 문화를 꽃피운 진경시대(숙종 ~ 정조 125년간 중국의 영향에서 벗어나 조선 고유의 정신과 문화를 발전시킨 문화사적 시기)를 열어 가는 이론적 배경과 방향을 제시한 거유巨儒, 조선 후기 정치사상계에 가장 큰 영향력을 가졌던 인물 '우암 송시

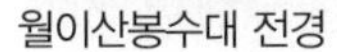
월이산봉수대 전경

월이산봉수–출입문

열 선생'이 태어난 곳이다. 선생이 탄생하는 시각에 월이산은 웅장한 소리를 냈고, 금강은 붉은 빛을 띠었다고 한다.

선생의 정신적·문화적 족적, 막대한 영향과 수많은 폐단…….

『송자대전』도 제대로 읽지 못한 우리가 쉽게 평가할 일은 아니다. '예송논쟁'으로 선불리 판단하기보다 월이산보다 높고, 금강보다 심원한 선생의 학문세계를 먼저 알아야 할 일이다.

위대한 학자에 이어 월이산에는 사랑의 결실을 맺지 못한 안타까운 처녀, 총각의 이야기가 전해 온다.

"예전 이원마을에 힘이 아주 센 '월이' 총각이 살고 있었다. 힘이 센 월이를 마을사람들은 두려워했으나, 일향이라는 처녀는 월이의 순수하고 착한 심성을 알고 서로 사랑을 하게 되었다. 이들이 몰래 만나 사귀는 것이 소문나자, 일향의 부모는 월이와 만나지 못하게 하였다. 일향이는 월이를 만나지 못하는 시간이 길어지자, 그립고 애타는 마음을 못 이겨, 그들이 만나던 월이산 소나무에 목매어 죽고, 일향의 죽음을 알게 된 월이도 따라 죽고 말았다고 한다. 나중에 후회하게 된 마을 사람들은 월이와 일향의 넋을 위로하고, 이 산을 '월이산', '일향산'이라고 부르게 되었다."고 한다.

안타까운 사랑 이야기다. 지나친 재능 때문에 당시대에 용납받지 못하는 편협한 시각을 보여 준다. 재능 때문에 죽게 되는 '아기장수' 설화와 유사하다.

봉수대 위치가 박달라산봉수와 아주 흡사하다. 월이산 정상(551m) 북서쪽 1km 거리, 높이 305m의 좁은 능선에 있다. 비교적 낮은 곳이지만 대응봉수와의 조망이 좋고 봉군들의 접근성이 양호한 곳이다. 봉수대 내부로 등산로가 있어서 보호 조치가 필요하다. 좁고 가파른 능선에 남북이 긴 타원형으로 축조되었다. 장축 지름이 20m 정도이며, 방호벽 석축이 1m 높이로 남아 있다. 능선이 좁아 서쪽 방호벽 아래에만 호를 일부 조성했던 것으로 추측된다. 내부에 기와편이 많이 있는 곳이 봉군 숙소 건물 터다.

> "옥천은 남쪽 지역의 집중지다. 서울로부터 충청도로 가고, 충청도부터 경상도로 가는 길목이어서, 사신과 길손들의 왕래하는 말굽과 수레가 날마다 서로 연이어 있다. 이산읍은 강이 수십 리를 가로질렀으니 '적등'이라 한다. 그 위에 원이 있고 누각이 있으니 참으로 큰 길거리의 중요한 곳에 자리 잡고 있다."
>
> —『동국여지승람』 '서거정'

이원대교와 원동보건진료소 사이에, 중요 나루터였던 '적등진'과 '적등루·적등원'이 있었다. '적등진·적등루' 흔적은 없어지고 '적등원지' 표지만 남아 있다.

월이산봉수대는 1.5km 거리에 있는 '적등진'의 교통 정황을 면밀히 살필 수 있는 곳이다.

원동2구(충북 옥천군 이원면 이원리 산 7-8)에서 산정으로 오르면 등산로 가운데 있다.

18

환산봉수

환산(環山), 고리산

충북 옥천군 군북면 추소리
산 42 환산성 제3보루
위도 36° 20′ 830″
경도 127° 32′ 540″
고도 523m

금강 열두 굽이

"옥천은 예전에 고시산군(古尸山郡)이었다가 신라 경덕왕 때 '관성군'으로 개칭했고, 조선 태종 13년부터 '옥천'으로 불렀다고 한다."

– 옥천군 홈페이지

심천부터 구절양장으로 굽이도는 금강은 '국사봉·대성산·장령산·환산'으로 둘러싸인 옥천 분지를 만들었으니, 그 땅을 '옥천(沃川: 기름진 시내)'이라 부를 만하다. 고을 북쪽 2리의 마성산을 진산으로 삼았으나, 높이와 산세, 고을 이름과 관련 있는 '고리산(환산)'의 비중이 훨씬 컸을 것이다. '尸'는 'ㄹ'로 읽기에*, '고시산군古尸山郡'은 '골산군'으로 읽을 수 있다. '골·고ㄹ'을 한자화할 때 '환(環: 고리)'을 쓴 것으로 생각된다. '골산'은 좁고 긴 능선 아래 골짜기가 많은 '고리산'을 가리키던 예전 산 이름이다. 아득한 옛날 옥천의 선조들은 '고리산(골산)' 아래에서 삶을 시작해 옥천 들판으로 그 터전을 확장해 간 것이다.

고리산(환산) 정상으로 이어진 능선은 좁고 경사가 심해, 적은 숫자로 많은 적을 방어하기에 유리하다. 환산과 주변에는 삼국의 각축 시기 신라와

* "탈해이사금 23년에 우시산국(于尸山國: 울산국)을 병합했다." – 『삼국사기』 '거도전'

환산봉수 내부

백제의 '관산(환산) 전투'와 관련된 성 터와 '성왕의 전사지'가 있다.

"백제 성왕 31년(553년) 가을 7월, 신라가 동북쪽 변경을 빼앗아 신주(新州)를 설치하였다. 겨울 10월, 공주(성왕의 딸)가 신라로 시집갔다. 32년(554년) 가을 7월, 임금(성왕)이 신라를 공격하고자 몸소 보병과 기병 50명을 거느리고 밤에 구천에 이르렀다. 신라 복병이 나타나 혼전 중에 임금께서 승하하셨다. 시호를 성(聖)이라 한다."

– 『삼국사기』, 백제본기 제4

나제 동맹으로 고구려에서 뺏은 한강 유역을 동맹을 어기고 신라가 탈취했다. 이에 원한을 품은 성왕이 신라와의 접경 지역 옥천 고리산성을 공격한 것이다. 처음에는 태자 '여창'의 지휘로 승전했으나, 신주(한강 유역)의 김무력 부대가 증원해 오자, 태자를 격려하려던 성왕이 신라의 기습 공격으로 전사하게 된다. 사기가 크게 꺾인 백제는 결국 패배했다. 삼국의 각축 시기 한 치의 땅을 두고, 동맹과 배신을 거듭하던 시기라지만, '성왕의 전사'와 '신라에 시집 와 부왕의 죽음을 가슴에 안고 살아간 공주'를 생각하니 가슴이 저려 온다.

'황말골'에서 오르는 능선에 백제에서 쌓은 산성의 보루(堡壘: 적을 막거나 공격하기 위해 흙이나 돌로 쌓은 진지)가 정상까지 1～1.5㎞ 간격으로 5개소가 있고, 정상 부위를 둘러싼 환산성의 흔적이 있다. 숲 사이로 내려다보는 금강과 대청호의 풍광은 감탄을 넘어서 기이한 느낌을 준다. 물이 차오른 금강은 용이 꿈틀거리듯 환산을 휘돌며, 끊어지고 이어질 듯 대청호를 만든다. 임하의 약산봉수, 합천의 금성산봉수에서도 임하호와 합천호의 환상적 경관을 맛볼 수 있지만 여기에 비할 수는 없다.

환산봉수대

봉수대는 제3보루를 고쳐서 활용했다. 환산 정상(579m)에서 남쪽 1.5km 거리의 해발 523m 봉우리에 있다. 능선을 따라 장방형으로 기초 석축을 쌓아 대지를 만들었다. 본래의 형태가 잘 보존된 상태다. 남쪽 석축은 1.5m 높이로 남아 있다. 정상 방향인 북쪽을 제외하고 급경사를 이룬다. 남북에 있는 출입구는 등산로로 이용되고 있다. 접근성이 좋은 산정이나 능선에 자리한 봉수대는 등산객들의 발길에 의해 지금도 훼손되고 있다. 등산로를 막을 수는 없지만, 지방자치단체의 보존 대책이 필요한 부분이다. 안내판을 세워 시민의식을 높이고, 등산로를 인위적으로 만들어 돌아가게 하든지, 철책 통로를 만들어 보호될 수 있도록 하는 방법을 생각해 봐야 한다. 선조의 자취를 애틋한 마음으로 지켜서 더 허물어지게 해서는 안 된다. 우리는 눈 뻔히 뜨고 숭례문과 낙산사 신라종이 불타는 것을 지켜보지 않았는가.

TIP

군북면사무소 부근 이백삼거리 남쪽 지하통로를 지나면 황골말 등산로(충북 옥천군 군북면 이백리 300-11)가 있다. 봉수가 있는 환산성 3보루까지 80분 정도 소요된다.

19

계족산봉수

계족산(鷄足山)

대전시 대덕구 장동 산 85
계족산 정상
위도 36. 23. 568.
경도 127. 27. 287.
고도 423m

인간의 분수 밖 맑은 놀이

계족산 정혜사

鷄足山前數日留 계족산 앞에서 며칠을 머물면서,
人間分外飽淸遊 인간의 분수 밖 맑은 놀이 즐겼네.
參天老木難爲歲 하늘 찌르는 노목 몇 백 년 되었는지,
拔地脩篁不受秋 땅에 솟은 긴 대 가을에도 푸르구나.
石壁萬重雲浪湧 절벽에 겹구름이 물결처럼 솟아오르고,
瀑泉千丈玉虹流 폭포는 천 길 옥무지개처럼 흐르네.
客軒睡美老僧定 객은 졸고 늙은 스님 선정에 들었는데,
杜宇一聲山更幽 두견새 울음소리 산이 더욱 그윽하구나!

–『동문선』 '박춘령'

정혜사는 회덕현(대덕구 읍내동) 동쪽 3리 계족산 서쪽 산자락에 있었던 절이다. '인간의 분수 밖 맑은 놀이'가 멋진 경관 속에서 술 마시고 시 짓는 것을 말하지만, 절에 머물면서 주연 속에 지은 시는 아닐 것이다. 정혜사에 있는 동안 선생은 계족산 아름다움에 흠뻑 젖어 든 것 같다. 봄가을 계족산은 선경 그 자체다. 웅장한 성벽이 두른 가운데 대청호와 대전시가지, 갑천을 호위 삼아 구름 위에 올라선 듯하다. 요즘은 빙 둘러 황톳길을 만들어

사람들이 많이 찾는다. 회덕현(대덕구)의 진산이 일상에 지친 현대인에게까지 안식을 제공하고 있다.

계족산 황톳길

계족산은 금강 하류 요충지여서 백제가 쌓고 신라, 고려, 조선 후기 동학군까지 사용한 산성이 있다. 닭발처럼 뻗어 내려간 능선 정상부의 웅장한 석성은 오랜 기간 성으로 사용된 이유를 충분히 말해 준다. 복원을 통해 옛 모습을 볼 수 있으니 다행이다.

봉수대는 정상 계족산성 남문지의 북쪽 봉우리에 있다. 원형이 심하게 훼손되어 형태를 알기 어렵지만 방호벽 석축 일부가 남아 있다. 충남대 박물관 조사보고서에 의하면, “할석을 이용하여 장축 45.7m, 장폭 22.8m의 외곽 석축을 쌓고 그 내부에 성의 동쪽 벽에 길이 11m 폭 5.2~7.8m인 사다리꼴의 봉돈을 조성하였다.”고 한다.

봉수대 전망은 황홀하다. 봄날의 여린 잎, 달콤한 봄 향기, 웅장한 성벽 뒤로 대청호, 숲과 산의 조화로운 모습……. ‘인간의 분수 밖 맑은 놀이’를 즐기기에 더없이 좋은 장소다.

TIP

장동산림욕장 주차장에서 황톳길을 밟으며 50분 정도에 도착할 수 있다.

계족산 봉수대

20

소이산봉수

소이산(所伊山), 봉화산, 야미산

충북 청주시 상당구 가덕면 국전리 산 20-1
위도 36° 31′ 406″
경도 127° 30′ 609″
고도 225m

형강 나루 위 소이산

"문의현은 본래 백제의 '일모산군'인데, 신라가 '연산군'으로 개칭했다. 고려 고종 46년 최씨 무신정권의 마지막 집정자 '최의'를 죽이고 왕에게 돌린 공으로 '위사공신'에 봉해진 박희실의 고향이어서 '현령'으로 승격시키고 문의현으로 부르게 되었다."

–『문의읍지』(1759)

대청호로 수몰된 신대리에 청주와 대전으로 통하는 형강(금강)나루가 있어서 문인·지사들이 이곳을 지나며 아름다운 풍광을 읊었다. '정다산' 선생도 이곳의 정겨운 풍광을 '초가집·배다리' 옆에 오리·기러기 나는 모습으로 노래했다.

형강을 건너며(문의현에 있다)

林裏重茅屋 숲 속 몇 채의 초가집,
沙頭一桁船 물가에는 배다리 하나.
峽開歸雁直 봄이 와 기러기 돌아가고,
波暖浴鳧娟 따뜻한 물에 오리 곱구나.
上黨孤雲外 외로운 구름 너머 청주 고을,
華陽疊岫邊 첩첩 산기슭 화양서원 있는데.

每從忙處誤 가려 해도 바쁜 일로 그르쳐,
那得領山川 언제쯤 산천을 두루 볼 건가.

–『다산시문집』 제2권

임란 200여 년 후 다산 선생은 형강나루의 평화로움을 노래했으나, 임란 당시 조헌 선생은 비분강개함을 토로했다. 중봉 조헌·이순 고경명 선생은 형강 나루에서 만나 함께 금산의 왜적을 공격하기로 약속했으나, 임진년 7월 10일 고경명 선생이 먼저 전사했다. 조헌 선생은 8월 1일 청주성을 탈환하고, 8월 11일 금산 왜적을 공격하기 위해 형강나루를 건너다가 통한의 눈물을 흘리며, 추모의 시를 읊었다.

형강을 건너며, 이순 고경명을 회고하다, 8월 11일

東土貔貅百萬師 표범처럼 날랜 동방의 백만 군사여,
如何無術濟艱危 간난위기 구제할 계책 어찌 없겠는가.
荊江有約人何去 형강의 약속 두고 어디로 가셨나요.
不耐秋風擊楫時 추풍에 홀로 노 젓기 괴롭습니다.

–『중봉선생문집』 제2권

7월 10일 고경명 선생 금산에서 전사하시다(70세). 8월 18일 조헌 선생(49세) 금산에서 전사하시다. 8월 20일 영규대사 금산에서 공주에 돌아와 전사하시다.

소이산봉수대

소이산봉수대 출입구

문의 '소이산(소이들의 산)'은 문의현이 있었던 '문의문화재단지'에서 환히 보이는 동북 2km 지점에 있다. 무너미고개 동쪽 봉화산은 대청호의 북쪽 끝에 해당한다. 대전과 청주로 통하는 문의현 치소와 남계리 무너미고개, 신대리 형강나루에 평안의 불을 잘 전할 수 있는 곳이다.

"아주 예전 남계리 무너미고개에서 하룻밤 머물렀던 '정진 스님'은 천 년 후 이곳에 물이 넘칠 것이라고 예언했다. 스님의 예언대로 무너미 고개에는 대청댐에서 청주로 연결된 도수로가 생겼고, 댐이 건설되면서 많은 주민들은 보금자리를 옮겼다."라고 한다.

– 문의면 홈페이지

중요 교통로였기에 수많은 옛 얘기를 간직한 문의현이다. 현재도 봉화산 아래쪽에 '당진–영덕 간 고속도로'가 시원하게 뚫린 교통 요지다. 봉수대는 산정에 석재를 활용하여 크게 쌓았다. 내지봉수인데도 연변봉수처럼 연대를 높이 쌓았다. 전체 둘레는 75m 정도다. 방호벽 석축은 일부가 무너졌으나 원형을 충분히 짐작할 수 있다. 연조 흔적이 약간 남아 있다. 봉수대에서 여러 번 행사를 하면서 연대의 석재를 활용해 작은 돌탑을 세웠다. 북쪽이 높고 남쪽이 낮다. 남쪽 아래 묘지 있는 곳이 건물지로 추정되며 연대로 오르는 시설이 있다. 등산로를 정비하고 원형을 훼손하지 않는 범위에서 약간의 정비가 필요하다. 산이 높지 않고 접근성이 좋은 곳인데도, 훼손이 심하지 않은 것은, 내지봉수지만 석재를 많이 활용했었고, 문의 사람들이 봉화산을 소중히 여긴 까닭으로 생각된다.

연해를 떠난 불이 내륙 깊숙이 들어올 즈음에는 신호거리가 점차 길어지는 것을 볼 수 있다. 계족산봉수 15.3km, 것대산봉수 13.8km로 평균 신호거리 10km보다 길어진 것이다. 것대산봉수에 이르면 좀 더 길어지고, 소흘산봉수에 이르면 확연해진다. 주연야화(晝煙夜火: 낮에는 연기, 밤에는 불로 신호하는 것)에서 더 멀리 전달되는 '야화' 지역이 되기 때문이다. 이로써 '서울 남산에 초혼(저녁 7시~9시)에 도착한다.'는 말을 미루어 짐작해 볼 수 있다.

1. 휴원농장(충북 청주시 상당구 문의면 미천리 25)에서 산으로 오른다. 등산로가 없다.
2. 문의면 IC에서 봉화산 아래(충북 청주시 상당구 가덕면 국전리 364)에서 등산로를 오르면 20분 정도 소요된다.

소이산봉수 13.8km
용산점봉수 16km ◂◂◂ ▸▸▸ 소흘산봉수 23.6km

21

것대산봉수

거질대산, 것대, 거차대(巨叱大山, 居次大)

충북 청주시 상당구 용정동 산107-2 것대산
위도 36° 38' 764″
경도 127° 32' 146″
고도 457m

동쪽 고개, 것대

청주목 관아 망선루에서 축방(丑方: 동북, '소'의 방향)에 나지막한 청주의 진산 '우암산'이 있다. 소가 누운 모습에서 비롯된 이름이다. 동쪽에 있는 우암산 곁에 청주의 상징인 '상당산성'과 '것대산봉수대'가 있고, 20세기 최고의 양궁선수를 기념한 '김수녕양궁장'도 청주의 동쪽에 있다. 청주 사람들은 동쪽을 좋아하는가 보다.

"것대산(거질대산巨叱大山)을 다음과 같이 해석한다. 巨는 (炬: 횃불) + 叱(관형격 조사 'ㅅ') + 大(臺: 대) 즉 '봉화를 올리는 대(뚝)'라는 뜻인 '거대(炬臺)'의 이두식 표기다."

– 『충북의 봉수 지표조사보고서』, 1991.

봉화산 중에 '것대산'이 몇 군데 있으니, 위의 해석은 일반적으로 받아들여지는 해석이다. 그러나 언어학자 이정룡 선생은, 『신증동국여지승람』(1530)의 '것대산巨叱大山'과 『세종실록지리지』(1457)의 '것대居次大'는 고유어로 불리던 봉수대 이름이 한자로 정착하자, 고유어 대신 한자 이름으로 부르게 되고 한자로 기록된 것으로 보고, '것대居次大' 봉수가 청주의 동쪽에 위치하는 것에 주목해 다음과 같이 해석한다.

것대산봉수 연조

“것대居次大의 居(살다)는 ‘살’의 새김을 빌려 쓴 표기다. 次는 속격 ‘ㅅ’에 해당하는 표기다. 大는 고개를 뜻하는 ‘대~데~떼’를 표기한 것이다. 이곳에 고개가 있으며, ‘것대居次大’의 계승 지명으로 보이는 ‘상령산上嶺山’이 청주의 동쪽에 있다. ‘것대居次大’를 ‘살ㅅ대’로 해석하면, ‘살ㅅ대’는 청주의 옛 이름인 ‘상당上黨과 같은 계열의 지명으로 생각된다. ‘상당上黨’의 上은 東(동쪽)을 뜻하는 ‘살~사라’를 나타낸 차자표기다. 『삼국사기』 고지명에서 ‘上忽=車忽’이 확인되는데,* 이것은 ‘수리골’로 해석된다.** 이를 두고 보면 상上은 동쪽을 뜻하는 ‘살~사라’를 한자로 불완전하게 나타낸 차자표기다. ‘것대居次大’의 거(居: 살)와 상관성이 있음을 알 수 있다.

당(黨: 무리)은 산을 의미하는 고유어 ‘모리’를*** 불완전하게 나타낸 차자표기다. 따라서 상당上黨은 ‘살모리~사라모리(=동쪽 산)’로 부르던 것을 비슷한 소리로 한자화한 지명이다. 大가 고개(대~데~떼)를 나타낸 것이라면, ‘동쪽에

---

* 車城縣本高句麗上一作車忽縣景德王改≪三國史記 卷35 高句麗≫. 거성현은 본래 고구려 상홀현(上忽縣, 혹은 거홀현(車忽縣)이다.

** 단오端午(수릿날)가 ‘車衣(수리)’로 읽었음이 ≪三國遺事≫(文虎王 法敏)에서 확인됨.

*** 가산椵山 피모로≪龍飛御天歌四21≫. ‘모로〉뫼’로 변하였음.

있는 산'을 지칭하던 '살모리~사라모리上黨=東山'의 산자락에 있는 고개라서 '살ㅅ티=東峙'로 불리던 것이 '살ㅅ대'로 변하여 '것대居次大'로 표기되고, 한편으로는 '상령산上嶺山'으로도 표기된 것으로 보인다. 상당산성의 남쪽 '거죽居竹마을'은 '살ㅅ대'의 다른 표기로 보인다. '살대 마을(동쪽 고개에 있는 마을)'로 해석할 수 있다. 상당산성上黨山城과 것대산居次大山이 청주의 동쪽에 위치하니 어느 정도 수긍이 간다."

선생님의 고견에 감사드린다. 그렇다면 상령성봉수로 알려진 상당산성 북장대 자리는 봉수대가 아닐 수 있다. 회인면 서쪽에 있는 용산점봉수에서 것대산과 북장대는 북쪽으로 일직선상에 놓인다. 용산점에서 신호를 보낼 때 것대산을 넘어 2.6km 더 먼 북장대로 보낼 이치가 없다. 이런 이치로 헤아리면, '상령성'은 '것대산'의 다른 표기로 보인다.

봉수대는 충북문화재자료 제26호로 지정되었으며, 2009년에 방호벽 내부 북쪽에 5기의 연조를 복원했다. 북으로 청주공항 위로 진천의 소을산이 보이고, 남으로 무심천 물길 따라 문의 소이산이 보이는 곳이다. 봉수대는 동서 27m, 남북이 16m로 긴 타원형이다. 복원된 연조가 과거의 실제 연조와 닮았는지 알 수는 없지만, 다른 지역에 복원된 어떤 봉수대보다도 예쁘고 정감이 간다. 매일 평안의 불을 청주 사람들에게 알리던 것대산봉수와 긴 역사의 숨결이 담긴 상당산성은 보는 이에게 자긍심을 가지게 하는 문화재다. 먼 후손들에게도 오롯이 전해 줄 의무감을 새삼 느낀다. 조망이 좋은 봉수대의 특성상 것대산도 야경이 뛰어나 시민들의 특별한 사랑을 받는다.

상당산성 입구에서 서남쪽으로 바라보이는 것대산 정상에서 150m 북쪽 봉우리에 있다. 차량으로 봉수대 부근까지 접근할 수 있다.

22

소흘산봉수

소을산(所乙山), 소이산, 솔산, 소흘산

충북 진천군 진천읍 사석리
산 56-1 봉화산 정상
위도 36. 83. 5484.
경도 127. 42. 0286.
고도 413m

평안의 불과 동족상잔

'소흘산(소을산)'은 진천읍 남쪽 5리 즈음에 있는 '소이들의 산'이다. 진천에서 청주, 천안으로 통하는 잣고갯마루에서 행인들의 정황을 살피며 변방의 소식을 빨리 전할 수 있는 곳이다. 『세종실록지리지』(1454년)에 '소이산'으로 기록된 것으로 보아, 현의 치소 가까운 산에서 '소이, 쇠(전문적인 직업에 종사하는 사람)'들이 주야로 활동하던 봉화산이다. '소이산'이 사람들의 인식 속에 깊이 들어오게 될 만한 시간이 지난 뒤에 기록되었음을 생각하게 한다.

소이산이 많은 간봉 9노선은 『세종실록지리지』가 편찬되기 훨씬 이전, 고려 말 왜구의 침략이 빈발할 때였거나, 아니면 봉수제도가 시작될 때 이미 설치된 고려봉수로 보아야 할 단서를 제공한다. 조선 초기에 봉수 노선을 개경 중심에서 한양 중심으로 정비·보완한 것이지, 그때 와서 새로 제도가 마련된 것은 아니다. 조선은 고려의 봉수제도를 이어 발전시킨 것이 분명함에 있어서, 고려 봉수에 대한 인식을 새로 해야 할 것이다.

서쪽 4km 지점에 김유신 장군 탄생지가 있고, 관련 유적이 많이 있다. 장군이 삼국의 각축으로 빚어지는 갈등과 고통을 종식하고 민족문화의 새 장을 열고자, 국토통일의 꿈을 키운 곳에서 1,400년이 지난 후, 동족의 피

소을산 봉수대 전경

비린내 나는 전투가 있었다.

6·25 당시 진천 봉화산과 문안산 일대에는, 국군의 한강방어선이 무너진 뒤 전력을 재편성해 남침을 저지한 전투가 있었던 곳이다. 국군수도사단이 전차로 무장한 북한군 제2사단을 7월 6일부터 5일간, 격렬한 공방전으로 저지한 전투다. 전차에 밀려 진천을 내주고 청주로 철수했으나 이 전투는 국군이 소백산맥을 근간으로 한 방어선을 구축하는 시간적 여유를 주게 되었다. 1961년 6월 25일 격전지인 잣고개에 위령비가 세워졌다. 결국은 동족상잔 아닌가. 새로운 국토통일이 이루어져 분단과 갈등이 해소돼 하나로 얼싸안는 그날이 오면, 수백 년 외적을 지켜 온 소을산봉수군 혼령들도 진정으로 기뻐할 것이다.

봉화산은 서쪽 문안산과 마주 보며, 두 산의 가운데에 '잣고개'가 있다. 봉화산 산정에 석축의 흔적이 있고, 주변에 생활자기편과 기와편이 많이 있다. 남북으로 길고 넓은 산정에 봉수대를 축조했다. 대응봉수와 사방으로의 조망이 좋아 지역민들이 해맞이 장소와 산책로로 이용한다. 봉수대 수직을 폐지한다는 나라의 명령이 아쉬워 심어 둔 느티나무 한 그루가 하늘을 찌를 듯하다. 봉수제도가 폐지된 후 온 세계는 제국주의 망령에 휘둘리던 시대가 되었다. 겨레의 삶도 이 소용돌이 속에서 온갖 질곡의 세월을

소을산-잣고개 격전지

거쳐야 했다. 소흘산 봉수대 느티나무도 질곡의 세월과 동족상잔의 아픔을 피할 수 없어, 10군데의 총탄 흉터를 간직하고 있다. 느티나무 옆에 번듯하게 세워진 산불감시탑이 마치 예전의 봉수대 마냥 주위를 살피며 제자리를 지키고 있다.

망이산봉수와의 거리가 24.5km로 평균 신호거리 10km의 갑절이나 된다. 진천읍에서 여주·이천 사이에는 60km가 넘는 긴 분지가 이어진다. 음성에서 시작해 진천을 거치는 미호천 터전 위에 오곡이 익어 갔고, 남한강 물줄기에 여주·이천의 나라님께 바칠 진상미가 여물어 가는 곳이다. 연기 신호가 횃불 신호로 바뀔 황혼녘에 이 아름다운 들판을 건너 횃불이 망이산에 전해졌을 것이다. 남해 금산에서 이른 새벽 출발한 간봉 9노선이 진주, 거창, 김천, 영동, 대전, 문의 21개 봉수대를 거쳐 와 소을산에 이르고, 60리 들판 너머 제2거 직봉 망이산에 횃불을 전하고 제 소임을 마친다.

가까이 진천의 상징 '농다리'와 초평천 곡류가 만든 아름다운 '초평저수지'에 관광객의 발길이 끊이지 않는다.

TIP 잣고개 6·25격전지(충북 진천군 진천읍 행정리 산 82-8)에서 20분 정도 소요된다.

간봉 9 지봉 1노선

1 설흘산봉수 ▸ 2 망운산봉수 ▸ 3 양둔산봉수 ▸ 4-1 구계화산봉수 ▸ 4-2 신계화산봉수

금산봉수 7.9km

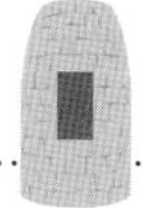

망운산봉수 13.3km
원산봉수 7.1km
여수 고돌산봉수 16.5km

01

설흘산봉수

소흘산(雪屹山), 소흘산(所屹山), 운흘산

경남 남해군 남면 홍현리 산 236 설흘산 정상
위도 34. 44. 109.
경도 127. 54. 007.
고도 486m

어머님 그리워

"소흘산(所屹山)은 망운산에서 맥이 흘러왔다."

– 『남해읍지』

망운산(786m)보다 낮지만 바다에 인접해 우뚝 솟은 설흘산(486m)은 가천 다랭이 마을에서는 한없이 높은 산이다. 설흘산(소흘산)은 '높이 솟은 산', '솟을 산'이다. 보물섬 남해에서도 전망이 좋고 일출경관이 뛰어나 발길이 끊이지 않으며, '다랭이 마을과 서포 선생의 노도…….' 푸른 바다와 조화를 이루며 아름답기 그지없다.

설흘산 7부 능선까지 차량 이동이 가능한 임도가 개설되어 있지만, 봉수대는 간신히 올라야 하는 가파른 암반 산정에 있다. 금산봉수에서 신호를 받아, 망운산→양둔산→진주 계화산→광양 건대산봉수에 전해 주던 노선이 『신증동국여지승람』(1530) 이전에 폐지되자, 설흘산봉수는 새로 생긴 원산봉수에 전하다가, 조선 후기에는 제5거 초기봉수 여수 고돌산(돌산도)봉수와 연결된다.

봉수대는 경남기념물 제247호로 지정되었다. 동쪽 능선은 완만하고 나머지 3면은 경사가 심하다. 정상부를 평평하게 다듬고 축조했다. 2007년 봉돈 높이 6m, 폭 7m, 둘레 25m 정도로 복원했다. 나선형 계단을 통해

설흘산 연대 전망

설흘산봉수대

상부로 오른다. 연조 5기가 남았으며 주변에 건물 터가 있다. 『경상우병영계록』(1860)에 봉수대를 보수한 목록이 있다.

앵강만이 훤하게 들어오고, 서포 김만중 선생의 유배지 노도가 발아래다. 지극한 효자인 선생은 이른 새벽 서울로 떠나는 봉홧불을 보며, 두 형제를 키우며 평생을 홀로 산 두렵고도 자애로운 어머니 윤 씨를 그리워했다.

정월 27일 어머니께 절하고 유배지에 이르다

呑悲腹中結, 슬픔은 뱃속에 삼키고,
行子別母情. 이별하는 모자의 정.
情知啼不可, 울면 안 되기에,
索笑從底生. 웃으려 하나 북받쳐 오르네. – 『서포선생집』

선생은 두 번의 유배생활에 어머니 장례도 직접 치르지 못하고, 설흘산봉수가 바라보이는 노도에서 56세로 돌아가실 때까지, 국문 가사 예찬론 등 우리말에 대한 애착을 가지고 선진적인 문학관을 보여 주셨다. 『사씨남정기』, 『구운몽』 등 국문학사에 큰 영향을 남겼으며, 돌아가신 6년 후(숙종 24년) 관작이 복구되고, 숙종 32년에 지극한 효행에 대한 정표(旌表)가 내려졌다.
– 『한국민족문화대백과사전』

가천 마을(경남 남해군 남면 홍현리 산 207)에서 산기슭 포장길을 따라 1.5km 정도에 주차장이 있다. 정상까지 30분 정도 소요된다.

02

망운산봉수

망운산(望雲山)

경남 남해군 서면 연죽리
1404 망운산 정상
위도 34. 50. 758.
경도 127. 50. 742.
고도 786m

임금과 어버이를 그리다

망운산에 오른 것으로 읊다

捫蘿攀石上崢嶸, 넝쿨과 바위 잡으며 산정까지 오른 것은,
爲感玆山偶此名. '망운' 이 이름에 감동해서라네.
莫是堯民懷帝意 백성이 요임금을 그리워한 게 아니면,
將非狄子戀親情. 적인걸이 어버이 그리워한 것이겠지.
孤飛白遠迷鄉井, 외로운 혼 날아도 고향은 아득한데,
一朶紅遙隔禁城. 한 떼의 붉은 구름 궁궐을 가로막네.
更有滄溟浮點影, 바다 위에 둥실 뜬 듯 이내 몸이여,
隨風何日向西征. 언제나 바람 따라 고향으로 가려나!

– 『남해현읍지』(1786) '남구만'

1679년 남해로 유배 온 남구만 선생은 우리에게 시조 '동창이 밝았느냐'로 알려진 분이다. 망운산의 '망운(흰 구름 바라보다)'에서 '요임금의 성덕을 그리워하고', '멀리 어버이를 그리는 것'을 생각하고 망운산(786m) 정상까지 오른 것이다. 그리 만만치 않은 산이다. 자신을 유배 보낸 이들에게는 서운한 마음을 실어, 임금의 덕을 가리는 '한 떼의 붉은 구름'에 견주었다. 다시 조정에 나아가 어버이의 걱정을 더는 것은 유배 중인 자신의 간절한 소망이었으리라.

망운산은 남해현 서쪽 2리의 진산이다. 봉수대는 국내에서 몇 번째로 높은 곳이다. 1971년 'KBS 중계소'가 세워져서 중계소 경비 구역 내부에 봉수대가 들어갔다. 정상에 연대 하나만 있다. 봉수대 둘레는 40m, 연대 높이는 1.5m 정도다. 폐지 시기가 오래되었지만, 원형이 비교적 잘 보존되어 있다. 연대 옆에 말구유통처럼 홈이 파여진 석조가 있다.

『세종실록지리지』(1454)에 기록된 직후 폐지된 이유가 『단종실록』(2년(1454) 1월 12일)에 실려있다. 원산봉수가 생기면서 '소흘산→망운산→양둔산→계화산→제5거 전라도 건대산' 노선은 폐지되고, 원산봉수는 소흘산 신호를 남해현에 전하는 것으로 그친다. 망운산→양둔산→주산(각산)→침지→성황당→망진산으로 전하던 노선은 '망운산, 양둔산, 침지, 성황당'이 폐지되고 대방산과 안점산이 새로 생겨, 금산→대방산→각산(주산)→안점산→망진산 봉수로 노선이 단순화되고 이후 지속된다. 이는 군현의 읍치에 신호를 전하던 봉수대가 읍치의 이동을 따라 이동 설치되거나 폐치된 것이다.

망운산에 올라 남해의 구름을 보라! 멀리 그리운 님이 보일 것이고, 돌아보면 애틋한 조국강토가 가슴에 들 것이다.

TIP

남해군 서면 중리에서 동네 가운데 있는 망운산 중계소 안내판을 따라 3.6km 올라가서 중계소 직원의 안내를 받아야 출입이 가능하다.

망운산–홈 있는 석조

망운산 연대

03

양둔산봉수

양둔산(陽芚山), 양암산(陽菴山),
연대산(煙臺山), 연대봉

경남 하동군 금남면 송문리
산 104 연대봉 정상
위도 34. 57. 513.
경도 127. 51. 986.
고도 449m

노량을 지키던 곳

관음포 '이락사'는 충무공 순국 230년(순조32년)에 공의 8대손 이항권이 통제사로 부임하면서 왕명에 따라 단을 설치하고 제사를 지내던 사당이다. 경내의 '충무공유허비명忠武公遺墟碑'은 순조 때 홍문관 대제학 홍석주가 지었다.

관음포유허비명

維南戴日 저 남녘 하늘 아래,
恬風無浪 바람에 물결 일지 않고,
閭井如櫛 마을은 즐비하고,
犂牛箔蠶 밭 갈고 누에치며,
云誰之賜 누구의 은덕인가?
桓桓忠武 굳세고 굳센 충무공,
穹龜健鶻 큰 거북 힘찬 매,
鳴梁洗甲 명량에서 갑옷 씻고,
盈盈萬艘 일만 척 배로,
鑾輿徐返 나라님 수레 환궁하고,
公勳萬世 임의 공훈 영원하지만,
洪波渺瀰 큰 물결 넘실거리며,

巨渤茫洋 큰 바다 넘실거리네.
蛟鰐深藏 교룡과 악어 깊이 숨었네.
婦子熙熙 부녀자들 즐거워하네.
不識鼓旗 전쟁도 모르는구나!
懷我忠武 우리 충무공 그립구나!
實奠東土 나라를 편안케 하셨도다.
大奮厥庸 크게 떨치셨구나.
玉浦休烽 옥포에서 전쟁 끝내셨네.
漕彼鴨渚 압록강에서 실어 오셨네.
鐘石在簴 종과 경쇠 제 틀에 달렸네.
公則先逝 임은 먼저 떠나셨네!
萬眦同涕 만백성 눈물 흘리네!

양둔산 연대

양둔산-노량대교

公靈不昧 임의 혼은 어둡지 않아,
驅祲産祉 악을 내몰고 복 내리셔서,
截彼海浦 자른 듯한 저 노량포,
維烈載永 아! 공렬 길이 빛나리,
上有星斗 하늘의 북두성 되셨네.
永綏黎首 영원히 백성을 편케 하셨네.
公仁攸成 살신성인 이루셨네.
維石之貞 이 빗돌처럼. '홍석주'

남해 어딘들 임의 숨결이 들리지 않으랴만, 이충무공 전몰유적지 관음포 이락사가 있어서 노량은 특별하다. 『남해군지』에 "진도·거제도와 함께 솥발처럼 우뚝한 것이 하늘 남쪽에 훌륭한 곳이다."라고 하는, 천하의 명승 남해섬 길목 노량은 충무공의 숨결을 오롯이 느낄 수 있는 곳이다.

'양둔(陽芚: 햇빛과 새싹)산'은 남해대교 북쪽 '햇볕을 가득 안은 높은 산'이다. 이 산 위에 양둔산봉수가 있다. 남해 망운산에서 받은 신호를 진주 계화산과 진주 각산으로 전하던 봉수다. 남해의 길목 노량을 살피던 곳이지만, 『신증동국여지승람』(1530) 이전에 폐치되었다. 2005년 금남면 청년회에서 원뿔 모양의 연대 1기를 복원하였다. 노량과 광양만이 훤히 보이고, 남해대교와 노량대교가 노량해협을 잇고, 남해도의 연봉 사이로 망운산이 눈에 든다.

노량 남해대교 앞(경남 하동군 금남면 노량리 800)에서 북쪽 산정으로 오르면, 1시간 20분 정도 소요된다.

4-1

구계화산봉수

계화산(桂花山), 두우산(頭牛山)

경남 하동군 금성면 고포리
산 59 두우산 정상
위도 34° 58′ 685″
경도 127° 46′ 367″
고도 192m

제2거에서 제5거로

섬진강은 진안 백운면에서 발원해 순창, 곡성, 구례를 거쳐 하동까지 온갖 얘기를 담고 광양만으로 흘러든다. 경상도와 전라도를 경계 짓는 섬진강 하구와 광양만이 한눈에 조망되는 곳에 계화산봉수가 있다. 남해 금산에서 초기한 신호가 설흘산→망운산→양둔산→계화산에 이르러 제5거 광양의 건대산봉수에 전한다.

"고려 말 왜구의 남해안 약탈이 극심하여, 남해현은 잠시 진주관내 '대야천 부곡'으로 행정관서를 옮긴다."

– 남해읍 홈페이지

그 후 최무선, 최영, 이성계의 왜구 토벌과 박위, 이종무의 대마도 정벌로 왜구 사태는 진정되고, 세조 초기에 지방 방위조직을 일신하고 관제를 개혁할 무렵에 봉수노선이 일부 수정이 된다. 먼저 『경상도지리지』(1425) 기록 이후 양둔산→계화산→건대산으로 전하던 노선이 폐지되고, 『세종실록지리지』(1454) 기록 이후에 망운산→양둔산→각산 노선도 폐지돼, 신설된 대방산봉수가 각산봉수로 전하게 된다.

봉수대는 석축 연대가 무너진 상태로 남아 있다. 높이가 2m, 둘레는 약

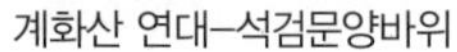
계화산 연대–석검문양바위

계화산 연대

50m 정도다. 수백 년의 방치 시간을 이겨 내고 연대에는 아직도 출입시설 흔적이 남았으며, 상부에 누군가가 돌탑 모양의 봉수대 모형을 만들어 놓았다. 이곳에서 북쪽으로 70m 정도에 널찍한 암반이 있다. 암반 위에 마애석검이 새겨져 있는데, 검 같기도 하고 열쇠 모양 같기도 하다. 발아래 펼쳐지는 그림 같은 섬진강은 신비함마저 감도니, 아마 이곳이 고대의 제사터일지도 모른다. 하동포구는 신라와 백제의 접경이어서 그 옛날 군사들이 새긴 석검일 수도 있고, 봉수대의 안녕을 비는 마음에 계화산 봉군 중 누군가가 새긴 것일 수도 있다.

두우산에서 광양만 방향으로의 일몰은 장관이라고 한다. 또 800m 거리에 두우산봉수가 있다. 두 봉수대의 관계는 좀 더 연구되어야 하지만 이전 설치된 것으로 보인다. 두우산은 비교적 낮은 산이고 접근성도 좋으므로 일몰전망대를 세우고 주변 볼거리와 두 봉수대를 연계하면 관광명소가 될 만한 곳이다.

TIP

고포리 마을입구(경남 하동군 금성면 고포리 산 83–4)에서 임도를 따라가면 산정 부근에 주차장이 있다. 이곳에서 10분 거리다.

4-2

신계화산봉수

신계화산봉수(新桂花山烽燧),
두우산(頭牛山)

경남 하동군 금성면 고포리
산81-2 두우산 정상 남서쪽 800m
위도 34° 58′ 3230″
경도 127° 46′ 0940″
고도 127m

더 낮은 곳으로

신계화산(두우산)봉수는 두우산 산정에서 800m 정도 남쪽에 있다. 봉수대 표고도 60m 정도 낮아지고 접근도 쉬우며, 대응봉수도 잘 보이는 곳으로 옮겼다고 생각할 수 있다. 이 노선 중의 망운산봉수와 양둔산봉수의 형태는 가운데 연대를 크게 쌓고 바깥 방호벽을 거의 생략한 듯한데, 두우산 산정의 구계화산봉수가 이 형태와 닮았다. 산정에서 낮은 곳으로 옮긴 신계화산봉수는 지세포별망·천치봉수와 형태가 유사하다. 폭 2m 정도의 출입시설이 동북쪽에 계단형으로 만들어져 있으며, 둥글게 석축을 쌓고 안쪽을 평평하게 다져 연대와 봉군숙소건물을 지었던 것으로 생각된다. 관련 기록이 없어서, 왜 구계화산봉수와 가까운 거리에 신계화산봉수를 만들었는지 언제부터 운용되었는지 알려진 게 없다. 봉수대 이름도 현재의 산명으로 붙인 것이다.

가까운 거리에 봉수대 2기의 흔적이 완연하게 있다. 동시에 사용한 것일까? 어떤 연유로 지척에 두 봉수가 있는 것일까? 두우산 산정에 있는 것을 『경상도지리지』(1425)에 기록된 계화산봉수로 보고 있다. 아래쪽에 있는 봉수는 언제 축조되고 사용된 것일까? 두 봉수의 형태가 다른 것으로 짐작해 볼 수 있다. 두우산 산정에 있는 '구계화산봉수'가 이 노선의 '망운산봉수'와 멀리 '강화의 망산봉수·부산의 석성봉수'와 많이 닮았다.

홍성우님의 연구[*]에 의하면, 봉수대를 발굴조사한 후 출토 유물로 검토 연구한 결과, '강화망산봉수·부산석성봉수'가 '천치봉수·구눌일곶별망(지세포별망)·능포별망'의 형태보다 훨씬 시기가 거슬러 올라간 고려봉수의 원형에 가깝다고 말한다.

"이달에 쌓은 경상도의 적량성은 둘레가 1천 1백 82척(尺)이며, 지세포성(知世浦城)은 둘레가 1천 6백 5척이다."

–『성종실록』, 21년(1490), 윤9월 29일.

원형으로 석축을 빙 둘러쌓고 가운데를 편평하게 다진 후 연조와 봉수관련 건물을 내부에 지었을 신계화산봉수는 '천치봉수·구눌일곶별망(지세포별망)·능포별망'의 형태에 가깝다. 지세포진성과 구눌일곶별망(지세포별망)이 함께 축조되었다면, 이 형태의 봉수대가 후기에 축조된 것으로 생각할 수 있다. 고려 봉수의 형태에 가까운 구계화산봉수는 위치가 높은 곳은 아니지만 섬진강 하구에 있어서 강바람이 산정으로 심하게 불어댈 수 있다. 계화산(두우산)은 연변봉수의 주연(晝煙: 낮에 연기로 신호하는 것) 지역에 해당하니, 섬진강 하구의 강바람으로 연기가 곧바로 오르지 않아 주연으로 신호를 전달하는데 지장을 초래할 수 있다.

'망운산→양둔산→계화산' 노선은 『경상도지리지』(1425) 이후, 곧 폐지된다. 신계화산봉수는 노선이 폐지되기 직전, 두우산(계화산) 산정보다 낮고 가

* 홍성우, 「한국 중세 · 고대봉수에 대한 이해」『한국성곽협회춘계학술대회세미나 논문집–한국의 봉수 연구』 한국성곽협회, 2018.

신계화산봉수대

신계화산봉수 방호벽

까우며 바람이 덜 불고, 겨울을 좀 더 따뜻하게 보낼 수 있는 곳으로 옮긴 후, 잠깐 동안 운용된 봉수대로 볼 수 있다.

인접해 있으면서, 형태가 완연히 다른 두 봉수는 봉수대 형태 변화의 연구 대상이 될 수 있다. 그에 앞서 섬진강이 광양만으로 흘러드는 장쾌한 광경과 아름다운 낙조가 연출되는, 옛 사람들의 제사터였을 두우산에 길을 내고, 두 봉수대를 보존·연계하고 전망대라도 세우면 훌륭한 관광자원이 될 것이다. 하동군이 두우산 주변에 '하동두우레저단지' 조성 계획을 논의하고 있다. '레저단지' 조성 전에 두 봉수대를 사전조사하고 보존대책과 연계발전 계획을 세웠으면 한다.

TIP

고포리 마을입구(경남 하동군 금성면 고포리 산 83-4)에서 임도를 조금 오르면 미래농원이 있다. 미래농원을 지나, 섬진강 쪽으로 치우쳐 있다.

간봉 9 지봉 2노선

1 소산봉수 ▶ 2 국사당봉수

01

소산봉수

소산(所山)

경북 상주시 모서면 도안리
산 44 소산 정상

위도 36° 19' 56.0"
경도 127° 57' 40.5"
고도 350m

험지에 성을 쌓아야 한다

"우리나라는 3면에 적들이 손을 맞잡고 틈을 엿보고 있다. 강약을 갖추어 막는 방법이 다를 뿐, 나라 산천에 험지를 버려두고는 막아 낼 계책이 없었다. 저 험지 산성을 수리하고도 시내를 터놓은 듯 무너졌다는 말은 듣지 못했으니, 스스로 편안하고자 한들 얻을 수 있겠는가! 누군가 '병사를 조련하고 병기를 수리해 들판에서 싸웠더라면, 어찌 접때(임란)에 구제하지 못했겠는가?'라고 일렀다. 예부터 오랑캐를 제압함은 '당의 장수 이정이 돌궐왕을 격파할 때 험난한 성에 의지하고 기책을 쓴 것'과 같이 해야 한다. 우리 동방의 지난 일로 말하면, 그러하지 않음이 없으니, 우리나라가 나라를 잘 지키는 것으로 천하에 알려진 것은 모두 이 때문이다. 지금 형세의 편리함을 버리고, 갖추어 지키지 않으면서, 들판에서 싸워 공을 세우고자 한다면, 못을 메우고 자물쇠를 열어 두어 적을 집안에 끌어들이는 것과 다름이 있겠는가! 상주의 산성은 의지할 만한 것이 한둘이 아니다. 일에 앞서서 생각해 보면 갑작스러움이 있으나, 요충지를 장악하여 튼실함을 꾀함이 오늘의 급한 일이다."

– 『상산지』(1600), 산성조, '이준'

지대한 피해를 남긴 임란이 종식되자, 전쟁의 책임의식과 통렬한 반성으로 서애 선생의 『징비록』(1604)이 기록된다. 같은 시기 지역 선비들은 '수난을 되풀이하지 않겠다'는 책임의식에서 『상산지』(1600), 『함주지』(1587), 『영가지』(1608), 『진양지』(1625)를 편찬한다. 창석 이준 선생의 『상산지』(1600)에서는 국난을 대비해 '성산(청계산)'을 수리하고자 하는 각오를 나타냈다. 선비들

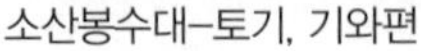
소산봉수대-토기, 기와편

역마루 마을 - 소산봉수

의 준렬한 책임의식의 발로이다. '세상에서 가장 힘든 일이 산성 쌓는 일'이라는데, 선조들은 이 힘든 일을 해내고, 전국 1,200여 개소의 산성을 남겼다. 산성의 돌 하나하나에 선조의 호국의지가 깃든 게 아니겠는가!

"신라 도량현(刀良縣)을 경덕왕이 道安(도안)으로 고쳤고, 고려 때 중모(中牟)로 고쳤다."

- 『상산지』(1600)

"중모 지역을 수비하던 '중모고성'이 안평산 정상에 테뫼식 토성으로 남아 있다. 3국 각축시기에 축성한 것이다."

- 모동면홈페이지

상주 성산을 수리할 때와 시기는 다르지만 '중모성'을 쌓는 마음은 한가지였을 것이다. 중모 소산봉수대는 황간 소이산에서 갈라져 나온 지봉으로 화령현 국사당에 신호를 전했으나, 임란 후 16세기에 폐지되었다. 봉수대는 역마루 마을 서쪽 산정에 있다. 연이어진 산봉우리가 중모고성인데, 북동과 남서 방향으로 긴 산정의 북쪽 끝부분에 봉수대가 있다. 둘레 5m 정도의 원형으로 축조했으며 규모는 작은 편이다. 북쪽의 경사면을 방호벽으로 활용하였고, 기와편과 토기편이 발견되는 것으로 보아 연대와 인접해 건물이 있었던 것 같다.

개발된 등산로가 없어서, 봉수대 위로 지나다닌다. 역마루 마을 '이의선' 어른의 증언으로는 1960년대 초반까지 연조 내부에 재흙이 남아 있었다고 한다.

TIP

역마루(경북 상주시 모서면 도안리 673) 마을에서 서쪽 산으로 오른다.

02

국사당봉수

국사당산(國師堂山), 사산리봉수, 천택산

경북 상주군 화서면 사산리 산13
위도 36. 25. 500.
경도 127. 53. 722.
고도 684m

상주와 보은의 길목

천택산에서는 상주의 화남·화서면 충북의 마로면이 한눈에 보인다. 구병산 사이에는 상주~보은 옛길이 있었고, '25번 국도와 당진-영덕 간 고속도로'가 시원스레 가로지른다. 봉수대는 상주~보은 옛길을 살피는 곳에 있다.

국사당산봉수는 『상산지』(1600)에는 기록되었고, 『상주목읍지』(1786)에는 기록이 없다. 처음에는 간봉 9노선 황간 소이산에서 중모 소산을 통해 신호를 받아, 보은 금적산에 전했다. 덕의산→금적산→용산점이 15세기 세조대에 폐지된 후에는 화령 지역에만 전하다가, 양란 이후 17세기 봉수노선을 조정하면서 폐지된 것이다.

"신라가 삼한통일을 할 때, 백두대간 서쪽 보은 삼년산성과 상주 금돌성은 중요한 역할을 했다. 삼년산성은 고구려·백제를, 금돌성은 백제를 제압하는 신라의 교두보였다. 5세기 중반 신라는 백두대간 중 해발고도가 제일 낮은 중화지역을 장악하고, 북쪽에 삼년산성, 남쪽 금돌성을 쌓아 거점으로 삼았다. 고도가 제일 낮아 동서 교통로의 핵심 지역이었기 때문이다. '중화(中化)'는 '중모·화령'의 '중(中)'과 '화(化)'가 결합한 말이다."

– http://blog.daum.net/cielfoi/6605333

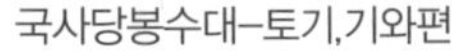

국사당봉수대-토기,기와편 상주 보은 옛길

'국사당'은 '주령(主嶺: 높고 중심이 되는 고개)'이라고 한다. 신라가 삼한통일의 거점인 이곳에 국사당國師堂을 세워 전쟁에서 희생된 이들의 혼을 위로하고, 전투에 나서는 이들에게는 위안을 주려 한 것은 아닐까?

천택산은 백두대간 지맥의 하나여서 등산객들이 많이 찾는다. 천택산 정상의 봉수대에 안내판을 설치해 봉군들의 노고가 많은 이들에게 알려졌으면 한다. 봉수대 터는 헬기장을 조성하면서 상부 유적은 훼손되었으나 주위에 기반 석축은 남아 있다. 산정 좁은 곳을 편평하게 고른 후 축조했는데, 가파르고 좁아서 적이나 짐승을 막는 해자(호) 시설은 소략하게 했다. 숙소 건물은 연대 내부에 있었을 것이다. 헬기장 조성 시 깎여져 나온 돌조각으로 미루어 산정은 암반 위에 약간의 흙이 덮인 상태였음을 알 수 있다. 산정에서 흘러내린 석재 사이로 기와편과 생활자기편이 섞여 있다. 후대의 훼손이 심해 아쉬움이 남지만 지금 모습이라도 잘 유지되었으면 한다.

봉우재(경북 상주시 화남면 중눌리 산 68)에서 진주 강씨 묘역으로 능선을 따라 동북쪽 산정으로 오른다. 50분 정도 소요된다.

간봉 9 지봉 3노선

1 덕의산봉수 ▸ 2 금적산봉수 ▸ 3 용산점봉수

01

덕의산봉수

덕의산(德義山), 도덕봉

충북 옥천군 청산면 만월리
산 78 도덕봉 정상
위도 36. 21. 941.
경도 127. 47. 793.
고도 543m

덕과 도를 갖춘 산

'청산에 살어리랏다.' 청산면사무소 전면을 장식한 문구다. 읍내를 둘러싼 도덕봉과 덕의산은 '도道와 덕德에 의義'까지 갖추었다. 청산靑山 사람들은 푸른 산에 둘러싸인 이곳을 이상향으로 여기고 도덕과 의리까지 추구했는가 보다. 청산읍내에 소문난 생선국수로 미식가들이 줄을 선 식당 주인은 사서삼경을 다 읽고 주역까지 공부한 분이다. 청산에 살면 도덕과 의리를 갖추려고 공부하게 되는가 보다. 안주인은 청산이 곡식을 담는 삼태기 형국이어서 부지런하면 누구나 작은 부자는 된다고 하니, 그곳에 한번 살아볼 일이다.

도덕봉과 덕의산을 잇는 등산로가 개발되어 많은 이들이 찾는다. 도덕봉은 산 전체가 주먹만 한 돌도 없는 육산인 탓에, 풍화된 능선이 토성의 성벽처럼 이어졌다. 소나무 참나무가 사열하듯 늘어선 호젓한 산길을 걸으면, 후두둑 도토리 떨어지는 소리로 가끔 놀란다. 행복한 산행이다.

봉수대는 덕의산과 마주한 도덕봉 정상에 있다. 영동 박달라산 신호를 받아 금적산에 전했는데, 덕의산보다 금적산에 가까우며 조망도 좋다. 정상보다 2m 정도 낮은 서쪽 부분이 봉수대로 추정되지만 예비군 훈련장으로 조성했던 터 위에 헬기장까지 만들면서 많이 훼손되었다. 폐치한 시간

덕의산 솔숲 등산로

덕의산봉수대

이 아득하니 그 긴 세월을 견뎌내기는 어려웠으리라.

덕의산→금적산→용산점 노선은 『신증동국여지승람』(1530) 편찬 이전에 폐지되었다. 청산현과 회인현에 평안의 불을 전하는 기능을 했으나, 간봉 9노선과 가까워 일찍이 폐지된 것으로 보인다.

청산고등학교(충북 옥천군 청산면 백운리 산 10-1) 북쪽 도덕봉 산정으로 오른다.

덕의산봉수 9.2km
상주 국사당산 봉수 16.9km ◂◂◂ ▸▸▸ 용산점봉수 16.3km

02

금적산봉수

금적산(金積山)

충북 옥천군 안내면 동대리
산 45-1 금적산 정상
위도 36. 24. 409.
경도 127. 42. 482.
고도 653m

금송아지 숨은 산

서원2리 평택 임씨 어르신은 87세(임신년생, 1932년)인데, 이목이 수려하고 정정하시다. 한국전쟁 막바지에 참전해 부황이 들 정도로 힘들었던 군 생활을 회고하며, "박정희 대통령 시대부터 온 나라가 부황에서 깨나듯 점차 살기 좋아졌다."라고 하신다. 금적산 자랑 끝에, 금적산에 오르면 물이 맑고 도토리와 밤이 지천이어서 기근에 큰 도움이 되었다고 한다. 20여 년 전까지 마을에서는 허물없는 사람을 뽑아 '마을 앞 300년 된 소나무, 산 중턱 샘, 마을 가운데' 세 곳에서 산신과 마을 수호신에게 동제를 지냈으며, 금적산은 맥이 속리산에서 흘러왔으나 주령(중심 산줄기)이 약해 큰 인물이 나지 않는다고 아쉬워한다. 금적산봉수는 폐지된 지가 오래된 탓인지 어르신도 기억하지 못하고, 산정의 정상표시석은 직접 지게에 지고 올라가셨다고 한다.

'서원리' 금화서원으로 인해 붙은 마을이름이다. 멋진 소나무와 넓은 들판, 금이 쌓였고 밤과 도토리가 지천인 산, 살고 싶은 곳이다.

"금적산은 화령현 국사당봉수와 청산 덕의산에서 신호를 받아 회인 용산점봉수에 보낸다."

– 『세종실록지리지』(1454)

금적산-서원리 노송

금적산봉수대

『신증동국여지승람』(1530)에는 기록되지 않는다. 덕의산→금적산→용산점 노선은 세조대에 폐지되었다. 사회·지리적 변화가 생기고 군현의 행정치소가 옮겨지면, 군현치소에 평안의 불을 전했던 노선이 변경되고 일부 봉수대가 폐지, 신설되기도 한다. 이 노선은 청산현, 회인현에 평안의 불을 전하기 위한 것이었으나, 비슷한 경로로 영동 박달라산→월이산→환산→계족산→소이산→거질대산 노선이 통과하기에 일찍 폐지한 것이다.

가을날 금적산에 오르는 일은 즐거움 그 자체다. 적절한 산 높이와 조금씩 오를 때마다 달라지는 풍경, 다람쥐와 같이 지천으로 떨어진 밤을 줍는 재미도 있다. 봉수대는 금적산 산정에 있다. 2기의 방송중계탑 사이에 있다. 둘레 40여 미터, 폭 10m 정도다. 호의 흔적은 확실하지 않으며 연대는 흙과 돌을 섞어 2m 높이로 쌓았다. 중계탑을 설치하면서 일부 훼손된 것으로 추측된다. 연대 위에 평택 임씨 어르신이 지고 올라왔다는 정상석이 서 있다.

TIP

충북 보은군 삼승면 원남리 334에서 서쪽 산정으로 오른다. 1시간 정도.

03

용산점봉수

용산점(龍山岾)

충북 청주시 상당구 문의면 소전리
산 11-3 샘봉산 정상
위도 36. 27. 6840.
경도 127. 32. 3790.
고도 464m

샘으로 남은 연조

"회인현의 서쪽 용산점은 동으로 보은 금적산에, 북으로 청주 상령성에 응한다." 『세종실록지리지』(1454)에 기록된 후 『신증동국여지승람』(1530)에는 기록되지 않는다. 덕의산→금적산→용산점 노선은 세조대에 폐지된 것이다.

샘봉산에 있는 용산점봉수는 회인현에 평안의 불을 전하기 위해 축조되었다. 회인면 용곡리 '염티(염: 엿보다, 티: 고개)고개'는 회인에서 문의로 넘나들기 쉬운 그리 높지 않은 고개다. 회인과 문의를 잇는 고갯길에 용산점(龍山岾: 용산 고개)봉수가 생기고, 봉수군들이 고개로 넘나드는 이들을 살피니 고갯길 이름은 저절로 '염티(엿보는 고개)'가 된 것이다. '염티고개'는 소금상인들이 쉬어가는 고개가 아니라 봉수군이 '지켜보고 엿보는 고개'일 것이다.

회인면 김 면장님과 함께 올라가 보았던 돌탑은 '제사 터'로 생각된다. 지역의 문화재에 남다른 관심을 가진 분이다. 회인 대추가 명품이라며 농사지은 것을 한 아름 안겨 주신다. 달콤한 회인 대추를 달여 마시면 올 겨울 추위는 문제없을 것 같다.

샘봉산은 '샘이 있는 봉우리일까? 샘이 있는 봉화산일까?' 그리 높지 않은 산이지만 등산로가 가파르다. '발랏한지 마을'에서 오르는 것보다 월리사에서 능선으로 오르는 것이 훨씬 좋다. 샘봉산 정상 전체가 잘 다듬어 놓

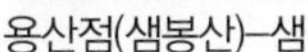

용산점(샘봉산)-샘

용산점-건물터

은 연대처럼 보인다. 내륙의 깊은 산중이니 나쁜 짐승만 막으면 되고, 적을 방어하기 위해 깊이 호를 파고 뾰족한 말뚝을 박을 필요도 없다. 산정의 연조는 세월이 흐르며 구덩이만 남아 샘이 되었다. 동서로 이어진 능선에는 두 곳 이상의 연조 흔적이 있고, 집터나 창고로 사용된 자리도 있다. 지나는 이들이 산성의 흔적으로 여기지만 규모로 보아 봉수대 터로 보인다. 신호를 보내는 상령성(것대산)을 향해 늘어선 연조 흔적이 있다. 금적산(16.3km)과 것대산(20.5km)의 중간 지점이 되고, 낙가산(475m) 옆으로 상령성봉수(것대산 450m)가 보인다. 상당산성 북장대는 낙가산에 가려 보이지 않는다. 북장대봉수가 운용되었다면 성안에서 독립적으로 운용된 봉수였을 것이다.

"용산점봉수는 북쪽으로 청주 상령성에 응한다."고 하였다. 용산점봉수에서 북쪽으로 것대산과 상당산성 북장대는 일직선상에 놓인다. 용산점에서 신호를 보낼 때 것대산을 넘어 2.6km 더 먼 북장대로 보낼 이치가 없다. '상령성'은 '것대산'의 다른 표기로 보이니, 금적산 신호를 청주 것대산(상령성)으로 보낸 것이다. 간봉 9노선인 영동 박달라산에서 갈라져 나온 지봉支烽이 덕의산→금적산→용산점을 거치며 청산현·회인현·보은현에 평안의 불을 알리고, 간봉 9노선 것대산으로 되돌아간다.

TIP 충북 청주시 상당구 문의면 문덕리 668-4 월리사에서 오른다.

간봉 10노선

1 원산(호구산)봉수 ▸ 2 금산봉수 ▸ 3 남해본읍

※『증보문헌비고(1908)』의 간봉 10노선에서 원산(호구산)봉수 → 2금산봉수 기록은 실제와 조금 다르다. 실제로 확인해 보면, 원산봉수의 대응관계는 다음과 같이 비정할 수 있다.

금산봉수(7.3km) · 소흘산봉수(7.1km)의 신호를 받아 난포현(3km) · 남해현(7km)으로 보냈을 것이다. 군현의 읍치에서 신호를 받는 장소는 '본현 화약고'라고 기록된다. 비상시를 대비한 화약고는 항상 보초를 세워 관리하게 되니, 이곳에서 봉수의 신호를 받아 군현의 수장에게 보고했을 것이다.

※ 간봉10노선에 기록되지 않은 남해도의 별망과 일찍 폐치된 봉수는 이곳에 함께 기록한다.

- 성현봉수 → 난포현(이동면 난음리)
- 대국산망 → 남해 고현읍(고현면 도마리)
- 망기산요망 → 평산진성 화약고
- 장곶산요망 → 적량진성 화약고

수군진과 봉수: 연변봉수나 '별망 · 망 · 망대' 등은 연변에 촘촘하게 설영된 수군진영과 밀접한 관계를 가지고 운용된다. 경상좌수영의 수군진은 간봉 1노선의 연변봉수를 많이 활용하지만, 경상우수영과 전라 · 충청 수군진은 진영 자체에서 별도의 '망 · 요망'을 설치해 운용한다.

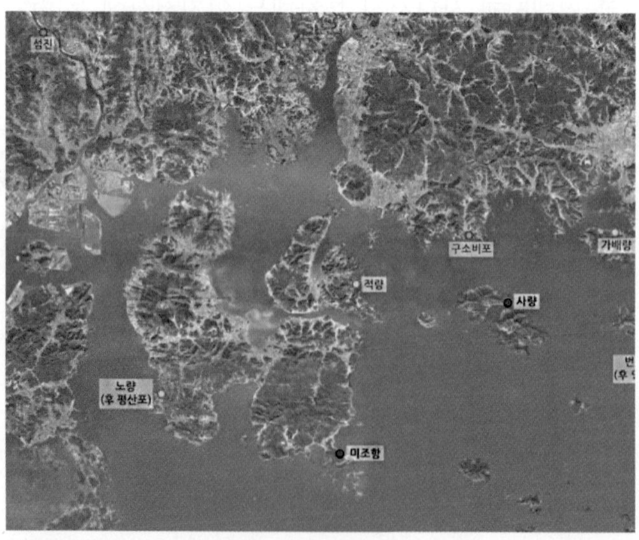

경상좌수영 수군진 배치도, 문화재청, 국립해양문화재연구소 자료

금산봉수 7.3km
소흘산봉수 7.1km

난포현 3km
남해현 7km

01

원산(호구산)봉수

원산(猿山), 납산, 호구산

경남 남해군 이동면 다정리
산 111-2

위도 34. 47. 801.
경도 127. 55. 342.
고도 624m

호랑이산 원숭이 산

용 문 사

雨欲來時天欲低 비 내릴 듯 하늘 나지막한데,
招提遙在石門西 석문 서쪽 멀리 절집 있구나.
尋師漸入靈源邃 스승 찾아 깊고 신령스런 곳 드는데,
滿壑風烟一逕迷 골짜기 바람안개 길이 어두워지네.

– 『촌은집』, '유희경'

호구산을 남으로 보면 원숭이가 앉은 모습이고, 북으로 보면 호랑이가 웅크린 모습이라고 한다. 경관이 아름다워 남해군에서 군립공원으로 지정했다. 북으로 하동 일대와 광양 백운산 아득히 지리산 자락이 보이고, 남으로 한려수도 앵강만의 눈 시린 섬들이 점점이 떠 있는 곳이다.

호구산 용문사는 신라 후기에 창건된 절로 남해 최대의 사찰이다. 몇 년 전 납매(음력 섣달에 피는 매화)를 보기 위해 들렀던 절집인데, 납매는 없어지고 공사가 한창이다. 임란 승병활동의 근거지여서 숙종 때 수국사로 지정받았다고 한다. 절집은 임란 중에 소실되어 재건했으며, 대웅전(경남 유형문화재 제85호)과 석불좌상(경남 유형문화재 제138호) 등 여러 문화재가 있다. 특이하게 인조 때 선비 유희경(1545년~1636년) 선생의 『촌은집책판』(경남 유형문화재 제 172호)이 소

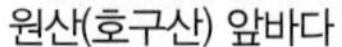
원산(호구산) 앞바다

원산(호구산) 연대

장되어 있다. 천여 명 몫의 밥을 담을 수 있는 '구유'가 임란 승병들의 활동과 번성했던 사찰의 역사를 전한다.

대웅전 옆 오솔길을 따라 오르는 원산은 어느 계절이나 행복한 걷기가 된다. 가파른 길을 쉬엄쉬엄 오르면 이름 모를 버섯과 수줍은 야생화, 시원한 해풍에 저절로 미소 짓는다.

"금산봉화는 남해현 남쪽의 원산봉화와 서로 겨눈다."(『경상도속찬지리지』(1469)-남해현)라고 하니, 세조대에 난포현(동쪽 3km)과 남해현(북쪽 7km)에 신호를 전하기 위해 설치된 봉수다. 고려 공민왕 때 왜구의 침탈로 인해, 남해현 행정치소와 모든 백성들이 진주의 '대야천 부곡'으로 옮겨 갔다가, 조선 초기 대마도 정벌 후 다시 남해로 복귀한 후에 신설한 봉수다. 소흘산과 금산에 호응하며, 조선 후기까지 남해현에 신호를 보냈다. 가파른 산정의 자연 암반 위에 원래의 모습과는 다르게 복원했다. 기단부 높이 1.7m, 직경 8.1m, 상부 연조 높이 1.8m, 직경 4m로 복원했다. 산정에서의 조망이 뛰어난 곳이다.

TIP

남해 용문사 염불암(경남 남해군 이동면 용소리 872) 대웅전 옆 등산길을 따라 오르면 1시간 정도 소요된다.

성현봉수

성현(城峴)봉수, 성고개

경남 남해군 이동면 무림리 산 172-2
위도 34. 47. 0930.
경도 127. 57. 4850.
고도 135m

앵강만을 지키다

성현마을(양지말) 진양 하씨 어르신은 성현(잣고개)에 대해 자세히 말씀하신다. 성현마을 앞은 봉곡마을인데, 봉곡보다 양지마을 살림살이가 더 넉넉했다고 한다. 외지인들이 오기 시작한 이후, 잣고개 넘어 미국마을이 있는 용소리·화계리가 비교도 안 될 만큼 넉넉한 곳이 되었지만, 70년대 이전에는 봉곡보다도 용소리·화계리가 살림이 어려웠다고 한다. 바닷가에 바위로 웅덩이만 만들어 놓아도 생선이 썩어 나갈 만큼 잡히는데, 판로가 제대로 형성되지 못한 그때는, 그 귀한 갈치를 거름으로 사용했다고 한다. 꿈 같은 예전 얘기다.

성현봉수대 자취

잣고개 신전삼거리에서 미국마을, 가천다랭이마을로 넘어가는 고개를 '작은 고개'라 하고, 화계리와 신전리로 넘어가는 고개를 '큰 고개'라 하신다. 성현봉수는 신전삼거리 뒤 두 고개 사이에 있는 작은 산 위에 있다. 산정 성고개성은 높이 130cm, 둘레 760자로 축성되어 있다고 한다. 성 안에 우물터와 봉수군 건물터가 있으며, 민묘 1기가 있다. 성의 서쪽에 봉수대가 있었던 돌무더기 흔적이 있다.

봉수대 초축 기록은 없다. 동서로 나뉜 남해섬을 잘록하게 잇는 부분에 축조된 성고개성이다. 밖으로 앵강만으로 들어오는 적을 살펴서, 안으로 난포현(이동면 난음리, 2km)이 있던 곳에 알린 것으로 짐작된다. 진양 하씨 어르신은 성고개성이 둘레 760자(약 250m)가 아니었고, 큰 고개에서 동북으로 있는 포장도로가 예전에는 길게 이어진 석성이었다고 한다. 성을 허물고 도로를 냈다는 말인지 확인할 필요가 있는 부분이다.

"'남해현의 망운산과 성현의 두 봉화는 아울러 긴요치 않으니 청컨대 이를 혁파하소서. 그 군인들은 성현 방호소에 옮겨 붙이소서.' 하니 그대로 따랐다."

– 『단종실록』 2년(1454) 정월 12일.

"'봉수대는 한 사람도 지키지 아니하니 봉수를 삼가고 멀리 척후를 보내고 군사들은 성 안을 지키게 하소서' 하니 임금이 그대로 따랐다."

– 『세조실록』 13년(1468) 3월 2일.

성현봉수는 앵강만을 통해 남해도의 허리로 침략하는 왜구를 막으려고 곡포보성과 함께 쌓았던 봉수대지만, 앵강만 입구 좌우에서 상주포보와 연계된 금산봉수, 평산진과 연계된 설흘산봉수에서 역할을 다하니, 앵강만 안쪽을 지키던 곡포보성과 성현봉수는 함께 폐치되기에 이르렀다.

신전삼거리(남해군 이동면 무림리 산 178-2)에서 등산로를 따라 동쪽 산정으로 이동하면 15분 정도 소요된다.

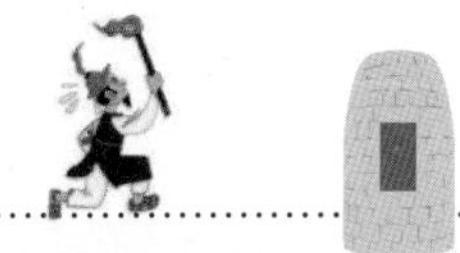

대국산망

대국산봉수(大局山烽燧), 고현산

경남 남해군 설천면 진목리
산 184 대국산성 내 서쪽
위도 34. 54. 0140.
경도 127. 53. 7790.
고도 376m

옛 산성의 정취 속으로

남해대교 건너 노량리 벚꽃길을 지나면, '구두산(371m)·녹두산(451m)·금음산(482m)·대국산(376m)'이 좌우에 펼쳐져 있다. 대국산은 예전 고현읍치에서 가장 가깝고 산성을 쌓았던 산이다. 산성 위에선 동쪽으로 삼천포와 남해도를 잇는 창선대교가 멀리 보이고, 서쪽에 광양만·가슴시린 이락사와 충무공전몰지첨망대·광양제철소가 아련히 보이는 곳이다.

"남해군은 신문왕 때 처음 전야산군을 두었고, 경덕왕 때 남해군으로 개칭하였다. 속현이 둘인데, 난포현(내포현), 평산현(평서산현)도 이때 개칭하였다."

– 『삼국사기』, 제8권 신라본기. 신문왕조.

"고현산성은 본현의 북쪽 17리에 있고, 석축 둘레 1,740척, 높이 10척이다."

– 『신증동국여지승람』(1530)

전야산군은 지금의 고현이며, 현재 남해읍성이 세종19년(1437)에 설치될 때까지, 칠백 년이 넘도록 남해군 소재지 역할을 한 곳이다. 현치(군현의 수장이 있는 곳, 행정 중심지)는 고현면 도마리 성산석성(표고 82m)이었다. 패총과 돌도끼 등이 발견되었던, 아득히 예전부터 삶이 시작되었던 곳이다. 성산성과

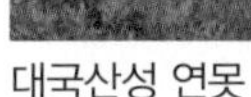
대국산성 연못

대국산성봉수대 터

더불어 삼국시대에 축성된 대국산성이다. 대국산 정상부를 돌아가며 석성을 쌓은 테뫼식 산성으로 둘레 530m, 높이 5~6m, 폭 2~3m이며, 칠성당터·연못지·망루·봉수대 등을 갖춘 남해고현의 외곽성이다.

성내 서쪽에 있었던 봉수대는 복원으로 교란되어 흔적이 없어졌다. 산성 복원 전 조사에는 지금 서 있는 소나무 아래 자연석으로 축조된 높이 1m의 단독 연대가 있었다고 한다. 하단부에 자연석을 2~3단으로 쌓은 후 연대를 만들었고, 상부에 연조는 없었다고 한다. 기록이 남지 않은 것으로 보아, 『경상도지리지』(1425) 편찬 이전, 왜구의 소란이 종식되던 시기에 폐치된 것으로 생각되는 봉수다.

남해군에서 봉수대 복원계획이 있다. 대국산성은 접근성이 아주 양호하고 주변 전망이 뛰어나 가 본 이들은 감탄을 금치 못한다. 옛 산성의 정취를 오롯이 간직한 이곳에, 봉수대까지 복원한다면 모든 이들이 다시 찾는 곳이 될 것이다.

TIP 설천진목교회(경남 남해군 설천면 설천로 299)에서 북쪽 임도로 산성 바로 밑까지 오를 수 있다.

망기산요망

망기산망(望崎山望), 망산, 망기산, 평산진요망

경남 남해군 남면 평산리 산 98-4

위도 34. 45. 2290.
경도 127. 51. 2010.
고도 341m

남해도의 남서쪽 여수만을 살피다

망기望崎는 '망곶, 망보는 산'이라는 뜻이다. 망기산망이 자리한 곳은 남해도의 남서쪽 끝단으로 마치 고흥의 남서쪽 끝단 가화봉수가 위치한 곳과 비슷하다. 국토의 끝단 이 외진 곳에도 봄철에는 눈 시린 푸른 바다와, 유구마을 옆 꽃동산 때문에 차량과 사람들이 북새통을 이룬다.

"망운산·금산 두 산에서 서남 방향으로 정삼각형을 이룬 지점에 라산(羸山: 고동산)이 있으니, 본동(유구리)의 주산이다. 산세가 장엄하고 산정 바위의 대소혈(크고 작은 구멍)에는 패류껍질이 들어 있는데, 국가에 변란이 있으면 고동소리를 내며 울기에 '고동산'이라고 한다. 일제에게 국권이 침탈되던 시기와 2차 대전이 끝나고 일제가 망할 때, 고동소리를 내며 우는 것을 마을 노인들은 들었다고 한다."

– '유구리 연혁비, 고동산 유래비'

고동산(360m) 산정은 큰 바위로 이루어져 다가갈수록 산세가 장엄하며, 접근하기가 쉽지 않은데다가, 등산로가 개설되지 않아 오르기가 더욱 어렵다. 지척에 두고도 쉽게 오르기 어려운 신비한 산이다. 고동산 산정의 울창한 조릿대 숲은 고동산 산정이 옛 망대 자리인가 하고 생각하게 한다.

망기산 망대는 고동산(360m) 산정으로부터 북쪽으로 500m 정도의 망기

'남해 평산진지도(1872)'

망기산망 산죽

산 정상에 있다. 높이 1.5m, 둘레 11m 정도의 연대 하나만 있다. 남서쪽 사촌해수욕장과 북서쪽 2km 지점에 성종21년(1490)에 쌓은 평산성이 있다. 서쪽으로는 여수만 위로 여수, 돌산도, 금오도까지 다 보이는 곳이다. 망기산은 기록이 없어서 초축과 폐치시기를 정확히 알 수가 없지만 평산성 축성 시기와 관계를 가진 것으로 보인다. 마을 사람들은 남해 소흘산봉수와 여수 돌산봉수(신호거리-16.6km) 사이에서 망기산봉수가 신호를 이어 주는 중간 역할을 했다고 마을 앞 '고동산 유래비'에 기록해 두었다. 실제로는 두 봉수와 3각형 꼭지점에 있는 망기산망을 통하더라도 2km 정도 가까워질 뿐이니, 중간 역할을 제대로 했다고 보기 어렵다.

망기산 봉수는 평산진성 축성과 관련을 가진 평산진 소속의 권설봉수였으며, 남해도 서남쪽 바다를 살펴서 망운산과 돌산도, 원산봉수에 전하는 역할을 한 것으로 보이며, 평산진과 함께 기능을 다하고 폐치되었던 것으로 보인다.

TIP 유구마을 남쪽 200m 지점(경남 남해군 남면 평산리 1134-6)에서 포장임도가 200고지까지 개설되어 있다. 등산로가 없어서 능선을 타고 오를 수밖에 없다.

장곶산요망

장곶산요망(長串山瞭望), 망치산, 적량진요망

경남 남해군 창선면 진동리 산 136
위도 34. 51. 5720.
경도 128. 2. 8050.
고도 273m

적량진 위에서

망치산望峙山, 거제의 망치산과 이름이 같다. '망보는 언덕, 망보는 산'이라는 뜻이다. '장곶산요망長串山瞭望'은 적량진에서 운용한 요망瞭望이다. '적량진지도(1872)'에 '국사산國祀山-안마산鞍馬山-장곶산요망長串山瞭望'이 동서로 일직선상에 그려져 있다. 국사산은 국사봉으로, 안마산은 이름을 잃었고, 장곶산은 망치산으로 바뀌었다. 세월이 흘렀고, 세상도 천지개벽이 된 것처럼 바뀌었다. 아무리 세상도 사람도 바뀌고 인심도 바뀌는 것이라지만, 지켜 가야 할 것들도 있다. 조상이 지어 준 이름도 지켜 가야 할 것 중의 하나가 아닐까!

장곶(長串: 긴 곶)은 창선도 '망치산(장곶산)'에서 남동으로 5km나 쭉 뻗어 나간 곳의 형태에서 온 말이다. 장곶산과 연관되는 지명으로 '장곶이, 장군산, 장포'는 현재 사용되는 지명이다.

'량梁'은 섬과 섬, 육지와 섬을 잇는 좁은 나들목을 가리킨다. 창선교 아래 죽방렴이 그림같이 설치된, 창선도와 남해도 사이의 좁은 해협이 원래 '적량赤梁'이었다고 한다. '구적량진'(창선면 부윤리)이 성종 21년, 산을 넘어 현재의 적량진(창선면 진동리)에 성을 쌓고 옮겨 온 것이다. 지족해협(적량)은 썰물

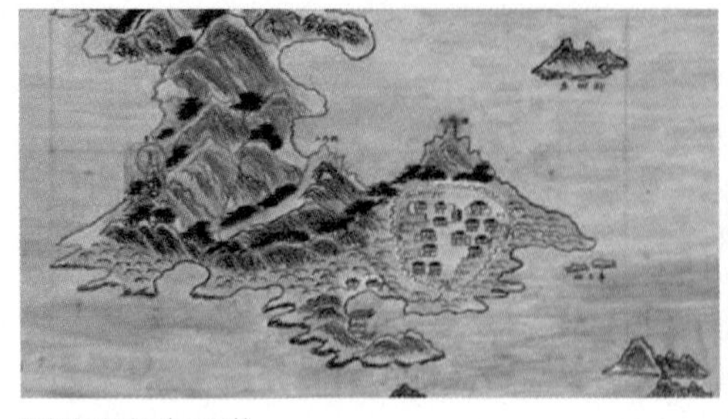

'적량진지도(1872)'

장곶산요망 고사리밭

이 되면 바닥이 얕아져 배가 뜰 수 없다. 급변이 생겼을 때, 즉시 대처할 수 없는 단점이 있어서 큰 바다를 앞둔 현재의 위치로 옮긴 것이다.

장곶산요망은 적량진(1km), 대방산봉수(5.6km), 삼천포각산봉수(9.3km), 좌이산봉수(14.6km), 사량도주봉봉수(17km) 등 여러 봉수를 바라보며, 남해도의 동쪽 해안인 고성 앞바다와 사량도를 살펴 적량진에 신호를 전하던 곳이다.

거제 망치산망처럼 터는 있지만, 망대의 자취는 제대로 남아 있지 않다. 수군진영에서 운용하는 '망, 요망, 망대'도 불을 올리고 봉군들이 거주하는 시설을 제대로 설치한 곳도 있지만, 봉수대와 달리 처음부터 규격을 갖추어 시설을 마련하지 않은 곳도 있다.

망치산 (경남 남해군 창선면 오용리 산 118-26) 남쪽으로 임도를 따라 700m 정도에서 산정으로 오른다.
국사봉- (경남 남해군 창선면 오용리 산 118-26)에서 동쪽으로 1.2km 정도 가서 산정으로 오른다.

간봉 10 지봉 1노선

1 미조항진별망 ▸ 2 금산봉수 ▸ 3 남해본읍

- 금산봉수는 간봉 9노선의 초기봉수다.
- 남해본읍은 남해현의 화약고를 가리키며, 이곳에 신호를 전하여 고을 수령에게 전달하게 한다.

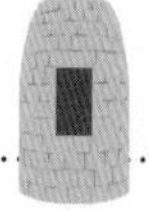

01

미조항진별망

미조항진별망(彌助港鎭 別望)

경남 남해군 미조면 미조리 산 24
위도 128. 2. 0790.
경도 128° 43′ 167″
고도 292m

남해의 최일선

미조항은 남해섬의 남쪽 끝이다. 경치가 좋고 수산물이 풍부하여 관광객들이 쉼 없이 찾는다. '섬노래길' 걷기 코스가 개발되어 남해의 절경과 함께 철 따라 다른 수산물 맛을 즐길 수 있게 되었다. 연대 위에 올라앉은 산불감시초소의 어르신은 갑작스런 방문객에게 경치 자랑부터 늘어놓는다. 여수의 돌산도 너머 고흥이 보이며, 사량도·통영·거제까지 두루 조망되는 곳이며 맑은 날은 새부리처럼 생긴 '새존도'의 뚫린 구멍까지 보인다고 한다. '예전 남해 금산에 왔던 이태조가 왜구를 쫓으려고 쏜 대포에 구멍이 뚫렸다고 한다.' 어떤 대포를 사용해 구멍을 뚫었는지 궁금해하기보다 지금까지 전해지는 태조에 대한 숭모와 인기가 느껴지는 이야기다.

봉수대는 제2거 간봉 10노선으로 미조항진에 소속된 별망別望이다. 내지봉수를 통해 경봉수인 서울 남산까지 통하지 않고, 미조초등학교 자리에 있었던 미조항진에 경보를 전하고, 금산봉수를 통해 남해읍에만 경보를 전했다. 미조항진에서 관리를 하지만 적의 경보가 있으면, 금산봉수에 전하니, 결국은 최일선 연변봉수의 기능을 하게 되는 셈이다.

미조의 망산 정상에 높이 3m, 둘레 40여 미터가 넘는 큰 연대를 쌓았다. 호와 출입문 등의 부속 시설은 없어져도 연대는 약간 허물어진 채 제 모습을

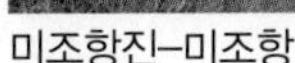
미조항진–미조항

미조항진별망 연대

갖추고 있다. 잘 조성된 '섬노래길' 둘레길을 따라 많은 사람들이 찾는 곳이다.

미조초등학교 자리에 있었던 '미조항진성'의 앞마을에는 '남해군 보호문화재 제1호' 무민사가 있다. 고려 말 왜구 퇴치의 영웅 최영 장군의 영정을 모신 사당이다.

미조항 전투에서 빛나는 무공을 세우고 순절하신 한백록 장군의 충혼이 서린 미조항이다. 지세포만호로 근무하며 경상우수사 원균을 도와 뛰어난 무공을 세운 강원도 춘천현 출신 충장공 한백록 장군이다. 충장공은 뛰어난 무공으로 용맹이 알려져 임란 초전에 장렬히 전사한 정발 장군의 후임으로 부산첨사에 제수되었다. 임진년(1592) 7월 17일 남해군 미조항 전투에서 충장공은 적의 예봉을 꺾고 승리를 눈앞에 둔 상황에서 안타깝게 적의 유탄을 맞고 38세로 전사했다. 노비 득충(得忠)이 시신을 수습해 고향 춘천군 서면 금산3리 관음동으로 돌아가 장례 지냈다.

– 'http://admiralhan.tistory.com/21 [충장공 한백록]'

미조항진 별망은 그날의 전투를 지켜보았는지 확실히 알 수가 없다. 미조항진은 성종 17년(1486)에 설치하였다가 왜적에게 함락되어 중종 17년(1522)에 다시 쌓았다. 별망은 조선 후기 수군진에서 자체적으로 쌓아 운용한 것이다.

1. 미조중학교(경남 남해군 미조면 미조리 844) 에서 오르면 40분 정도 소요된다. 산정 부근까지 자동차로 오를 수 있다.
2. 미조항에서 오르면 한 시간 정도 소요된다.

간봉 10 지봉 2노선

1 삼천진보별망

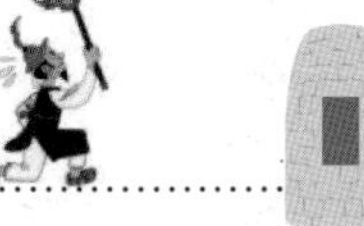

01

삼천진보별망

삼천포보별망(三千浦堡 別望)

경남 통영시 산양읍 영운리 산 281-2

위도 34. 47. 6390.
경도 128. 26. 0890.
고도 223m

견내량을 지키다

"삼천포보(三千浦堡)는 사천 남쪽 20리에 있는데, 진주에서 '통양포'로 옮겼다. 성종 19년(1488)에 성을 쌓고 권관(무관 9품)을 두었는데 후에 고성으로 옮겼다."

– 『문헌비고 사천현』

"삼천포보는 통영의 서남쪽 5리에 있는데, 광해군 11년(1619)에 사천현으로부터 미륵산 아래로 옮기고 삼천포라 하였다. 성을 쌓았는데 둘레가 2천 50척이며, 권관 한 사람이다."

– 『증보문헌비고』

"광해군 11년(1619년)에 사천현 삼천진을 미륵산 아래로 옮기고 삼천포라 했다. 성 둘레가 2,050척이다. 권관 1인, 진무 16인, 지인 3인, 사령 13인, 거북선 1척, 병선 1척, 사후선 2척, 수군 227인이다."

– 『산양읍지』

삼천진보–영운리항

"진성의 둘레 40리, 북쪽으로 통영과 20리, 서쪽으로 당포진과 10리, 동쪽으로 한산도와 수로 30리, 남쪽으로 오소리도와 수로 40리, 군졸 148명, 군량미 57섬 14말"

– '삼천진지도'

산양읍 영운리에는 '삼징이

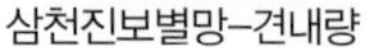

삼천진보별망–견내량

삼천진보별망–석축

길 · 화각(火閣: 화약고)·불썬당(망대)' 등의 지명이 있고, 삼천진의 석축 흔적이 있다. 여러 번 옮겼던 '삼천포보'는 400년 전 산양읍 영운리로 옮겨 와 주둔하며 '삼천진'으로 불리게 된 것이다.

'삼천진지도'에는 미륵산봉수대 표시만 있고, 삼천진별망으로 생각되는 영운리 남산에는 봉수 표시가 없다. 영운리 삼천진에서는 산이 막혀 미륵산봉수대가 보이지 않지만, 남산의 북쪽 기슭에서 삼천진성과 마주보던 '화각(火閣: 화약고)' 터에서는 미륵산이 보인다. 미륵산과 한산도봉수대에 의지할 수 있다면, 삼천포진별망은 상시 근무를 하지 않고 상황에 따라 근무했을 수 있다. 남산(삼천포진별망)에 오르지 않고, 삼천진성의 맞은편 '화각'에서 미륵산봉수대에만 의지할 수도 있지만, 독립 수군진성인 삼천진에서는 자체적으로 '별망'을 운영한 것이다. '별망' 터에는 약간의 석축 흔적이 있다. 정상부의 터가 좁고 자연석이 마치 연대처럼 늘어서 있다. 처음부터 연대를 크게 쌓지는 않았다.

별망대에서는 거제대교가 놓인 견내량부터 통영까지의 수로와 한산도, 삼천진성, 미륵산을 한눈에 조망할 수 있다. 영운리 노인들은 별망이 있었던 남산 봉우리를 '불썬당'이라고 부른다. '불썬당' 명칭은 간혹 내지봉수에서도 들을 수 있는 말인데, '횃불로써 신호를 한다.'는 의미일 것이다.

TIP

경남 통영시 산양읍 영운리 307에서 바다 방향 남산으로 오른다.

참고문헌

사료

『조선왕조실록』 『증보문헌비고』 『만기요람』 『세종실록지리지』 『신증동국여지승람』 등 《한국고전번역원 DB》 《한국학중앙연구원 DB》 《histopia 한국사정보사이트》 자료를 활용함.

지지서

『경상도지리지』 『경상도속찬지리지』 『군현읍지와 지도』 《서울대학교 규장각한국학연구원 지리지 종합 정보 DB 자료》에서 활용함.

인터넷 사이트

전국 시·군·면 홈페이지에서 관련 자료 활용함.

여러 등산 애호가들의 후기 자료를 활용함.

단행본

- 한국보이스카우트연맹, 『한국의 성곽과 봉수-하』, 1990.
- 울산광역시문화원연합회, 『역주울산지리지』, 2014.
- 국립가야연구소, 『경남지역 봉수 Ⅰ·Ⅱ·Ⅲ』, 2012·2013·2015.
- 향토사연구소, 『의성의 봉수』, 1999.
- 대동문화연구소, 『포항의 봉수』
- 김주홍 외, 『한국의 봉수』, 눈빛, 2003.
- 김주홍, 『조선시대 봉수연구』, 서경문화사, 2011.
- 차용걸·김주홍, 『지지와 고지도 본 북한의 봉수』, 서경문화사, 2011.
- 김주홍, 『한국의 연변봉수』, 한국학술정보, 2007.
- 김주홍, 『조선시대의 연변봉수』, 한국학술정보, 2010.
- 최진연, 『옛 이동통신 봉수』, 2014.

조사보고서

- 경상북도 영덕군·대구대학교 중앙박물관, 『영덕 봉수대 지표조사 보고서』, 2007.

- 서울역사박물관, 『남산봉수대지 발굴조사 보고서』, 2009.
- 경남문화재연구원, 『산청 입암봉수대 지표조사 결과 보고』, 2006.
- 문화재청, 『전국 봉수유적 기초학술조사-학술용역 중간보고』, 울산과학대학교 산학협력단 이철영, 2014.
- 우리문화재연구원, 『창녕 태백산 봉수대 문화재 정밀지표조사 결과보고서』, 2008.
- 우리문화재연구원, 『창녕골프장 예정부지내 창녕 여통산 봉수대 유적-(부록)창녕 여통산봉수대유적에 대한 고고지자기학적연구』, 용디자인, 2007.
- 전국봉수유적 기초학술조사 2015, 문화재청.
- 전국봉수유적 심화학술조사 2016, 문화재청.
- 경남지역 봉수 Ⅰ · Ⅱ · Ⅲ, -경남 · 부산 · 울산의 내지봉수-, 2015. 국립가야문화재연구소.
- 경남지역의 봉수, -경남, 부산, 울산지역 문헌자료-, 2012.11. 국립가야문화재연구소.
- 충주 마산봉수 지표조사보고서, 중원문화연구총서 제40책, 충북대학교 중원문화연구소.

논문

- 원경열, 「조선시대 봉수망에 대한 고찰」『사회과교육, (11)』, 한국사회과교육연구학회, 1978.
- 이원근, 「조선 봉수제도고」『인문학보』 제4집, 강릉대학교, 1987.
- 허선도, 「우리나라의 봉수제도」『한국통신학회 학술대회 및 강연회』, 한국통신학회, 1990.
- 방상현, 「조선시대 봉수군의 신분과 생활」『사학연구, (58 · 59)』, 한국사학회, 1999.
- 李存熙, 「봉수제 운영의 실태와 문제점-조선시대를 중심으로」『문화사학, (11 · 12 · 13)』, 한국문화사학회, 1999.
- 김일래, 「전근대 통신방법에 관한 고찰 : '봉수와 파발'을 중심으로」『사회과교육학연구』, 한국사회과교육연구학회-(5), 2001.
- 金周洪 외, 李樹昌, 金成俊, 「慶尙地域의 烽燧(Ⅱ)-備置物目을 中心으로」『역사와실학 23』, 역사실학회, 2002.
- 윤원영, 「봉수대는 어디에 설치되었어야 하는가?」『한국경영과학회 학술대회논문집』, 한국경영과학회, 2002.
- 김용욱, 「조선조 후기의 烽燧制度-해안 봉수대를 중심으로」, 『법학연구 44(1)』, 부산대학교 법학연구소, 2003.
- 이철영, 윤재웅, 「조선시대 봉수군의 주거에 관한 연구-경상도 지방을 중심으로」『한국주거학회논문집 16(6)』, 한국주거학회, 2005.

- 김문자, 「정보통신과 임진왜란」, 한일관계사학회, 2005.
- 최형국, 「봉수는 어떻게 시작되었나?」『인물과사상』, 인물과사상사, 2007.
- 金鍾洙, 『東國文獻備考』「兵考」분석 『진단학보』, 진단학회, 2008.
- 한기봉, 강인준, 최치영, 이경철, 이수주, 「지형환경분석을 통한 봉수대의 위치 예측기법 연구」『한국지형공간정보학회 학술대회』, 한국지형공간정보학회, 2009.
- 진용옥, 「5거화 봉수에서 전화기 쪽글 판까지-정음_한글 정보학의 당면 과제와 향후 전망」, 외솔회, 2010.
- 김천석, 「고문서에 나타난 여수지역 통신역사에 대한 고찰 Ⅰ」, 한국전자통신학회, 2011.
- 金周洪, 『朝鮮時代의 内地烽燧』, 忠北大學校大學院 史學科 博士學位論文, 2011.

잊혀가는 봉수의 역사를 통해 선조의 자취를 다시금 기억합시다!

권선복
| 도서출판 행복에너지 대표이사

봉수대. 지금은 언뜻 무엇인지 기억나지 않는 과거의 유물이 되어버린 단어입니다. 하지만 몇 백 년 동안이나 우리를 지켜준 봉수대를 쉽사리 기억 속에서 지워버리기에는 뭔가 서운함이 남습니다.

저자의 말마따나 우리의 DNA에 봉수로 신호를 전하던 간절한 그때의 기억이 아직 흐르고 있기 때문일까요?

이 책 『불길순례』는 요즘과 같은 최첨단 통신기술이 없던 시대에 연기와 불꽃을 통해 평안함을 알려 안심시키거나 혹은 왜군 침입의 위험을 알려 나라를 지키던 선조의 지혜와 노력이 젖어있는 봉수의 역사를 포근하게 짚어 줍니다.

사라진 봉수대의 흔적을 조심스레 밟아가며 봉수가 있는 지역에 얽힌 역사와 전설을 곁들여 이야기해 주는 책에는 선조의 짙은 향기가 배어있습니다. 우리가 아직 봉수를 잊지 말아야 함을 자꾸만 상기시키고 한민족의 DNA를 톡톡 건드립니다. 바로 그 안에 우리의 발자취가 남아있기 때문입니다.

신토불이! 몸과 땅은 둘이 아니고 하나라는 뜻입니다. 우리가 밟아온 자취를 알지 못하고서야 어찌 오늘날의 우리를 알 수 있고, 또 과거를 기억할 수 있을까요?

역사를 소홀히 여겨서는 안 됩니다.

일본은 일제강점기 때 우리나라를 통치하기 위해 대대적으로 역사 말살 정책을 폈습니다. 찬란한 한민족의 역사를 부정하고 뿌리 없는 민족으로 부끄럽게 만들어 자긍심을 깎아내리고자 했습니다. 3대 조선 총독 사이토 마코토는 "조선 사람들이 자신의 역사와 전통을 알지 못하게 하라."라고 하며, "민족혼, 민족 문화를 상실하게 하고" "조선인 청소년들이 그들의 조상을 부정하고 경시, 멸시하는 감정을 일으키게 하여 하나의 기풍으로 만들라."고 지시했습니다. 그렇게 만들어진 것이 일제식민사관입니다.

한 나라의 영혼까지 뒤흔들어 버릴 수 있는 역사의 조작! 우리가 흔히 "과거는 잊어야 한다."라고 하지만 절대 잊어선 안 되는 과거가 있음도 부정할 수 없습니다.

우리가 "봉수"가 "상징"하는 힘을 기억하고, 그것에 얽힌 역사를 되새기며 음미해 보아야 할 이유로 이것보다 더 적합함이 있을까요.

제목처럼 "순례"하는 마음으로 불길의 역사를 밟아봅시다. 이 책은 분명 사라져가고 잊혀가는 봉수대를 통하여 역사의 한 켠을 어루만지며 민족의 혼을 증명해 줄 수 있는 소중한 자료가 될 것입니다.

저자님은 현직 국어교사로 교단에 서는 와중에 10여 년 넘도록 국토를 발로 뛰며 하나하나 봉수대의 흔적을 찾아다니셨습니다. 그 자세한 묘사와 기록을 보면 범상치 않은 정성이 느껴집니다. 사명감을 가지고 이토록 유구한 역사를 기록한 그의 노력은 무척이나 고무적인 일입니다. 역사학자가 아님에도 불구하고 이렇게나 세밀하게 이야기를 풀어내시고, 학생과의 대화를 통해 언뜻 가지게 된 관심을 장장 500페이지가 넘는 책으로 엮어내신 그 의지에 경의를 표합니다. 저자님이 가지신 한학에 관한 지식이 책에 윤기를 더했음은 물론입니다.

부디 저자님이 노력이 잊혀져가는 봉수에 불을 붙여 불길의 역사가 모든 이들의 가슴에 팡팡팡! 환한 자긍심을 밝혀내기를 바라봅니다!